Obra Completa de C.G. Jung
Volume 18/1

A vida simbólica

Comissão responsável pela organização do lançamento
da Obra Completa de C.G. Jung em português:
Dr. Leon Bonaventure
Dr. Leonardo Boff
Dora Mariana Ribeiro Ferreira da Silva
Dra. Jette Bonaventure

*A Comissão responsável pela tradução da Obra Completa de
C.G. Jung sente-se honrada em expressar seu agradecimento à
Fundação Pro Helvetia, de Zurique, pelo apoio recebido.*

Dados Internacionais de Catalogação na Publicação (CIP)
(Câmara Brasileira do Livro, SP, Brasil)

Jung, Carl Gustav, 1875-1961.
  A vida simbólica: escritos diversos / C.G. Jung;
Tradução de Araceli Elman, Edgar Orth; revisão literária de
Lúcia Mathilde Endlich Orth; revisão técnica de
Jette Bonaventure. – 7. ed. – Petrópolis, RJ: Vozes, 2013.
  Título original: Das symbolische Leben (Halbband 1).

  17ª reimpressão, 2023.

  ISBN 978-85-326-1941-9
  1. Freud, Sigmund, 1856-1939 2. Psicanálise 3. Psicologia
patológica 4. Simbolismo (Psicologia) I. Título, II. Série.

97-0716   CDD-150.1954

Índices para catálogo sistemático:
1. Jung, Carl Gustav: Psicologia analítica   150.1954
2. Psicologia analítica junguiana   150.1954

C.G. Jung

A vida simbólica
18/1

EDITORA
VOZES
Petrópolis

© 1981, Walter-Verlag, AG, Olten

Tradução realizada a partir do original em alemão intitulado
Das symbolische Leben (Band 18/1)
(Partes I-VI)

Editores da edição suíça:
Marianne Niehus-Jung
Dra. Lena Hurwitz-Eisner
Dr. Med. Franz Riklin
Lilly Jung-Merker
Dra. Fil. Elisabeth Rüf

Direitos exclusivos de publicação em língua portuguesa:
1998, Editora Vozes Ltda.
Rua Frei Luís, 100
25689-900 Petrópolis, RJ
www.vozes.com.br
Brasil

Todos os direitos reservados. Nenhuma parte desta obra poderá ser reproduzida ou transmitida por qualquer forma e/ou quaisquer meios (eletrônico ou mecânico, incluindo fotocópia e gravação) ou arquivada em qualquer sistema ou banco de dados sem permissão escrita da editora.

CONSELHO EDITORIAL
Diretor
Volney J. Berkenbrock

Editores
Aline dos Santos Carneiro
Edrian Josué Pasini
Marilac Loraine Oleniki
Welder Lancieri Marchini

Conselheiros
Elói Dionísio Piva
Francisco Morás
Gilberto Gonçalves Garcia
Ludovico Garmus
Teobaldo Heidemann

Secretário executivo
Leonardo A.R.T. dos Santos

Tradução: Araceli Elman e Edgar Orth
Revisão literária: Lúcia Mathilde Endlich Orth
Revisão técnica: Dra. Jette Bonaventure

Diagramação: AG.SR Desenv. Gráfico
Capa: 2 estúdio gráfico

ISBN 978-85-326-2424-6 (Obra Completa de C.G. Jung)

ISBN 978-85-326-1941-9 (Brasil)
ISBN 3-530-40718-6 (Suíça)

Este livro foi composto e impresso pela Editora Vozes Ltda.

Sumário

Prefácio dos editores, 9

I. Fundamentos da Psicologia Analítica
(Tavistock Lectures), 13
    Observação preliminar à edição original, 13
    Do prefácio de E.A. Bennet, 14
    Primeira conferência, 17
        Discussão, 38
    Segunda conferência, 51
        Discussão, 71
    Terceira conferência, 86
        Discussão, 111
    Quarta conferência, 118
        Discussão, 141
    Quinta conferência, 153
        Discussão, 186

II. Símbolos e interpretação dos sonhos, 201
    1. O sentido dos sonhos, 201
    2. As funções do inconsciente, 213
    3. A Linguagem dos sonhos, 221
    4. O problema dos tipos na interpretação dos sonhos, 234
    5. O arquétipo no simbolismo dos sonhos, 246
    6. A função dos símbolos religiosos, 263
    7. A cura da divisão, 272

III. A vida simbólica (Seminário Guild of Pastoral Psychology), 284

IV. Sobre o ocultismo, 311
   Sobre fenômenos espíritas, 311
   Prefácio a "Phénomènes Occultes" (Fenômenos ocultos), de Jung, 328
   Psicologia e espiritismo, 331
   Prefácio e contribuição ao livro de Moser: "Spuk: Irrglaube oder wahrglaube?" (Fantasma: crença falsa ou verdadeira?), 336
      Caso do Prof. C.G. Jung, 339
   Prefácio ao livro de Jaffé: "Geister erscheinungen und vorzeichen. Eine psychologische deutung" (Aparições e precognição. Uma interpretação psicológica), 347

V. Psicogênese das doenças mentais, 351
   O estado atual da psicologia aplicada, 351
   Sobre Dementia Praecox, 352
   Recensão de "Konrad Ferdinand Meyer. Eine Patographisch-Psychologische studie" (Um estudo patográfico-psicológico), de Sadger, 353
   Recensão do livro de Waldstein: "Das unbewusste ich und sein verhältnis zur gesundheit und erziehung" (O eu inconsciente e sua relação com saúde e educação), 355
   Um exame da psique do criminoso, 358
   A questão da intervenção médica, 362
   Prefácio a "Wisdom, Madness and Folly" (Sabedoria, demência e insensatez), de Custance, 364
   Prefácio ao livro de Perry: "The self in psychotic process" (O si-mesmo no processo psicótico), 367
   Prefácio ao livro de Schmaltz: "Komplexe psychologie und körperliches symptom" (A psicologia dos complexos e sintoma corporal), 371

VI. Freud e a psicanálise, 373
  Sigmund Freud: "Sobre os sonhos", 373
  Recensão do livro de Willy Hellpach: "Grundlinien einer psychologie der hysterie" (Linhas básicas de uma psicologia da histeria), 382
  Resenhas da literatura psiquiátrica, 387
  A importância da teoria de Freud para a neurologia e a psiquiatria, 403
  Recensão do livro de Wilhelm Stekel: "Nervöse angstzustände und ihre behandlung" (Estados de angústia nervosa e seu tratamento), 404
  Nota da redação sobre o *Jahrbuch*, 406
  Comentários ao livro de Wittels: "Die sexuelle not" (A necessidade sexual), 406
  Recensão do livro de Erich Wulffen: "Der sexualverbrecher" (O criminoso sexual), 410
  Resenhas das obras psicológicas de autores suíços (até o final de 1909), 411
  Recensão do livro de Eduard Hitschmann: "Freuds neurosenlehre" (A teoria freudiana das neuroses), 434
  Relatório anual do presidente da associação internacional de psicanálise, 435
  Duas cartas sobre psicanálise, 439
  Sobre o tratamento psicanalítico de distúrbios nervosos, 442
  Um comentário à crítica de Tausk ao trabalho de Nelken, 445
  Respostas a um questionário sobre Freud, 449

Referências, 453

Índice onomástico, 461

Índice analítico, 469

Prefácio dos editores

Quando, em fins de 1940, foi planejada a Obra Completa, os editores previram um último volume, contendo "recensões, pequenos artigos etc., publicados em periódicos psicanalíticos, prefácios posteriores etc., a bibliografia dos escritos de Jung e um índice geral da Obra Completa". Mas a reunião da miscelânea tornou-se o volume mais alentado de todos, de modo que a bibliografia e o índice geral tiveram que constituir os volumes 19 e 20, respectivamente.

O volume 18 contém mais de 130 textos que foram produzidos desde 1901 – quando Jung, na idade de 26 anos, conseguiu sua primeira colocação profissional como médico-assistente na clínica Burghölzli – até 1961, pouco antes de sua morte. Esta coletânea que toca praticamente em todos os aspectos dos interesses profissionais e intelectuais de uma longa vida, dedicada à interpretação dos símbolos, justifica o título que foi tirado de um trabalho característico, realizado por Jung, em meados de sua vida: o seminário dado a Guild of Pastoral Psychology, Londres, 1939.

Esta quantidade de material é o resultado de três fatores. Depois que Jung se afastou de sua atividade médica, nos inícios da década de 1950, até sua morte em 1961, dedicou a maior parte de seu tempo a escrever: não só suas obras mais extensas que foram incorporadas ao plano original dessa edição, mas também um número inesperadamente grande de introduções a livros de alunos e colegas, respostas a pesquisas jornalísticas, verbetes de enciclopédias, eventuais conferências bem como cartas (sendo que algumas delas, devido a seu caráter especializado ou por terem sido publicadas alhures, não foram inseridas nos volumes das cartas, mas no volume 18). Jung redigiu em torno de cinquenta trabalhos desse gênero.

Em segundo lugar, a preparação dos volumes mais tardios da Obra Completa, a edição das cartas (incluindo a *Correspondência en-*

tre Freud e Jung) e da bibliografia geral trouxeram à luz muitas palestras, pequenos artigos, informes etc. dos primeiros anos de sua carreira. Alguns escritos, publicados em revistas psiquiátricas (1906-1910), foram recolhidos pelo professor Henri F. Ellenberger, ao qual agradecem os editores.

Finalmente, durante o inventário dos bens de Jung, em Küsnacht – hoje sob custódia da Escola Superior Técnica de Zurique – foram encontrados vários manuscritos ou impressos, sendo o mais antigo a dissertação "Sigmund Freud: Über den Traum" (Burghölzli 1901). Categoria parecida de material constituem os resumos datilografados de dissertações, dos quais não se encontrou nenhum manuscrito, mas cujo conteúdo pareceu de suficiente interesse para ser incluído no volume.

Quanto às *Tavistock Lectures* – "Fundamentos da psicologia analítica" – e ao seminário na Guild of Pastoral Psychology – "The Symbolic Life" – trata-se da transcrição taquigráfica, feita por participantes, mas o texto foi aprovado pessoalmente por Jung. Sua contribuição em "Man and His Symbols", escrita em inglês, mas não elaborada em forma definitiva pelo autor, foi várias vezes revisada quanto ao estilo e estrutura. A presente versão corresponde essencialmente à das *Collected Works*.

Por razões técnicas, o conteúdo todo – que na edição anglo-americana perfaz um só volume – foi dividido em dois volumes de igual espessura; o primeiro contém os capítulos I ao VI e o outro, o restante.

Os escritos autônomos, que se seguem aos capítulos I, II e III mais longos e de cunho mais genérico, foram reunidos em capítulos, de IV até XVI, e referidos aos volumes da série da Obra Completa, aos quais pertencem pelo seu conteúdo; dentro de cada capítulo, os textos foram ordenados cronologicamente. O resultado pode parecer muitas vezes arbitrário, pois certos trabalhos poderiam ter sido referidos a mais de um volume. Algumas dessas miscelâneas já foram incluídas, em edições posteriores, nos volumes correspondentes das *Collected Works* (o que está previsto oportunamente também para a edição da Obra Completa): "A realidade da práxis psicoterápica", no apêndice da 2ª edição anglo-americana de CW XVI, 1966; o prefácio à edição inglesa de *Psicologia e alquimia*, 2ª edição de CW XII, 1968

– 1970; a advertência do autor à 1ª edição anglo-americana de "Sobre a psicologia do inconsciente" (1916) – agora em CW V, 2ª edição, 1974.

Gostaríamos de aproveitar a oportunidade deste último volume da Obra Completa para agradecer ao tradutor para o inglês R.F.C. Hull (†974) e aos editores anglo-americanos por seu insigne, ponderado e cuidadoso trabalho, que para nós foi imprescindível. Nosso especial agradecimento a William McGuire-Bollingen Foundation e Princeton University Press –, sem dúvida, atualmente o melhor conhecedor do material, por suas pesquisas sólidas e por sua colaboração sempre muito agradável.

Dra. Sabine Lucas providenciou as necessárias traduções do inglês, neste volume especialmente numerosas e longas. A senhora Magda Kerényi confeccionou, com a costumeira competência, precisão e prontidão os índices de autores e de assuntos. A essas duas colaboradoras eficientes agradecemos de coração.

Küsnacht, primavera de 1980
Os editores

I
Fundamentos da Psicologia Analítica

Observação preliminar à edição original*

Esta reprodução das Conferências do Prof. Jung, no Institute of Medical Psychology, realiza-se sob o patrocínio do Analytical Psychology Club, de Londres.

Em princípio, a exposição de Jung é reproduzida literalmente. Mas, para evitar possíveis mal-entendidos, pareceu-nos aconselhável mudar a construção de algumas frases. Com estas alterações insignificantes, cremos não ter prejudicado o encanto bem pessoal das conferências.

Em alguns casos foi impossível identificar o nome do participante da discussão; e em outros casos, mesmo sabendo os nomes dos participantes, não foi possível submeter-lhes a formulação exata de sua questão. Por isso e por algum erro na reprodução das questões, pedimos desculpas.

Agradecemos ao Institute of Medical Psychology não apenas pela permissão de publicar as Conferências, mas também por ter apoiado em todos os sentidos o nosso trabalho. Especial agradecimento dirigimos à senhorita Toni Wolff por sua ajuda. Mas, acima de tudo, queremos agradecer de coração ao Prof. Jung pelo fato de se ter colocado à inteira disposição para responder a algumas questões mais difíceis e por revisar o texto em sua forma definitiva.

Londres, outubro de 1935
Mary Barker
Margaret Game

---

* Para esta edição foram refeitos os quadros e diagramas, e Dr. Bennet pôs à nossa disposição fotografias dos desenhos de seu paciente (originais pintados a cores em aquarela).

Do Prefácio

E.A. Bennet

Em 1935, o Professor C.G. Jung, na época com sessenta anos de idade, proferiu na clínica Tavistock[1] cinco conferências para mais ou menos duzentos médicos. As conferências e os debates a seguir foram datilografados e divulgados em cópias mimeografadas por Mary Barker e Margaret Game. Esta versão é agora publicada em livro.

Os trabalhos de Jung eram conhecidos, mas poucos o haviam presenciado falando. As conferências atraíram um grupo representativo de psiquiatras e psicoterapeutas de todas as escolas, além de muitos médicos de clínicas neurológicas bem como alguns práticos em geral. Jung lia em geral durante uma hora e depois dava oportunidade a debates por outra hora. Seu material incomum, sua maneira informal e seu espantoso domínio da língua inglesa produziram desde o começo uma atmosfera descontraída e estimulante, fazendo com que os debates se prolongassem para além do tempo previsto. Jung não era apenas um conferencista fascinante, mas escolhia também cuidadosamente as palavras, sendo notável como conseguia dizer, de modo compreensível e sem uso do jargão teórico, exatamente o que pensava.

Jung restringiu-se aos princípios básicos que alicerçavam suas próprias concepções e apresentou-os sob dois títulos principais: estrutura e conteúdo da psique, e os métodos empregados em sua pesquisa.

Definiu a consciência como a relação de fatos psíquicos a "um fato chamado eu", cujo caráter depende do tipo geral de atitude – extrovertido ou introvertido – do indivíduo. O eu se relaciona com o mundo externo através das quatro funções: pensamento, sentimento, sensação e intuição. Uma vez que o eu, o centro da consciência, procede do inconsciente, a consciência com suas funções só pode ser entendida sob o pano de fundo da hipótese do inconsciente pessoal e coletivo. As inter-relações bem como a natureza das funções provocaram várias perguntas, mas Jung explicou com clareza o que entendia por esses conceitos, muitos dos quais ele introduziu na psicologia analítica.

---

1. Fundada em 1920 como The Tavistock Square Clinic; em 1931 recebeu o nome de The Institute of Medical Psychology e, alguns anos depois, The Tavistock Clinic.

Ao explicar os métodos que empregava no estudo da atividade psíquica inconsciente, Jung falou do experimento de associações, da análise dos sonhos e da imaginação ativa. Em alguns ouvintes provocou estupefação a importância que ele atribuiu ao experimento de associações, uma vez que este já não vinha sendo usado há muito tempo. Mas Jung falou dele principalmente porque ocupou uma posição-chave em suas primeiras pesquisas. Quando, na qualidade de jovem assistente na clínica Burghölzli, em Zurique, começou a pesquisar os mistérios das doenças mentais, ainda não havia um saber psicológico estabelecido. Seus testes com associações de palavras levaram a resultados inesperados e muito significativos. Dos mais importantes fazia parte a descoberta da natureza autônoma do inconsciente. O fato de existir uma atividade psíquica fora da consciência já era aceito muito antes que Freud ou Jung se dessem conta de sua aplicação clínica. Através da elaboração refinada do experimento de associações, Jung confirmou esta hipótese, e, com a prova dos complexos com carga emocional, corroborou a teoria freudiana da repressão. Originalmente a resposta à palavra-estímulo estava reduzida a uma só palavra; mas Jung achou que isto limitava o valor do teste e introduziu algumas modificações técnicas. Enquanto o teste prosseguia em sua antiga forma da medição do tempo de reação, foram feitos concomitantemente registros mecânicos que mostravam graficamente o efeito das emoções sobre os batimentos do pulso, sobre a respiração e sobre mudanças quantitativas na resistência elétrica da pele. Sua constatação de que corpo e psique reagiam como unidade fez de Jung o primeiro clínico que reconheceu a importância dos epifenômenos fisiológicos das emoções que hoje são conhecidos por todos como fenômenos psicossomáticos.

Ultrapassando os limites para o país dos sonhos, conforme expressão de Jung, falou dos elementos pessoais e coletivos no sonho e principalmente da análise do sonho, o recurso terapêutico mais importante em seu trabalho – "o sonho revela todo o necessário". Uma vez Jung respondeu em alemão – para surpresa do interrogante – a uma pergunta meio complicada. Alertado pelo presidente da mesa, observou sorrindo: "Os senhores veem que o inconsciente trabalha realmente de forma autônoma".

Na quarta conferência Jung traz a interpretação de um sonho com motivos arquetípicos, explicando com isso os métodos amplificadores por ele empregados. Mostrou que a amplificação por meio de fenômenos paralelos na interpretação dos sonhos corresponde aos métodos comparados na filologia. Com base na relação compensadora entre consciência e inconsciente, Jung descreveu a psique como sistema autorregulador que pode ser comparado aos mecanismos homeostáticos do corpo.

Infelizmente o tempo não foi suficiente para terminar a análise do interessantíssimo sonho e Jung pensava em retomar o assunto em sua última conferência. Mas o Dr. Hugh Crichton-Miller propôs como alternativa que Jung falasse sobre o difícil problema da transferência, o que foi apoiado pelos participantes. Jung explicou a transferência como um caso especial do processo mais genérico da projeção e que, em certas circunstâncias, se torna o problema principal da análise. Atribuiu especial importância à experiência e historicidade do analista ao lidar com a contratransferência. A origem da transferência e sua manifestação totalmente espontânea e não provocada levou ao que Jung chamou de terapia difícil e complicada da transferência.

Ainda que breve, esta visão geral sobre o problema da transferência significou um prólogo admirável para seus trabalhos futuros e bem mais extensos sobre este tema. Em 1946 apareceu em alemão *Die Psychologie der Übertragung* (A psicologia da transferência). Jung não muda seu conceito de transferência mas houve um aprofundamento em sua compreensão. Numa publicação posterior, *Mysterium Coniunctionis*, escreveu sobre a estrutura do si-mesmo e do eu, sobre a natureza da transferência e da contratransferência e sobre o processo de individuação.

Na discussão de encerramento Jung foi perguntado sobre o emprego da expressão "imaginação ativa", e ele deu explicação pormenorizada. Descreveu o caráter criador e voltado ao objetivo da imaginação ativa na análise e mostrou como pode ser aplicada terapeuticamente em conexão com pintura e desenhos espontâneos. Alguns participantes ficaram surpresos ao saber que ele aconselhava muitas vezes os pacientes a se expressarem através de lápis e pincel. Este procedimento se mostrou muito útil sobretudo com pessoas que não conseguiam exprimir em palavras suas fantasias; além disso colocava os pacientes em condições de colaborarem ativamente, em seu tempo livre, no tratamento.

Jung faleceu em 1961, aos 86 anos de idade, ou seja, 26 anos depois de haver pronunciado estas conferências[2]. Neste meio tempo publicou diversas obras, onde encontramos maior desenvolvimento e aprofundamento, sobretudo em seus estudos sobre o inconsciente e sua importância para a compreensão da saúde e da doença da psique. As conferências a seguir são excelente introdução aos fundamentos sobre os quais Jung se apoia. São sistemáticas mas, assim mesmo, informais; e a forma escrita de suas palavras faladas nos deixa a marca duradoura de sua personalidade.

*

Primeira conferência

O presidente da mesa: Dr. H. Crichton-Miller:

Senhoras e senhores, nesta sala presto meus serviços de intermediário, exprimindo a nossa acolhida ao Professor Jung, o que constitui para mim um prazer muito grande. Todos nós, professor, estivemos ansiosos, contando os dias durante meses, à espera de sua chegada. Dos que aqui se encontram, muitos esperavam por esses seminários, antecipando a chegada de uma nova luz. Muitos de nós aqui viemos por considerá-lo o homem que salvou a psicologia moderna de um isolamento perigoso no campo da ciência e do conhecimento.

---

2. A edição alemã das conferências só apareceu após a morte de Jung (1961), por isso foram mantidos conceitos por ele cunhados e empregados na época, mesmo que os tenha parcialmente modificado em anos posteriores.

Alguns de nós, pela admiração e respeito à amplitude de visão com a qual o senhor conseguiu a união entre psicologia e filosofia, empresa tão condenada por certos grupos. Por seu intermédio foram reformulados o valor e o conceito da liberdade humana em termos de pensamento psicológico; o senhor nos proporcionou inúmeras e valiosas ideias, mas, acima de tudo, não desistiu de aprofundar os estudos da psique humana no ponto em que toda ciência acaba por esmorecer. Por estes e por inúmeros outros bens, que cada um de nós conheceu individual e independentemente, agradecemos-lhe e esperamos com ansiedade o que escondem esses encontros.

C.G. Jung:

2   Senhoras e senhores, antes de mais nada, gostaria de frisar que minha língua materna não é o inglês; portanto, se minha expressão for deficiente em algum aspecto, peço-lhes, desde já, que me desculpem.

3   Como é do conhecimento de todos, o meu propósito é traçar um breve esboço de certos conceitos fundamentais em psicologia. Se minha exposição concerne principalmente a meus próprios princípios ou pontos de vista, não quer isso dizer que desconsidere o valor das grandes contribuições de outras pessoas, igualmente dedicadas a esse campo; do mesmo modo, está longe de mim a intenção de colocar-me indevidamente num primeiro plano. Estou certo de que todos que me ouvem aqui têm tanta consciência quanto eu dos méritos de Freud e de Adler.

4   Inicialmente, seria necessário dar uma pequena ideia do processo que orientará esse nosso trabalho. Há dois tópicos principais a serem abordados: de um lado, os conceitos relativos à *estrutura e conteúdos da vida inconsciente*, e, depois, *os métodos* usados na investigação dos elementos originários de processos psicológicos inconscientes. O segundo tópico subdivide-se em três partes: o método da associação de palavras, o método da análise dos sonhos e, por último, o método da imaginação ativa.

É evidente a impossibilidade de proporcionar-lhes um apanhado completo de tudo aquilo que cada um desses tópicos tão complexos possa encerrar no que se refere, por exemplo, a problemas filosóficos, éticos e sociais inerentes à consciência coletiva de hoje. Ou ainda, às pesquisas históricas e mitológicas necessárias à sua elucidação; embora remotos na aparência, esses fatores básicos são os mais importantes no equilíbrio, no controle e nos distúrbios da condição mental do indivíduo, sendo eles, ainda, que criam a raiz da discórdia no campo das teorias psicológicas. Não obstante minha formação médica e meu consequente relacionamento com a psicopatologia, tenho a certeza de que esse ramo específico da psicologia conhecerá inúmeros benefícios através de um estudo mais profundo e amplo da psique normal em geral. O médico não deve jamais perder de vista o seguinte: as doenças são processos normais perturbados e nunca *entia per se*, dotados de uma psicologia autônoma. *Similia similibus curantur* é uma notável verdade da antiga medicina e, como tal, pode também resultar num grande engano. Assim, a psicologia médica deve prevenir-se contra o risco de ela mesma tornar-se doente. Parcialidade e estreitamento de horizontes são características neuróticas largamente conhecidas.

Tudo o que eu disser aqui permanecerá como um torso inacabado. Lamentavelmente, trago apenas pequena quantidade de novas teorias, pois meu temperamento empírico está muito mais ansioso por novos fatos do que pela especulação a ser feita em torno deles, embora isso se constitua, eu o reconheço, num agradável passatempo intelectual. Aos meus olhos, cada novo caso quase que consiste em uma nova teoria, e não estou convencido da invalidade deste ponto de vista, particularmente quando se considera a extrema juventude da psicologia moderna que, segundo sinto, ainda não saiu do berço. Consequentemente, acredito que o tempo das teorias gerais até agora não amadureceu. Parece-me, às vezes, que a psicologia ainda não compreendeu nem a proporção gigantesca de sua missão, nem a perplexidade e desanimadora complicação da natureza de seu objeto: a própria psique. É como se mal estivéssemos acordando para essa realidade, com a madrugada ainda muito obscura para compreendermos perfeitamente o porquê da psique, constituindo-se no *objeto* da observação e do julgamento científico, ser ao mesmo tempo o seu *sujei-*

to, o *meio* através do qual se fazem tais observações. A ameaça de um círculo tão espetacularmente vicioso tem-me levado a um extremo de relativismo e cuidado, quase sempre incompreendido.

Não é minha intenção perturbar nosso relacionamento durante esses seminários, levantando opiniões e críticas inquietantes. O fato de aqui mencioná-las serve como um pedido de desculpas antecipado para confusões desnecessárias que poderão surgir no desenrolar de nossos trabalhos. O que me perturba não são as teorias, mas, sim, um grande número de fatos. Peço-lhes que tenham sempre presente que a brevidade do tempo de que disponho não me permite o descortinamento de toda evidência circunstancial, o que seria um grande apoio às minhas conclusões. Refiro-me especialmente às sutilezas da análise onírica e do método comparativo da investigação dos processos inconscientes. Como podem notar, dependerei muito da boa vontade dos senhores. No entanto não afasto o meu propósito que é, em primeiro lugar, o de deixar as coisas o mais claro possível.

A psicologia como ciência relaciona-se, em primeiro lugar, com a consciência; a seguir, ela trata dos produtos do que chamamos psique inconsciente, que não pode ser diretamente explorada por estar a um nível desconhecido, ao qual não temos acesso. O único meio de que dispomos, nesse caso, é tratar os produtos conscientes de uma realidade, que supomos originários do campo inconsciente, esse campo de "representações obscuras" ao qual Kant, em sua *Antropologia*, se refere como sendo um mundo pela metade[1]. Tudo o que conhecemos a respeito do inconsciente foi-nos transmitido pelo próprio consciente. A psique inconsciente, cuja natureza é completamente desconhecida, sempre se exprime através de elementos conscientes e em termos de consciência, sendo esse o único elemento fornecedor de dados para a nossa ação. Não se pode ir além desse ponto, e não nos devemos esquecer que tais elementos são o único fator de aferição crítica de nossos julgamentos.

A consciência é um dado peculiar, um fenômeno intermitente. Um quinto, um terço, ou talvez metade da vida humana se desenrola em condições inconscientes. Nossa primeira infância também se de-

---

1. KANT, I. *Anthropologie in pragmatischer Hinsicht*. Königsberg: [s.e.], 1798.

senvolve a esse nível. É no inconsciente que mergulhamos todas as noites, e apenas em fases entre o dormir e o despertar é que temos uma consciência mais ou menos clara e, em certo sentido, bastante questionável quanto à sua clareza. Presume-se, por exemplo, que uma menina ou menino sejam conscientes aos dez anos de idade; entretanto qualquer um pode provar ser essa uma consciência bastante peculiar, talvez uma consciência sem ter consciência do *eu*. Conheço inúmeros casos de crianças, entre onze e catorze anos (às vezes até mais velhas), que foram subitamente atingidas por esse clarão essencial: "Eu sou". Pela primeira vez sentem que são eles próprios a experimentar, a considerar um passado, no qual se lembram de coisas acontecendo, mas não têm consciência de si próprios dentro de tais acontecimentos.

Admitamos que quando se diz "eu" não há critério absoluto para constatar se temos uma experiência de fato do que seja esse "eu". Talvez nossa compreensão do eu ainda seja fragmentária e, quem sabe, futuramente as pessoas saibam muito mais a esse respeito e integrem muito mais em si próprias o significado do eu para o ser humano do que nós. Na verdade, não se pode antever que esse processo terminará.

A consciência é como uma superfície ou película cobrindo a vasta área inconsciente cuja extensão é desconhecida. Ignoramos a extensão do domínio inconsciente pela simples razão de desconhecermos tudo a seu respeito. Não se pode dizer coisa alguma a respeito daquilo sobre o qual nada se sabe. Quando dizemos "inconsciente" o que queremos sugerir é uma ideia a respeito de alguma coisa, mas o que conseguimos é apenas exprimir nossa ignorância a respeito de sua natureza. Há apenas provas indiretas sobre a existência de uma esfera mental de ordem subliminar. Temos alguma justificação científica que prove sua existência. A partir dos produtos dessa mente inconsciente podemos tirar determinadas conclusões quanto à sua possível natureza. Entretanto, todo cuidado será pouco para não cairmos num antropomorfismo exagerado, pois os fatos, em sua realidade, podem ser bastante diferentes da imagem que a nossa consciência forma deles.

Se, por exemplo, tomarmos o mundo físico e o compararmos à imagem que dele é formada pelo consciente, descobriremos todo tipo de idealizações mentais que não existem como fatos objetivos; assim, vemos *cores* e ouvimos *sons*, mas na realidade trata-se de vibrações. O que acontece é que precisamos de um laboratório equipado com aparelhos complexos para estabelecermos um quadro desse mundo desligado de nossos sentidos e de nossa psique; e suponho que aconteça exatamente o mesmo com o nosso inconsciente. Deveríamos ter um laboratório para que fosse estabelecido, através de métodos objetivos, como são as coisas em sua verdade no mundo inconsciente. Assim, essa crítica deverá nortear todo ponto de vista e a afirmação que eu fizer ao longo das conferências, quando tratar do inconsciente. Tudo será *como se*, e os senhores nunca deverão esquecer tal restrição.

13 A mente consciente caracteriza-se sobremaneira por uma certa estreiteza; ela pode apreender poucos dados simultâneos num dado momento. Enquanto isso, tudo o mais é inconsciente – apenas alcançamos uma espécie de continuidade, de visão geral ou de relacionamento com o mundo consciente através da *sucessão* de momentos conscientes. É impossível estabelecermos continuamente uma imagem de totalidade devido à própria limitação da consciência. A nossa possibilidade restringe-se à percepção de instantes de existência. Seria como se observássemos através de uma fenda e só víssemos um momento isolado – o resto seria obscuro, inacessível à nossa percepção. A área do inconsciente é imensa e sempre contínua, enquanto a área da consciência é um campo restrito de visão momentânea.

14 A consciência é sobretudo o produto da percepção e orientação no mundo *externo*, que provavelmente se localiza no cérebro e sua origem seria ectodérmica. No tempo de nossos ancestrais era provavelmente um sentido sensorial da pele. É bem possível que a consciência derivada dessa localização cerebral retenha tais qualidades de sensação e orientação. Psicólogos franceses e ingleses dos séculos XVII e XVIII tentaram derivar a consciência especificamente dos sentidos, a ponto de considerá-la como um produto exclusivo de dados sensoriais; tal concepção é atestada pela velha fórmula: "Nihil est in intellectu quod prius non fuerit in sensu"[2]. Podemos notar qualquer coisa parecida em modernas teorias psicológicas. Freud não deriva a consciência de da-

---

2. Nada existe no intelecto que não tenha estado antes nos sentidos. – Cf. LEIBNIZ, G.W. *Nouveaux essais sur l'entendement humain*. Livro II, cap. I, sec. 2. Paris: [s.e.], 1704, em resposta a Locke. A formulação é de origem escolástica; cf. DUNS SCOTUS, J. *Quaestiones Scoti super Universalibus Porphyrii*... qu. 3. Veneza: [s.e.], 1520.

dos sensoriais, mas ele concebe o inconsciente como derivado do consciente, o que seria seguir a mesma linha de raciocínio.

Eu consideraria a questão pelo seu reverso: coloco o inconsciente como um elemento inicial, do qual brotaria a condição consciente. Na primeira infância somos inconscientes; as funções mais importantes de qualquer natureza instintiva são inconscientes, sendo a consciência quase que um produto do inconsciente. É uma condição que exige esforço violento. Ficamos cansados depois de um prolongado estado consciente; somos às vezes levados até mesmo à exaustão. É um esforço quase que antinatural. Podemos observar, por exemplo, nos primitivos que à menor exigência, ou mesmo sem ela, de repente "somem". Eles podem ficar sentados à toa horas a fio, e quando lhes perguntamos: "O que estão fazendo? O que estão pensando?" eles se ofendem e dizem: "Só um doido é que pensa; só ele tem pensamentos na cabeça. Nós não pensamos". Se concebem algum pensamento, fazem-no antes com a barriga ou com o coração. Algumas tribos negras garantem que os pensamentos nascem na barriga, pois apenas conseguem apreender as ideias que realmente lhes perturbam o fígado, os intestinos ou o estômago. Em outras palavras, são atingidos apenas por pensamentos emocionais. As emoções e os afetos são obviamente sempre acompanhados por inervações psicológicas perceptíveis.

Os índios pueblo afirmaram-me que todos os americanos eram loucos. E lógico que fiquei um tanto espantado e perguntei por que pensavam assim. "Bem, os americanos dizem que pensam com a cabeça. Nenhum homem sadio pensa com a cabeça. Nós pensamos com o coração". Esses índios se encontram exatamente na idade homérica, onde o diafragma (phren = espírito, mente) era considerado a sede das atividades psíquicas, o que significa uma localização psíquica de natureza diversa. *Nosso* conceito de consciência supõe que nossos pensamentos emergem de nossa digníssima cabeça, enquanto que os pueblo derivam a consciência da intensidade dos sentimentos. Pensamentos abstratos simplesmente não existem para eles. Por serem adoradores do Sol, tentei impressioná-los com o argumento de Santo Agostinho: Deus não é o Sol, mas sim o criador do Sol[3].

---

3. *In Ioannis Evangelium*. Tract. XXXIV, 2, col. 2.037. Cf. JUNG, C.G. *Símbolos da transformação*: análise dos prelúdios de uma esquizofrenia. Petrópolis: Vozes, 2011 [OC, 5; § 162[69]].

Foi-lhes impossível assimilar essa ideia, pois não conseguem ultrapassar as percepções de suas sensações e de seus sentimentos. Daí, para eles, a consciência e o pensamento se localizam no coração. Para nós, ao contrário, as atividades psíquicas nada representam. Acreditamos que os sonhos e as fantasias estão localizados num subnível; por isso há pessoas que falam de uma mente *sub*consciente, de coisas que se localizam abaixo da consciência.

17   Essas localizações particulares desempenham um papel importantíssimo na chamada psicologia primitiva (que de primitiva não tem absolutamente nada). Se, por exemplo, estudarmos a ioga tântrica e a filosofia hindu, descobriremos o mais elaborado sistema de camadas psíquicas, de localizações da consciência desde a região do períneo até o topo da cabeça. Esses "centros" são os chamados *chakras*, encontrados não apenas nos ensinamentos da ioga, mas também nos velhos tratados alemães sobre a alquimia que, logicamente, não se originam de um conhecimento da ioga.

18   Uma consideração importante sobre a consciência é que nada pode ser consciente sem ter um eu como ponto de referência. Assim, o que não se relacionar com o eu não é consciente. A partir desse dado, podemos definir a consciência como a relação dos fatos psíquicos com o eu. Mas o que é o eu? É um dado complexo formado primeiramente por uma percepção geral de nosso corpo e existência e, a seguir, pelos registros de nossa memória. Todos temos uma certa ideia de já termos existido; todos acumulamos uma longa série de recordações. Esses dois fatores são os principais componentes do eu, que nos possibilitam considerá-lo como um complexo de fatos psíquicos. A força de atração desse complexo é poderosa como a de um ímã; é ele que atrai os conteúdos do inconsciente, daquela região obscura sobre a qual nada se conhece. Ele também chama a si impressões do exterior que se tornam conscientes ao entrar em associação com o eu. Caso isto não ocorra, elas não são conscientes.

19   Portanto, em minha concepção, o eu é uma espécie de complexo, o mais próximo e valorizado que conhecemos. É sempre o centro de nossas atenções e de nossos desejos, sendo o cerne indispensável da consciência. Se ele se desintegra, como na esquizofrenia, toda ordem de valores desaparece e as coisas não mais podem ser reproduzi-

das voluntariamente; o centro se esfacelou e algumas partes da psique passarão a referir-se a um fragmento do eu, enquanto outras partes se ligarão a outros fragmentos. Essa é a razão da mudança rápida de personalidade tão característica dos esquizofrênicos.

A consciência é dotada de um certo número de funções, que a orienta no campo dos fatos *ectopsíquicos* e *endopsíquicos*. A ectopsique é um sistema de relacionamento dos conteúdos da consciência com os fatos e dados originários do meio ambiente, um sistema de orientação que concerne à minha manipulação dos fatos exteriores, com os quais entro em contato através das funções sensoriais. A endopsique, por outro lado, é o sistema de relação entre os conteúdos da consciência e os processos postulados no inconsciente.

Primeiramente trataremos aqui das funções ectopsíquicas. Em primeiro lugar temos a *sensação*, a função dos sentidos[4]; ela seria o que os psicólogos franceses chamam "la fonction du réel", a soma total de minhas percepções de fatos externos, vindas até mim por meio dos sentidos. Dentro dessa concepção, a denominação dos franceses me parece ter sido totalmente feliz. A sensação me diz que alguma coisa é; não exprime *o que é*, nem qualquer outra particularidade da coisa em questão.

A seguir, distinguimos a função do *pensamento*. Se perguntarmos a um filósofo, ele dirá que o pensamento é uma coisa extremamente complicada; portanto nunca procure um filósofo para se informar a respeito, pois ele é, por excelência, o homem que não sabe o que é o pensamento, quando todas as outras pessoas o sabem. Quando se diz a alguém: "Olhe, pense bem!", essa pessoa sabe exatamente o que se está querendo exprimir, mas um filósofo, não. Na sua forma mais simples, o pensamento exprime *o que* uma coisa é. Dá nome a essa coisa e junta-lhe um conceito, pois pensar é perceber e julgar (A psicologia alemã fala de "apercepção".)

A terceira função que distinguimos, e para a qual a linguagem comum tem uma denominação, é o *sentimento*. Aqui as ideias se confundem e entram em choque; as pessoas se irritam quando falo sobre o sentimento, pois segundo a opinião delas o que digo a respeito des-

---

4. Cf. JUNG, C.G. *Tipos psicológicos*. Petrópolis: Vozes, 2011 [OC, 6; definições].

sa função é horrível. O sentimento nos informa, através da carga emocional, acerca do *valor* das coisas. É ele que nos diz, por exemplo, se uma coisa é aceitável, se ela nos agrada ou não. Ele nos diz o que é de *valor* para nós. Devido a este fenômeno não podemos perceber ou aperceber sem uma determinada reação sentimental. É possível demonstrar experimentalmente que sempre está presente certa carga emocional. Mais tarde falaremos sobre isso. Agora, o "horrível" sobre o sentimento é que ele, como o pensamento, é uma função *racional*. Toda pessoa que pensa está absolutamente convencida de que o sentimento jamais pode ser uma função racional mas, ao contrário, totalmente irracional. Peço-lhes, entretanto o seguinte: tenham um pouco de calma e concordem que o ser humano não pode ser perfeito em tudo. Aquele que é perfeito em seus pensamentos jamais o será quanto aos sentimentos devido à própria impossibilidade de realizar as duas coisas simultaneamente; uma impede a outra. Consequentemente, quando se quer pensar dentro de uma linha científica ou filosófica totalmente desapaixonada, deve-se colocar de lado todos os valores sentimentais, caso contrário começar-se-á a sentir que é muito mais importante pensar sobre a liberdade da vontade do que, por exemplo, sobre a classificação dos piolhos. E, evidentemente, se observados do ponto de vista do sentimento, os dois objetos não são diferentes apenas quanto aos *fatos*, mas também quanto ao *valor*. Os valores não são âncoras para o intelecto, mas eles existem e a atribuição de valor é uma função psicológica importante. Se quisermos ter uma visão completa do mundo, é fundamental que consideremos o papel desempenhado pelos valores, caso contrário cairemos em dificuldades. Para a maior parte das pessoas o sentimento parece ser totalmente irracional porque elas podem ter os mais diversos sentimentos de maneira idiota; eis a razão de todo mundo estar convencido, especialmente neste país, de que devemos controlar nossos sentimentos. Admito ser esse um bom hábito e expresso aqui a minha profunda admiração aos ingleses por essa habilidade. Não obstante os sentimentos continuam a existir, e tenho visto pessoas que os controlam surpreendentemente bem, apesar de serem muito perturbadas por eles.

Veremos agora a quarta função. Recapitulando: a sensação diz que alguma coisa *é*; o pensamento exprime *o que* ela é; o sentimento exprime-lhe o valor. O que mais, então, poderia existir? Pode-se acreditar que a visão do mundo se complete ao saber que as coisas *são, o que são* e qual o *valor* a elas atribuído. Há, entretanto uma outra categoria: *o tempo*. Tudo tem um passado e um futuro; tudo procede de um lugar, e se encaminha para outro. E é impossível saber qual seja essa origem e essa destinação, a menos que se tenha o que vulgarmente é chamado "palpite". Se suas atividades se relacionarem ao ramo artístico ou ao de venda de móveis antigos, você pode "ter um palpite" de que determinado objeto pertence a um grande mestre de 1720, pressentindo ser esse um bom trabalho. Ou, então, não saber como se comportará a bolsa de valores, mas ter um palpite de que subirá. A isso se chama *intuição*, uma espécie de faculdade mágica, coisa próxima da adivinhação, espécie de faculdade miraculosa. Posso, por exemplo, não saber que meu paciente tem uma coisa extremamente dolorosa para contar, mas tenho uma "impressão" sobre a existência de seu problema. Uso essas palavras tão deficientes porque a linguagem comum não tem termos exatos para definir esse tipo de percepção. Mas a palavra intuição faz, cada vez mais, parte da língua inglesa e os senhores são muito felizes, pois em outras línguas a palavra nem existe. Os alemães nem mesmo conseguem fazer uma distinção linguística entre sentimento e sensação. Em francês é diferente; se você fala francês, possivelmente não pode dizer que tem um certo "sentiment dans l'estomac", aqui a palavra teria de ser "sensation". Em inglês existem os dois termos que estabelecem a diferença entre sensação e sentimento, mas é muito fácil misturar sentimento com intuição. Por isso, é aconselhável que se mantenha sempre a maior clareza quanto ao seu uso, para se estabelecer uma distinção na linguagem científica. Devemos definir o que estamos pensando quando usamos certos termos, ou então cairemos numa liguagem ininteligível, o que sempre resulta em desastre, especialmente na psicologia. Numa conversa normal é provável que dois homens pensem em coisas diversas ao empregarem a palavra sentimento. Há, por exemplo, psicólogos que usam a palavra *sentimento*, definindo-a como uma espécie de pensamento truncado. "O sentimento nada mais é do que um pensamento inacabado", eis a definição de um psicólogo bastante conhecido. Mas o sentimento é algo genuíno, é algo real, é uma função, e por isso existe um nome para ele. A mente instintiva e natural sempre concebe um nome para as coisas dotadas de existência real. Só psicólogos inventam nomes para as coisas que não existem.

25   A última função definida, a intuição, parece ser bastante misteriosa e os senhores sabem que eu sou muito "místico", como se diz por aí. Bem, essa então é uma das minhas peças de misticismo. A intuição é a função pela qual se antevê o que se passa pelas esquinas, coisa que habitualmente não é possível. Entretanto encontramos pessoas que fazem isso e acabamos acreditando nelas. É uma função que normalmente fica inativa se vivemos trancados entre quatro paredes, numa vidinha de rotina. Mas se trabalharmos na bolsa de valores ou na África Central, então esses "palpites" e "impressões" serão as mais eficazes armas de trabalho. É impossível prever, por exemplo, se, ao passar por um arbusto, toparemos com um rinoceronte ou um tigre; mas podemos ter um "palpite", e isso pode salvar-nos a vida. Através desse exemplo se vê que as pessoas normalmente expostas a condições naturais têm que se valer constantemente da intuição, assim como aqueles que se arriscam num campo desconhecido e os que são pioneiros em qualquer empreendimento. Inventores bem como juízes são auxiliados por ela. Sempre que se tiver de lidar com condições estranhas para as quais não há valores preestabelecidos ou conceitos já firmados, esta função será o único guia.

26   Tentei descrever esta função da melhor maneira possível, mas pode ser que as coisas não tenham ficado tão claras. O que quero dizer é que a intuição é um tipo de percepção que não passa exatamente pelos sentidos; registra-se *ao nível do inconsciente*, e é onde abandono toda tentativa de explicação, dizendo-lhes: "Não sei como isso se processa". Não sei o que se passa quando um homem se inteira de fatos que ele, em absoluto, não tem meios de conhecer. Não consigo dizer como essas coisas acontecem, entretanto a realidade está aí, e os fenômenos são comprovados. Sonhos premonitórios, comunicações telepáticas etc. são intuições. Continuamente venho presenciando esses fatos, e estou convencido de sua existência. Entre os primitivos, eles ocorrem com frequência, e se prestarmos atenção registraremos em todo lugar percepções que, de certa forma, trabalham através de dados subliminares, como percepções sensoriais tão sutis que escapam à nossa consciência. As vezes, por exemplo, na criptomnésia,

algo irrompe na consciência. Captamos uma palavra que provoca determinada sugestão, mas que permanece inconsciente até o momento de sua irrupção; eis por que ela se apresenta como se tivesse caído do céu. Os alemães denominam este fenômeno de *einfall*: qualquer coisa que despenca do alto sobre nossa cabeça. Eventualmente o seu afloramento adquire características de revelação. Mas, na realidade, a intuição é uma função muito natural, uma coisa perfeitamente normal e até mesmo necessária, pois nos coloca em contato com o que não podemos perceber, pensar ou sentir, devido a uma falta de manifestação concreta. Vejamos: o passado já não existe e a realidade do futuro não é tão manifesta quanto o possamos imaginar; aí está por que devemos agradecer aos deuses pela existência de uma função que nos esclarece um pouco sobre coisas que se escondem por trás das esquinas. Médicos, frequentemente surpreendidos por situações imprevistas e sem antecedentes, têm que contar com o auxílio desta função cheia de mistérios, sobre a qual repousa um grande número de bons diagnósticos.

As funções psicológicas são controladas habitualmente pela vontade (ou pelo menos assim o esperamos, pois temos medo de tudo aquilo que se move por conta própria). Quando as funções são controladas elas podem ser postas fora de uso, podem ser suprimidas, selecionadas, aumentadas de intensidade, dirigidas pela força da vontade, pelo que chamamos de intenção. Mas também podem funcionar de modo involuntário, isto é, elas pensam e sentem em nosso lugar – isso acontece com frequência e não podemos interromper um processo desses depois de iniciado. Ou, então, as funções agem de maneira tão inconsciente que não sabemos o que aconteceu, embora nos deparemos, por exemplo, com o resultado de um processo emocional desenvolvido a um estágio inconsciente. Depois alguém poderá provavelmente dizer: "Ah, você estava tão bravo, ou estava tão ofendido que fez tais e tais coisas". Talvez a pessoa esteja totalmente inconsciente a respeito do que sentiu, não obstante aquelas coisas tenham realmente acontecido. As funções psicológicas, como as funções sensoriais, são dotadas de energia específica. Não se pode dispor do sentimento ou do pensamento, ou de qualquer das quatro outras funções. Ninguém pode dizer: "Eu não quero pensar" – pensará inevitavelmente. Uma pessoa não pode afirmar: "Eu não quero sentir" – ela sentirá, pois a energia específica particular de cada função tem expressão própria, e não pode ser substituída por outra.

Logicamente, cada um de nós tem suas preferências; os dotados de bom raciocínio preferem pensar sobre as coisas e se adaptar através do pensamento. Outros, cuja função sentimento é particularmente bem desenvolvida, possuem boa comunicabilidade, demonstrando grande senso de valores; são verdadeiros artistas em criar situações que envolvam sentimento e em viver tais situações. Ou ainda, um homem com agudo senso de observação objetiva irá valer-se principalmente de sua sensação, e assim por diante. É a função dominante que dá a cada indivíduo a sua espécie particular de psicologia. O homem que age dirigido preponderantemente pelo intelecto constitui um tipo inconfundível, e a partir de seu traço dominante pode-se deduzir qual seja a condição de seu sentimento. Quando o pensamento é a função superior, o sentimento só poderá ser a inferior. A mesma regra se aplica às outras três funções. Vou mostrar isso aos senhores através de um diagrama, que esclarecerá o que estamos tratando.

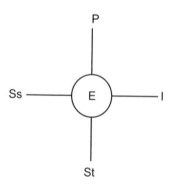

Fig. 1 – As funções

Eis a chamada cruz das funções (Fig. 1). No centro está o eu (E), dotado de certa quantidade de energia, que é a força da vontade. No caso do tipo pensamento, essa força será canalizada para o raciocínio, para o *pensamento* (P); então, o sentimento (St) será colocado no extremo oposto, sendo nesse caso a sua função relativamente inferior. Isto se deve ao fato de que, ao pensarmos, devemos excluir o sentimento, e quando sentimos devemos excluir o pensamento. E devemos mesmo deixar o sentimento e seus valores de lado quando pensamos, pois eles são uma sobrecarga para o pensamento. Entretanto, os que se guiam pelos valores não se valem do pensamento, no que estão certos, pois essas duas funções diferentes se contradizem mutuamente. Pessoas já me disseram que seu pensamento era tão diferenciado quanto seu sentimento; mas não posso acreditar nisso, pois nenhum indivíduo possui os dois opostos simultaneamente no mesmo grau de desenvolvimento.

O mesmo se aplica à sensação (Ss) e à intuição (I). De que maneira elas se afetam mutuamente? É impossível enxergar ao mesmo tempo através de paredes quando se observa fatos físicos. Se prestarmos bastante atenção em um homem que trabalha com as percepções sensoriais, veremos que as linhas de direção de seus olhos têm a tendência de convergir, de encontrar-se num determinado ponto; por sua vez, a expressão ou o olhar da pessoa intuitiva apenas cobre a superfície das coisas. Ela não olha fixamente, mas globaliza os objetos num todo; entre as muitas coisas que percebe, estabelece um ponto na periferia do campo de visão, e isto constitui o "hunch", segundo os americanos. Com bastante segurança é possível dizer, a partir dos olhos de uma determinada pessoa, se ela é intuitiva ou não. É inerente ao caráter do intuitivo o não prender-se à observação de detalhes; ele sempre busca apreender a totalidade da situação e, então, repentinamente, qualquer coisa emerge dessa globalização. Se você pertence ao tipo sensação, é comum que observe os fatos em sua realidade imediata, mas a intuição não o orientará, devido à incompatibilidade de atuação simultânea particular às duas funções. A dificuldade está em que o princípio de uma exclui o de outra; eis por que as apresento aqui como opostos.

Por este simples diagrama poderemos chegar a muitas conclusões importantes sobre a estrutura de determinada consciência. Se, por exemplo, o *pensamento* é altamente diferenciado, comprovaremos que o sentimento é indiferenciado. O que significaria isso? Que tais pessoas não têm sentimento? Não, eu diria exatamente o contrário; pessoas do tipo pensamento frequentemente afirmam: "Tenho sentimentos fortes, sou muito emocionável, sou um temperamental". Na verdade eles se colocam sob o fluxo poderoso de suas emoções, são tomados por elas e, às vezes, vencidos. A vida particular de professores, por exemplo, constitui estudo interessantíssimo; se você quiser informações completas sobre a vida de um intelectual em sua casa, pergunte à sua esposa, e ela terá longas histórias para contar.

O reverso é igualmente válido para o tipo *sentimento*; se agir com naturalidade, ele jamais permitirá que o aborreçam com pensamentos ou raciocínios; mas se por acaso for sofisticado ou um pouquinho neurótico, será perturbado por certo tipo de ideias. É que aí o pensamento surge de maneira compulsória e o indivíduo não consegue livrar-se dele. Normalmente esse tipo é pessoa agradável, apesar de apresentar ideias e convicções extraordinárias e um pensamento de qualidade inferior. Ele é virtualmente tomado por tal modo de pensar, sendo enrolado por suas elucubrações; não pode desvencilhar-se por não poder raciocinar nem ter flexibilidade de ideias. Por outro lado, um intelectual, ao ser dominado por seus sentimentos, diz: "Eu sinto assim, e pronto!" E contra isso não há argumentos. Apenas quando tiver sido literalmente escaldado em sua emoção, ele voltará a si novamente; é impossível fazê-lo raciocinar sobre seus sentimentos, e, se tal fosse possível, surgir-lhe-ia a consciência de ser um homem bastante limitado.

O processo é o mesmo com referência aos tipos *sensação* e *intuição*. O intuitivo sempre se irrita quando colocado em frente à realidade concreta; do ponto de vista da realidade, ele quase sempre fracassa, por situar-se fora das possibilidades da vida. É aquele homem que planta um campo e, antes que a safra esteja madura, já lança novo plantio. Deixou muitos campos arados para trás, sempre com novas esperanças à frente, sem que nada surja de verdadeiro. Por sua vez, o tipo sensação está ligado às coisas. Fixa-se numa determinada realidade e a coisa só lhe parece verdadeira quando dotada de existência real, concreta. Imaginem o que sente o intuitivo ante um dado concreto; para ele, aquela é exatamente a coisa errada: "Não pode ser isso, tem que ser qualquer outra coisa". Quando a um indivíduo do tipo sensação falta uma realidade concreta de apoio, por exemplo:

quatro paredes para se fixar, parece que o mundo desaba. Dê ao intuitivo quatro paredes para viver e a sua única preocupação será um jeito de fugir disso, pois para ele a situação de fato é uma prisão que deve ser destruída o quanto antes, para poder lançar-se à busca de novas possibilidades.

Tais diferenças desempenham papel importante na psicologia prática. Não vão imaginar que eu esteja enquadrando as pessoas, dizendo: "Ele é um intuitivo", ou "Ele é do tipo pensamento". É muito comum me perguntarem: "Fulano de Tal não é do tipo pensamento?" Minha resposta costuma ser: "Nunca pensei a esse respeito". E na verdade não o fiz, pois não adianta colocar as pessoas em gavetas de diferentes rótulos. Entretanto, quando se dispõe de um largo material empírico, são necessários princípios de ordem e de crítica para que se proceda a uma classificação. Espero não estar exagerando, mas é para mim extremamente importante criar uma ordem em meus dados experimentais, especialmente quando as pessoas estão preocupadas e confusas, ou quando se tem de explicá-las umas às outras. Se você tiver de explicar uma esposa a seu marido e vice-versa, esses critérios objetivos são sempre muito valiosos, caso contrário a coisa continua indefinidamente no campo do "Ele me disse" ou "Ela me disse".

Via de regra, a função inferior não é consciente nem diferenciada, não podendo sempre ser manobrada pela intenção e pela vontade. Aquele que é realmente um pensador pode dirigir seus pensamentos bem como controlá-los; não é escravo de ideias, podendo sempre conceber saídas novas para os problemas. Ele tem o dom de dizer: "Posso pensar em qualquer coisa diferente, posso pensar no oposto dessa hipótese". Enquanto ao tipo sentimento isto é vedado, por não poder desvencilhar-se de seu pensamento. O pensamento o fascina, eis por que ele o teme; a verdade é que o pensamento o possui, escravizando-o. O intelectual tem medo de ser tomado pelos sentimentos por serem eles de qualidade arcaica e em seus domínios ele próprio é um homem arcaico, uma vítima abandonada à força de seus sentimentos. Essa é a razão do homem primitivo ser extremamente polido; toma o máximo cuidado para não ferir os sentimentos de seus companheiros, pois seria perigoso. Muitos de nossos costumes são explicados através dessa polidez arcaica: não é bom costume, ao cumprimentar alguém, apertar-lhe a mão direita enquanto se mantém a esquerda no bolso ou nas costas, pois é necessário provar que não leva nenhuma arma escondida. A saudação oriental de curvar-se com as palmas das mãos abertas e estendidas para cima significa: "Não trago nada nas mãos". No cumprimento chinês de homenagem e respeito (kao-tao), ajoelha-se tocando o solo próximo aos pés da outra pessoa com a testa, e o significado do gesto é que a criatura se apresenta sem defesa em frente à outra, e tem nela confiança total. Se estudarmos o simbolismo dos costumes primitivos veremos que a sua base principal é o medo do outro. Do mesmo modo tememos nossas funções inferiores; se toparmos com um intelectual típico, realmente apavorado ante a possibilidade de apaixonar-se, poderemos julgar que seu medo é ridículo. Mas muito provavelmente ele é quem está certo, pois bem pode acontecer que faça uma grande besteira ao apaixonar-se. Com toda certeza ele será manietado, pois o seu espírito só reage a um tipo inferior e arcaico de mulher. Essa é a razão de muitos intelectuais se casarem com pessoas abaixo de seu nível. Às vezes (a história nos dá abundantes exemplos), são os "fisgados" pela locatária de seus quartos ou pela cozinheira, exatamente por não terem consciência do sentimento subdesenvolvido, que os levou a serem dominados. Portanto, esse medo tem plena justificativa. Para eles o sentimento é uma fonte de perturbações. Ninguém pode atacá-los através do intelecto; aí eles são fortes e se movem à vontade, mas podem ser influenciados, paralisados, enganados em suas emoções; e eles o sabem. Portanto nunca force os sentimentos de um homem, caso ele seja um intelectual; ele os controla com mão de ferro por saber que o perigo aí é grande.

36   Essa lei é aplicável a cada uma das funções; a inferior está sempre associada a uma personalidade arcaica, e em seus domínios somos todos primitivos. Em nossas funções diferenciadas somos sempre civilizados e presume-se que aí tenhamos vontade livre, o que é impossível quando se trata das funções inferiores. Lá existe uma ferida aberta, ou ao menos uma porta aberta por onde qualquer coisa pode entrar.

37   Agora vamos tratar das *funções endopsíquicas* da consciência. As funções que acabamos de tratar regem ou auxiliam nossa orientação

consciente no relacionamento com o ambiente, mas não se aplicam às coisas situadas, por assim dizer, abaixo do eu, que é apenas um segmento da consciência flutuando num oceano de coisas obscuras. As coisas obscuras são as interiores. Nesse lado sombrio há uma camada de dados psíquicos que formam uma espécie de moldura de consciência à volta do eu. Vamos ilustrá-lo através de um diagrama (Fig. 2).

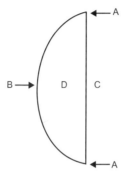

Fig. 2 – O eu

Se admitirmos *AA* como limiar da consciência, teremos, então, em *D* um setor consciente que se refere ao mundo ectopsíquico *B*, área regida pelas funções que acabamos de abordar. De maneira oposta, em C, situa-se o *mundo das sombras*. Ali o eu se torna ligeiramente obscuro; não enxergamos e tornamo-nos um enigma aos nossos próprios olhos. Conhecemos o eu apenas em *D*, nunca em *C*. Aqui sempre surgem coisas novas a nosso respeito; quase todo ano aparece um fato que desconhecíamos. Sempre nos julgamos no ponto final de nossas descobertas, mas isso nunca acontece. Descobrimos que somos isto, aquilo e outras coisas mais e, por vezes, temos experiências surpreendentes; o que prova existir sempre uma parte de nossa personalidade que ainda permanece inconsciente, que ainda se encontra em mutação, ainda indeterminada, ainda em gestação. Entretanto, a personalidade que irá surgir, dentro de um ano, já existe em nós, somente que no lado obscuro. O eu se parece a uma moldura que se move sobre um filme: a personalidade futura ainda não se encontra no campo de visão, mas vamos gradativamente nos aproximando até que o ser futuro seja totalmente visualizado. Tais potencialidades pertencem ao lado obscuro do eu: sabemos o que fomos, mas ignoramos o que seremos.

A *primeira* função do lado endopsíquico é a *memória* ou *reprodução*, que nos liga aos fatos sumidos da consciência, aos dados que se tornaram subliminares ou que foram expulsos e reprimidos. O que denominamos memória é a faculdade de reproduzir conteúdos inconscientes e é a primeira função a ser claramente distinguida no relacionamento entre a nossa consciência e os conteúdos que realmente não se encontram visíveis.

A *segunda* função endopsíquica constitui um problema mais difícil. Estamos em águas profundas e começamos a entrar na escuridão. Inicialmente vou dar aos senhores o nome da função: *componentes subjetivos das funções conscientes.* Espero conseguir expressar-me com clareza. Quando, por exemplo, encontramos um homem que não vemos há muito tempo, logicamente concebemos um pensamento a seu respeito. Nem sempre pensamos coisas que possam ser ditas imediatamente; talvez admitamos fatos que não sejam verdadeiros, que não se apliquem à pessoa. Obviamente são relações subjetivas que também se dão em relação a coisas e situações. Toda aplicação de uma função consciente, trate ela de qualquer objeto, é sempre acompanhada de reações subjetivas, mais ou menos inadmissíveis, injustas ou imperfeitas. Estamos dolorosamente conscientes de que tais coisas se desenrolam em nós, mas ninguém admite com facilidade estar sujeito a tais fenômenos. Preferimos deixá-los na obscuridade, pois isso nos ajuda a pensar que somos perfeitamente inocentes, agradáveis e honestos, apesar de "um pouquinho exigentes" – os senhores conhecem bem todas essas frases. Na verdade não o somos, pois temos um grande número de reações subjetivas, não sendo nada elogioso admiti-las. A essas reações eu denomino componentes subjetivos. São partes muito importantes das relações com a nossa própria interioridade, onde as coisas se tornam realmente dolorosas. Eis por que nos desagrada entrar nesse mundo sombrio do eu. Não gostamos de admitir nosso próprio lado de sombras. Muitas pessoas, em nossa sociedade civilizada, perderam sua sombra, livraram-se dela, tornando-se apenas bidimensionais: perderam a terceira dimensão e, geralmente, com ela, o próprio corpo. O corpo é o amigo mais duvidoso, por produzir coisas de que não gostamos; há inúmeros fatos a ele relacionados que não podem mesmo ser mencionados. Por isso ele frequentemente é a personificação do lado sombrio do eu. Às vezes representa o "esqueleto escondido no armário", e todo mundo, naturalmente, quer ver-se livre disso. Creio que se esclareceu suficientemente o que desejo expressar com a denominação *componentes subjetivos*. São normalmente uma disposição a reagir de determinada maneira, mas via de regra a disposição não lhe é favorável.

Há uma exceção para essa definição: aquela pessoa que não está vivendo seu lado positivo, como se supõe que estejamos todos: o tipo que vive entrando em tudo com o pé esquerdo. Há certos indivíduos que denominamos "pechvögel", em nosso dialeto suíço ("pitch-birds" seria uma tradução aproximada para o inglês), "desastrados" em português. Sempre se metem em complicações porque vivem sua própria sombra, sua negação. Aquela pessoa que chega tarde a um concerto ou conferência e, devido à sua grande modéstia, ou porque não deseja perturbar os outros, entra cautelosamente no fundo da sala, mas tropeça numa cadeira com grande ruído, atraindo a atenção de todos. Estes são os "pitch-birds" (os desastrados).

Chegamos ao *terceiro* componente endopsíquico que não posso classificar exatamente como função. No caso da memória pode-se falar em função, mas a própria memória é função controlável ou voluntária apenas até determinado grau; normalmente ela é cheia de truques, assemelha-se a um cavalo chucro que não se deixa guiar. Recusa-se muitas vezes da maneira mais embaraçosa. E nem é bom falar quanto ao seu relacionamento com as reações e componentes subjetivos. Agora, então, o quadro começa a piorar, pois chegou a vez das *emoções* e dos *afetos*. Logicamente não se trata mais de funções, mas sim, de acontecimentos, pois numa emoção, como a própria palavra o sugere, somos empurrados, expulsos. O eu decente se anula, sendo substituído por alguma outra coisa. É comum que se diga: "Ele está fora de si", "Está com o diabo", ou "O que foi que te deu hoje?", pois a pessoa em tal estado encontra-se como que realmente possuída. O primitivo não diz que sua raiva ultrapassou todas as medidas, diz que um espírito o tomou e o transtornou por completo. Algo semelhante se dá com as emoções; somos simplesmente possuídos, tornamo-nos irreconhecíveis e o nosso autocontrole desce praticamente a zero. É a condição em que o lado interno do homem o domina, e ele não pode impedir que isso aconteça; pode cerrar os punhos e aguentar quieto, mas não consegue fugir do ataque.

O *quarto* fator endopsíquico importante é o que eu denomino *invasão*, quando o lado obscuro, o inconsciente, tem domínio completo e pode irromper na consciência. Então o controle consciente está totalmente debilitado. Tais momentos não devem necessariamente ser classificados como patológicos, a não ser no velho sentido da palavra, quando patologia significava a ciência das paixões. Na verdade essa é apenas uma condição extraordinária em que o indivíduo é tomado pelo inconsciente, podendo-se então esperar dele as coisas mais inabituais. Pode-se perder a cabeça de maneira mais ou menos normal; não podemos tomar por anormais certos casos bem conhecidos por nossos ancestrais, porque esses mesmos casos são perfeitamente comuns entre os primitivos. Eles os atribuíam a um demônio, a um íncubo ou a um "espírito" que tomou o indivíduo ou, ainda, ao fato de terem sido abandonados por uma de suas almas – normalmente o primitivo julga ter até seis. Quando isso acontece, a pessoa fica subitamente alterada, por encontrar-se privada de si própria, sente-se perdida. O fenômeno pode ser observado em pacientes neuróticos. Em certos dias, em certos intervalos, de repente perdem sua energia, eles se perdem, ficando sob influência estranha. O fato não é em si patológico; pertence à fenomenologia humana mais comum, mas estaremos certos de pensar em neurose se as crises se tornarem habituais, pois são coisas que realmente conduzem à neurose, mas constituem também condição excepcional entre pessoas normais. Apresentar emoções dominadoras não é em si patológico; é apenas indesejável. Não devemos atribuir o termo patológico a uma coisa, apenas por ela ser indesejável, porque há no mundo muitas coisas desagradáveis que não são patológicas, como, por exemplo, os cobradores de impostos.

Discussão

Dr. J.A. Hadfield:

Em que sentido o senhor usa a palavra emoção? Coincide com o uso normal do termo sentimento? O senhor atribui algum significado especial à palavra emoção?

C.G. Jung:

É ótimo que se tenha colocado essa questão, pois normalmente surgem grandes confusões e mal-entendidos quanto ao uso do termo emoção. É lógico que todos têm o direito de fazer o uso que quiserem das palavras, mas na terminologia científica somos obrigados a nos ater a certas distinções a fim de não nos tornarmos obscuros. Os senhores devem estar lembrados de que me referi ao sentimento como função valorativa, sem atribuir-lhe nenhum significado especial. Estou convicto de que essa função é racional quando diferenciada, caso contrário, ela simplesmente acontece, apresentando todas as características arcaicas que podem ser resumidas na palavra "insensatez". Repito que o sentimento consciente é uma função racional de discriminar valores.

A palavra "emocional" é invariavelmente aplicada quando surge uma condição caracterizada por inervações fisiológicas. Assim, pode-se medi-las até certo ponto, não em suas manifestações psicológicas, mas físicas. É bem conhecida a teoria James-Lange sobre a emoção[5]. Dou o mesmo significado à emoção e ao afeto. São a mesma coisa que nos afeta, que interfere em nós. Por ela somos carregados, atirados para fora de nós mesmos. O indivíduo fica tão alterado como se uma explosão o tivesse arremessado para fora dos limites da sua pessoa. E nesse momento existe uma condição física realmente tangível e observável. Eis, portanto, a diferença: o sentimento não apresenta manifestações físicas ou fisiológicas tangíveis, ao passo que a emoção se caracteriza por uma condição fisiológica alterada. A teoria James-Lange sobre a emoção diz que só acontece realmente uma emoção quando tomamos consciência das mudanças fisiológicas da condição geral. Tomemos, por exemplo, uma situação em que nos deparamos à beira de sentir raiva; temos certeza de que nos iremos enfurecer, depois sentimos o sangue subir à cabeça. Só então sentimos realmente raiva, nunca antes. Antes é apenas a antecipação mental do que está chegando, mas quando o sangue sobe, aí somos dominados pela raiva e imediatamente o corpo é afetado. E ao termos consciência de nossa fúria, ela aumenta duas vezes mais. Somente nessa hora é que mergulhamos numa emoção verdadeira. Mas quan-

---

5. A teoria foi apresentada independentemente um do outro por William James e o fisiólogo dinamarquês C.G. Lange, e recebe o nome dos dois.

do temos um sentimento, temos controle. Estamos acima da situação, podendo dizer: "Eu gosto muito", ou "Não gosto nada de tal coisa"; tudo está quieto e nada acontece. Podemos mesmo pacificamente dar a seguinte informação a uma pessoa: "Eu te odeio". Mas quando se diz isso com rancor, então é a emoção que age. Dizê-lo calmamente não causa emoção em nós, nem no outro. As emoções são mais contagiantes, são verdadeiras desencadeadoras de epidemia mental. A multidão que, por exemplo, esteja presa de uma condição emocional, sensibiliza a todos os que nela se encontram, não havendo possibilidade de escapar. Mas os sentimentos dos outros, em absoluto, não nos concernem, e podemos observar que o sentimento diferenciado tem efeito calmo sobre nós, o que não se dá com a pessoa dominada por uma emoção; ela nos atinge porque o fogo continuamente dela se irradia. A chama da emoção está em seu rosto. Através de uma espécie de sincronização o sistema nervoso simpático se altera, fazendo-nos apresentar provavelmente os mesmos sinais dentro de algum tempo, o que não se dá com os sentimentos. Estou sendo claro?

Dr. Henry V. Dicks:

47 Continuando essa questão, posso perguntar-lhe qual é, a seu ver, a ligação entre afetos e sentimentos?

C.G. Jung:

48 O problema está apenas numa questão de grau. Se houver um valor obsessivamente forte, sua tendência é tornar-se emoção num dado momento, ou seja, quando atingir a intensidade suficiente para causar uma inervação fisiológica. Todo processo mental provavelmente cause ligeiras inervações desse tipo, e são realmente tão pequenas que não há meios de demonstrá-las. Existe entretanto um método bastante sensível de registrar as emoções em suas manifestações fisiológicas; trata-se do efeito psicogalvânico[6]. Baseia-se na diminui-

---

6. JUNG, C.G. & PETERSON, F. "Investigações psicofísicas com o galvanômetro e o pneumógrafo em pessoas normais e doentes mentais". JUNG, C.G. & RICKSHER. "Investigações adicionais sobre o fenômeno galvânico e a respiração em pessoas normais e doentes mentais". Ambos in: JUNG, C.G. *Estudos experimentais*. Petrópolis: Vozes: 1986 [OC, 2].

ção da resistência elétrica da pele sob a influência emocional, o que não se dá sob a influência do sentimento.

Vou citar o seguinte fato como exemplo: fiz uma experiência com um antigo professor da Clínica, que funcionava como meu companheiro de teste num aparelho de mensuração psicogalvânica. Pedi-lhe que imaginasse algo que lhe fosse extremamente desagradável e acerca do qual eu não tivesse conhecimento. O objeto de sua imaginação deveria ser realmente doloroso. Tais experiências eram-lhe muito familiares e sua capacidade de concentração verdadeiramente poderosa. O professor se deteve num determinado fato, mas não se registrou alteração considerável na resistência elétrica da pele. Não surgiu o mínimo acréscimo de corrente. Aí me deu um "estalo": Naquela manhã eu observara que alguma coisa de natureza extremamente desagradável estava acontecendo com o meu chefe. "Bem, vou tentar o golpe", pensei. E disse-lhe: "Não é o caso com o Fulano de Tal?", mencionando-lhe apenas o nome. Imediatamente houve um dilúvio de *emoção*. A reação anterior era apenas referente a um *sentimento*.

É curioso que a dor histérica não cause contração das pupilas nem se faça acompanhar de inervação fisiológica, apesar de ser uma dor realmente intensa. A dor física, por outro lado, apresenta contração das pupilas. É possível experimentar sentimentos intensos sem alteração fisiológica, mas tão logo surjam as alterações fisiológicas o indivíduo fica possuído, dissociado; é atirado para fora de sua própria casa que estará, então, entregue aos demônios.

Dr. Eric Graham Howe:
Pode-se estabelecer o seguinte paralelo: emoção-conação / sentimento-cognição? Enquanto o sentimento corresponde à cognição, a emoção seria conativa?

C.G.Jung:
Filosoficamente podemos denominá-los assim. Não tenho nada contra.

Dr. Howe:

53 Posso fazer outra pergunta? Sua classificação em quatro funções, a saber: sensação, pensamento, sentimento e intuição parece-me ser semelhante à classificação em uma, duas, três e quatro dimensões. O senhor mesmo usou a palavra "tridimensional", referindo-se ao corpo humano, acrescentando que a intuição diferia das outras três por incluir o fator tempo. Corresponderia ela talvez a uma quarta dimensão? Nesse caso sugiro que a "sensação" corresponda à primeira dimensão; "a cognição perceptual" à segunda; a "cognição conceptual" (que talvez corresponda à sua denominação sentimento) à terceira; enquanto que a "intuição" corresponderia à quarta dimensão.

C.G. Jung:

54 O senhor pode entender isso assim. Uma vez que a intuição pareça atuar como se às vezes não houvesse tempo e às vezes não houvesse espaço, pode-se dizer que eu realmente acrescento aqui uma quarta dimensão. Mas convém não ir muito longe. O conceito de quatro dimensões não produz fatos. A intuição às vezes se assemelha à máquina do tempo de H.G. Wells[7]. Os senhores se lembram daquele motor estranho que, quando a gente se assentava sobre ele, era movido no tempo, e não no espaço. O veículo consistia de quatro colunas, das quais apenas três permaneciam sempre visíveis; a quarta era muito apagada por representar o fator tempo. Sinto muito, mas a intuição é algo semelhante à quarta coluna. Existe algo como uma percepção inconsciente, ou que capta as coisas por vias inconscientes para nós. Temos material empírico suficiente para provar a existência dessa função. Sinto muito que tais coisas existam. Meu intelecto bem que preferia um universo de contornos bem definidos, sem conjunções difusas. Mas existem essas teias de aranha no cosmos. Não obstante, não atribuo à intuição nenhum caráter místico. É possível explicar com exatidão por que alguns pássaros voam distâncias fabulosas, ou o porquê das proezas de lagartas, borboletas, formigas e cupins? Aí estão envolvidas várias questões. Considerem o fato de a água possuir a sua maior densidade a quatro graus Celsius. Por que

---

7. WELLS, H.G. *The Time Machine*. An Invention. [s.l.]: [s.e.], [s.d.].

isto? Por que a energia tem limitações quânticas? Pois bem, ela o tem, e isto é embaraçoso. Não é correto que tais coisas sejam assim, mas elas o são. É como a velha pergunta: "Por que fez Deus as moscas?" Ele as fez, e pronto.

Dr. Wilfred R. Bion:
Naquela experiência com o professor, por que o senhor pediu a ele que pensasse num fato doloroso e do qual o senhor não tivesse conhecimento? Há alguma importância no fato de ele saber que a outra pessoa tem conhecimento da desagradável experiência mencionada no segundo fato, e isto influi na diferença da reação emocional apresentada nos dois exemplos que nos foram mostrados?

C.G. Jung:
Sim, é evidente. Minha ideia se baseava no seguinte: quando sei que meu parceiro não sabe, então a minha reação é mais suportável. Mas quando tenho consciência de que ele também conhece o fato, então a experiência toma outro caráter, e bastante desagradável. Na vida de qualquer médico há casos que se tornam mais ou menos dolorosos quando um colega toma conhecimento deles. E eu tinha quase certeza de que se eu lhe desse a entender que eu sabia do fato, ele pularia como um foguete. E foi o que aconteceu. Era a minha intenção.

Dr. Eric B. Strauss:
O Dr. Jung poderia deixar mais claro por que afirma ser o sentimento uma função racional? Para dizer a verdade não sei muito bem o que o senhor entende por *sentimento*. Quase todo mundo entende com essa palavra polaridades como dor, prazer, relaxamento, tensão etc. Mais adiante, o Doutor Jung afirma que a distinção entre sentimento e emoção é questão de grau. Se assim é, como é que o senhor os coloca, por assim dizer, praticamente em dois lados opostos de uma mesma fronteira? Continuando, o Dr. diz que um dos critérios, ou o critério principal, é que os sentimentos não se fazem acompanhar de mudanças fisiológicas, enquanto que as emoções se fazem acompanhar de tais alterações. Experimentos levados a efeito pelo

Prof. Freundlich[8], de Berlim, provam claramente, creio eu, que simples sentimentos, na acepção de prazer, dor, tensão, relaxamento, são forçosamente acompanhados de mudanças fisiológicas, como alteração da pressão sanguínea, que pode agora ser registrada por aparelhos extremamente sensíveis.

C.G. Jung:

58 É certo que sentimentos, cujo caráter seja emocional, são acompanhados de efeitos fisiológicos, mas há sentimentos que não mudam a condição fisiológica. São sentimentos mentais, não apresentando natureza emocional; essa é a distinção que faço. Levando-se em consideração que o sentimento é uma função de valores, entender-se-á prontamente não ser essa uma condição fisiológica. Pode tratar-se de um dado tão abstrato como o pensamento abstrato. Ninguém vai julgar que o pensamento abstrato seja uma condição fisiológica. Pensamento abstrato é aquilo que o termo indica. O pensamento diferenciado é racional; assim o sentimento pode ser racional, apesar de as pessoas misturarem a terminologia.

59 Precisamos de uma palavra para a atribuição de valores. Precisamos designar essa função particular como existindo separada das outras, e *sentimento* é um termo adequado. Logicamente, pode-se escolher qualquer outra palavra a gosto, bastando somente que tal fato seja mencionado. Não tenho nenhuma objeção se a maioria dos intelectuais chegarem à conclusão de que sentimento é uma palavra ruim para tal objetivo. Se vocês disserem: "Preferimos usar outra palavra", cabe-lhes então a escolha de outro termo para a atribuição de valores, pois o fato valor permanece e precisamos dar-lhe um nome. Comumente o senso de valores é expresso pelo termo "sentimento". Mas não me aferro ao termo. Sou absolutamente liberal em questão de termos; apenas dou a definição dos termos, de modo a poder dizer o que penso ao usar determinado termo. Se alguém disser que sentimento é emoção, ou um fator que provoca o aumento da pressão sanguínea, não colocarei objeção de espécie alguma. Afirmo apenas que não emprego a palavra nesse sentido. Se decidirem que fica proibido

---

8. Talvez uma receita estenográfica para Jacob Freundlich, "Herzstation", Viena: [s.e.], [s.d.].

usar tal palavra no sentido em que a emprego, não me levantarei contra isso. Os alemães têm as palavras *empfindung* e *gefühl*. Ao lermos Goethe ou Schiller, veremos que mesmo esses poetas misturam as duas funções. Psicólogos alemães recomendaram a supressão da palavra *empfindung* para designar sentimento, e propõem que se use em seu lugar *gefühl* para valores, enquanto que a primeira designaria a sensação. Nenhum psicólogo atual diria: "O sentimento dos meus olhos, da minha pele ou de meus ouvidos". É verdade que há gente dizendo ter sentimento no seu dedo do pé ou na orelha, mas atualmente não é possível mais se servir de uma linguagem científica deste tipo. Tomando ambas as palavras como idênticas, poder-se-iam exprimir os estados mais acalorados pelo termo *empfindung*, mas soaria exatamente como se um francês falasse sobre "Les sensations les plus nobles de l'amour". Todos seriam tomados pelo riso. Soaria profundamente mal, chocante!

Dr. EA. Bennet:
O senhor acredita que a função superior permaneça consciente durante o período de depressão, no caso de um paciente maníaco-depressivo?

C.G. Jung:
Não diria isso. Considerando-se o caso de insanidade maníaco-depressiva, constata-se que ocasionalmente prevalece, na fase maníaca, uma função, e na fase depressiva é sucedida por outra. Pessoas que são vivazes, sanguíneas, agradáveis e gentis na fase maníaca, e que não pensam muito, subitamente, quando a depressão chega, tornam-se pensativas, tomadas de ideias obsessivas, e vice-versa. Conheço diversos intelectuais de disposição maníaco-depressiva. Na fase maníaca são muito claros, produtivos, pensando livremente e de maneira bastante abstrata. A isso se sucede o período depressivo em que surgem sentimentos fixos e escravizadores. São presas de estados de espírito terríveis; vejam bem: estados de espírito e não pensamentos. Estes são logicamente pormenores psicológicos, observáveis em homens de quarenta anos, ou um pouco mais, que tiveram um tipo particular de vida, de atividade intelectual ou de valores, e subitamente

essa estrutura vai abaixo, fazendo surgir exatamente o seu oposto. Há casos semelhantes e interessantes. O caso de Nietzsche atesta de maneira impressionante a mudança de um tipo de psicologia para o seu oposto na idade madura. Na juventude ele foi um aforista, ao estilo francês; mais tarde, aos trinta e oito anos, estourou num ânimo dionisíaco, exatamente oposto a tudo o que já escrevera até ali. *Assim falou Zaratustra* pertence a esse período.

Dr. Bennet:

62   A melancolia é extrovertida?

C.G. Jung:

63   Não se pode afirmar exatamente isso por ser uma consideração extremamente ampla. A melancolia poderia ser tomada como condição introvertida, o que não significa uma atitude de preferência. Quando se diz que uma determinada pessoa é introvertida, normalmente se pensa que ela prefere um comportamento ou hábitos introvertidos, o que não exclui, entretanto, a existência de um lado extrovertido. Todos temos os dois lados, caso contrário não nos adaptaríamos, não teríamos influência, ficaríamos desintegrados. A depressão é sempre uma condição introvertida. Os melancólicos mergulham numa espécie de condição embrionária; eis por que eles apresentam este acúmulo de sintomas físicos peculiares.

Dra. Mary C. Luff:

64   O Prof. Jung considerou a emoção como algo obsessivo que domina o indivíduo. Não compreendi bem qual a distinção que ele faz entre "afeto" e "invasão".

C.G. Jung:

65   Às vezes se experimentam as chamadas "emoções patológicas"; é quando se observam conteúdos particulares jorrando em forma de emoções: pensamentos que nunca surgiram antes, às vezes, pensamentos terríveis e fantasias. Algumas pessoas, quando tomadas de

grande fúria, ao invés de apresentarem os costumeiros sentimentos de vingança e assim por diante, têm as mais apavorantes fantasias em que se imaginam cometendo um assassinato, cortando braços e pernas do inimigo e coisas desse tipo. São fragmentos do inconsciente que invadem a consciência e, no caso de uma emoção patológica totalmente desenvolvida, chega-se realmente a um estado de *eclipse* da consciência, ocasião em que as pessoas se tornam tremendamente furiosas, chegando a praticar atos de verdadeira loucura. Isso é uma invasão. E é caso patológico; mas fantasias desse tipo podem ocorrer dentro dos limites da normalidade. Tenho ouvido de pessoas as mais inocentes afirmações como essa: "Eu queria picá-lo em pedacinhos!", e a expressão verbal realmente vem acompanhada de fantasias sangrentas; de outras, "esmagaria os miolos" do causador de sua fúria; e *fazem* na fantasia o que é *dito* meramente como metáfora no estado de calma. Quando essas fantasias se tornam tão vivas que fazem as pessoas terem medo de si mesmas, aí se fala de invasão.

Dra. Luff:
É isto uma psicose confusional?

66

C.G. Jung:
Não é absolutamente necessário tratar-se de psicose, nem tampouco precisa ser patológico. Pode-se observar tais reações em pessoas normais quando sob o arrebatamento de determinadas emoções. Certa vez, passei por um estranho e violento tremor de terra; era a primeira vez em minha vida que eu passava por isso. Fiquei dominado pela ideia de que a terra não era sólida, mas simplesmente a pele de um grande animal que se sacudia como um cavalo, imagem que virtualmente me paralisou por instantes. Depois me libertei da fantasia e me lembrei do que dizem os japoneses por ocasião de um terremoto: que a grande salamandra mudou de posição, a grande salamandra que transporta a terra. Com essa imagem tranquilizei-me, pois percebi que aflorara na minha consciência uma ideia arcaica. Considerei o fato surpreendente, mas não patológico.

67

Dr. B.D. Hendy:

68 O Prof. Jung crê que o afeto, segundo sua própria definição, *é causado* por condições fisiológicas características ou que a alteração fisiológica seria, diremos, o *resultado* de uma invasão?

C.G. Jung:

69 A relação corpo-mente constitui um problema extremamente difícil. Pela teoria James-Lange, a emoção é resultado de alteração fisiológica. A pergunta se corpo ou psique é fator preponderante sempre será respondida segundo diferenças de caráter e temperamento. Aqueles que por temperamento preferem a teoria da supremacia do corpo afirmarão que os processos mentais são epifenômenos da química fisiológica. Os que acreditam mais no espírito adotarão a tese contrária: o corpo é apêndice da mente e a causalidade reside no espírito. A questão tem aspectos filosóficos e, por não ser filósofo, não posso arrogar a mim a decisão. Tudo o que se pode observar empiricamente é que processos do corpo e processos mentais desenrolam-se simultaneamente e de maneira totalmente misteriosa para nós. É por causa de nossa cabeça lamentável que não podemos conceber corpo e psique como sendo uma única coisa; provavelmente *são* uma só coisa, mas somos incapazes de conceber isso. A física moderna está sujeita à mesma dificuldade: atentemos para o que acontece com a luz! Comporta-se como se fosse composta de oscilações e ainda formada por corpúsculos. Foi necessário uma fórmula matemática muito complexa, cujo autor é M. de Broglie, para auxiliar a mente humana a conceber a possibilidade de corpúsculos e oscilações serem dois fenômenos que formam uma única e mesma realidade[9]. É impossível *pensar* isso, mas somos obrigados a admiti-lo como postulado.

70 Do mesmo modo o chamado paralelismo psicofísico constitui um outro problema insolúvel. Tome-se, por exemplo, o caso da febre tifoide e suas sequelas psicológicas; se os fatores psíquicos fossem confundidos com uma causalidade, atingiríamos conclusões absur-

---

9. BROGLIE, L. de. *Licht und Materie*. – Ergebnisse der neuen Physik. 7. ed. Hamburgo/Baden-Baden: [s.e.], 1949. O capítulo "Die Begriffe Welle und Korpuskel" teria sido escrito, segundo a tradução alemã (1949), "em conjunto com Maurice de Broglie".

das. O máximo que se pode afirmar é a existência de certas condições fisiológicas que são claramente produzidas por doenças mentais, e outras que não são causadas, porém meramente acompanhadas de processos psíquicos. Corpo e psique são os dois aspectos do ser vivo, e isso é tudo o que sabemos. Assim, prefiro afirmar que os dois elementos agem simultaneamente, de forma milagrosa, e é melhor deixarmos as coisas assim, pois não podemos imaginá-las juntas. Para meu próprio uso cunhei um termo que ilustra essa existência simultânea; penso que existe um princípio particular de *sincronicidade*[10] ativa no mundo, fazendo com que fatos de certa maneira aconteçam juntos como se fossem um só, apesar de não captarmos essa integração. Talvez um dia possamos descobrir um novo tipo de método matemático, através do qual fiquem provadas essas identidades. Mas atualmente sinto-me totalmente incapaz de afirmar se é o corpo ou a psique que prevalece, ou se eles coexistem.

Dr. L.J. Bendit:

Não pude entender bem quando a "invasão" se torna patológica. O Professor sugeriu, na primeira parte da conferência, que isso acontece quando ela se torna habitual. Qual a diferença entre a invasão patológica, a inspiração artística e a criação de ideias?

C.G. Jung:

Entre uma inspiração artística e uma invasão não há absolutamente diferença alguma; são a mesma coisa, por isso eu evito em relação a ambas a palavra "patológica". Eu nunca diria que a inspiração artística é patológica, e por esta razão faço a mesma exceção para as invasões, pois considero a inspiração como um fato perfeitamente normal. Nada há de mal, nada de extraordinário há nela. É uma grande sorte que a inspiração ocasionalmente se manifeste nos seres humanos; ela se dá muito raramente, mas acontece. Mas é bem provável que os acontecimentos patológicos se desenrolem pelo mesmo processo; portanto temos de traçar uma linha divisória em algum

---

10. "A sincronicidade como um princípio de conexões acausais". In: JUNG, C.G. *A dinâmica do inconsciente*. Petrópolis: Vozes, 2011 [OC, 8].

ponto. Se os senhores fossem todos alienistas e eu lhes apresentasse um caso, provavelmente o diagnóstico que os senhores me dariam do paciente seria a loucura. Eu não concordaria, pois enquanto esse homem puder explicar-se e eu sentir que podemos manter um contato, afirmarei que ele não está louco. Estar louco é uma concepção extremamente relativa. Em nossa sociedade quando, por exemplo, um negro se porta de determinada maneira, é comum dizer-se: "Ora, ele não passa de um negro", mas se um branco agir da mesma forma é bem possível dizerem que "ele é louco", pois um branco não pode agir daquela forma. "Estar louco" é um conceito social. Usamos restrições e convenções sociais a fim de reconhecermos desequilíbrios mentais. Pode-se dizer que um homem é diferente, comporta-se de maneira fora do comum, tem ideias engraçadas, e se por acaso ele vivesse numa cidadezinha da França ou da Suíça, diriam: "É um sujeito original, um dos habitantes mais originais desse lugar". Mas se trouxermos o tal homem para a rua Harley, ele será considerado doido varrido. Se determinado indivíduo é pintor, todo mundo tende a considerá-lo um homem cheio de originalidades, mas coloque-se o mesmo homem como caixa de um banco e as coisas começarão a acontecer... Dirão que o homem é um louco consumado. Essas opiniões não passam, entretanto, de considerações sociais. Vejamos o exemplo dos hospícios: não é o aumento de insanidade que faz nossos asilos ficarem apinhados; é o fato de não podermos mais suportar as pessoas anormais, isto sim. Então parece haver muito mais loucos do que antes. Lembro-me, em minha juventude, de pessoas que mais tarde eu reconheceria como esquizofrênicas, às quais nos referíamos da seguinte forma: "Tio fulano é um homem extremamente original". Na minha cidade natal existem vários imbecis, mas ninguém era capaz de dizer: "Ele é um estúpido", ou algo semelhante; mas dizia-se: "Ele é tão bonzinho...". Da mesma forma chamam-se alguns tipos de idiotas de "cretinos", derivado da expressão: "il est bon chrétien" (ele é bom cristão). Seria impossível dizer qualquer outra coisa sobre eles, mas pelo menos eram bons cristãos.

O Presidente:

Senhoras e senhores, creio que devemos deixar ao Professor Jung ainda algum tempo livre nessa noite. Os nossos agradecimentos.

Segunda conferência

O Presidente, Dr. J.A. Hadfield:

Senhoras e senhores, já fomos apresentados ao Prof. Jung e do modo mais elogioso possível, mas creio que todos que estivemos presentes à última palestra sabemos que tais referências não são exageradas. O Dr. Jung referiu-se às funções da psique humana: sentimento, pensamento, intuição e sensação. Não pude deixar de sentir que nele, ao contrário do que afirmou, essas funções estão totalmente diferenciadas. Também tive uma "impressão", a revelar-me que todas as suas funções se encontram unidas ao centro por um grande senso de humor. Nada consegue me convencer da verdade de uma determinada concepção mais do que a tranquilidade de seu criador em abordá-la sem excessiva seriedade.

Foi o que fez na noite passada o Dr. Jung. Seriedade excessiva ao considerar determinado assunto deve-se sempre ao fato de a pessoa não estar muito convicta do que deseja demonstrar.

C.G. Jung:

Senhoras e senhores, ontem abordamos as funções da consciência e hoje desejo terminar esse tópico relacionado com a estrutura da mente. A discussão sobre a mente humana não estaria completa se nela não incluíssemos a existência dos processos inconscientes. Permitam-me resumir brevemente as reflexões surgidas na noite passada.

Não se pode lidar diretamente com os processos inconscientes por serem eles dotados de uma natureza inatingível. Não são imediatamente captáveis, revelando-se apenas através dos seus produtos, pelos quais inferimos que deve existir uma fonte que os produza. Essa esfera obscura é denominada inconsciente.

Os conteúdos ectopsíquicos da consciência derivam, em primeiro lugar, do ambiente, e são recebidos através dos sentidos. Além disso, também provêm de outras fontes, como a memória e os processos de julgamento, que pertencem aos setores endopsíquicos. Uma terceira fonte de conteúdos conscientes seria o lado obscuro da mente: o inconsciente. Conseguimos uma aproximação dele através das propriedades das funções endopsíquicas, as funções que não se encontram sob o domínio da vontade. São o veículo através do qual os conteúdos inconscientes atingem a superfície da consciência.

78 Apesar de os processos inconscientes não serem diretamente observáveis, podemos classificar seus produtos, que atingem o limiar da consciência, em duas classes: a primeira contém material reconhecível, de origem definidamente pessoal; são aquisições do indivíduo ou produtos de processos instintivos que completam, inteiram a personalidade. Há ainda os conteúdos esquecidos ou reprimidos, mais os dados criativos. Nada existe de peculiar em tais fatores. Em outras pessoas os elementos a que nos estamos referindo podem ser conscientes; muita gente está consciente de coisas que outras ignoram. Dei a essa classe de conteúdos o nome de *mente subconsciente* ou *inconsciente pessoal*, porque, dentro dos limites do nosso julgamento, creio ser tal camada inteiramente composta de elementos pessoais e componentes da personalidade humana em seu todo.

79 A seguir há uma outra classe de conteúdos, cuja origem é totalmente desconhecida ou, pelo menos, tais fatores têm origem que não pode em hipótese alguma ser atribuída a aquisições individuais. Sua particularidade mais inerente é o caráter mítico. É como se pertencessem à *humanidade* em geral, e não a uma determinada psique individual. Ao defrontar-me pela primeira vez com tais conteúdos, perguntei-me se sua origem não era hereditária e acreditei que pudessem ser explicados através da herança racial. A fim de esclarecer este problema, fui para os Estados Unidos estudar os sonhos dos negros de raça não misturada e cheguei à conclusão de que tais imagens não têm nada a ver com o problema de sangue ou de herança racial. E também não são adquiridas pelo indivíduo. São próprias da humanidade em geral, sendo, pois de natureza *coletiva*.

80 Dei o nome de *arquétipos*[11] a esses padrões coletivos, valendo-me de uma expressão de Santo Agostinho. Arquétipo significa um "typos" (impressão, marca-impressão), um agrupamento definido de caráter arcaico que, em forma e significado, encerra *motivos mitológicos*, os quais surgem em forma pura nos contos de fadas, nos mitos,

---

11. Cf., entre outros, *Os arquétipos e o inconsciente coletivo*. Petrópolis: Vozes, 2011 [OC, 9/1].

nas lendas e no folclore. Alguns desses motivos mais conhecidos são: a figura do herói, do redentor, do dragão (sempre relacionado com o herói, que deverá vencê-lo), da baleia ou do monstro que engole o herói[12]. Outra variação desse mito do herói e do dragão é a katábasis, a descida ao abismo, ou nekyia. Os senhores se lembram da *Odisseia*, quando Ulisses desce *ad inferos* para consultar Tirésias, o vidente. O mito do nekyia encontra-se em toda a Antiguidade e praticamente no mundo todo. Expressa o mecanismo da introversão da mente consciente em direção às camadas mais profundas da psique inconsciente. Desse nível derivam conteúdos de caráter mitológico ou impessoal, em outras palavras, os arquétipos que denominei *inconsciente coletivo* ou *impessoal*.

Com relação a esse ponto posso traçar apenas um esboço mínimo, mas é possível dar aos senhores um exemplo de seu simbolismo e de como procedo para discriminá-lo do inconsciente pessoal. Na América, quando de minha investigação sobre o inconsciente dos negros, tinha em mente esse problema particular: são tais matrizes coletivas herdadas racialmente, ou serão elas "categorias a priori da imaginação", como dois franceses, Hubert e Mauss[13], as denominaram, independentemente de meu trabalho sobre o mesmo problema. Um negro contou-me o sonho em que *surgia a figura de um homem crucificado sobre uma roda*[14]. Não vem ao caso relatar o sonho todo. Evidentemente, continha alusões a fatos pessoais, bem como elementos de significado impessoal, mas dele recolhi apenas o motivo que mencionei há pouco. Era um negro do Sul, sem cultura ou inteligência que particularmente se destacassem. Seria bem mais provável, dado o caráter religioso dos negros, que o negro tivesse sonhado com um homem crucificado numa cruz. A cruz seria uma aquisição pessoal. Mas a crucifixão numa roda é bem mais improvável no seu contexto cultural. Trata-se de imagem bastante incomum. É evidente que não

---

12. JUNG, C.G. *Símbolos da transformação*: análise dos prelúdios de uma esquizofrenia. Petrópolis: Vozes, 2011 [OC, 5; índice analítico].
13. HUBERT, H. & MAUSS, M. *Mélanges d'histoire des religions* – Travaux de l'Année sociologique. Paris: [s.e.], 1909, p. XXIX.
14. JUNG, C.G. *Símbolos da transformação*. Op. cit., § 154.

posso provar que, por alguma coincidência, o homem não tenha visto alguma gravura, ou ouvido alguma coisa que, mais tarde, o levara a sonhar com essa figura; mas, caso não tenha acontecido nada disso, estaremos diante de uma imagem arquetípica, porque a crucifixão sobre a roda é um motivo mitológico. É a velha roda do Sol, e o sacrifício propiciatório se dirige ao Rei Sol, da mesma forma que sacrifícios humanos e de animais eram oferecidos para a fertilidade da terra. A roda do Sol é uma ideia arcaica, talvez a ideia religiosa mais velha de que se tenha conhecimento. Podemos atribuí-la às eras mesolíticas e paleolíticas, como o provam esculturas da Rodésia. A roda realmente só apareceu na idade do bronze; no paleolítico ainda não fora inventada. A roda do Sol rodesiana parece ser contemporânea de pinturas de animais muito naturalísticas como o famoso rinoceronte e os caracarás, obra-prima de observação. A roda do Sol rodesiana é, portanto, uma visão original, provavelmente a imagem solar arquetípica[15]. Mas tal imagem não é naturalística, pois se encontra sempre dividida em quatro ou oito partes.

Fig. 3 – A roda do Sol

---

15. Cf. JUNG, C.G. "Psicologia e poesia". In: JUNG, C.G. O espírito na arte e na ciência. Petrópolis: Vozes, 2011 [OC, 15; § 150]. Cf. tb. "Psicologia e religião: The Terry Lectures". In: JUNG, C.G. Psicologia da religião ocidental e oriental. Petrópolis: Vozes, 2011 [OC, 11/1; § 100]; • "Bruder Klaus". In: JUNG, C.G. Psicologia da religião ocidental e oriental. Petrópolis: Vozes, 2011[OC, 11; § 484]. Não é possível dar uma documentação das rodas do Sol rodesianas, embora tais figuras, entalhadas em pedra, tenham sido encontradas em Angola e África do Sul. Cf. WILLCOX, A.R. The Rock Art of South Africa. Joanesburgo: [s.e.], 1963, fig. 23 e quadros XVII-XX. A datação é incerta. A pintura "O rinoceronte e os caracarás" procede do Transvaal e encontra-se num museu de Pretória.

Essa esfera de centro dividido é um símbolo que pode ser encontrado ao longo de toda a história da humanidade, bem como nos sonhos dos indivíduos que vivem no mundo atual. Podemos presumir que a invenção da roda originou-se mesmo nesta visão. Muitos de nossos inventos se originam de antecipações mitológicas e de imagens primordiais. Por exemplo, a arte da alquimia é a mãe da química moderna. Nossa mentalidade científica partiu da matriz de nossa mente inconsciente.

No sonho em questão, o homem sobre a roda é a repetição do motivo mitológico grego do Íxion que, por causa de suas ofensas aos homens e aos deuses, fora amarrado por Zeus a uma roda que girava sem cessar. Dei-lhes este exemplo apenas para ilustrar e tornar mais concreta a ideia do inconsciente coletivo. Um único exemplo não pode, evidentemente, ser prova cabal. Mas também não podemos imaginar facilmente que esse negro tenha estudado mitologia grega, e é também muito improvável que tenha visto gravuras a ela relativas. E, além disso, figurações de Íxion são bastante raras.

Poderia dar-lhes provas mais definitivas, para afirmar a existência de tais embasamentos mitológicos no inconsciente. Mas, para apresentar um material desse tipo, precisaria dar conferências durante quinze dias. Inicialmente deveria explicar aos presentes o significado de sonhos e de séries de sonhos, traçar todos os paralelos históricos e explicar a importância de tudo isso, pois o simbolismo e o significado de tais ideias e imagens não entra em nenhum programa de universidade, e mesmo especialistas raramente são informados a esse respeito. Tive que estudar um vasto material durante anos a fio, sozinho, e não posso esperar que mesmo a mais seleta audiência esteja a par de ideias tão abstrusas. Quando chegarmos à técnica de análise dos sonhos terei de abordar parte desse material mítico, aí surgirá a ideia aproximada do que seja o trabalho de encontrar paralelos aos produtos do inconsciente. No momento tenho de me satisfazer com a afirmação de que há padrões mitológicos naquelas camadas inconscientes, que produzem elementos impossíveis de serem atribuídos ao indivíduo, podendo mesmo ser de natureza psíquica totalmente oposta à personalidade do sonhador. Podemos ficar fortemente impressionados com o fato de uma pessoa sem cultura ter um sonho que não lhe pareça adequado, por revelar as coisas mais surpreendentes.

E os sonhos de crianças normalmente nos fazem pensar tanto que quase temos de tirar um dia de folga a fim de nos recobrarmos da surpresa que eles nos causam. Trata-se de símbolos tão profundos que é impossível deixar de se perguntar: "Como pode uma criança sonhar coisas assim?"

84 A explicação é bem mais simples do que julgamos. Nossa mente tem sua história, bem como nosso corpo. Pode-se às vezes ficar intrigado pelo fato de o homem ter um apêndice. Para que serve? Bem, ele nasceu assim, e acabou-se. Milhões de pessoas não sabem que têm um timo, mas isso não impede que ele exista. Também não sabem que, em certa parte, sua anatomia pertence à espécie dos peixes, entretanto é assim. Nossa mente inconsciente, bem como nosso corpo, é um depositário de relíquias e memórias do passado. Um estudo da estrutura do inconsciente coletivo revelaria as mesmas descobertas que se fazem em anatomia comparada. Não precisamos pensar na existência de um fator místico ou coisa que o valha. Mas ao falar do inconsciente coletivo tenho sempre sido acusado de "obscurantismo". Não há misticismo algum, trata-se apenas de um novo ramo da ciência e é realmente de senso comum admitir-se a existência de processos coletivos inconscientes. Pois, embora uma criança não nasça consciente, sua mente não é *tabula rasa*; ela vem ao mundo com uma interioridade definida, e a mente de uma criança inglesa não é a mesma, nem trabalha como a de um aborígene australiano, mas sim, no mesmo sentido que o faz uma pessoa dos dias atuais na Inglaterra. O cérebro nasce com uma estrutura acabada, funcionará de maneira a inserir-se no mundo de hoje, tendo entretanto a sua história. Foi elaborado ao longo de milhões de anos e representa a história da qual é o resultado. Naturalmente traços de tal história estão presentes como em todo o corpo, e, se mergulharmos em direção à estrutura básica da mente, por certo encontraremos traços de uma mente arcaica.

85 A ideia do inconsciente coletivo é bastante simples, caso contrário poder-se-ia falar de um milagre. E, em absoluto, não sou do tipo milagreiro. Atenho-me simplesmente à experiência. Se houvesse possibilidade de narrar-lhes as experiências, os senhores tirariam as mesmas conclusões sobre os motivos arcaicos. Por um acaso, atirei-me de algum modo à mitologia e talvez tenha lido mais livros do que os senhores. Entretanto não me dediquei sempre a estudos mitológicos.

Quando eu ainda fazia parte da Clínica, encontrei um paciente esquizofrênico, que tivera uma visão estranha, e acabou por contá-la a mim. Ele queria que eu a compreendesse e por burrice eu não conseguia fazê-lo. Pensei: "Esse homem é um louco e eu sou normal, sua visão não me deve aborrecer". Mas isto não me tranquilizou e me perguntei: "O que significa isto?" A simples loucura como causa não me satisfazia, e mais tarde encontrei um livro de um estudioso alemão, Albrecht Dieterich[16], onde publicara parte de um papiro mágico. Estudei-o com interesse, e na página sete encontrei, palavra por palavra, a visão do meu lunático. Levei um choque: "Como é possível que esse sujeito tenha tido a mesma visão?" Não se tratava apenas de uma imagem, mas de uma série delas, e de sua repetição literal por parte do paciente. Não vamos estender-nos muito sobre isso, porque poderíamos tomar muito do tempo que temos disponível. Por ser um caso realmente interessante, resolvi publicá-lo[17].

O paralelismo surpreendente fez-me não abandonar o trabalho oferecido pelo problema. Provavelmente o livro do brilhante Prof. Dieterich não foi lido pelos senhores, mas se o tivessem feito, se houvessem observado os mesmos casos, teriam provavelmente descoberto a ideia do inconsciente coletivo.

A camada mais profunda que conseguimos atingir na mente do inconsciente é aquela em que o homem "perde" a sua individualidade particular, mas onde sua mente se alarga mergulhando na mente da humanidade – não a consciência, mas o inconsciente, onde somos todos iguais. Como o corpo tem sua conformação anatômica com dois olhos, duas orelhas, um nariz e assim por diante, e apenas ligeiras diferenças individuais, o mesmo se dá com a mente em sua conformação básica. A esse nível coletivo não somos mais entidades separadas, somos um. Podemos compreender isso quando estudamos a psicologia dos povos primitivos. O fato que mais salta à vista, na mentalidade primitiva, é essa falta de diferenciação entre os indivíduos, essa união de sujeito e objeto, essa "participation mystique", como a

---

16. DIETERICH, A. *Eine Mithrasliturgie*. 2. ed. Berlim: [s.e.], 1910.
17. JUNG, C.G. *Símbolos da transformação*. Op. cit., § 151s.; "O conceito do inconsciente coletivo", § 105; "A importância da constituição e da herança para a psicologia", § 228; "A estrutura da alma", § 318s.

chama Lévy-Bruhl[18]. A conformação mental do primitivo exprime a estrutura básica da mente humana, aquela camada psíquica que para nós é o inconsciente coletivo, aquele nível subjacente que é o mesmo em todos nós e, devido a tal igualdade básica, não se podem fazer distinções nas experiências que se dão nesse nível. Lá não se sabe se aconteceu alguma coisa com você ou comigo. No inconsciente subjacente há uma inteireza impossível de ser dissecada. Se começarmos a pensar que participação é um fato que significa nossa identidade fundamental em todas as coisas, seremos levados a conclusões teóricas bem fora do comum. Não convém ir muito além disso, pois tais coisas podem ficar perigosas. Mas algumas conclusões devem ser exploradas, pois podem explicar muitos fatos estranhos que sucedem aos homens.

88 Para resumir, trouxe um diagrama (Fig. 4). Parece um tanto complicado, mas, na verdade, é bem simples.

Suponhamos que nossa esfera mental se pareça com um globo iluminado; a superfície da qual emana a luz corresponde à função com a qual nos adaptamos predominantemente. Se formos do tipo racional, abordaremos as coisas através do pensamento, que é a nossa faceta mais visível para as pessoas. Será outra função, se o nosso tipo for outro[19].

89 No diagrama, a *sensação* aparece como função periférica, através da qual se recebe informação sobre o mundo dos objetos exteriores. No segundo círculo, *pensamento*, entram as coisas recebidas pelos sentidos, e aí recebem um nome. A seguir, surgirá, em relação a elas, um *sentimento*. E no final teremos uma certa consciência da origem e do destino das coisas percebidas, bem como da maneira pela qual elas se desenrolam no presente. É a *intuição* que nos faz ver o que está acontecendo atrás da esquina. Estas quatro funções formam o sistema ectopsíquico.

---

18. LÉVY-BRUHL, L. *Les fonctions mentales dans les sociétés inférieures*. Paris: [s.e.], 1912, entre outras obras.

19. Descrição geral dos tipos e funções, cf. JUNG, C.G. *Tipos psicológicos*. Petrópolis: Vozes, 2011 [OC, 6; cap. 10].

A vida simbólica

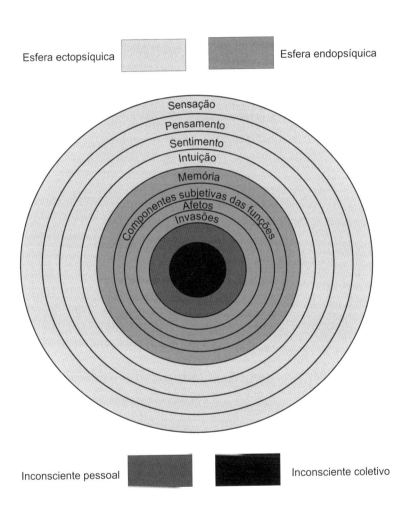

Fig. 4 – A psique

90   A próxima esfera representa o complexo consciente do eu, ao qual as funções se referem. Na endopsique surge primeiro a *memória*, que ainda é uma função que pode ser controlada pela vontade; ainda está sob o controle do complexo do eu. A seguir, encontramos as *componentes subjetivas das funções*. Não podem ser totalmente dirigidas pela vontade, mas podem ainda ser suprimidas, excluídas ou intensificadas através da força da vontade. Tais componentes não são mais tão controláveis quanto a memória, embora até ela seja meio cheia de truques, como os senhores sabem. Aí chegamos aos *afetos e invasões*, controláveis apenas através de força sobre-humana; podemos reprimi-los e nada mais. Devemos cerrar os punhos para não explodir, pois esses fatores podem ser mais fortes do que o complexo do eu.

91   Tal sistema psíquico não pode, realmente, ser expresso através de um diagrama tão precário. O presente diagrama seria mais uma escala de valores que demonstra como a energia, ou a intensidade do complexo do eu que se manifesta como força de vontade, gradualmente decresce, à medida em que nos aproximamos da escuridão existente nos últimos degraus da estrutura – o inconsciente. Inicialmente temos a mente subconsciente de base pessoal. O *inconsciente pessoal* é aquela parte da psique que contém elementos que também poderiam aflorar à consciência. Sabemos que mil e uma coisas são ditas de maneira inconsciente, mas essa é apenas uma afirmação relativa; nesta esfera particular não há nada que seja necessariamente inconsciente. Há pessoas que estão conscientes de quase todas as coisas de que se possa ter consciência. Obviamente existe uma inconsciência espantosa em nossa civilização, mas ao observarmos outras raças, outros países, como a India e a China, descobriremos que esses povos estão conscientes de coisas que obrigariam os psicanalistas de nossos países a escavar durante meses. A pessoa simples, vivendo em condições naturais, apresenta uma consciência extraordinária de fatos que o pessoal das cidades desconhece, e de que só agora começa a ter alguma visão, sob o efeito da análise psicológica. Na escola pude observar isso muito bem, pois eu vivera no campo, entre camponeses e animais, e minha consciência estava repleta de coisas desconhecidas para outros rapazes. Tive essa oportunidade, e não encarava esses fatos com preconceito. Ao analisar sonhos, sintomas ou fantasias de

pessoas neuróticas ou normais, começa-se a penetrar na mente inconsciente e é possível abolir seu limiar artificial. O inconsciente pessoal é realmente algo muito relativo, e o seu círculo pode ser restrito, tornando-se bem estreito, chegando quase à zero. É provável que um homem venha a desenvolver sua consciência a tal ponto que possa dizer "Nihil humanum, a me alienum puto"[20].

Eis, afinal, o cerne da semente, impossível de ser trazido à consciência – a esfera do mundo arquetípico. Seus conteúdos presumíveis aparecem sob a forma de imagens que apenas podem ser entendidas quando comparadas com paralelos históricos. Caso certo material não seja reconhecido como histórico, e não se possuam os paralelos, será impossível integrar tais elementos na consciência, permanecendo eles projetados. Os conteúdos do *inconsciente coletivo* não se encontram sujeitos a nenhuma intenção arbitrária, nem são manejáveis pela vontade. Na verdade, agem como se não existissem na pessoa – conseguimos vê-los em nosso próximo, mas não em nós mesmos. Quando seus conteúdos são ativados, percebemos certas coisas nos outros seres humanos. Descobrimos, por exemplo, que os abissínios cruéis estão atacando a Itália. Os senhores conhecem a famosa história de Anatole France: dois camponeses viviam brigando, e houve alguém que quis trazê-los à razão e perguntou a um deles: "Por que você odeia tanto o seu vizinho e vive brigando desse jeito?" Ao que o outro replicou: "Ora, ele nasceu do outro lado do rio!" ("Mais il est de l'autre côté de la rivière!")[21]. É o que se dá com a França e a Alemanha. Nós, os suíços, durante a guerra, tivemos muita oportunidade de ler os jornais e estudar o mecanismo especial que agia como dois grandes canhões, de um lado e do outro do Reno. E era evidente que uns viam nos outros o defeito que não conseguiam enxergar em si mesmos.

Via de regra, quando o inconsciente coletivo se torna verdadeiramente constelado em grandes grupos sociais, a consequência será uma quebra pública, uma epidemia mental que pode conduzir a revoluções, guerra, ou coisa semelhante. Tais movimentos são tremen-

---

20. Cf. TERÊNCIO (Publius Terentius Afer). *Heauton Timorumenos*. 1, 1, 25. Londres/Cambridge, Mass.: [s.e.], 1953: "Homo sum, humani nihil a me alienum puto" (Sou homem, e nada do que é humano considero que me seja estranho).
21. FRANCE, A. *L'Ile des Pingouins*. Paris: [s.e.], 1908, p. Xs., citado livremente.

damente contagiosos, eu diria inexoravelmente contagiosos, pois, quando o inconsciente coletivo é ativado, ninguém mais é a mesma pessoa. Você não está apenas no movimento, mas *é* o próprio movimento. Quem viveu na Alemanha ou lá esteve por algum tempo tentava defender-se, mas era em vão. Isto entra na pele. Somos humanos, e no mundo, onde quer que estejamos, é possível nos defendermos apenas através de restrição de ordem consciente, fazendo-nos tão vazios, tão sem alma quanto pudermos. Aí perdemos o nosso espírito, para tornar-nos apenas um pobre grão de consciência flutuando num mar de vida que nos é estranho. Mas, se permanecermos nós mesmos, veremos que a atmosfera coletiva entra em nossa pele. É impossível viver na África, ou em qualquer outro desses países, sem tê-los penetrados no sangue da gente. Não se pode impedir que isso aconteça, pois em algum lugar somos também um negro, ou um chinês ou qualquer outro homem do mundo, em tal hora somos apenas seres humanos da mesma raça que todos os homens. Temos os mesmos arquétipos, assim como todos possuímos fígado, olhos e coração. Não importa que a pele seja negra. Evidentemente há uma importância relativa, pois provavelmente o negro terá uma camada cultural a menos que você. Os diferentes estratos da mente correspondem à história das raças.

94 Se os senhores se aprofundarem no estudo das raças, como eu o fiz, farão descobertas interessantes. O americano, pelo fato de viver numa terra virgem, tem o índio dentro de si; ele também é um pele vermelha. Tanto o indígena (que provavelmente ele nunca viu), como o negro (apesar de viver na condição de pária, e dos veículos coletivos, reservados apenas para os brancos), entram no americano, e descobriremos que ele pertence a uma nação mestiça[22]. Tal fato é totalmente inconsciente, e apenas podemos falar a esse respeito com pessoas realmente esclarecidas. É igualmente difícil falar a alemães e franceses quando se quer explicar-lhes por que vivem constantemente em divergência.

95 Há algum tempo atrás passei uma noite agradável em Paris. Era convidado de alguns homens bastante cultos e nossa conversa foi mui-

---

22. Cf. "Alma e terra". In: JUNG, C.G. *Civilização em transição*. Petrópolis: Vozes, 1974 [OC, 10 § 94s.]; Cf. tb. "As complicações da psicologia americana". In: JUNG, C.G. *Civilização em transição*. Petrópolis: Vozes, 2011 [OC, 10].

to boa. Pediram minha opinião sobre diferenças nacionais, e julguei o momento adequado para botar a minha colherada na mistura: "O que vocês valorizam é *la clarté latine, la clarté de l'esprit latin,* eis por que o pensamento de vocês é inferior. É inferior quando comparado ao germânico". Ficaram de orelha em pé e eu continuei: "Mas o sentimento de vocês é insuperável, é totalmente diferenciado". Perguntaram-me: "Como assim?" Repliquei: "Vejam, por exemplo, um café, um vaudeville, ou qualquer lugar em que se ouvem canções ou encenações dramáticas, aí se nota um fenômeno muito particular: há um grande número de coisas grotescas e cínicas, mas de repente qualquer coisa de valor sentimental acontece – a mãe perde um filho, um romance se concretiza ou então explode qualquer fato extremamente patriótico, e a gente é forçado a ir até as lágrimas. Para vocês, sal e açúcar têm de vir sempre juntos. Mas um alemão consegue aguentar uma noite inteira só à base de açúcar, o que é impossível para os franceses. Vocês encontram uma pessoa e dizem: *Enchanté de faire votre connaissance,* mas ninguém está enchanté coisíssima nenhuma; o que se sente na verdade é: 'Ora, não me aborreça muito'. Mas ninguém se perturba com isso. Agora, nunca digam a um alemão: *Enchanté de faire votre connaissance,* porque ele vai acreditar nisso. Um alemão nos vende um par de suspensórios e não espera apenas, como seria natural, que o paguemos, mas sim que o amemos por isso".

A nação alemã se caracteriza pela sua inferioridade em relação à função do sentimento, pela sua indiferenciação. Se dissermos isso a um alemão ele ficará ofendido, e eu também ficaria. São muito apegados ao que chamam de *gemütlichkeit* – uma sala cheia de fumaça, onde todos são amigos. Isto é o *gemütlichkeit*, que não deve ser perturbado; para eles isto tem de ser entendido de uma vez e sem aparentar dúvidas. É *la clarté germanique du sentiment,* e é inferior. Por outro lado é uma grande ofensa dizer qualquer coisa paradoxal a um francês, pois ele sempre quer a clareza. Um filósofo inglês disse: "Uma mente superior nunca é muito clara". É certo, e o mesmo se dá com um sentimento superior. É possível desfrutar indefinidamente de um sentimento apenas quando ele é ligeiramente duvidoso; e um pensamento que não encerre a mínima contradição não pode ser convincente.

97   Nosso problema daqui para frente será: como abordaremos a face obscura da mente humana? Poderemos consegui-lo através de três métodos de análise: o teste da associação de palavras, a análise dos sonhos e a imaginação ativa. Para iniciar, vamos ater-nos aos *testes de associação de palavras*[23], que para muitos dos presentes talvez pareçam ultrapassados, mas tenho de referir-me ainda a eles por continuarem sendo usados. Atualmente emprego estes testes não em pacientes, mas em casos criminais.

98   Estou repetindo coisas sobejamente conhecidas, mas, enfim... Faz-se a experiência com uma lista de, digamos, cem palavras. Diz-se à pessoa que se submete ao teste para reagir com a primeira palavra que lhe passe pela cabeça, e o mais depressa possível, depois de ter ouvido e entendido a palavra-estímulo. A experiência só começa depois de se ter certeza que a pessoa entendeu o mecanismo. Marca-se o tempo de cada resposta com um cronômetro. Depois de terminadas as cem palavras, parte-se para outra experiência: repetem-se as palavras-estímulo e a pessoa tem que repetir as suas respostas anteriores; em algum lugar a memória falha, tornando-se a reprodução incerta ou errônea. Tais erros são da maior importância.

99   Originalmente o experimento não se destinava ao seu uso atual; aplicava-se aos estudos das associações mentais, sendo a mais utópica das ideias. Impossível estudar qualquer coisa desse tipo com um método tão rudimentar. Mas é possível estudar outros pontos quando a memória falha, quando as pessoas cometem erros. Usa-se uma palavra tão simples que uma criança possa entendê-la e, de repente, um adulto inteligente vacila diante dela. Por quê? É que tal palavra atingiu um complexo, um conglomerado de conteúdos psíquicos, caracterizados por uma carga emocional peculiar e talvez dolorosa, normalmente inacessíveis ao contato exterior. É como se um projétil arrebentasse a grossa camada da *persona*[24], em direção à camada obscura. Por exemplo: alguém que tenha complexo relacionado com dinheiro será atingido se usarmos palavras como "pagar", "dívida", "comprar" etc. Ocorrerá um distúrbio na reação.

---

23. *Estudos experimentais* [OC, 2].
24. "O eu e o inconsciente". In: JUNG, C.G. *Dois escritos sobre psicologia analítica*. Petrópolis: Vozes, 2011 [OC, 7/2; § 245s., 304s.].

Existem doze ou mais categorias de distúrbios, mas mencionarei aqui apenas algumas delas a fim de proporcionar aos senhores a visão de seu valor prático. O prolongamento do tempo da reação é de grande importância prática. Decidimos se o tempo de reação é muito longo tirando a média de todos os outros tempos anteriores. Outras perturbações características são: reagir com mais de uma palavra, contrariando as instruções; engano na reprodução das palavras; reação traduzida por expressão facial; riso; movimento das mãos, dos pés ou do corpo; tosse, gaguejar; reações insuficientes expressas por respostas do tipo "sim" e "não"; não reação ao verdadeiro sentido da palavra-estímulo; repetição das mesmas palavras; uso de língua estrangeira – perigo quase inexistente na Inglaterra, mas frequente entre nós (Suíça); reprodução defeituosa quando as palavras começam a escapar à memória; ausência absoluta de reação.

Estas reações encontram-se fora do domínio da vontade. Se alguém dos presentes se submeter à experiência, não haverá como escapar à verdade, nem se recusando a tomar parte, pois então já se sabe o que motivou a relutância. Se apresentarmos o teste a um criminoso e ele se recusar, tal passo será fatal, pois o motivo da recusa estará evidente. Se concordar, estará ele próprio dando o laço da forca. Em Zurique sou chamado pela Corte quando surge um caso difícil; sou o último recurso.

Os resultados dos testes de associação podem ser claramente ilustrados através de um diagrama (Fig. 5). A altura das colunas representa o verdadeiro tempo de reação ao teste. A linha horizontal pontilhada é a média comum dos tempos. As colunas em branco são as reações desprovidas de distúrbio. As colunas sombreadas apresentam reaçoes com distúrbio. Por exemplo, nas reações 7, 8, 9 e 10 há uma série completa de distúrbios. A palavra-estímulo número sete foi muito forte e crítica e, sem que a pessoa notasse, as três reações subsequentes foram mais longas devido à perseveração da reação do estímulo inicial. A pessoa não tinha a mínima consciência de ter sofrido uma emoção. A reação 13 apresenta um distúrbio isolado, e de 16 a 20 temos uma série completa de distúrbios. As reações mais fortes se encontram em 18 e 19. Nesse caso temos de tratar com a chamada intensificação da sensitividade através do efeito sensibilizador de uma emoção inconsciente: quando uma palavra-estímulo crítica provocou uma reação emocionalmente perseverante e quando a palavra-estímulo crítica seguinte ocorre na faixa da perseveração, seu efeito pode ser maior do que o esperado se viesse numa série de associações indiferentes. É o chamado efeito sensibilizador de uma emoção perseverante.

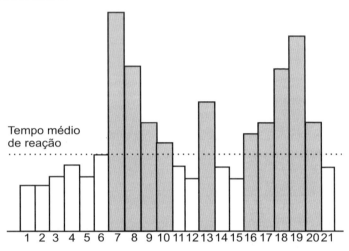

Palavras-estímulo
 7 faca
13 lança
16 bater
18 pontiagudo
19 garrafa

Fig. 5 – Teste de associação

103   No tratamento de casos criminais podemos usar tal efeito ordenando os estímulos críticos de tal modo a ocorrerem no intervalo presumível da perseveração. Isto é realizado a fim de aumentar o efeito das palavras-estímulo de natureza crítica. Testando-se uma pessoa suspeita, as palavras-estímulo críticas devem ter conexão direta com o crime.

104   O teste da figura 5 é de um homem de aproximadamente 35 anos, pessoa decente que me servia de base para muitos testes. Tive que trabalhar com muitas pessoas normais antes de abordar o campo patológico. Se os senhores quiserem saber o que perturbou esse ho-

mem, basta que leiam as palavras críticas e as ajuntem. É possível descobrir com exatidão do que se tratava.

Para começar, foi a palavra *faca* que provocou quatro reações com distúrbio. A seguir, *lança, bater, pontiagudo e garrafa*. O registro foi feito numa lista curta de cinquenta palavras-estímulo, permitindo-me dizer-lhe claramente o que tinha acontecido. Comecei assim: "Não sabia que o senhor tinha passado por uma experiência tão desagradável". O homem olhou-me seriamente e disse: "Não sei a que o senhor está se referindo". Continuei: "Bem, o senhor estava bêbado, teve um caso desagradável e acabou esfaqueando alguém". E ele: "Como o senhor descobriu isso?" E aí confessou tudo. Ele vinha de uma família simples, mas respeitável, de ótimas pessoas. Estivera viajando, e depois de embebedar-se acabou esfaqueando alguém e pegando um ano de cadeia. Eis o segredo que escondia porque lançava uma mancha em sua vida. Ninguém na sua cidade, nem nas redondezas, sabia nada desse caso, a não ser eu que tropecei nele por acaso... Nas minhas experiências em Zurique também faço esse tipo de teste. Os que querem confessar são naturalmente bem-vindos. Entretanto sempre peço aos pesquisadores para trazerem material de uma pessoa conhecida por eles e não por mim, e mostro-lhes como ler as histórias; às vezes fazemos descobertas incríveis.

Vejamos outro caso: Muitos anos atrás, quando eu ainda era médico recém-formado, um velho professor de criminologia perguntou-me sobre a experiência e afirmou não acreditar nisso. "Não, professor? O senhor pode submeter-se a ela quando quiser". Convidou-me uma noite, e apliquei-lhe o teste. Depois de dez palavras ele se cansou e disse: "O que você pode fazer com essas coisas? Daí não vai sair mais nada". Expliquei-lhe que não se pode conseguir nada com apenas dez ou doze palavras; depois de cem pode ser que surja alguma coisa. "E você pode fazer algo com o que já tem aí?" "Muito pouco", respondi. "Mas posso dizer-lhe isso: há bem pouco tempo o senhor teve problemas financeiros; faltou-lhe dinheiro. O seu medo é de morrer de doença cardíaca; seus estudos devem ter sido feitos na França, onde o senhor teve um romance que tem voltado ultimamente à sua memória pois, frequentemente, quando se tem medo de morrer, velhas e doces recordações retornam do ventre dos tempos". "Como você descobriu isso?" Qualquer criança acertaria! Era um homem de setenta e dois anos que à palavra *coração* associou *dor*: medo de morrer de síncope. Associou *morte a morrer*, reação natural, e a *dinheiro, muito pouco*, o que também é normal. Então as coisas começaram a ficar surpreendentes. A *pagar* associou, depois de um tempo consideravelmente longo de reação, *la semeuse*, embora nosso diálogo se desse em alemão. O motivo é a famosa figura da moeda francesa. Então, por que cargas d'água esse velhinho diria *la semeuse*? Quando chegou a palavra *beijo*, o tempo de reação tornou-se novamente longo e seus olhos brilharam quando ele disse: *bonita*. Aí construí a história tranquilamente. O professor jamais se expressaria em francês se a essa língua não estivesse associado um sentimento particular, e então devemos pensar na razão de ele ter usado o francês para exprimir-se. Será que ele tivera prejuízos com o franco francês? Não havia problema de desvalorização, nem de inflação naquele tempo. Certamente esse não era o caminho. Eu estava em dúvida se a coisa era amor ou dinheiro. Mas quando chegamos a *beijo/bonita*, não houve mais dúvidas que era amor. Ele não era o tipo de homem que iria à França em idade madura, mas estudara direito em Paris, provavelmente na Sorbonne. Foi relativamente simples alinhavar a história.

107   Ocasionalmente pode-se chegar a verdadeiras tragédias. A figura 6 é o caso de uma mulher de aproximadamente trinta anos de idade. Ela estava na clínica e o diagnóstico era esquizofrenia de caráter depressivo. A prognose era igualmente negativa. A paciente estava sob minha responsabilidade e eu tinha por ela uma afeição especial. Era impossível concordar com a prognose, pois esquizofrenia já começava a ser uma ideia relativa para mim. Eu acreditava que éramos todos um pouco loucos, mas essa mulher era estranha, e eu não podia aceitar o diagnóstico como última palavra. Infelizmente, naquele tempo conhecíamos muito pouco. É óbvio que fiz a anamnese, mas nada do que foi descoberto esclareceu o caso. Foi quando a submeti ao teste das associações, fazendo finalmente uma descoberta estarrecedora. A primeira perturbação foi causada pela palavra anjo e uma ausência total de reação à palavra *obstinado*. A seguir vinham *mau, rico, dinheiro, estúpido, querida e casar*. Bem, essa mulher era casada com um homem de posses, que ocupava uma posição muito boa, parecendo serem ambos felizes. Interroguei o marido e só consegui descobrir, como a paciente já o declarara, que a depressão chegara mais ou

menos dois meses depois que sua filha mais velha morrera, uma garotinha de quatro anos. Nada mais pôde ser encontrado sobre a etiologia do caso. O teste de associações colocou-me diante de uma série de reações estonteantes, e até mesmo ininteligíveis para mim. É comum ficar-se nessa situação, principalmente quando se lida com um tal tipo de diagnose. Aí pergunta-se à pessoa sobre as palavras que não se relacionam diretamente ao problema. Se abordarmos diretamente os distúrbios mais sérios, chegaremos a respostas errôneas. Por isso é aconselhável começar com palavras relativamente inofensivas e então possivelmente as respostas serão mais honestas. "Bem, o que há com esse *anjo*? Essa palavra significa alguma coisa para você?", perguntei. "Lógico. É a filha que perdi". E a isso sucedeu uma crise de choro. Quando a tempestade passou, perguntei: "E o que significa *obstinado* para você?" "Não significa nada". Insisti: "Mas a palavra causou um grande distúrbio, portanto deve haver qualquer coisa ligada a ela". Não pude ir mais longe. Então tomei a palavra *mau*. Aí definitivamente não consegui extrair mais nada. Houve uma reação negativa muito séria, provando que ela não queria responder. Detive-me, então, em *azul*, e ela disse: "São os olhos da criança que perdi". "Eles a impressionavam muito?" "Evidentemente. Eram esplendidamente azuis quando o bebê nasceu". Notei a expressão de seu rosto e perguntei: "Por que você está preocupada?" "É que ela não tinha os olhos de meu marido". Depois veio a história de que a criança tinha os olhos de um ex-namorado da paciente. "O que a perturba em relação a esse homem?" E consegui fazê-la contar a história inteira.

Na pequena cidade em que ela nascera havia um jovem muito rico. Ela provinha de uma família financeiramente estável, mas sem grande fortuna. O rapaz era da aristocracia, possuía muito dinheiro; todas as garotas sonhavam com ele, sendo pois o herói da cidadezinha. Nossa paciente era bonita e pensou que teria algumas possibilidades em relação ao rapaz. Mais tarde descobriu estar enganada, e a família disse: "A troco de que pensar nele? É um homem rico e nem nota a sua existência. Veja Fulano de tal, um homem de bem. Por que não se casa com ele?" E assim ela o fez, e os dois viveram perfeitamente bem, até que um velho amigo da cidadezinha natal foi visitá-la. Quando o marido saiu da sala, o cavalheiro disse: "Você fez um certo cavalheiro so-

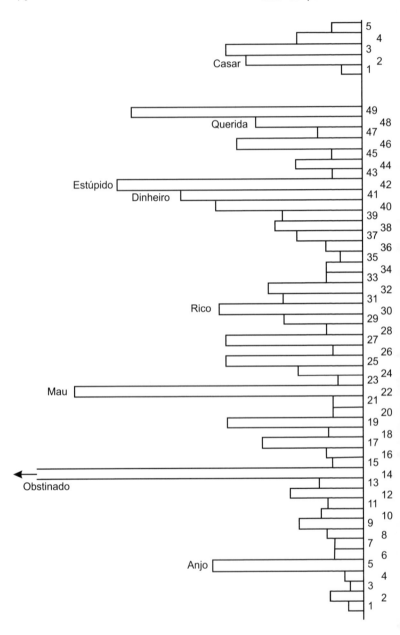

Fig. 6 – Teste de associação

frer muito" (referindo-se ao antigo herói). – "O quê? Eu o fiz sofrer?" – "Você por acaso não sabia que ele a amava e teve um choque quando soube do seu casamento?" Isso fez a casa vir abaixo, mas a paciente conseguiu reprimir a emoção. Quinze dias depois, ela estava dando banho nas crianças, um menino de dois anos e uma menina de quatro. A água da cidade não era recomendável – não era na Suíça que o caso se passava. Estava na verdade infectada de febre tifoide. A mulher viu que a menininha estava chupando uma esponja de banho. E não interferiu. Quando o menino pediu água para beber ela lhe deu da água possivelmente contaminada. A menina contraiu tifo, morrendo logo depois. Mas o garoto conseguiu salvar-se. Assim ela teve o que queria – ou o que o diabo queria dentro dela: a recusa do casamento para poder casar-se com outro homem. Considerando-se as coisas sob tal ângulo, ela simplesmente cometera um assassinato. A paciente não o sabia; apenas contou-me os fatos sem tirar a conclusão de que era responsável pela morte da criança, desde que sabia que a água estava infectada e que havia perigo. Deparei-me com a questão de dizer-lhe, ou não, que havia cometido um crime (era apenas questão de *dizer-lhe*, não havia a menor ameaça de processo criminal). Se eu lhe dissesse a verdade, sua condição poderia piorar muito, mas, de qualquer forma, já havia uma péssima prognose; mas se ela pudesse tomar consciência profunda do seu ato, haveria chances de que sua doença encontrasse cura. Afinal, tomei a decisão de dizer-lhe simplesmente: "Você matou sua filha". Um forte estado emocional a afogou, mas depois a paciente conseguiu chegar à realidade dos fatos. Em três meses pudemos dar-lhe alta, e ela nunca mais voltou. Examinei-a durante quinze anos e não houve recaída. A depressão anterior adaptava-se psicologicamente ao seu caso: a doente era uma criminosa, que em outras circunstâncias mereceria a pena máxima. Praticamente salvei-a da punição da loucura, colocando-lhe um enorme fardo sobre a consciência. Quem aceita o seu pecado pode viver com ele. Se não aceitar tem de suportar as inevitáveis consequências.

Discussão

Dr. George Simon:
Gostaria de retomar o ponto da noite passada. Lá pelo fim da conferência, o Prof. Jung falou em funções mais elevadas e mais baixas e

afirmou que o tipo "pensamento" usa a função sentimento de maneira arcaica. Gostaria de saber se o reverso também é verdadeiro: o tipo sentimento pensa de modo arcaico? Em outras palavras: O pensamento e a intuição devem ser sempre considerados como funções superiores, quando relacionados à sensação e ao sentimento? Pergunto isso porque concluí a partir de outras conferências que a sensação era a mais baixa das funções, enquanto que o pensamento seria a mais elevada. É certo que em nossos dias o pensamento parece ser a atividade mais admirada. Um professor, pensando em seu trabalho, considera e é considerado um tipo muito mais importante do que o camponês que diz: "Às vezes me assento e penso. E às vezes só me assento".

C.G. Jung:

Espero não ter dado a impressão de ter minhas preferências por qualquer uma das funções. A função dominante num determinado indivíduo é sempre a mais diferenciada. E isso pode acontecer com qualquer uma delas. Não existe absolutamente critério que nos permita dizer se esta ou aquela função é a melhor. Podemos apenas afirmar que a mais diferenciada se presta à adaptação do indivíduo, e a que é mais excluída pela superior não consegue diferenciar-se, pela falta de uso. Há algumas pessoas modernas que costumam afirmar que a intuição é a mais nobre das funções. Não há dúvida que as pessoas menos perseverantes preferem a intuição. O tipo sensação sempre pensa que as outras pessoas são inferiores por não terem o senso do real tão agudo quanto ele o tem; ele é o fulano real e todos os outros são aéreos e fantásticos. Todo mundo julga sua função superior, como o máximo que se pode atingir. E a esse respeito sempre corremos o risco de fazer a grande burrada, e a mais evidente. Para entendermos a verdadeira ordem das funções, é necessário em nossas consciências a mais severa crítica psicológica. Há muita gente pensando que os problemas mundiais podem ser perfeitamente resolvidos pelo pensamento. Mas nenhuma verdade pode ser alcançada sem a intervenção das quatro funções. Quando se *pensa* o mundo, apenas se alcança um quarto dele: os três quartos restantes podem voltar-se contra a gente.

Dr. Eric B. Strauss:

O Prof. Jung disse que o teste de associação de palavras era um meio de estudo do inconsciente pessoal. Nos exemplos que nos foram apresentados os problemas certamente referiam-se à consciência dos pacientes, nunca à inconsciência. Evidentemente, se quisermos dar um passo adiante e procurar o material inconsciente dos pacientes, devemos fazê-los associarem livremente sobre as reações anômalas. Estou me referindo particularmente à associação com a palavra "faca", quando o Professor Jung tão sutilmente captou a história do incidente desagradável. Aquilo estava certamente na consciência do paciente, pois se as associações fossem inconscientes, e se nossa formação fosse freudiana, poderíamos acreditá-las relacionadas a algum complexo de castração ou alguma coisa semelhante. Não estou afirmando isso, mas não entendo o que o Prof. Jung quer dizer quando afirma que o teste das associações de palavras é destinado a atingir o inconsciente. Com toda a certeza, nos casos apresentados hoje, o teste foi usado para atingir a consciência; ou, pelo menos, o que Freud denominou o pré-consciente.

C.G. Jung:

Gostaria muito que o senhor prestasse mais atenção ao que eu digo. Afirmei que as coisas inconscientes são muito *relativas* – quando estou inconsciente de alguma coisa, esse estado é relativo; em alguns aspectos devo saber o que se passa. Em alguns pontos os conteúdos do inconsciente pessoal são perfeitamente conscientes, mas não os reconhecemos sob nenhum *aspecto ou tempo particular.*

Como se pode determinar se uma coisa é consciente ou inconsciente? O único remédio é perguntá-lo a algumas pessoas; não existe outro critério. Pergunta-se: "Você acha que teve alguma hesitação?" E me respondem: "Não, nenhuma. Pelo menos que eu saiba, todos os meus tempos de reação foram iguais". "Você tem consciência de que alguma coisa o perturbou?" "Não, não sei". "Você se lembra do que respondeu na palavra *faca*?" "Não lembro, não". Essa ignorância de fatos é coisa das mais comuns. Quando me perguntam se conheço determinado homem, posso responder que não, porque não me lembro dele, e, portanto não estou consciente de conhecê-lo. Mas quando me dizem que o encontrei há dois anos atrás, que ele é fulano de tal, que faz tais e tais coisas, então respondo: "E lógico que eu o conheço". Conheço-o e não o conheço... Todos os conteúdos do inconsciente pessoal são *relativamente* inconscientes, mesmo o complexo de castração e o complexo do incesto. Eles são perfeitamente conhecidos em certos aspectos, embora não o sejam em outros. Essa relatividade da consciência torna-se indiscutível em casos histéricos. Frequentemente descobrimos que certos fatos, aparentemente inconscientes, são inconscientes apenas para o médico, mas não talvez para a enfermeira ou para os parentes do doente.

114   Certa vez tive que atender um caso interessante numa clínica famosa de Berlim, um caso de sarcomatose múltipla da medula, e, como o diagnóstico partira de um neurologista muito conhecido e respeitado, quase tremi por ter de dar a minha opinião. Perguntei quando surgiram os sintomas e descobri que foi na noite em que o filho da paciente deixara a casa materna para casar-se. Ela era viúva, e obviamente apaixonada pelo próprio filho. Concluí: "Isto não é sarcomatose, mas sim uma histeria comum, que no tempo devido poderemos provar". O neurologista ficou horrorizado pela minha falta de inteligência, de tato ou sei lá do que, e fui obrigado a retirar-me. Mas na rua alguém correu atrás de mim. Era a enfermeira que disse: "Doutor, eu quero agradecer-lhe por ter dito que era histeria. Achei isso desde o começo".

Dr. Eric Graham Howe:

115   Posso voltar ao que disse o Dr. Strauss? Na noite passada o Professor Jung reprovou-me por eu meramente usar palavras, mas creio que é importante tornar tais palavras totalmente compreensíveis. Imagine o que aconteceria se o senhor me dissesse que a experiência seria feita com a palavra "místico" e "quarta dimensão". Creio que haveria grandes momentos de demorada e furiosa concentração a cada vez que elas surgissem. Proponho que voltemos ao problema da quarta dimensão, pois creio ser esse um elo extremamente necessário para ajudar o nosso entendimento. O Dr. Strauss fala de *inconsciente* e entendi através do Prof. Jung que tal coisa não existe; o que há é apenas uma inconsciência relativa, que depende de um certo grau de consciência. De acordo com Freud, existe um lugar, uma entidade,

uma coisa chamada inconsciente. Para o Prof. Jung, segundo entendi, essa coisa não existe. Ele se move num meio fluido de relativismo, e Freud num meio estatístico de entidades irrelacionadas. Para esclarecer, Freud é *tridimensional*, enquanto Jung em toda a sua psicologia é *quadridimensional*. Eis por que eu criticaria, caso me fosse permitido, todo o sistema de esquematização do Prof. Jung, pois ele nos apresenta uma visão tridimensional de um sistema que é quadridimensional, a apresentação estática de alguma coisa que é fundamentalmente dinâmica. E, a menos que isso seja explicado, acabaremos confundindo tudo com a terminologia freudiana, sem entendermos mais nada. Eu insistiria num uso mais claro das palavras.

C.G. Jung:
Eu preferiria que o Dr. Graham Howe não fosse tão indiscreto. O senhor está com a razão mas não deveria dizer essas coisas. Como já disse, tentei começar com as proposições menores, aí o senhor botou a sua colher, falando de "quatro dimensões" e em "místico", afirmando que todos teríamos um longo tempo de reação diante desses estímulos. O senhor está certo, seríamos todos fulminados, porque nesse campo somos todos apenas principiantes. Concordo ser muito difícil fazer da psicologia uma coisa viva, sem dissolvê-la em elementos estáticos. Evidentemente é preciso exprimir-se em termos de quarta dimensão, quando se introduz o fator tempo num sistema tridimensional. Quando se fala em dinâmica e em processos, o fator tempo mostra a sua importância e aí a gente provoca todo o preconceito do mundo, só porque usou a palavra "quadridimensional". Esse é um termo tabu que não deve ser tocado. A História existe e devemos ser bastante cuidadosos com as palavras. Quanto mais se avança na compreensão da psique, tanto mais cuidado se deve ter com a terminologia porque ela é historicamente cunhada e preconcebida. Quanto mais se penetra nos problemas básicos da psicologia, tanto mais se aproxima de idéias religiosa, filosófica e moralmente preconcebidas. Consequentemente, tais coisas devem ser consideradas da maneira a mais cuidadosa.

Dr. Howe:
Esse público gostaria que o senhor fosse provocativo. Vou dar uma opinião à queima-roupa. O senhor e eu não consideramos a forma do eu como uma linha reta; estaríamos preparados para conceber

a esfera como a verdadeira forma do si-mesmo, em quatro dimensões, das quais uma é o esboço tridimensional. Caso seja isso, responda, por favor, à seguinte pergunta: "Qual o sentido desse si-mesmo que, em quatro dimensões, é uma esfera móvel?" Creio que a resposta seja a seguinte: "O próprio universo inclui o seu conceito do inconsciente racial e coletivo".

C.G. Jung:

118 Agradeceria muito se a pergunta fosse repetida.

Dr. Howe:

119 Qual a extensão dessa esfera, que é o si-mesmo quadridimensional? Não posso impedir-me de responder afirmando ser ela tão grande quanto o Universo.

C.G. Jung:

120 Trata-se realmente de um problema filosófico e a sua conclusão requer um bom domínio da teoria do conhecimento. O mundo é aquilo que imaginamos. Só uma pessoa infantil julgaria que o mundo é realmente aquilo que pensamos. A imagem do mundo é uma projeção do mundo do si-mesmo, assim como este é uma introjeção do mundo. Mas apenas a mente de um filósofo caminharia além da imagem comum, em que existem coisas estáticas e isoladas. Se fôssemos além de tais imagens, causaríamos um terremoto na mente comum, o cosmo inteiro seria abalado, transformando as mais sagradas convicções e esperanças. E não vejo por que haveríamos de provocar tais inquietações. Não é bom nem para os pacientes, nem para os médicos; talvez seja bom para os filósofos.

Dr. Jan Suttie:

121 Gostaria de retomar o ponto levantado pelo Dr. Strauss. Compreendo o que ele queria dizer e creio também que entendo o ponto de vista do Prof. Jung. Pelo que estou vendo o professor não consegue ligar as suas ideias às do Dr. Strauss, que desejava saber como o teste de associação de palavras pode mostrar o inconsciente freudia-

no, o material que é realmente empurrado para fora da mente. Até onde consigo entender o Prof. Jung, sua ideia coincide com a concepção freudiana do *id*. Creio que devemos definir bem nossas ideias a fim de compará-las, e não simplesmente tomá-las segundo as interpretações da nossa própria escola.

C.G. Jung:
Devo repetir mais uma vez que meus métodos não descobrem *teorias*, mas sim *fatos*, e digo aos senhores que fatos eu descobri através desses métodos. Não posso descobrir um complexo de castração ou um incesto reprimido, ou qualquer coisa semelhante – descubro somente fatos psicológicos, não teorias. Creio que os senhores confundem muito teoria com fato, ficando talvez desapontados que a experiência não revele um complexo de castração ou qualquer coisa do mesmo tipo. Mas esse complexo é uma *teoria*. O que se descobre no método das associações são fatos definidos, que não conhecíamos anteriormente e que também eram ignorados pelo paciente sob esse ângulo particular. Não digo que não o conhecesse de outra forma; no trabalho você conhece muita coisa que ignora em sua casa, e em casa conhece outras tantas que o trabalho não revela. E todas as outras coisas entram nesse fenômeno. É o que chamaríamos de inconsciente. Não posso penetrar no inconsciente de maneira *empírica* e depois descobrir a *teoria* do que Freud chamaria complexo de castração. Esse complexo é uma ideia mitológica, mas não é descoberto como tal. Na verdade o que encontramos são certos fatos agrupados de maneira especial e os reconhecemos, dando-lhes nomes, de acordo com paralelos mitológicos ou históricos. Não se pode descobrir um motivo mitológico, pode-se unicamente descobrir um motivo pessoal e isso nunca aparece sob a forma de teoria, mas sim como um fato pulsante da vida humana. Pode-se abstrair uma teoria a partir do fato, seja freudiano, adleriano ou outro. Pode-se pensar o que se quiser sobre os fatos do mundo, e haverá no final tantas teorias quantas forem as cabeças pensantes.

Dr. Suttie:
Protesto! Não estou interessado nessa ou naquela teoria, ou em que fatos sejam descobertos ou não, mas estou interessado em *achar*

um meio de comunicação através do qual um possa saber o que o outro está pensando, e para isso mantenho minha opinião de que nossas concepções sejam definidas. Precisamos entender o que o outro entende por uma determinada coisa como, por exemplo, o inconsciente de Freud. E quanto a essa palavra, ela vem aos poucos se tornando conhecida de todos, tendo portanto um certo valor social ou ilustrativo. Mas Jung recusa-se a atribuir à palavra "inconsciente" o mesmo valor que Freud lhe atribuiu, e prefere usá-la de tal forma que só podemos entendê-la no sentido do *id*, segundo Freud.

C.G. Jung:

124 A palavra "inconsciente" não é invenção freudiana. Bem antes já era conhecida na filosofia alemã, por Kant, Leibniz e outros, e cada um tem uma definição própria para o termo. Estou perfeitamente acordado para o fato de existirem muitas concepções diferentes do inconsciente, e o que eu estava humildemente tentando fazer era expressar o que entendo por essa palavra, pressupondo que todos aqui conheçam o que Freud considera a esse respeito. Não quero menosprezar a importância de Kant, Leibniz, Von Hartmann ou de qualquer outro homem, incluindo Freud, Adler etc. Estava apenas expondo o que eu entendo por inconsciente. Não pensei que fosse minha missão explicar os fatos de tal modo a perturbar um freudiano em suas convicções. Não tenho a mínima tendência de destruir crenças ou pontos de vista. Apenas demonstro as minhas próprias convicções, e, se alguém acreditar que o que digo é razoável, dar-me-ei por satisfeito. Para mim, numa acepção geral, é totalmente indiferente o que alguém venha a pensar sobre o inconsciente. Caso contrário, eu teria começado com uma longa dissertação sobre esse conceito segundo Kant, Leibniz, Von Hartmann etc.

Dr. Suttie:

125 O Dr. Strauss perguntou qual a relação entre o inconsciente concebido pelo senhor e por Freud. É possível estabelecer entre eles uma relação precisa e definida?

C.G. Jung:

O Dr. Graham Howe já respondeu a essa pergunta. Freud vê os processos mentais como fatores estáticos, enquanto eu penso em dinâmica e relacionamento. Para mim tudo é relativo. Não há nada definitivamente inconsciente. É possível ter as mais diferentes ideias quanto ao fato de uma coisa ser desconhecida num aspecto e conhecida noutro. Abro uma única exceção ao padrão mitológico, que é profundamente inconsciente, como posso provar através de fatos.

Dr. Strauss:

Evidentemente há uma grande diferença entre usar o seu teste de associações como detector de mentiras, em relação a crimes, e para descobrir, digamos, uma culpa inconsciente. O criminoso que se encontra sob inquérito está consciente de sua culpa e também do medo de que a falta venha a ser descoberta. O neurótico desconhece a culpa e não sabe que tem medo de ser punido. Pode a mesma técnica ser usada em casos tão diferentes?

O Presidente:

A mulher, cujo caso abordamos, não tinha consciência de sua culpa, embora tivesse permitido que a criança chupasse a esponja.

C.G. Jung:

Mostrarei experimentalmente a diferença. A figura 7 é um gráfico das respirações durante um teste. Há quatro séries de sete respirações, registradas logo depois das palavras-estímulo – os diagramas representam condensações de respirações depois de estímulos indiferentes e críticos num grande número de pessoas.

A apresenta respirações depois de estímulos indiferentes. As primeiras inspirações, depois de proferidas as palavras, são contraídas, restritas, enquanto que as seguintes já alcançaram a normalidade.

Em *B*, onde o estímulo era bem crítico, o volume da respiração é mais restrito, sendo que às vezes atinge até a metade do seu tamanho normal.

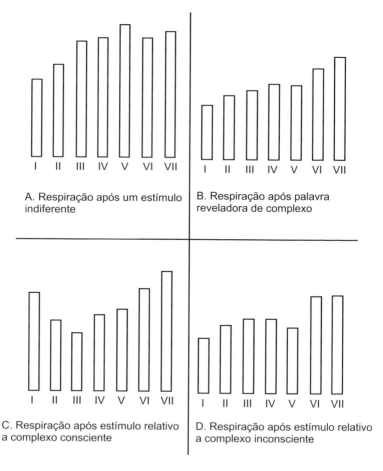

Fig. 7 – Teste de associação: respiração

132   Em C, temos o comportamento da respiração depois de uma palavra que atingia um complexo que era consciente para a pessoa testada. A primeira inspiração é quase normal, e apenas mais tarde surge uma certa restrição.

133   Em D, a respiração se dá depois de um estímulo relacionado a um complexo do qual a pessoa estava inconsciente. Neste caso a primeira inspiração é acentuadamente pequena, e as seguintes encontram-se um pouco abaixo do normal.

Os presentes diagramas ilustram muito bem as diferenças de reações entre os complexos conscientes e os inconscientes. Em C, por exemplo, o complexo é consciente. A palavra-estímulo atinge a pessoa causando uma inspiração profunda. Mas quando atinge um complexo inconsciente o volume da respiração é restrito, como se pode ver em *D, I*. Há um espasmo do tórax, quase não havendo respiração. Dessa forma prova-se empiricamente a diferença fisiológica entre uma reação consciente e outra inconsciente[25].

134

Dr. Wilfred R. Bion:

O senhor estabeleceu uma analogia entre formas arcaicas do corpo e formas arcaicas da mente. É simplesmente uma analogia, ou existe um relacionamento mais profundo? Na palestra de ontem foi dita uma coisa que nos leva a crer que o senhor admite a relação entre mente e cérebro, e há pouco tempo foi publicado no *British Medical Journal* um diagnóstico seu, de um sonho provocado por desordem física[26]. Se o tal caso foi corretamente narrado, ele apresenta uma sugestão muito importante e fiquei imaginando se o senhor não acredita haver uma conexão mais íntima entre as duas formas de sobrevivência arcaica.

135

C.G. Jung:

O senhor voltou novamente ao problema do paralelo psicofísico, ponto extremamente controvertido, sem resposta, pois está fora do alcance do conhecimento humano. Como tentei explicar ontem,

136

---

25. Cf. § 48[6] desta parte.
26. Cf. DAVIE, T.M. "Comments Upon a Case of 'Periventricular Epilepsy'". *British Medical Journal*, II, 17 de agosto de 1935, p. 296. Londres. O sonho foi descrito por um paciente de Davie assim: "Alguém ao meu lado me perguntava insistentemente algo sobre óleo para máquina. Como melhor lubrificação fora sugerido leite. Eu achei que seria melhor lama úmida. Então uma lagoa foi dragada, e na lama foram encontrados dois animais mortos. Um deles era um pequeno mastodonte. O outro, não me lembro mais." O comentário de Davie: "Achei interessante submeter este sonho a Jung e pedir uma interpretação. Sem hesitar disse que o sonho indicava um distúrbio orgânico e, apesar de muitos epifenômenos psicológicos no sonho, a doença não era em primeiro lugar psicológica. A dragagem do lago ele a interpretou como o bloqueio da fluidez cérebro-espinal".

as duas coisas acontecem juntas, de maneira peculiar, e são, creio eu, dois aspectos diferentes somente para nossa inteligência, e não na realidade. Nós as concebemos como duas formas devido à nossa total incapacidade de concebê-las juntas. Devido a essa possível unidade podemos esperar sonhos que tendam mais para o lado psicológico, enquanto outros refletem mais o fisiológico. O sonho ao qual foi feita a referência é uma representação muito clara de desordem orgânica. Tais "representações orgânicas" são extremamente familiares à literatura antiga e à da Idade Média, onde os médicos se valiam dos sonhos para os seus diagnósticos. Não realizei nenhum exame fisiológico do paciente que tivesse esse sonho. Apenas me foi contada a sua história e o sonho a partir dos quais formei minha opinião. Já tive outros casos como, por exemplo, a atrofia muscular muito duvidosa de uma garotinha. Pedi-lhe que contasse seus sonhos, e ela contou-me dois muito coloridos. Um colega que conhecia um pouco de psicologia julgou ser um caso de histeria. Havia realmente sintomas de histeria e não sabíamos se havia atrofia muscular progressiva ou não. Mas os sonhos sugeriram-me que se tratava de problema de ordem orgânica e mais tarde o meu diagnóstico foi confirmado. Os sonhos se referiam definitivamente à condição orgânica[27]. Segundo minha ideia da comunhão da psique com o corpo vivo, as coisas só poderiam ser assim, e seria uma maravilha se a vida não se desse sob essa forma.

Dr. Bion:

137   O senhor voltará ao assunto quando tratar dos sonhos?

C.G. Jung:

138   Creio que não será possível abordar esse detalhe; é excessivamente particular. Trata-se, na verdade, de um caso de experiência pessoal e a sua apresentação constituiria um problema difícil. Não seria possível descrever o critério em que me baseio ao julgar um sonho desses. O caso mencionado pelo senhor foi o do pequeno mastodonte. Explicar

---

27. Cf. JUNG, C.G. "A aplicação prática da análise dos sonhos". In: JUNG, C.G. *A prática da psicoterapia*. Petrópolis: Vozes, 2011 [OC, 16; § 343s.].

o que o mastodonte significa de orgânico e por que devo tomar tal sonho como sintoma fisiológico desencadearia uma tal polêmica, e os senhores acabariam por me acusar de obscurantismo. Tais coisas são realmente obscuras, e eu teria de falar da mente básica, que pensa por meio de padrões arquetípicos. Quando falo de tais padrões, aqueles que têm consciência deles entendem, mas os outros podem acabar pensando assim: "Esse sujeito é completamente louco, pois se preocupa com diferenças entre mastodontes, cobras e cavalos". Eu deveria dar-lhes um curso de aproximadamente quatro semestres sobre simbologia para que os senhores conseguissem seguir o que digo.

Eis o maior problema: há uma enorme distância entre o que é realmente conhecido sobre esses fatos e o que elaborei durante todos esses anos. Se eu fosse falar em assuntos semelhantes, mesmo diante de um grupo de médicos, deveria referir-me às particularidades do *niveau mental*, para citar Janet, ou poderia igualmente falar em chinês. Por exemplo, eu diria que o *abaissement du niveau mental* mergulha, em certos casos, à altura do *manipura chakra*[28] quer dizer, ao nível do umbigo. Nós, os europeus, não somos as únicas criaturas do mundo. Somos apenas uma península da Ásia, e naquele continente há velhas civilizações onde as pessoas treinaram suas mentes em psicologia introspectiva durante milhares de anos, enquanto nós começamos com a nossa psicologia não ontem, mas hoje de manhã. Tive que estudar coisas orientais para entender certos fatos do inconsciente. Tive que voltar atrás para entender o simbolismo oriental. Estou para publicar um pequeno livro sobre um único motivo simbólico[29], que os senhores julgarão ser de arrepiar os cabelos. Tive que estudar não só literatura chinesa e hindu, como também literatura sânscrita e manuscritos latinos de origem desconhecida até mesmo de especialistas e as referências acabam remetendo o leitor ao Museu Britânico para o contacto com as fontes. Só quando se está de posse de tal armazenamento de paralelismos, pode-se começar a fazer diagnósticos, afirmando que este sonho é orgânico, enquanto que um outro não o

---

28. Cf. § 17 deste volume.
29. O motivo do mandala. Sobre este assunto Jung pronunciou algumas semanas antes uma conferência no Eranos-Tagung, publicada no *Eranos-Jahrbuch III* (1935) sob o título "Símbolos oníricos do processo de individuação" e que constitui a parte 2 de *Psicologia e alquimia*. Cf. tb. § 406 deste volume.

é. Até que não se adquiram tais conhecimentos, continuarei não passando de um feiticeiro. Quando ouvem o que digo, costumam dizer: "é um passe de mágica". Também se pensava assim na Idade Média e se perguntava: "Como se pode afirmar que Júpiter tem satélites?" Se a gente responder que é pelo telescópio, o que representará isso para um público medieval?

140 Não quero me superestimar por isso; fico sempre perplexo quando meus colegas perguntam: "Como você estabelece um diagnóstico desses ou chega a tal conclusão?" Respondo normalmente: "Explico se você me permitir dizer o que você deve fazer a fim de entendê-lo". Eu próprio passei pela mesma coisa quando o famoso Einstein era professor de Zurique. Eu o via sempre, e era quando ele estava começando a trabalhar na teoria da relatividade. Ele ia com frequência à minha casa e perguntei-lhe sobre a teoria. Não tenho inclinação para matemática, então os senhores podem imaginar toda a dificuldade que o pobre homem teve para me explicar o seu pensamento. Não sabia como fazê-lo e eu sentia-me ao nível do assoalho, terrivelmente pequeno de vê-lo tão atrapalhado. Mas um dia ele me perguntou qualquer coisa sobre psicologia. Aí tirei a minha desforra.

141 O conhecimento específico é uma enorme desvantagem. Leva-nos tão longe que acaba sendo impossível explicar qualquer coisa. Os senhores têm de permitir que eu lhes fale de coisas elementares, e, se essas coisas simples forem aceitas, então surgirá a compreensão de por que cheguei a tais e tais conclusões. Sinto muito termos tão pouco tempo e assim não poder falar-lhes de quase nada. Quando tratarmos dos sonhos vou ter de entregar-me todo, arriscando-me a que os senhores me tomem por um idiota completo, pois não consigo colocar-lhes toda a evidência histórica que dirigiu a minha consciência. Sempre de novo deveria estar citando a literatura chinesa e hindu, textos medievais e todas as coisas que lhes são desconhecidas. Como seria possível? Trabalho com especialistas em todos os campos do conhecimento e eles me auxiliam. Trabalhei com um velho amigo, Professor Wilhelm, sinólogo. Traduziu-me um texto taoísta e pediu-me para comentá-lo, o que fiz sob o ponto de vista psicológico[30]. Para

---

30. JUNG, C.G. & WILHELM, R. *O segredo da flor de ouro* – Um livro de vida chinês. 12. ed. Petrópolis: Vozes, 2010.

um sinólogo, sou uma novidade espantosa, mas o que eles têm a dizer também é novo para nós. Os filósofos chineses não eram bobos. Imaginamos que os mais velhos o fossem, mas eles eram tão inteligentes quanto a gente. Eram assustadoramente inteligentes, e a psicologia pode aprender infinitamente com as velhas civilizações, especialmente na Índia e na China. Um antigo professor da Sociedade Britânica de Antropologia perguntou-me: "É possível conceber que um povo tão sensível e inteligente como o chinês não tenha ciência?" Respondi: "Eles têm sua ciência, apenas que não é compreendida. Não se baseia no princípio da causalidade. E afinal de contas esse princípio não é o único; ele é apenas relativo".

Pode-se pensar: "Mas que idiota, dizer que a causalidade é apenas relativa!" Basta dar uma olhada na física moderna! O Oriente baseia seu pensamento e sua avaliação de fatos noutro princípio para o qual não temos nenhuma palavra. E a palavra do oriental sobre esse assunto escapa à nossa compreensão. A palavra do Oriente é *Tao*. Meu amigo McDougall[31] tem um aluno chinês e perguntou-lhe: "O que é Tao?" Atitude tipicamente ocidental. O chinês explicou-lhe o que era, e o professor replicou: "Ainda não entendi". Aí o aluno foi até a sacada e perguntou: "O que o senhor está vendo?" – "Uma rua, casas, gente andando, bondes, movimento". "O que mais?" – "Árvores". "O que mais?" – "Mais à frente há uma colina". "E o que mais?" – "O vento está soprando". O chinês abriu os braços e disse: "Isso é Tao".

Então os senhores veem. Tao pode ser tudo. Uso uma outra palavra para designá-lo, mas ela é muito pobre. Chamo-a *sincronicidade*. A mente oriental, quando considera um conjunto de coisas, aceita-o como ele é, mas o ocidental divide-o em pequenas porções, em entidades separadas. Vemos, por exemplo, esta reunião de pessoas, e pensamos: "De onde elas vêm?" "Por que elas estão juntas?" O oriental não tem o mínimo interesse por essas coisas. Ele se interroga: "O que significa o fato de essas pessoas estarem juntas?" – problema que nem ocorre à mente ocidental; o homem do Ocidente está interessado em estar junto.

---

31. William McDougall (1871-1938), psiquiatra americano. Cf. JUNG, C.G. "A psicogênese da esquizofrenia". In: JUNG, C.G. *Psicogênese das doenças mentais*. Petrópolis: Vozes, 2011 [OC, 3; § 504]. Cf. tb. "O valor terapêutico da ab-reação". In: JUNG, C.G. *A prática da psicoterapia*. Petrópolis: Vozes, 2011 [OC, 16/2; § 255].

144 É mais ou menos assim: a gente está na praia e as ondas trazem um chapéu velho, um sapato, uma caixa, um peixe morto, que ficam ali na areia. Olhamos e dizemos: "Acaso. Mera bobagem". O chinês se pergunta: "O que significam todas essas coisas juntas?"A mente oriental trabalha com este *estar junto e chegar junto no mesmo instante*; tem um método experimental desconhecido no Ocidente, mas que desempenha um grande papel na filosofia oriental; ele permite antever as possibilidades, e ainda se encontra em uso, pelo governo do Japão nas situações políticas. Foi usado, por exemplo, na Grande Guerra; sua formulação data de 1143 a.C.[32].

Terceira conferência

O Presidente, Dr. Maurice B. Wright:

145 Senhoras e senhores, foi-me dado o prazer de presidir a conferência de hoje a ser proferida pelo Prof. Jung. Da mesma forma senti-me honrado, há vinte anos atrás, em encontrar o professor que vinha a Londres dar uma série de orientações[33]. Naquela época havia apenas um pequeno grupo de médicos com propensão para a psicologia. Lembro bem que depois das reuniões costumávamos ir a um pequeno restaurante no Soho, e conversávamos até ficar exaustos. Obviamente todos tentavam extrair o máximo do Prof. Jung. Quando nos despedimos ele me disse, sem grande seriedade: "Acho que você era um extrovertido que está se introvertendo". Francamente, isso tem-me dado o que pensar desde então.

146 Permitam-me apenas uma palavra sobre a conferência de ontem. Julgo que o Professor nos deu uma boa ilustração de seu trabalho e de suas concepções quando nos falou do telescópio. Munido dele o homem pode ver bem melhor do que a olho nu. Aí está exatamente a posição do nosso conferencista: com os seus óculos característicos, por meio de sua pesquisa especializada, adquiriu tal conhecimento,

---

32. WILHELM, R. *I Ching* – O livro das mutações.

33. "A importância do inconsciente na psicopatologia" e "A interpretação psicológica dos processos patológicos" [Apêndice a "O conteúdo da psicose". In: JUNG, C.G. *Psicogênese das doenças mentais*. Petrópolis: Vozes, 2011 (OC, 3)].

tal visão da psique humana que é difícil para nós captá-la. Obviamente, será impossível para ele, no espaço de poucas conferências, dar-nos mais que um breve esboço da visão que conseguiu. Na minha opinião, portanto, o que parecer indistinto não o será por obscurantismo, mas sim por uma questão de lentes. Minha própria dificuldade está em que, com os músculos de acomodação já endurecidos, ser-me-á impossível enxergar um dia essas coisas de maneira clara, mesmo que o professor me empreste os seus óculos. Entretanto sei que seremos todos atraídos pelo que ele nos vai dizer. E sei o quanto será estimulante para nosso pensamento, especialmente num domínio onde a especulação é tão fácil e a prova tão difícil.

C.G. Jung:
Senhoras e senhores, ontem deveríamos terminar a parte dos testes de associação, mas acabaríamos ultrapassando o tempo permitido. Assim espero que me perdoem por voltar outra vez ao mesmo assunto, não que eu seja particularmente apaixonado por testes de associação. Uso-os apenas em caso de necessidade, mas eles são realmente o fundamento de certas concepções. Falei-lhes ontem sobre perturbações características. E creio que talvez fosse bom resumirmos tudo que existe sobre os resultados da experiência, principalmente no campo dos complexos.

Um complexo é um aglomerado de associações – espécie de quadro de natureza psicológica mais ou menos complicada – às vezes de caráter traumático, outras, apenas doloroso e altamente acentuado. Tudo o que se acentua demais é difícil de ser conduzido. Se, por exemplo, qualquer coisa é muito importante para mim, começo a hesitar quando tento executá-la e provavelmente os senhores já observaram que ao me fazerem perguntas difíceis não consigo respondê-las imediatamente porque o assunto é importante e o meu tempo de reação muito longo. Começo a gaguejar e a memória não fornece o material desejado. Tais distúrbios são devidos a complexos – mesmo que o assunto tratado não se refira a um complexo meu. Trata-se simplesmente de um assunto importante, tudo que é acentuadamente sentido torna-se difícil de ser abordado, porque esses conteúdos encontram-se, de uma forma ou outra, ligados com reações fisiológicas, com os processos cardíacos, com o tônus dos vasos sanguíneos, a condição dos intestinos, a inervação da pele, a respiração. Quando houver um tônus alto, será como se esse complexo particular tivesse um corpo próprio e até certo ponto localizado em meu corpo, o que o tornará incontrolável por estar arraigado, acabando por irritar os meus nervos. Aquilo que é dotado de pouco tônus e pouco valor emocional pode ser facilmente posto de lado porque não tem raízes. Não é aderente.

149 Senhoras e senhores, isto nos conduz a alguma coisa realmente importante. O complexo, por ser dotado de tensão ou energia própria, tem a tendência de formar, também por conta própria, uma pequena personalidade. Apresenta uma espécie de corpo e uma determinada quantidade de fisiologia própria, podendo perturbar o coração, o estômago, a pele. Comporta-se, enfim, como uma personalidade parcial. Quando se quer dizer ou fazer alguma coisa e, desgraçadamente, um complexo intervém na intenção inicial, acaba-se dizendo ou fazendo a coisa totalmente oposta ao que se queria de início. Há subitamente uma interrupção, e a melhor das intenções acaba sendo perturbada, como se tivéssemos sofrido a interferência de um ser humano ou de uma circunstância exterior. Sob essas condições somos mesmo forçados a falar da tendência dos complexos a agirem como se fossem movidos por uma parcela de vontade própria. Quando se fala em força de vontade, naturalmente se pensa em um eu. Onde pois está o eu, ao qual pertence a força dos complexos? O que conhecemos é o nosso próprio complexo do eu, que supomos ter o domínio pleno do corpo. Não é bem isso, mas vamos considerar que ele seja um centro que está de posse do corpo, que exista um foco denominado eu, dotado de vontade e que possa fazer alguma coisa por meio de seus componentes. O eu é um aglomerado de conteúdos altamente dotados de energia e, assim, quase não há diferença ao falarmos de complexos e do complexo do eu.

150 Pois os complexos têm um certo poder, uma espécie de eu; na condição esquizofrênica eles se emancipam em relação ao controle consciente, a ponto de se tornarem visíveis e audíveis. Aparecem em visões, falam através de vozes que se assemelham às de pessoas defini-

das. A personificação de complexos não é, em si mesma, condição necessariamente patológica. Nos sonhos eles frequentemente parecem personificados. E uma pessoa poderá treinar a tal ponto que os fará visíveis ou audíveis quando acordada. Faz parte de um determinado treinamento ioga dividir a consciência em seus componentes, fazendo-os aparecer como personalidades definidas. Na psicologia de nosso inconsciente há figuras típicas que têm vida própria e definida[34].

Tudo isso se explica pelo fato de a chamada unidade da consciência ser mera ilusão. É realmente um sonho de desejo. Gostamos de pensar que somos unificados; mas isso não acontece nem nunca aconteceu. Realmente não somos senhores dentro de nossa própria casa. É agradável pensar no poder de nossa vontade, em nossa energia e no que podemos fazer. Mas na hora H descobrimos que podemos fazê-lo até certo ponto, porque somos atrapalhados por esses pequenos demônios, os complexos. Eles são grupos autônomos de associações, com tendência de movimento próprio, de viverem sua vida independentemente de nossa intenção. Continuo afirmando que o nosso inconsciente pessoal e o inconsciente coletivo constituem um indefinido, porque desconhecido, número de complexos ou de personalidades fragmentárias. 151

Esta ideia explica muita coisa; explica, por exemplo, a razão de o poeta personificar e dar forma a seus conteúdos mentais. Quando se cria um personagem no palco, ou num poema, drama ou romance, normalmente se pensa que isso é apenas um produto da imaginação, mas aquele personagem, por um caminho secreto, fez-se a si mesmo. Qualquer escritor pode negar o caráter psicológico de suas criações, mas na verdade todos sabem da existência desse caráter. Esta é a razão de poder-se ler a psique de um escritor ao estudar-se as suas criações. 152

Os complexos são, então, personalidades parciais ou fragmentárias. Quando falamos de complexo do eu, logicamente o imaginamos ligado a uma consciência, pois o relacionamento dos vários elementos com o centro, em outras palavras, com o eu, é denominado consciência. Mas também temos o agrupamento de conteúdos em relação 153

---

34. Por exemplo, as figuras de animus e anima em "O eu e o inconsciente". In: JUNG, C.G. *Dois estudos sobre psicologia analítica*. Petrópolis: Vozes, 2011 [OC, 7/2; § 296s.].

a um centro e a outros complexos. A partir daí podemos perguntar: "Os complexos representam uma consciência particular?" Se estudarmos o espiritismo manifestado através da escrita automática ou por meio de um médium, veremos que os chamados espíritos apresentam uma consciência particular. Por isso, pessoas predispostas estão inclinadas a crer que os espíritos sejam o fantasma de uma tia, de um avô falecido e assim por diante. A explicação disto se deve à personalidade mais ou menos definida que é traçada nessas manifestações. É evidente que quando tratamos de casos de insanidade ficamos bem menos inclinados a crer em fantasmas. Passamos a enxergar, então, a patologia de tais casos.

154   O mesmo se dá com os complexos, e eu insisto em sua relação com a consciência por eles representarem um grande papel na análise onírica. Os senhores se lembram do meu diagrama (Fig. 4), mostrando as diferentes esferas da mente e, no meio, o centro obscuro do inconsciente. Quanto mais nos aproximamos daquele centro, tanto mais se experimenta o que Janet chamou de *abaissement du niveau mental*: a autonomia da consciência começa a desaparecer, ficando-se mais e mais sob o fascínio dos conteúdos inconscientes. A autonomia da consciência perde sua tensão e força, que reaparecem na atividade aumentada dos elementos do inconsciente. Pode-se observar a forma extrema desse processo, quando se estuda cuidadosamente um caso de insanidade. A fascinação dos conteúdos do inconsciente torna-se gradualmente mais poderosa, até que o paciente mergulhe neste mundo, sendo totalmente vitimado. Ele é, então, a presa de uma nova atividade autônoma, que não parte do eu, mas da esfera sombria.

155   Para que se atinja um perfeito domínio dos testes de associação devo mencionar uma experiência bem diversa das que estamos vendo. Queiram perdoar-me se, para economizar tempo, não me prendo a detalhes de trabalho, mas estes diagramas (Figs. 8, 9, 10 e 11) ilustram o resultado de volumosas pesquisas realizadas com famílias. Eles representam a *qualidade* das associações[35]. O pequeno ápice da

---

35. A constelação familiar, § 698s. "A importância do pai no destino do indivíduo". In: JUNG, C.G. *Freud e a psicanálise*. Petrópolis: Vozes, 2011 [OC, 4]. Cf. tb. FÜRST, E. *Statistische Untersuchungen über Wortassoziationen und über familiäre Übereinstimmung im Reaktionstypus bei Ungebildeten.*

A vida simbólica

Fig. 8, designado pelo n. XI, é uma classe ou categoria especial de associações. O princípio das classificações é lógico e linguístico. Não vou deter-me nesse ponto e os senhores simplesmente terão que aceitar que estabeleci quinze categorias nas quais divido as associações. Realizamos testes com um grande número de famílias, compostas todas elas, por uma ou outra razão, de pessoas sem cultura, e descobrimos que o tipo de associação é particularmente paralelo entre alguns membros da família; por exemplo, entre pai e mãe, ou entre a mãe e as crianças, o tempo de reação é quase idêntico.

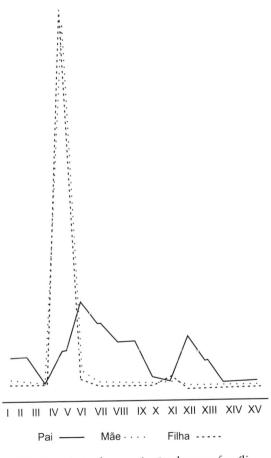

Fig. 8 – Teste de associação de uma família

156   A Fig. 8 mostra um casamento extremamente infeliz. O pai era alcoólatra e a mãe um tipo muito estranho. Vemos que a filha de dezesseis anos segue a mãe bem de perto. Aproximadamente trinta por cento das palavras correspondem a associações idênticas. É um caso surpreendente de participação, de contágio mental. Pensando bem nesse caso, podemos tirar certas conclusões. A mãe tinha quarenta e um anos e era casada com um alcoólatra, sendo a sua vida o mais redondo dos fracassos. Bem, a filha apresenta exatamente as mesmas reações da mãe; se tal criatura, uma jovem, se lança ao mundo como se tivesse quarenta e cinco anos e fosse casada com um alcoólatra, imaginem os senhores o que irá acontecer! Esta participação explica por que a filha de um viciado, que teve um inferno como juventude, acabará procurando um outro bêbado para se casar. Caso ele não beba, ela acabará por transformá-lo em bêbado, por causa dessa identificação tão grande com um membro da família.

157   A Fig. 9 é também um caso surpreendente. O pai, viúvo, tinha duas filhas que viviam com ele em completa identidade. É lógico que isso é antinatural porque, ou ele reage como uma garota, ou as duas moças têm de reagir como um homem, mesmo na maneira de falar. Todo o quadro mental está envenenado pela intromissão de um elemento alienatório, pois, de fato, uma jovem não pode ser seu pai.

158   A Fig. 10 é o caso de uma esposa e seu marido. O diagrama dá um tom otimista às minhas interpretações negativas. Aqui a gente vê uma harmonia perfeita, mas não caiam no engano de julgar que essa é a paz do paraíso, pois estas pessoas vão desavir-se dentro em breve, exatamente por serem harmoniosas demais. Uma harmonia total em família, que se baseie em participação, logo leva, em tentativas abertas, a que os esposos rompam um com o outro, para se libertarem, inventando os dois temas irritantes de discussão a fim de terem uma razão de se julgarem incompreendidos. Se estudarmos a psicologia comum do casamento, descobriremos que a maior parte dos problemas se relaciona a invenções caprichosas de tópicos irritantes, totalmente desprovidos de fundamento.

A vida simbólica 93

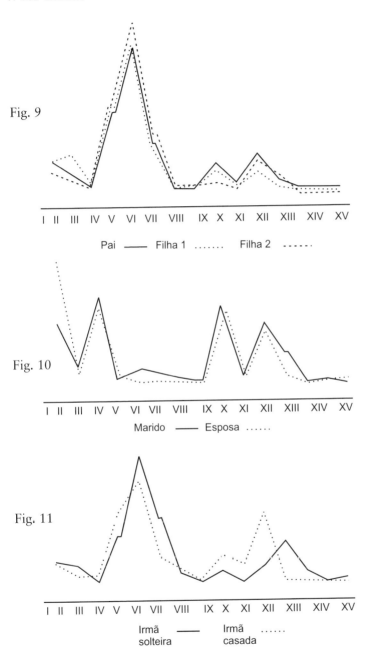

Figs. 9, 10, 11 – Famílias submetidas ao teste de associação

159   A Fig. 11 também é interessante. Essas duas mulheres são irmãs e vivem juntas. Uma casada, a outra solteira. O ápice do gráfico se encontra no ponto V. A esposa na Fig. 10 é irmã dessas duas mulheres e, embora originalmente elas pertençam a um mesmo tipo, esta casou-se com um homem de quem difere muito. O ápice se dá no número III da Fig. 10. A condição de identidade ou de participação demonstrada no teste também pode ser expressa por experiências bem diversas, como por exemplo, a grafologia. A escrita de muitas esposas, particularmente jovens, se assemelha à do marido. Não sei se as coisas ainda são assim, mas a natureza humana permanece mais ou menos a mesma. Às vezes os papéis se invertem, pois o dito sexo frágil eventualmente costuma mostrar a sua força.

160   Senhoras e senhores, agora vamos ultrapassar a fronteira em direção aos sonhos. Não quero dar aqui nenhuma introdução à análise onírica[36]. Creio que o melhor caminho é mostrar-lhes como procedo em relação a um sonho e assim não se faz necessário uma explicação de ordem teórica, pois os senhores poderão ver quais são as minhas ideias subjacentes. Logicamente, faço um grande uso dos sonhos, pois eles constituem uma fonte objetiva de informação no tratamento psicoterapêutico. Quando nos é apresentado um caso, é muito difícil conter a torrente de ideias sobre ele. Mas quanto mais se souber sobre o caso, mais se deve fazer o esforço heroico de não saber, para dar uma chance em aberto ao paciente. Tento sempre não ver e não saber. É bem melhor passar por estúpido, fazendo aparentemente papel de bobo, pois assim o paciente pode, com mais liberdade, apresentar o seu material. O que não significa que nos devemos fechar o tempo todo.

161   Este é o caso de um homem de quarenta anos, casado, que antes nunca esteve doente. Sua aparência é boa, dirige uma escola pública; é um fulano muito inteligente que estudou uma psicologia atualmente ultrapassada, a psicologia de Wundt[37], que nada tem a ver com os

---

36. Cf. JUNG, C.G. "A aplicação prática da análise dos sonhos". In: JUNG, C.G. *A prática da psicoterapia*. Petrópolis: Vozes, 2011 [OC, 16/1]. "Aspectos gerais da psicologia do sonho". In: JUNG, C.G. *A natureza da psique*. Petrópolis: Vozes, 2011 [OC, 8/2]. "Da essência dos sonhos". In: JUNG, C.G. *A natureza da psique*. Petrópolis: Vozes, 2011 [OC, 8/2].

37. WILHELM WUNDT, Leipzig (1832-1920).

detalhes da vida humana, movendo-se na estratosfera das ideias abstratas. Recentemente este homem sentiu-se muito perturbado por sintomas neuróticos. Uma espécie de vertigem o dominava de tempos em tempos; e mais: palpitações, náuseas e um estranho ataque de fraqueza e exaustão. Esta síndrome é o quadro de uma doença muito comum na Suíça, a doença das montanhas, mas que frequentemente acomete pessoas não acostumadas a grandes alturas. Perguntei-lhe: "O senhor não estará sofrendo dessa doença?" Respondeu-me: "Sim, o senhor tem razão. É exatamente como a doença das montanhas". Perguntei-lhe ainda se havia sonhado nos últimos dias, e ele contou-me três sonhos.

162 Não gosto de analisar um único sonho em separado, pois a interpretação seria arbitrária. Pode-se especular o que bem se entender a respeito de um sonho, mas quando comparamos uma série de, digamos, 20 ou 100 deles, então poderemos ver coisas realmente interessantes. Enxerga-se o processo que se desenvolve no inconsciente, noite após noite, e a continuidade da psique inconsciente estendendo-se através do dia e da noite. Presumivelmente sonhamos o dia todo, embora não o percebamos, devido à clareza da consciência. Mas, à noite, quando se dá o *abaissement du niveau mental*, os sonhos irrompem, tornando-se visíveis.

163 No primeiro sonho, *o paciente se encontra numa pequena cidade suíça. Ele surge como uma figura muito solene, de casaco negro e longo; debaixo dos seus braços, carrega vários livros volumosos; há um grupo de rapazes, que ele reconhece como ex-colegas de classe. Olham o paciente e dizem: "Não é sempre que esse fulano aparece aqui".*

164 Para compreendermos esse sonho, devemos lembrar que o paciente ocupa excelente posição e tem ótima cultura científica. Mas o nosso homem começou por baixo, e é realmente o que se pode chamar "self-made man". Seus pais eram camponeses pobres, e ele trabalhou arduamente para chegar à posição atual. Muito ambicioso e cheio de esperanças de subir ainda mais. É como um homem que tenha, num dia, percorrido a distância do nível do mar, até à altura de montanhas de 6.000 pés, e dali ainda aviste picos de 12.000 pés, que se encontram muito mais acima de sua cabeça, como torres. O lugar em que o paciente se encontra dá acesso a esses picos, o que o faz es-

quecer que já galgou 6.000 pés, e começa imediatamente a galgar mais alto. Na verdade, embora não o saiba, ele está cansado dessa escalada, e, desta vez, encontra-se completamente incapaz de ir mais longe. Essa falta de consciência é a razão dos sintomas próprios da doença das montanhas. O sonho quer dar-lhe o quadro de sua situação psicológica atual. O contraste entre a figura solene, vestindo longo casaco preto e de livros grossos sob o braço, aparecendo na cidade natal, e os rapazes dizendo que ele não aparece sempre por ali, significa que o paciente geralmente não se lembra de onde veio. Pelo contrário, este homem só pensa em sua carreira, no futuro e na cátedra de professor que espera conseguir. O sonho o coloca de volta no ambiente de origem. Ele precisa considerar o quanto já conseguiu, se levarmos em conta suas condições iniciais. E, também, que há limitações para o esforço humano.

165   O começo do segundo sonho é típico de uma atitude semelhante à sua. *Ele sabe que deve ir a uma importante conferência e prepara sua pasta de papéis para isso. O seu tempo voa e o trem está para partir. O paciente cai no conhecido estado de precipitação e medo de chegar tarde demais. Tenta ajuntar suas roupas, não sabe onde está o chapéu, perdeu o casaco e aí começa a correr pela casa berrando: "Onde estão as minhas coisas?" Finalmente consegue encontrar tudo e sai correndo de casa, mas acaba por descobrir que esqueceu a pasta de papéis. Volta apressadamente e vê no relógio que o tempo está voando. Corre para a estação, mas a rua está tão mole quanto um pântano e seus pés não conseguem mover-se. Ofegante, ele chega à estação, a tempo de ver que o trem acabara de partir. Sua atenção é atraída pela estrada de ferro que aparece como no desenho abaixo.*

166   *O paciente se encontra em A, a cauda do trem se encontra em B e a máquina já está chegando em C. Observa o trem por muito tempo e pensa: "Se pelo menos o maquinista, ao atingir o ponto D, tiver inteligência suficiente para não se precipitar a todo vapor... Se ele fizer isso, o longo trem que está sendo puxado, e que ainda está fazendo a curva B, acabará descarrilhando". Bem, o maquinista chegou a D e abriu a válvula de vapor completamente; a máquina começa a puxar com mais força e o trem se precipita. O sonhador vê a tragédia se aproximando, o trem sai dos trilhos, ele grita, acordando em seguida, dominado pelo medo característico dos pesadelos.*

A vida simbólica

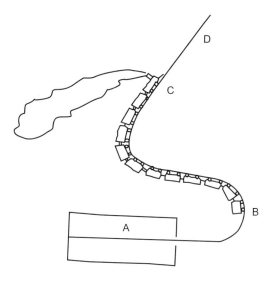

Fig. 12 – O sonho do trem

Quando se tem esse tipo de sonho relacionado a atraso para tomar um trem, a interferência de obstáculos, o que acontece é o mesmo que na realidade concreta, quando se fica nervoso com qualquer coisa. Fica-se nervoso porque há uma resistência inconsciente à intenção da consciência. O mais irritante é que se quer conscientemente fazer alguma coisa e um demônio invisível está sempre atrapalhando e, logicamente, nós somos esse demônio. Trabalhamos apressadamente contra ele e ficamos nervosos. No caso do paciente, aquela correria se dá contra a sua vontade. Ele não quer sair de casa e ao mesmo tempo se esfalfa por consegui-lo, e todas as resistências e dificuldades não são exteriores, partem dele mesmo. O paciente é o maquinista, que pensa: "Não temos nenhum problema; temos uma reta pela frente e podemos correr o quanto desejarmos". A linha reta além da curva são os picos de 12.000 pés, que ele julga acessíveis.

Naturalmente, ninguém que tiver essa chance pela frente vai deixar de tirar o máximo proveito dela. Assim, sua razão lhe diz: "Por que não ir em frente? Todas as possibilidades são suas". Ele não entende por que alguma coisa em seu interior se opõe a essas tendências. Mas o sonho o avisa para não ser tão insensato como o maquinista que se precipita para a frente a todo o vapor, quando a cauda do trem ainda não saiu da curva. Eis o que sempre esquecemos: nossa consciência é apenas uma superfície, a vanguarda de nossa vida psicológica. A cabeça é apenas uma parte, mas atrás dela vem uma longa "cauda" histórica de hesitações e fraquezas, de complexos, preconceitos e heranças, e sempre tomamos nossas decisões sem levá-la em consideração. Sempre acreditamos que poderemos andar em linha reta, apesar de nossa pobreza que, entretanto, tem um peso oneroso, e frequentemente derrapamos antes de atingirmos nossos objetivos exatamente por ignorarmos nossa "cauda".

169   Sempre digo que a psicologia do indivíduo tem atrás de si uma longa cauda sauriana, formada pela história da família, da nação, do continente e do mundo todo. Somos humanos e não podemos esquecer que carregamos um pesado fardo por sermos apenas humanos. Se fôssemos somente cérebro, seríamos como esses pequenos anjos que têm apenas asas e cabeça. É lógico que eles podem fazer o que querem, pois não levam um corpo que apenas pode movimentar-se no chão. Não posso deixar de dizer, não necessariamente ao paciente, mas a mim mesmo, que esse movimento peculiar do trem é o mesmo da serpente. Logo veremos por quê.

170   O sonho seguinte é crucial, forçando-me a dar certas explicações. Aqui temos de nos defrontar com um animal que é parte lagarto e parte caranguejo. Antes de enfocarmos os detalhes do sonho, desejo fazer algumas observações sobre o método de abordagem dos significados oníricos. Os senhores sabem que há muitos mal-entendidos e divergências nesse setor.

171   Conhecemos o que é livre associação. Este método, até onde vai a minha experiência, mostrou ser bastante duvidoso. Por meio dele a pessoa se abre a qualquer número e tipos de lembranças que lhe venham à cabeça, o que se acredita que conduzirá aos complexos. Não me interesso por saber os complexos de meus pacientes. Quero saber o que os *sonhos* têm a dizer sobre os complexos e não quais são eles. Quero saber o que o inconsciente de um homem está fazendo *com* os seus complexos. Eis *o que* decifro num sonho. Se eu aplicasse o método da livre associação, não teria necessidade dos sonhos. Fixaria uma tabuleta assim: "Passagem para tal lugar", fazendo os clientes meditarem nisso e darem vazão às livres associações que surgissem, e inva-

riavelmente tal procedimento conduziria aos complexos. Se estivermos num trem russo ou húngaro e ficarmos olhando as propagandas naquela grafia estranha, poderemos associar isso ao nosso mundo de complexos. É apenas uma questão de deixar-nos levar naturalmente.

Entretanto não estou interessado nisso, mas sim no que seja o sonho. Por isso o abordo como se fosse um texto desconhecido, digamos, alguma coisa em grego, sânscrito ou latim, onde desconheço algumas palavras, ou então o texto é fragmentário. Aí aplico o método comum a qualquer filólogo na leitura de semelhante trabalho. Minha ideia é que o sonho não se esconde; o que acontece é que não conseguimos compreender a sua linguagem. Se eu citar aos senhores uma passagem grega ou latina, muitos não a entenderão, não porque o texto esconda ou dissimule, mas porque os senhores não entendem nem grego nem latim. Da mesma forma, quando um paciente está confuso, não significa necessariamente que ele seja confuso, mas sim que o médico não entende o seu material. A suposição de que o sonho quer encobrir não passa de uma ideia antropomórfica. Nenhum filólogo pensaria isso de uma inscrição sânscrita ou cuneiforme. Há uma máxima do Talmude que diz que o sonho é a sua própria interpretação. Ele é a totalidade de si próprio. E se julgarmos que há alguma coisa por trás ou que algo foi escondido, não há dúvida de que não o entendemos.

Portanto, antes de mais nada, quando os senhores abordarem um sonho, pensem: "Não entendo uma palavra do que está aqui". Recebo muito bem essa sensação de incompetência, pois então sei que será preciso um bom trabalho em minha tentativa de entender o sonho. O que faço é o seguinte: Adoto o método do filólogo que está bem longe de ser livre associação, aplicando um princípio lógico – a *amplificação*, que consiste simplesmente em estabelecer paralelos. Por exemplo, no caso de uma palavra muito rara, com a qual nunca antes nos defrontamos, tenta-se encontrar passagens de textos paralelos, se possível, aplicações paralelas, onde a palavra ocorra. Aí tentamos colocar a fórmula que adquirimos através dos conhecimentos de outros textos frente à passagem que nos trouxe dúvida. Se ela se tiver, então, tornado legível, poderemos dizer: "Agora é fácil compreendê-la". Foi assim que aprendemos a ler hieróglifos e inscrições cuneiformes, e dessa mesma forma poderemos ler os sonhos.

174	E agora, como poderemos descobrir-lhe o contexto? Sigo simplesmente o princípio da experiência das associações. Imaginemos que um homem sonha com uma casa simples de camponeses. Será que sei qual o significado dessa casa para esse homem? É evidente que não. Como poderia saber? Então pergunto-lhe: "O que pode ser isso?" – em outras palavras, qual o contexto, qual o tecido mental ao qual a designação "casa de camponês" está ligada. A resposta poderá ser surpreendente. É possível, por exemplo, que uma pessoa diga "água". Será que eu sei o significado pessoal de água para essa pessoa? Absolutamente não. Se, num contexto, eu apresentar tal palavra a alguém, essa outra pessoa poderá dizer "verde". Uma outra, "H_2O", o que seria completamente diferente. Haveria ainda novas, diria infinitas, possibilidades: "mercúrio", "suicídio" etc. Em cada caso é possível descobrir a estrutura em que tais associações se inserem. Nisto consiste a *amplificação*, um procedimento lógico bem conhecido, aqui aplicado exatamente para formular a técnica de descobrir o contexto.

175	Logicamente devo mencionar aqui o mérito de Freud, que nos despertou para toda a problemática dos sonhos, habilitando-nos a penetrar nesse mundo de imagens. Sabemos que sua ideia era que os sonhos representavam a distorção de um desejo oculto, não satisfeito, por discordar do consciente. Devido a essa censura, ele surge distorcido, para que a consciência não o reconheça, podendo assim, ao mesmo tempo, mostrar-se e viver. Freud nos diz: "Vamos corrigir por completo essa distorção; seja natural, abandone suas tendências deformadoras, deixe as associações correrem livremente, e aí chegaremos aos fatos naturais". Meu ponto de vista é totalmente diverso. Freud está procurando os complexos, eu não. Aí está a diferença central. Procuro saber *o que o inconsciente está fazendo com os complexos*, porque isso me interessa muito mais do que o fato de as pessoas terem complexos. Todos nós os temos; trata-se de um fato muito corriqueiro e desprovido de interesse. É de interesse saber o que as pessoas fazem dos complexos; aí está o que realmente interessa, a questão prática central. Freud aplica um princípio totalmente diferente e oposto, que em lógica é chamado *reductio ad primam figuram* (redução à primeira figura). Isto é um tipo de silogismo, uma sequência complicada de conclusões lógicas, cuja característica é começar de um juízo perfeitamente sensato, racional e, através de observações e insinuações sub-reptícias, ir mudando a natureza da primeira assertiva sensata, até atingir a distorção completa, o aspecto insensato. Tal distorção, segundo Freud, caracteriza o sonho; o sonho é uma sábia distorção que disfarça a figura original e deve-se simplesmente desfazer a teia, a fim de retomar a primeira afirmação racional, que pode ser: "Quero cometer isso ou aquilo, tenho esse desejo incompatível". Começamos, por exemplo, com uma proposição perfeitamente razoável: "Nenhum ser insensato é livre" – quer dizer, não tem livre-arbítrio. É um exemplo usado em lógica. Uma afirmação bastante razoável. Agora, então, chegamos à primeira falácia. "Portanto, nenhum ser livre é insensato", com o que é impossível concordar, pois aí já existe um truque. Então continua-se: "Todos os seres humanos são livres – todos têm livre-arbítrio". E daí conclui-se triunfalmente: "Portanto, nenhum ser humano é insensato". O que é a mais acabada das tolices.

Suponhamos que o sonho seja uma bobagem igualmente desprovida de sentido. Isto é plausível, porque ele se apresenta de forma insensata; caso contrário, poderíamos entendê-lo imediatamente, e via de regra isso não acontece. Muito dificilmente os sonhos se desenrolam claramente do começo ao fim. Os mais comuns parecem coisas bobas e, por isso, são depreciados. Mesmo os primitivos, que fazem um grande alarde em relação a eles, dizem que os sonhos comuns não querem dizer nada. Há os grandes sonhos, próprios dos feiticeiros e dos chefes, nunca encontrados entre os homens comuns. Seu modo de falar é o mesmo das pessoas que vivem na Europa. Quando nos defrontarmos com essa falta de sentido pensamos: "Essa coisa confusa se deve atribuir a uma distorção ou falácia insinuadora, que deriva de uma afirmação originalmente razoável". Desfazemos a coisa aplicando a *reductio ad primam figuram*, chegando à afirmação inalterada inicial. Vemos por aí que o procedimento de Freud em relação ao sonho é perfeitamente lógico, se presumirmos que a afirmação do sonho é desprovida de sentido.

Convém termos em mente, ao concordarmos que existe a insensatez dos sonhos, que talvez não o entendamos por não sermos Deus; pelo contrário, somos seres humanos, falhos e dotados de uma mente muito limitada. Quando um paciente louco me diz qualquer coisa posso pensar: "Tudo isto é bobagem". Na verdade, se o encarar cientificamente poderei dizer: "Não o entendo". Se o fizer de maneira anticientífica, reagirei assim: "Esse fulano não passa de um louco e eu sou normal". Esse argumento explica por que homens ligeiramente desequilibrados geralmente tendem a ser alienistas. É humanamente compreensível, porque dá uma tremenda satisfação quando não se está muito seguro de si próprio pensar: "Ah, os outros são ainda piores".

178 Mas a questão permanece: pode-se dizer, com toda segurança, que um sonho é uma bobagem? Será que estamos certos a respeito do que afirmamos? Teremos absoluta certeza ao descobrirmos qualquer coisa totalmente contra as nossas expectativas, classificando-a como simples distorção? A natureza não comete erros. Certo e errado são conceitos humanos. O processo natural é o que é, e mais nada – não é nem insensatez nem coisa sem razão de ser. Nós não o compreendemos, eis a verdade. Já que não somos Deus, mas homens de capacidade intelectual muito reduzida, é melhor que entendamos que não compreendemos os sonhos. Com essa convicção rejeito a abordagem preconcebida que afirma que um sonho é uma distorção, pois aí enxergo que se não entendo é porque minha mente é que é distorcida, e não estou tendo a percepção que deveria ter.

179 Por isso emprego o método filológico usado na análise de textos difíceis, tratando os sonhos pelo mesmo sistema. Evidentemente o trabalho se torna bem mais difícil e circunstancial. Mas posso assegurar-lhes que os resultados são muito mais interessantes quando se chega a coisas humanas do que quando se aplica a mais monótona e horrorosa interpretação. Detesto ser chateado. Antes de tudo, devemos evitar especulações e teorias ao lidarmos com processos tão misteriosos como dos sonhos. Não devemos esquecer que durante milhares de anos homens inteligentes de grande conhecimento e experiência tiveram as mais diversas concepções sobre esse assunto. Foi apenas bem recentemente que inventamos a teoria de que os sonhos não são nada. Todas as outras civilizações tiveram ideias bem diferentes.

180 Agora vou contar-lhes o grande sonho de meu paciente: *"Estou no interior, numa casa simples de camponês, com uma camponesa idosa e maternal, conto-lhe sobre uma grande viagem que estou para fazer: irei a pé da Suíça a Leipzig. Ela fica impressionadíssima, o que muito me agrada. Nesse momento, olho através da janela para um campo, onde os trabalhadores estão amontoando feno. Aí a cena se modifica. Surge ao fundo um lagarto-caranguejo. Inicialmente ele se*

move para a direita, e depois para a esquerda, de tal forma que me encontro em meio ao ângulo formado por suas oscilações, como se eu estivesse em meio ao ângulo de uma tesoura aberta. Tenho nas mãos um pequeno bastão ou galho, e com ele toco de leve a cabeça do animal, matando-o. Depois fico longo tempo olhando aquele monstro".

Antes de abordar um sonho desses, tento sempre estabelecer uma sequência, pois existe aqui uma história anterior e seguirá outra depois. A continuidade é inerente à estrutura psíquica e não há razões de supormos o contrário, assim como não podemos imaginar que haja lacunas nos processos da natureza. A natureza é um contínuo, e muito provavelmente a nossa psique também o é. Tal sonho é apenas um relance ou uma observação da continuidade psíquica, que se torna visível a um dado momento. Como continuidade está ligado aos sonhos anteriores. No sonho anterior vimos este movimento do trem, que se assemelha à ondulação característica das cobras. Tal comparação é apenas uma hipótese, mas tenho que estabelecer essas conexões.

Depois do sonho do trem, o paciente se vê de volta ao ambiente de sua primeira infância; está ao lado de uma camponesa maternal – uma leve alusão à mãe, como podemos facilmente observar. No primeiro sonho ele impressiona os meninos de sua cidadezinha com a figura magnífica, no casaco longo e preto de professor. Também nesse sonho ele impressiona a mulher inofensiva, com sua grandeza e imensas pretensões de ir a pé até Leipzig – alusão à esperança de conseguir lá uma cátedra. O monstruoso lagarto-caranguejo é, obviamente, uma criação do inconsciente. Até aqui podemos ver sem muito grande esforço.

Agora chegamos à busca do contexto. "Quais são as suas associações com a 'casa simples de camponês'?" e, para minha mais completa surpresa, ele diz: "É a casa de lázaros de S. Tiago, perto de Basileia". Essa casa era um leprosario muito antigo, sendo que seu prédio ainda existe. O lugar também é famoso por uma batalha lá travada em 1444 pelos suíços contra o Duque de Borgonha, cujo exército tentou invadir nosso país, sendo posteriormente barrado pela vanguarda do exército suíço, um corpo de mil e trezentos homens que combateu as formações de Borgonha, compostas por 30.000 homens. Os suíços tombaram até o último homem, mas o seu sacrifício impediu a penetração maior do inimigo. A morte heroica dos 1.300 homens é um incidente notável em nossa história, e nenhum suíço consegue lembrá-la sem sentimentos patrióticos.

184 Já que o paciente trouxe tais informações, devemos considerá-las no contexto do sonho. Aqui significa que ele está num leprosario. Em alemão, a casa de lázaros é chamada "siechenhaus", casa dos doentes (e doentes são os leprosos). Então o professor é vítima de um mal revoltante e contagioso; ele é, portanto, um renegado pela sociedade humana, estando na casa dos doentes. Essa casa é caracterizada, ainda mais, pela desesperada luta, que foi uma catástrofe para os 1.300 homens, tragédia que se precipitou pelo fato de eles não obedecerem ordens. A vanguarda tinha recebido recomendações estritas de não atacar, de esperar até que o grosso das tropas suíças se tivesse reunido a eles. Mas, assim que avistaram o inimigo, não conseguiram mais conter-se, e, indo contra o comando dos líderes, arremessaram-se teimosamente ao ataque, sendo logicamente mortos. Aqui voltamos novamente a essa ideia da precipitação, sem estabelecer contato com o corpo da retaguarda e, novamente, a ação é fatal. Isso me deu a impressão de coisa meio sinistra e fiquei pensando: "Bem, para o que estará caminhando esse homem? O que está prestes a lhe acontecer?" O perigo não está apenas na sua ambição, ou em que ele queira estar com sua mãe para cometer incesto, ou qualquer coisa desse tipo. Lembramo-nos bem de que o maquinista é um fulano meio idiota; ele se arremessa para frente, apesar de saber que a cauda do trem ainda não saiu da curva; ele não considera isso e se precipita, sem pensar no conjunto. Isto significa que o sonhador tem a tendência de se precipitar para a frente sem pensar em sua própria cauda, pensa apenas como se fosse dotado de cabeça, da mesma forma que a vanguarda se portou como se fosse o exército inteiro, esquecendo que deveria esperar e, porque não esperou, todo mundo foi morto. Esta atitude do paciente é o motivo de seus sintomas de doença da montanha. Ele está nas alturas, sem estar preparado para isso; esquece-se de onde veio.

185 Talvez os senhores conheçam o romance de Paul Bourget, *L'Etape*. Seu tema é o fato de as origens humildes de um homem se agarrarem a ele, havendo assim limitações muito definidas à sua ascensão social. Eis o que o sonho tenta mostrar ao paciente. A casa e a camponesa idosa lembram-lhe a infância. Parece então que a mulher se refere à mãe. Devemos ser muito cautelosos nas suposições. Eis sua res-

posta à minha pergunta sobre a mulher: "É a senhora minha locatária". É uma pessoa mais velha do que ele, sem cultura e antiquada, vivendo logicamente num meio inferior ao seu. O paciente está muito nas alturas e esquece que a outra parte de seu eu, a que está invisível, é a família nele próprio. Por ser ele extremamente intelectual, o sentimento é a sua função inferior, não apresentando nenhuma diferenciação, tendo portanto a forma de sua locatária. Tentanto impor-se a ela, o paciente tenta impor-se a si mesmo com o plano mirabolante de ir a pé até Leipzig.

O que diz ele sobre essa viagem? – "Ah, essa é a minha ambição, quero ir longe, quero conseguir uma cátedra". Eis a precipitação, a tentativa idiota, a doença da montanha. Este homem quer subir demais. O sonho se dá antes da guerra e, naquela época, ser professor em Leipzig era realmente qualquer coisa fabulosa. Seu sentimento está profundamente reprimido, portanto não tem valores muito seguros e é bastante tímido. Ainda é a camponesa. Está ainda muito identificado com a própria mãe. Há muitos homens capazes e inteligentes que não têm diferenciação de sentimentos, que ainda estão identificados com a mãe, contaminados por ela, vivendo em idade adulta como se fossem a mãe e sentindo como a mãe sente. Têm sentimentos maravilhosos com relação a bebês, com interiores de casas e salas bonitas, com lares na mais perfeita ordem. Às vezes acontece que esses indivíduos, depois de passarem dos quarenta, descubram o tom exato do sentimento masculino. E então surgem os grandes problemas. 186

Os sentimentos de um homem são, por assim dizer, os de uma mulher, e assim aparecem nos sonhos. Designo esta figura pelo termo *anima*, por ser ela a personificação das funções inferiores, que relacionam o homem com o inconsciente coletivo. A totalidade do inconsciente coletivo apresenta-se ao homem sob forma feminina. Para a mulher ele se afigura como uma entidade masculina, e eu o denomino *animus*. Escolhi o termo anima, porque sempre foi usado para esse mesmo fato psicológico. Como personificação do inconsciente coletivo ela ocorre repetidamente em sonhos. Fiz longas estatísticas sobre o aparecimento dessas imagens nos sonhos. É uma maneira de estudarmos empiricamente a sua manifestação. 187

Quando perguntei ao meu paciente o que ele queria sugerir, quando me disse que a camponesa ficara impressionada com o seu 188 plano, ele respondeu: "Ah! bem, isso se refere à minha jactância. Gosto de me promover em frente a uma pessoa inferior, para mostrar-lhe quem sou eu; quando converso com pessoas inferiores, gosto de colocar-me em primeiro plano. Infelizmente, sempre tive que viver num meio inferior". Quando alguém se ressente da inferioridade de seu próprio meio, julgando-se bom demais para ele, é porque a inferioridade de seu interior é projetada no meio externo, e aí a pessoa começa a irritar-se com coisas que deveria ver em si mesma. Quando ele diz: "Meu meio é inferior e me aborrece", deveria antes dizer: "Aborreço-me porque o meu meio interior está abaixo da crítica". Tal pessoa não tem valores certos, é inferior em sua vida sentimental. Aí está o verdadeiro problema.

189   Neste momento o paciente olha pela janela e vê os camponeses amontoando feno, dando-lhe isso clara visão do trabalho que executara no passado e trazendo-lhe de volta cenas e situações similares. Era verão e o trabalho de acordar bem cedo, revirar o feno durante o dia e recolhê-lo à noite era deveras duro. Evidentemente, é o trabalho simples e honesto dessas pessoas; o paciente se esquece de que apenas o trabalho simples e decente pode levá-lo a alguma coisa e nunca uma escalada sem medidas. Ele também revelou, e isso eu devo mencionar aqui, ter em sua casa um quadro com camponeses ajuntando feno, mas sua explicação é a seguinte: "Ah, essa é a origem da cena que sonhei". O sonho não é mais que um quadro de parede, não tem importância alguma. Não vale a pena prestar-lhe maior atenção. Nesse momento a cena sofre aquela transformação. E quando há uma mudança de cena, pode-se concluir, com segurança, que a representação de um pensamento inconsciente chegou ao clímax, sendo impossível levá-lo adiante.

190   Na parte seguinte do sonho, as coisas começam a ficar mais obscuras; surge o lagarto-caranguejo, aparentemente uma coisa monstruosa. "E o caranguejo? Onde foi você arrumar esse diabo de ideia?" Ele responde: "Trata-se de um monstro mitológico, que anda para trás. Não sei como cheguei a isso; provavelmente através de algum conto de fadas ou qualquer coisa semelhante". Tudo o que foi mencionado antes eram coisas da vida real, elementos que de fato existiam. Mas o caranguejo não é experiência pessoal, é um arquétipo. Quando um analista tem que lidar com um arquétipo, é bom que comece a

pensar. Ao tratar do inconsciente *pessoal* não se tem o direito de pensar demais, nem de somar nada às experiências do paciente. É possível adicionar alguma coisa à personalidade de alguém? Você é uma personalidade definida. E o outro também tem vida e estrutura mental próprias, e por isso mesmo ele é uma pessoa. Mas quando não se trata mais de sua pessoa, quando eu também sou ele, a estrutura básica de sua mente é fundamentalmente a mesma, aí eu posso começar a pensar e fazer associações em seu lugar. É possível até fornecer-lhe o contexto apropriado, pois o paciente está completamente solto e sem orientação, não sabe de onde vem o lagarto-caranguejo, nem qual o seu significado; mas conheço essas coisas e posso dar-lhe o material.

Apontei-lhe o motivo do herói ao longo de todos os seus sonhos. 191
Ele tem uma fantasia de herói acerca de si mesmo, que aparece visível no último sonho. O homem notável, de casaco longo e planos grandiosos, é a personificação do herói, que também morre no campo de honra de São Tiago; vai mostrar ao mundo quem ele é, e obviamente é ele o herói que sobrepuja o monstro. O motivo do herói é invariavelmente acompanhado pelo motivo do dragão. Essas duas figuras, que se defrontam em luta, fazem parte de um mesmo mito.

No sonho o dragão aparece como o lagarto-caranguejo. Essa 192
afirmação evidentemente não explica o que o dragão, como imagem, representa de sua situação psicológica. Assim as associações seguintes são feitas em relação ao monstro. Quando este se move, primeiro para a esquerda e depois para a direita, o sonhador tem a impressão de estar parado, num ângulo semelhante ao formado pelas lâminas de uma tesoura. Isso seria fatal. Sua interpretação é feita segundo algumas leituras de Freud: a situação reflete um desejo incestuoso, sendo o monstro uma figura da mãe, e o ângulo aberto, as pernas dela. Ele, estando ali no meio, estaria acabando de nascer ou simplesmente voltando para a mãe.

Bem estranhamente, na mitologia, o dragão é a mãe. Encontramos 193
esse motivo pelo mundo todo, e o monstro é denominado o dragão-mãe[38]. Esse monstro absorve a criança novamente, suga-a para den-

---

38. JUNG, C.G. *Símbolos da transformação*. Op. cit., especialmente § 395.

tro depois de tê-la feito nascer. A "mãe terrível", como também é chamada, vive à espera, de boca escancarada, nos mares do Ocidente, e, quando um homem se aproxima, ela se fecha sobre ele, e é o fim. Essa figura monstruosa é a mãe-sarcófago, a devoradora de carne humana; sob outra forma, ela é a Matuta, a mãe dos mortos, a deusa da morte.

194 Mas estes paralelos ainda não explicam por que o sonho escolheu exatamente a imagem do caranguejo. Afirmo – e quando digo isso tenho algumas razões para fazê-lo – que representações de fatos psíquicos através de imagens como cobra, lagarto, caranguejo, mastodonte, ou animais semelhantes, também representam fatores orgânicos. A serpente, via de regra, representa o sistema raquidiano (cérebro-espinhal) particularmente o bulbo e a medula. O caranguejo, por outro lado, sendo dotado apenas de um sistema simpático, representa as funções relativas a esse setor nervoso, mais o parassimpático, ambos localizados no abdômen. O caranguejo é uma coisa abdominal. Então se traduzirmos o texto do sonho, poderemos ler: se você continuar assim, seu sistema simpático e raquidiano voltar-se-ão contra você, e aí não haverá como fugir. E é isso o que está acontecendo. Os sintomas de sua neurose expressam a rebelião das funções simpáticas e do sistema raquidiano contra a sua atitude consciente.

195 O lagarto-caranguejo traz a imagem do dragão e do herói como inimigos mortais, mas em alguns mitos vê-se o fato interessante de o herói não estar ligado ao dragão apenas pela luta. As vezes, pelo contrário, existem indícios de que o próprio herói é o dragão. Na mitologia escandinava o herói é reconhecido pelo fato de ter olhos de cobra. Ele tem olhos de cobra porque é uma cobra. Há muitos outros mitos e legendas contendo a mesma ideia. Cécrops, o fundador de Atenas, era homem na parte superior e cobra na parte inferior. As almas dos heróis apareciam muitas vezes após a morte na forma de serpentes.

196 Agora, em nosso sonho, o monstruoso lagarto move-se primeiro para a direita, e eu pergunto ao paciente sobre o seu lado esquerdo. "O caranguejo aparentemente desconhece o caminho; a esquerda é desfavorável, a esquerda é sinistra". Sinistro realmente significa esquerdo e desfavorável. Mas o lado direito é igualmente ruim para o monstro, pois quando ele se volta para esta direção é morto pelo bastão. Consideremos agora o fato de ele estar entre o ângulo de movimento do animal, situação que o sonhador interpretou como incesto.

São suas palavras: "Na verdade eu me sentia rodeado por todos os lados, como o herói que vai enfrentar um dragão". Dessa forma o paciente conscientiza o motivo do herói.

Mas diferindo do herói mítico, ele não enfrenta o inimigo com uma arma, mas com um bastão. "A julgar pelo seu efeito sobre o monstro, dir-se-ia ser aquilo uma varinha mágica", diz o sonhador. O uso feito do bastão é realmente o de um prestidigitador. Trata-se de um outro símbolo mítico, que às vezes se faz acompanhar de uma alusão sexual, e a mágica sexual é frequentemente um meio de proteção contra o perigo. Todos podem lembrar-se que, também durante o terremoto de Messina[39], a natureza provocou certas reações instintivas contra a destruição sem limites.

O bastão é um instrumento e, nos sonhos, os instrumentos representam o que são na realidade: recursos do homem para concretizar a sua vontade. Uma faca é a minha vontade de cortar; uma lança é um braço mais longo; com um rifle projeto minha ação e minha influência a uma grande distância; com um telescópio faço o mesmo com relação aos meus olhos. O instrumento é o mecanismo que representa minha vontade, inteligência, capacidade e percepção. A aparição dele em sonho simboliza um mecanismo psicológico análogo. Bem, o instrumento do paciente é a varinha mágica. Ele usa uma coisa maravilhosa para volatizar o monstro, quer dizer, seu sistema nervoso inferior. O sonhador pode fazer uso dessa idiotice a qualquer hora e sem esforço algum.

O que isso significaria realmente? Significa que o homem que estamos focalizando acredita que o perigo simplesmente não existe. É o que acontece comumente; acreditamos que uma coisa não existe e ela simplesmente desaparece. Eis como se comportam as pessoas que só têm cabeça. Usam o intelecto a fim de afastar as coisas por meio de um raciocínio qualquer. Dizem: "Isso é insensato, portanto não pode ser, portanto não é". É assim que faz o nosso amigo. Ele simplesmente abole o monstro através do raciocínio. Ele diz: "Não existe essa coisa de lagarto-caranguejo, não pode existir uma força que se oponha

---

39. Referência ao tremor de terra de 1908, quando 90% da cidade siciliana foi destruída e 60.000 pessoas morreram.

ao que eu quero. Vou livrar-me dele; penso e a coisa incômoda simplesmente desaparece. Penso que o bicho é a minha mãe com a qual quero cometer incesto. Este pensamento resolve o caso, porque não posso fazer uma coisa dessas". Perguntei-lhe: "Muito bem, você matou o animal; qual a razão de, depois, ficar a contemplá-lo durante tão longo tempo?" E ele respondeu: "Ah, bem, é naturalmente maravilhoso como se pode liquidar uma criatura dessas com tamanha facilidade". Só pude dizer: "Sim, é mesmo mais que maravilhoso".

200 Aí dei-lhe a minha visão do problema: "Olhe aqui, a melhor maneira de lidar com um sonho é considerar a si próprio como criança ou jovem ignorante, e chegar a um velho de dois milhões de anos ou à velha mãe dos dias e perguntar-lhe: 'Bem, o que você acha de mim?' E ela certamente dirá: 'Seu plano é ambicioso e imbecil porque vai contra os seus instintos. Suas capacidades restritas bloqueiam o caminho. E você quer abolir o obstáculo por meio de um pensamento mágico, julga poder evitá-lo com os artifícios do intelecto. Mas essas coisas ainda vão lhe dar muito o que pensar, pode crer'". E ainda continuei: "Em seus sonhos há um aviso. Você se comporta exatamente como os suíços e o maquinista, que foram insensatos o suficiente para lançarem-se contra o inimigo, sem a garantia de nenhum reforço. E se o seu comportamento continuar dentro dessa linha, pode preparar-se para uma catástrofe".

201 O paciente estava convicto de que eu levava a coisa excessivamente a sério. Acreditava que era muito mais provável que os sonhos proviessem de desejos incompatíveis, e que ele realmente tinha impulsos incestuosos, insatisfeitos como base de seus sonhos. Agora tinha a consciência de seus problemas, sendo que em breve ficaria livre deles, podendo portanto ir a Leipzig. Disse-lhe então: "Bon voyage". E ele nunca mais voltou. Levou seus planos adiante e não foram necessários mais de três meses para que perdesse o seu cargo e fosse para os diabos. Foi o seu fim. Ele se atirou contra o perigo fatal do lagarto-caranguejo, sem entender as advertências. Mas não quero deixá-los excessivamente pessimistas. Às vezes há pessoas que conseguem entender o que sonham e chegam a conclusões bem mais felizes e favoráveis.

Discussão

Dr. Charles Brunton:

Não sei se é honesto fazer perguntas sobre os sonhos de alguém que não esteja presente, mas tenho uma filhinha de 5 anos e meio que teve dois sonhos que a despertaram durante a noite. O primeiro deles ocorreu em meados de agosto e ela me disse o seguinte: "Estou vendo uma roda que despenca morro abaixo e ela vem me queimar". Foi tudo o que consegui extrair. Pedi-lhe que fizesse o desenho do sonho, mas, como minha insistência parecia aborrecê-la, resolvi deixá-la em paz. O último sonho foi na semana passada: "Um besouro está me picando", foi tudo o que a menina disse sobre o assunto. Não sei se o senhor gostaria de dizer alguma coisa a respeito. Gostaria de acrescentar apenas que ela sabe a diferença entre o besouro e o caranguejo. Tem verdadeira paixão por animais.

C.G. Jung:

Devemos considerar que é muito difícil, e não suficientemente justo, comentarmos os sonhos de quem não conhecemos bem; mas poderei abordá-los, limitando-me ao ponto de vista simbólico. O besouro, segundo penso, relaciona-se ao sistema simpático. Daí ser possível calcular que haja certos processos psicológicos estranhos desenrolando-se na criança, que afetam esse sistema, o que poderá provocar-lhe alguma desordem abdominal ou intestinal. A afirmação mais cautelosa que nos podemos permitir é a de que pode ter havido um certo acúmulo de energia no sistema simpático, causando ligeiros distúrbios. O que também é expresso pela simbologia da roda de fogo, que em seu sonho parece surgir como um símbolo solar, correspondendo o fogo, na filosofia tântrica, ao chamado *manipura chakra*, que se localiza no abdômen. Nos sintomas prodromais da epilepsia, às vezes encontramos a ideia de uma roda que gira no interior da pessoa. Isto também expressa uma manifestação duma natureza simpática. A imagem da roda que gira lembra a crucifixão de Íxion. O sonho da garotinha é um sonho arquetípico, um desses estranhos sonhos que as crianças costumam ter.

Explico esses sonhos arquetípicos infantis pelo fato de, quando a consciência começa a emergir e a criança começa a perceber que *ela é*, está ainda próxima do universo psicológico original do qual está começando a sair: uma condição de profunda inconsciência. Eis por que encontramos em muitas crianças a percepção de conteúdos do inconsciente coletivo, que em certas crenças orientais é interpretada como reminiscência de uma vida anterior. A filosofia tibetana, por exemplo, fala da existência do "bardo", da condição da mente inserida entre a morte e o nascimento[40]. A ideia de uma existência anterior é a projeção das condições psicológicas da primeira infância. Crianças de pouquíssima idade ainda guardam consciência de elementos míticos, e se esses elementos permanecerem conscientes por muito tempo, o indivíduo estará ameaçado por uma incapacidade de adaptação; amedrontado pelo contínuo apelo de permanecer ou de retornar à visão original do mundo. Tais experiências encontram belas descrições em místicos e em poetas.

205   Normalmente na faixa de quatro a seis anos o véu do esquecimento se estende sobre esses fatos. Presenciei casos de crianças etéreas, por assim dizer, que tinham uma extraordinária sensibilidade para tais conteúdos, continuando a viver suas vidas em sonhos arquetípicos, sem terem chances de adaptação na vida real. Examinei recentemente uma menina de dez anos que tivera os mais espantosos sonhos arquetípicos[41]. E seu pai me consultou a respeito. Foi-me, entretanto, impossível dizer-lhe o que eu pensava, pois eles continham um prognóstico trágico. Um ano mais tarde a menina morreu de uma doença infecciosa. Ela nunca chegara a nascer inteiramente.

Dr. Leonard F. Browne:

206   Gostaria de fazer ao Prof. Jung uma pergunta relacionada à interpretação dos sonhos que foram contados hoje. Já que o paciente não conseguiu aceitar a interpretação, será que essa dificuldade não poderia ser ultrapassada através de alguma variação na técnica de análise?

---

40. EVANS-WENTZ (org.). *Das tibetanische Totenbuch*.
41. Cf. JUNG, C.G. § 525s. deste volume; cf. tb. JACOBI, J. *Komplex, Archetypus, Symbol in der Psychologie C.G. Jungs*. Zurique: [s.e.], 1957, p. 159s.

C.G. Jung:
Se eu tivesse vocação para missionário ou para salvador, poderia ter usado um truque brilhante. Diria ao paciente: "Sim, é realmente o complexo materno", e ficaríamos meses a fio conversando nesse jargão, e talvez no final eu o vencesse. Mas a experiência prova que tal procedimento não é bom; não devemos trapacear as pessoas, nem se o fizermos por bem. Não quero tirar as pessoas de seus enganos através de tapeações. Talvez fosse melhor, para aquele homem, se arrebentar do que se salvar por meios errados. Nunca ludíbrio as pessoas. Quando um homem me diz: "Vou suicidar-me", minha resposta é a seguinte: "Se esta é a sua intenção, não faço objeções".

Dr. Browne:
Houve alguma evidência de que a doença da montanha tivesse sido curada?

C.G. Jung:
O paciente perdeu a sua neurose descendo à vida. Seu meio próprio não estava a 6.000 pés de altura, mas sim mais abaixo. Ele tornou-se inferior, ao invés de ficar neurótico. Certa vez, em conversa com um chefe de uma grande instituição nos Estados Unidos para crianças delinquentes, tomei conhecimento de uma experiência extremamente interessante. Lá eles estabeleceram duas categorias de crianças. A maior parte delas, quando chega à instituição, sente-se melhor, desenvolvendo-se normalmente, e eventualmente consegue sair do que era o seu mal inicial. A outra categoria, minoritária, torna-se histérica quando tenta ser normal e sociável; estes são os criminosos natos, impossíveis de serem mudados. Para eles a normalidade é o erro. Nós também não nos sentimos muito bem quando temos de atuar com perfeição. É isso porque não somos perfeitos. Os hindus, ao construírem um templo, deixam um canto sem terminar; só os deuses criam com perfeição. É preferível reconhecer a própria falha, aí a gente se sente melhor. É o que se dá com essas crianças e também com nossos pacientes. Iludir as pessoas e levá-las a um nível superior à sua verdade constitui uma falsidade. Se está num homem a possibilidade de adaptar-se, vamos então ajudá-lo de todas as formas possí-

veis; mas se sua missão realmente é *não* adaptar-se, façamos o esforço de deixar-lhe livre esse caminho, pois só assim ele estará bem.

210   O que seria do mundo se todos fossem bem ajustados? Haveria um tédio sem fim. É preciso que alguém se comporte de maneira errada, sendo o bode expiatório e objeto de interesse das outras pessoas. Imaginem o quanto devemos ser gratos às histórias de detetives e aos jornais por podermos dizer: "Graças a Deus não sou o fulano que cometeu um crime, sou uma criatura perfeitamente inocente". Sentimo-nos satisfeitos porque a pessoa perversa cometeu o crime por nós. Este é o sentido profundo de Cristo, enquanto redentor, ter sido crucificado entre dois ladrões; eles também, à sua maneira, eram redentores da humanidade, eram os bodes expiatórios.

Dr. Browne:

211   Se eu não estiver voltando atrás em demasia, gostaria de perguntar-lhe uma coisa sobre as funções psicológicas. Numa resposta da noite passada o professor disse que não há critério para considerar nenhuma das funções como superior à outra, e, mais adiante, que as quatro teriam que ser igualmente diferenciadas a fim de termos o conhecimento completo e adequado do mundo. Seria, portanto, sua ideia que há a possibilidade, em algum caso, de as quatro funções se diferenciarem igualmente, ou que se chegue a isso através da educação?

C.G. Jung:

212   Não creio que seja possível diferenciar igualmente todas as funções, pois nesse caso estaríamos chegando à perfeição divina, o que certamente nunca acontecerá. Haverá sempre uma jaça no cristal; atingir a perfeição é impossível. Além do mais, se as quatro pudessem ser igualmente diferenciadas, poderíamos apenas torná-las funções conscientemente disponíveis. E estaria perdida a ligação preciosa com o inconsciente, através da função inferior, que invariavelmente é a mais frágil; apenas através de nossa fraqueza e incapacidade estamos ligados ao inconsciente, ao nosso mundo inferior dos instintos e aos nossos companheiros no mundo. As virtudes apenas auxiliam o homem a tornar-se independente; aí, então, já não se tem mais necessidade de ninguém, aí somos reis. Mas em nossa inferioridade esta-

mos unidos à humanidade e ao mundo dos instintos. Nem seria vantagem atingir o desenvolvimento perfeito das quatro funções, porque isso levaria à completa falta de consistência. Não tenho mania de perfeição. Meu princípio é: pelo amor de Deus, não seja perfeito, mas tente, por todos os meios, ser completo – tenha isso o significado que tiver.

Pergunta:
Posso perguntar o que é "ser completo"? É possível que o senhor se estenda mais sobre esse ponto? 213

C.G. Jung:
Devo deixar alguma coisa para o seu esforço mental. Sem dúvida, é um trabalho extremamente divertido pensar, ao voltar para casa, o que possivelmente significa ser completo. Não devemos privar as pessoas do prazer da descoberta. Ser completo é um problema muito grande, e falar sobre isso é estimulante, mas alcançar esse estágio é a coisa essencial. 214

Pergunta:
Como se enquadra o misticismo em seu esquema? 215

C.G. Jung:
Em que esquema? 216

Réplica:
O esquema da psicologia e da psique. 217

C.G. Jung:
O senhor deveria definir o que entende por misticismo. Suponhamos que o senhor se refira a pessoas que passaram por uma experiência mística. Os místicos são pessoas que têm a vivência particularmente aguda do inconsciente coletivo. É a experiência dos arquétipos. 218

Pergunta:
Há alguma diferença entre formas arquetípicas e formas místicas? 219

C.G. Jung:

220 Não faço distinção alguma entre uma coisa e outra. Ao estudarmos a fenomenologia da experiência mística deparamo-nos com fatos realmente interessantes. Por exemplo, todos sabemos que o paraíso cristão é masculino, sendo que aí o elemento feminino é tão somente tolerado. A Mãe de Deus não é divina; é apenas arquissanta; intercede por nós junto ao trono de Deus, mas não participa da divindade, nem pertence à Trindade.

221 Há, entretanto, alguns místicos cristãos que têm uma experiência totalmente diferente. Há, por exemplo, o místico suíço, Nicolau de Flüe[42]. Ele sentiu um Deus e uma Deusa. Temos também um místico do século XIII, Guilherme De Digulleville, que escreveu *Pèlerinages de la vie humaine, de l'âme et de Jésus Christ*[43]. Como Dante teve a visão do paraíso em seu ponto mais alto, *le ciel d'or*, e lá, sobre um trono mil vezes mais brilhante que o Sol, sentava-se o Rei, o próprio Deus, e a seu lado, num trono de cristal de tom castanho, a Rainha, presumivelmente a Terra. É uma visão que escapa à ideia da Trindade, uma experiência mística de natureza arquetípica que inclui o princípio feminino. A Trindade é uma imagem sentada num arquétipo de natureza exclusivamente masculina. Na Igreja primitiva a interpretação gnóstica do Espírito Santo como feminino era considerada heresia.

222 Imagens dogmáticas, como a da Trindade, são arquétipos transformados em ideias abstratas. Existe ainda grande número de experiências místicas na Igreja, cujo caráter arquetípico encontra-se bastante visível; entretanto, às vezes lá se encontram elementos heréticos ou pagãos. Lembremos, por exemplo, São Francisco de Assis. Apenas através da grande habilidade diplomática do Papa Bonifácio VIII o Santo pôde ser assimilado à Igreja. Basta lembrarmos o seu relacionamento com os animais para que a dificuldade seja compreendida. Animais, como a totalidade da natureza, eram tabu para a Igreja. Temos, entretanto, animais sagrados como o cordeiro, a pomba e, na Igreja primitiva, o peixe, sendo todos eles objeto de veneração religiosa.

---

42. "Bruder Klaus". In: JUNG, C.G. *Psicologia da religião ocidental e oriental*. Op. cit.
43. Cf. *Psicologia e alquimia*. Petrópolis: Vozes, 2011 [OC, 12; § 315s.].

Pergunta:
Poderia o Prof. Jung dar-nos a diferença da dissociação na histeria e na esquizofrenia?

C.G. Jung:
Na histeria as personalidades dissociadas ainda permanecem numa espécie de inter-relação, o que sempre oferece a imagem de uma personalidade total; sendo ainda possível estabelecer um relacionamento com a pessoa, podemos sentir uma reação dos seus sentimentos. Há apenas a divisão superficial de alguns compartimentos da memória, mas a personalidade básica está sempre presente. Na esquizofrenia não acontece a mesma coisa, há apenas fragmentos, sendo impossível estabelecer a totalidade. Eis por que, se tivermos uma pessoa que vimos sã pela última vez e que, de repente, enlouqueceu, levamos um choque tremendo ao confrontarmos com a personalidade fragmentária, partida. Pode-se manipular apenas um fragmento de cada vez, como um caco de vidro. Não há um contínuo na personalidade, enquanto que, em um caso histérico, pensamos: Ah, se eu pudesse apagar esse tipo de obscuridade, de sonambulismo, aí surgiria a soma total do indivíduo. Na esquizofrenia a dissociação é profunda. Os fragmentos jamais se juntam.

Pergunta:
Existem algumas concepções estritamente psicológicas que expliquem tais diferenças?

C.G. Jung:
Há alguns casos-limite onde se podem aproximar as partes, se for possível reintegrar os conteúdos perdidos. Conto-lhes um caso que me foi apresentado: uma mulher estivera por duas vezes num asilo de loucos, com ataques tipicamente esquizofrênicos. Quando a vi pela primeira vez ela já estava melhor, encontrando-se porém ainda em estado alucinatório. Vi que era possível atingir os elementos fragmentários. Aí começamos a rever todos os detalhes das experiências pelas quais ela passara no asilo. Passamos todas as vozes e delusões, e expliquei-lhe cada fato, a fim de que ela pudesse associá-los à sua

consciência. Mostrei-lhe o que eram os conteúdos inconscientes que surgiram durante a insanidade, e, por ser a paciente dotada de bastante inteligência, dei-lhe livros através dos quais ela adquiriu uma boa dose de conhecimento, especialmente mitológico, pelo qual lhe era dado vislumbrar sua própria integridade. As linhas de quebra ainda existiam, evidentemente, e quando depois lhe sobrevinha uma onda de desintegração, eu pedia que a paciente pintasse ou desenhasse aquela situação particular, a fim de conseguir um quadro de sua totalidade, que objetivasse a sua condição. Ela me trouxe um bom número de pinturas que sempre a ajudaram quando a sensação de perder-se a dominava. Assim eu a mantive na superfície, impedindo-a de afogar-se durante doze anos aproximadamente, e não houve mais ataques que determinassem um novo internamento. Ela sempre conseguiu proteger-se das crises objetivando seus conteúdos. Disse-me a paciente que antes de qualquer outra coisa, quando fazia um determinado desenho, pegava seus livros e lia um capítulo sobre os traços principais do trabalho que fizera, a fim de pô-lo em contacto geral com a humanidade, com o saber do povo, com o consciente coletivo, e então voltava a sentir-se bem. Disse-me que se sentia adaptada, não estando assim à mercê do inconsciente coletivo.

227   Como podemos imaginar, nem todos os casos são tão fáceis como o que acabei de narrar. Em princípio não posso curar a esquizofrenia; ocasionalmente, com muita sorte posso juntar os fragmentos. Mas não gosto de fazê-lo, pois trata-se de um trabalho assustadoramente difícil.

Quarta conferência

O Presidente, Dr. Emanuel Miller:

228   Não vou roubar o tempo que o Prof. Jung tem para dedicar aos senhores; quero apenas expressar o meu grande prazer em presidir a sessão nesta noite. Somente lamento a grande desvantagem de não ter assistido às conferências anteriores, não sabendo assim a que profundezas do inconsciente o professor já conduziu os presentes. Mas creio que ele continuará hoje a apresentação de seu processo de análise dos sonhos.

C.G. Jung:

A interpretação de um sonho abissal, como era o último que examinamos, nunca será suficiente quando realizada apenas na esfera pessoal. Há nele uma imagem arquetípica, o que sempre indica que a situação psicológica do sonhador se estende além da camada pessoal do inconsciente. Seu problema não é exclusivo, nem meramente pessoal, mas em algum ponto se estende e atinge toda a humanidade. O símbolo do monstro o indica; toca o mito do herói e, além do mais, a associação com a batalha de S. Tiago que caracteriza a localização da cena também apela para o interesse geral.

A habilidade de empregar um ponto de vista geral é de grande valor terapêutico. A terapia moderna não está muito desperta para isso, mas na medicina antiga era largamente conhecido que, transportando-se uma doença pessoal a um nível mais alto e impessoal, atingia-se um efeito curativo. No Antigo Egito, por exemplo, quando um homem era mordido por cobra, o médico-sacerdote era chamado, e tirava da biblioteca o manuscrito sobre o mito de Rá e de Ísis, sua mãe, e o recitava. Ísis fizera um verme venenoso e o escondera na areia; o deus Rá pisou na serpente, sendo por ela mordido e então sofreu uma dor terrível, chegando próximo da morte. Mas os deuses fizeram Ísis produzir um encanto para retirar o veneno do corpo dele[44]. A intenção era que o paciente ficasse de tal modo impressionado por essa narrativa que lhe sobreviesse a cura. Para nós isso parece impossível. Não podemos imaginar que uma história dos *Contos de Grimm*, por exemplo, possa curar febre tifoide ou pneumonia. Mas apenas levamos em consideração nossa moderna psicologia racional. Para entender o efeito, devemos levar em consideração a psicologia do Antigo Egito, que era totalmente diferente. E, apesar de tudo, aquelas pessoas não eram assim tão diferentes. Mesmo conosco, certas coisas podem causar milagres. Às vezes, só o consolo espiritual ou a influência psíquica podem curar, ou pelo menos ajudar no combate de uma doença. Logicamente isso acontece muito mais entre pessoas de um nível mais primitivo ou dotadas de psicologia mais arcaica.

---

44. Cf. JUNG, C.G. *Símbolos da transformação*. Op. cit., § 451s. Cf. tb. "A estrutura da alma", § 307.

231 No Oriente, grande parte da terapia prática se constrói sobre o princípio de elevar o caso pessoal a uma situação geral válida. A medicina grega também trabalhava com o mesmo método. É evidente que a imagem coletiva ou sua aplicação deve estar de acordo com a condição particular do paciente. O mito ou a lenda emergem do material arquetípico que está constelado pela doença, e o efeito psicológico consiste em conectar o paciente com o sentido geral de sua situação. A mordida de cobra, por exemplo, é uma situação arquetípica e, por isso mesmo, encontra-se como motivo em muitas lendas. Se a situação subjacente à doença for expressa de maneira adequada, o paciente estará curado. Caso não se encontre essa expressão ideal, ele é novamente arremessado ao seu próprio mal, à isolação de estar doente; ficará só, sem nenhuma ligação com o mundo. Mas se o doente percebe que o problema não é apenas seu, mas sim um mal geral, até mesmo o sofrimento de um Deus, aí então reencontrará seu lugar entre os homens e a companhia dos deuses; e só de saber isso, o alívio já surge. A moderna terapia espiritual usa o mesmo princípio: a dor ou doença é comparada com o sofrimento de Cristo na cruz, e essa ideia dá consolação. O indivíduo é elevado acima de sua miserável solidão e colocado como quem suporta um destino heroico e significativo que, finalmente, reverte em bem para o mundo, como o martírio e a morte de um Deus. Quando se mostrava a um antigo egípcio que ele estava passando pelas mesmas provações que Rá, o deus Sol, era imediatamente equiparado ao faraó, que era o filho e o representante dos deuses; e assim o homem comum também participava da divindade. Isto provocava tal libertação de energia que se torna perfeitamente compreensível por que a dor diminuía. Em determinados estados de espírito as pessoas podem suportar muitas coisas. Os primitivos caminham sobre brasas e se infligem os maiores castigos, sob certas circunstâncias, sem sentirem dor. E é bem provável que um símbolo adequado e impressionante possa mobilizar as forças do inconsciente a tal ponto que até o sistema nervoso seja afetado, levando o corpo a reagir de maneira normal novamente.

232 No caso do sofrimento psicológico, que sempre isola o indivíduo das chamadas pessoas normais, é também da maior importância en-

tender que o conflito não é apenas um fracasso pessoal, mas ao mesmo tempo um sofrimento comum a todos, um problema que caracteriza toda uma época. Essa generalização desafoga o indivíduo de si próprio, ligando-o à humanidade. O sofrimento nem sempre precisa ser neurose; temos a mesma sensação em situações bem comuns. Se, por exemplo, a gente vive numa comunidade abastada, e de repente perde tudo o que tem, a reação normal é pensar que isso é vergonhoso, terrível e que somos a única besta capaz de perder todo o dinheiro. Mas se o mesmo acontecer a todos, tudo muda de figura, e a pessoa sente-se reconciliada com o meio. Quando todos se encontram no mesmo buraco que eu, então sinto-me melhor. Se um homem se perde num deserto ou numa galeria, ou quando se é o líder de um grupo em situações totalmente aflitivas, o mal-estar é muito grande. Mas se a pessoa é soldado de um batalhão inteiro que se perdeu, provavelmente ele se ajuntará aos outros com bom humor, inventando piadas sobre a situação, sem conscientizar o perigo. Não que este seja menor, mas a pessoa reage de maneira totalmente diversa quando tem de enfrentá-la sozinha.

233 Quando figuras arquetípicas aparecem em sonhos, especialmente nos estágios mais avançados da análise, explico ao paciente, não o isolamento de sua personalidade, mas sim a sua comunicação com a humanidade. Este aspecto é importante, porque o neurótico se sente só e tremendamente diminuído pelo seu mal. Mas ao sentir a generalidade do problema tudo se torna diferente. No caso que estamos focalizando, se o tratamento tivesse prosseguido, eu chamaria a atenção do paciente para o fato de seu último sonho refletir um problema humano e geral. Em suas associações, ele enxergará, por si próprio, o conflito do herói e do dragão

234 Esse conflito, como símbolo típico de uma situação, é um motivo mitológico bastante frequente. Uma de suas mais antigas expressões literárias é o mito babilônico da criação, onde o deus-herói, Marduk, luta contra o dragão Tiamat. Marduk é o deus primavera e Tiamat é a mãe-dragão, o caos primordial. Marduk mata-a, dividindo-a em duas partes. De uma parte faz o céu e da outra, a terra[45].

---

45. Cf. JUNG, C.G. *Símbolos da transformação*. Op. cit., § 375s.

235   Um paralelo bem mais surpreendente para o nosso caso é a grande epopeia babilônica de Gilgamesh[46]. Gilgamesh realmente é um arrivista por excelência, homem de planos ambiciosos, como o nosso sonhador; um grande rei e herói. Todos os homens trabalham para ele como escravos, construindo uma cidade de muralhas poderosas. As mulheres sentem-se negligenciadas e reclamam aos deuses contra o implacável tirano, e eles decidem que alguma coisa precisa ser feita. Traduzindo em termos psicológicos: Gilgamesh usa apenas a consciência, que tem asas e está separada do corpo, e esse corpo tem alguma coisa a dizer sobre a situação. Reagirá com uma neurose, quer dizer, constelando um fator diametralmente oposto. Como é tal neurose descrita no poema? Os deuses decidem "acordá-lo" e constroem um homem semelhante a Gilgamesh. Criam Enkidu, que não obstante apresenta algumas diferenças. Tem cabelos longos e parece um homem das cavernas; vive com os animais selvagens nas planícies e bebe nas fontes de água junto com as gazelas. Gilgamesh, tendo certa normalidade, tem um sonho perfeitamente de acordo sobre a intenção dos deuses. Sonha que uma estrela cai sobre as suas costas, como um grande guerreiro, e Gilgamesh luta contra ele, sem conseguir desvencilhar-se. Finalmente consegue livrar-se e arremessa o guerreiro aos pés de sua mãe, que o faz igual à Gilgamesh. A mãe é uma mulher sábia e interpreta o sonho para o filho de tal forma que este está pronto para enfrentar o perigo. Enkidu foi feito para perseguir e destruir Gilgamesh, mas este, através de uma manobra inteligente, consegue torná-lo seu amigo. Conquistou a reação de seu inconsciente através da argúcia e força de vontade, convencendo o seu oponente de que ambos são realmente amigos e devem, portanto, lutar juntos. E, a partir daí, as coisas vão de mal a pior.

236   Apesar de sentir-se bem no princípio, Enkidu tem depois um sonho opressivo, a visão do submundo, onde vivem os mortos, e Gilgamesh se prepara para uma grande aventura. Como heróis, Gilgamesh e Enkidu partem juntos para liquidar Humbaba, terrível monstro que os deuses escolheram para guardião de seu santuário na Montanha do Cedro. Sua voz ribomba como a tempestade e todo aquele que se aproxima do bosque é vencido pela fraqueza. Enkidu, apesar de va-

---

46. *The Epic of Gilgamish*.

lente e forte, está muito nervoso diante da seriedade da missão. Encontra-se deprimido por maus sonhos, e dá a eles muita atenção, como o homem primitivo em nosso interior, o qual ridicularizamos, quando essa parte inferior de nós tem superstição quanto a certas datas, e assim por diante; entretanto, o homem inferior continua nervoso diante de certos fatos. Enkidu é muito supersticioso, tem pesadelos a caminho da floresta e pressente que as coisas não sairão bem. Mas Gilgamesh interpreta os sonhos de maneira otimista. Novamente a reação do inconsciente é trapaceada, e os dois conseguem trazer triunfalmente a cabeça de Humbaba para a cidade.

Eis que, então, os deuses decidem interferir, ou melhor, uma deusa, Ishtar, tenta derrotar Gilgamesh. O princípio básico do inconsciente é o Eterno Feminino, e Ishtar, com verdadeira argúcia de mulher, faz promessas tentadoras a Gilgamesh, caso ele se torne seu amante: Ele será como um deus e sua força e riqueza aumentarão além de qualquer expectativa. Mas Gilgamesh não acredita numa palavra disso tudo e recusa-se, com insultos, reprovando toda a mentira e crueldade para com os amantes que ela teve. Ishtar, em seu ódio, persuade os deuses a criarem um enorme touro, que desça do céu e devaste o país. Uma grande luta se inicia, e centenas de homens são mortos pela respiração venenosa do touro sagrado. Mas Gilgamesh novamente, com a ajuda de Enkidu, consegue dominar o animal, e a vitória é celebrada. 237

Ishtar, louca de dor e ódio, desce sobre as muralhas da cidade e então é Enkidu quem comete o maior ultraje contra ela. Depois de amaldiçoá-la, atira-lhe no rosto o pênis do touro morto. Esse é o clímax e a peripécia começa a se desenrolar. Enkidu é assaltado por mais sonhos de natureza sombria e a seguir adoece e morre. 238

O que significa que o inconsciente se separou totalmente da consciência; o inconsciente retira-se do campo, e Gilgamesh está agora só e vencido pelo sofrimento. A duras penas aceita a morte do amigo, mas o que o atormenta mais é o medo da morte. Viu o amigo morrer e defrontou-se com o fato de sua própria finitude. Outro desejo o atormenta: conseguir a imortalidade. Prepara-se corajosamente para conseguir o remédio contra a morte, pois sabe da existência de um velho, seu ancestral, que tem a vida eterna e mora no Ocidente longínquo. Então a jornada para o mundo subterrâneo, o Nekya, se 239 inicia, e ele parte para o seu destino, como o Sol, através da porta da montanha sagrada. Vence grandes dificuldades e nem mesmo os deuses se opõem a ele, embora digam que sua procura é vã. Finalmente encontra o lugar que buscava e persuade o velho a falar-lhe sobre o remédio. No fundo do mar ele colhe a erva mágica da imortalidade, o *phármakon athanasías*, e leva-o para casa. Embora esteja cansado da viagem, está também tomado de alegria por causa do remédio milagroso e não precisa mais ter medo da morte. Mas enquanto se refresca tomando banho numa lagoa, uma cobra fareja a erva da imortalidade e rouba-a de Gilgamesh. Ao voltar, estabelece novos planos de fortificar a cidade, mas já não encontra mais paz. Quer saber o que acontece com o homem depois da morte e, finalmente, consegue êxito em invocar o espírito de Enkidu, que sai de um buraco da terra e dá ao amigo informações muito melancólicas. Aqui termina a epopeia. E quem consegue a vitória final é o animal de sangue frio.

240 Há um grande número de sonhos gravados desde a Antiguidade, com motivos paralelos, e darei agora um exemplo de como os nossos colegas de outros tempos, os intérpretes de sonhos do primeiro século depois de Cristo, procediam. A história é contada por Flávio Josefo[47], em sua *História da guerra judaica*, onde também é relatada a destruição de Jerusalém.

241 Havia um tetrarca da Palestina, de nome Arquelau, governador romano muito cruel e que, como quase todos os governadores de província, considerava tal posição como ótima oportunidade de enriquecer e roubar tudo o que estivesse ao seu alcance. Entretanto uma delegação foi enviada ao imperador Augusto para reclamar contra ele, o que aconteceu no décimo ano do governo de Arquelau. Por esta época, o tetrarca teve um sonho em que via nove enormes espigas de trigo, que eram devoradas por touros famintos. O governador alarmou-se e mandou chamar o "psicanalista" da corte, que não soube dizer o que o sonho significava, ou ficou receoso de dizer a verdade, livrando-se da tarefa. Arquelau chamou outros "analistas" da corte, que da mesma forma se recusaram a dizer o significado do sonho.

---

47. FLAVIUS JOSEPHUS. *Des fürtrefflichen jüdische Geschichtsschreibers FJ Sämmtliche Werke*. XVII, 13, 3. Tübingen: Cotta, 1735, p. 553.

Havia, entretanto um povo de seita particular, os essênios ou therapeutai, com mentalidade mais independente. Viviam no Egito, próximos ao mar Morto, e não é de todo impossível que João Batista, bem como Simão o Mago, pertencessem a tais círculos. Então, como último recurso, um homem chamado Simão o Essênio, foi chamado à corte e disse o seguinte a Arquelau: "As espigas de trigo significam os anos de teu reino, e os bois, a mudança dos fatos. Os nove anos já se completaram e haverá uma grande mudança no teu destino. Os touros significam a tua destruição". Em tais países essas imagens oníricas eram perfeitamente compreensíveis, pois os campos têm de ser guardados com muito cuidado contra o gado solto. Pois, por não haver grandes pastagens, existe o grande perigo de que os touros quebrem as cercas de noite e pisoteiem e comam as espigas que estão nascendo, o que significa que todo o pão do ano seguinte teria desaparecido, quando o camponês viesse a ver sua plantação de manhã cedo. E agora vejamos a confirmação da interpretação. Alguns dias depois, o embaixador romano chegou para investigar. Acabou demitindo Arquelau, tomando tudo o que era dele e exilou-o na Gália. 242

Arquelau era casado, e sua esposa Glafira teve um outro sonho, logicamente impressionada com o que acontecera ao marido. Sonhou com o seu primeiro marido (Arquelau era o seu terceiro casamento), que tinha sido demitido de uma maneira muito pouco polida e assassinado, provavelmente por Arquelau. As coisas não eram assim tão fáceis naqueles dias. Esse primeiro marido, Alexandre, culpava-a por sua conduta, e dizia que estava para voltar e a levaria para seus domínios. Simão não interpretou esse sonho, e então a análise é deixada à nossa discrição. O importante é que Alexandre estava morto, e que Glafira o tinha visto em sonho, o que naqueles dias logicamente significava o fantasma da pessoa. Então, quando ele diz que a levaria para seus domínios, isso significava que ela seria levada para o Hades. E, realmente, alguns dias depois ela se suicidou. 243

O modo pelo qual o intérprete abordou o sonho de Arquelau foi muito sutil, muito perspicaz. Leu o sonho exatamente como deveria fazê-lo, embora essas imagens tenham uma natureza bem mais simples do que a maioria das que se encontram em nossos sonhos. Já percebi que os sonhos são tão simples ou complicados quanto o próprio sonhador; a única diferença é que eles sempre se encontram um pou- 244 co adiante da consciência da pessoa. Não entendo meus sonhos melhor do que os senhores entendem os seus, porque eles se encontram sempre um pouco além do meu poder de captá-los. Tenho os mesmos problemas que alguém que não conheça nada sobre interpretação dos sonhos. Não há grande vantagem no conhecimento quando se trata de interpretar a si próprio.

245   Outro paralelo interessante ao caso que estamos enfocando ocorre no cap. 4 do Livro de Daniel[48]. Quando o rei Nabucodonosor conquistara toda a Mesopotâmia e o Egito, acreditava-se realmente muito grande e poderoso, porque já possuía todo o mundo conhecido. Eis, então, que lhe vem um sonho próprio do arrivista, de quem subiu alto demais: era uma enorme árvore, crescendo para o céu e derramando uma sombra sobre a terra inteira. Mas, então, um observador sagrado do alto do céu ordenou que a árvore fosse cortada, que seus ramos fossem partidos, as folhas arrancadas, mas que apenas o tronco permanecesse, e ele, Nabucodonosor, acabasse indo morar com os animais selvagens, e se lhe fosse tirado o coração humano e trocado por um de animal.

246   É evidente que todos os sábios, astrólogos e intérpretes de sonhos se recusaram a dizer o que pensavam sobre o assunto. Apenas Daniel, que já no segundo capítulo provara ser um analista corajoso – tivera mesmo a visão de um sonho, do qual Nabucodonosor já não se lembrava – entendeu o significado. Aconselhou o rei a arrepender-se de sua avareza e injustiça, caso contrário o sonho se realizaria. Entretanto, o rei continuou como antes, muito orgulhoso de sua força. Foi quando uma voz celeste o amaldiçoou e repetiu a profecia do sonho. E tudo aconteceu como havia sido previsto. Nabucodonosor foi arremessado aos animais selvagens, e ele próprio transformou-se num deles. Passou a comer capim, como os bois, e seu corpo encontrava-se constantemente úmido do orvalho do céu; seus pelos cresceram tanto como penas de águia e suas unhas pareciam garras de pássaros. Acabou transformando-se num homem primitivo e toda a consciência o abandonou, porque ele não soubera fazer bom uso dela. Pode-

---

48. Cf. "Aspectos gerais da psicologia do sonho". In: JUNG, C.G. *A natureza da psique*. Petrópolis: Vozes, 2011 [OC, 8/2; § 484s.]. Cf. tb. a figura de abertura do vol. 8 da Obra Completa.

mos afirmar que regrediu muito aquém do homem primitivo, tornando-se completamente inumano. Era a própria imagem de Humbaba, o monstro. Toda essa história simboliza a degeneração regressiva completa de um homem que quis ultrapassar-se para além de qualquer medida.

Esse caso, como o do paciente que estamos analisando, reflete o eterno problema do homem de sucesso, que atingiu o nível superior a si próprio, e que, entretanto, sofre as contradições de seu inconsciente. As contradições surgem inicialmente nos sonhos, e quando não são aceitas podem ser experimentadas na realidade, às vezes de maneira fatal. Os sonhos históricos, bem como todos os outros, têm *função compensatória*: são indicações – sintomas, se os senhores assim o preferirem – de que o indivíduo não está em sintonia com as condições do inconsciente, sendo prova de que, em qualquer ponto, ele desviou-se de seu caminho natural. Em algum ponto tornou-se vítima de suas próprias ambições, de seus propósitos ridículos. Caso não seja dada importância a esses avisos, a fenda irá ficando cada vez mais larga, e ele nela cairá, como o paciente que estamos hoje examinando.

Quero chamar a atenção para o fato de que não é seguro interpretar um sonho sem percorrer todos os detalhes de seu contexto, com todo o cuidado possível. Nunca aplique nenhuma teoria, mas pergunte sempre ao paciente como ele se sente em relação às imagens que produz. Pois os senhores sempre se referem a um problema particular do indivíduo, sobre o qual há um julgamento consciente, da mesma forma que o corpo reage quando comemos demais ou não comemos, ou quando o maltratamos. *Os sonhos são a reação natural do sistema de autorregulação psíquica.* Tal formulação, a que consegui chegar, é a que está mais próxima de uma teoria sobre a estrutura e função oníricas. Afirmo mais uma vez que os sonhos são tão complexos, imprevisíveis e incalculáveis como as pessoas que observamos na vida de todos os dias. Se tivermos um momento de contato com alguém, e logo a seguir depararmos com esta pessoa noutra situação totalmente diferente, sentiremos as mais diversas reações, e isso é exatamente o que se dá com os sonhos, onde somos tão multifacetados como na vida comum. E, da mesma forma que não conseguimos estabelecer uma teoria sobre tantos aspectos da personalidade consciente, não conseguimos estabelecer regras em relação aos sonhos. E se o conseguíssemos teríamos um conhecimento quase divino da mente humana, o que certamente não atingiremos. O que sabemos desse campo é uma pequena preciosidade, e assim chamamos tudo o que não sabemos de inconsciente.

249   Hoje vou contradizer-me e vou quebrar todas as minhas normas. Interpretarei um sonho em separado, sem enquadrá-lo numa série de outros; além do mais não conheço o sonhador e, ainda por cima, não estou de posse das associações, o que valeria dizer que estou interpretando o sonho arbitrariamente. Mas justifico esse procedimento: se o sonho é formado de material *pessoal*, faz-se necessário o recurso a associações individuais. Mas se sua estrutura for basicamente *mitológica*, diferença que é óbvia logo à primeira vista, a linguagem então será universal, e tanto você quanto eu poderemos traçar paralelos, com os quais o contexto será construído, supondo-se sempre que tenhamos o conhecimento necessário para o trabalho. Quando, por exemplo, surge o conflito do herói e do dragão, todo mundo tem qualquer coisa a dizer sobre isso, porque afinal todos já lemos histórias de fadas e lendas que tratam de heróis e de seus dragões. Ao nível coletivo dos sonhos, não há praticamente diferença entre os seres humanos, residindo toda a diferenciação ao nível pessoal.

250   A base central do sonho que iremos ver é mitológica e nos defrontamos com a questão: sob quais condições se tem um sonho mitológico? Em nossos meios eles são um tanto raros, pois nossa consciência está grandemente separada da mente arquetípica subjacente. Eis por que sentimos os sonhos míticos como elementos bastante alienados, o que entretanto não se dá com uma mente mais próxima da psique primitiva. Os primitivos dão grande atenção a esse tipo de sonhos, chamando-os de "grandes sonhos", em oposição às imagens oníricas comuns. Sentem que eles são importantes, bem como encerram um significado real. Eis a razão de, numa comunidade primitiva, o sonhador sentir-se impelido a anunciá-lo na assembleia dos homens, onde uma discussão se estabelece sobre o seu conteúdo. O mesmo se dava com o senado romano. Temos a história da filha de um senador do século I a.C., que sonhou *que a deusa Minerva lhe havia aparecido e lamentado que o povo romano estivesse negligenciando o seu templo*. A moça sentiu-se impelida a transmitir o sonho ao

senado, que logo a seguir votou uma verba para a restauração do templo. Sófocles narra um caso semelhante, quando do roubo de um precioso vaso de ouro do templo de Hércules. *A própria divindade apareceu a Sófocles, em sonhos, e disse-lhe o nome do ladrão*[49]. Depois de tal aviso ter-se repetido três vezes, Sófocles viu-se obrigado a informar o Areópago. O tal homem foi preso, e ao curso das investigações acabou confessando tudo e devolveu o que roubara do templo. Os sonhos arquetípicos ou mitológicos têm um caráter especial, que força a pessoa instintivamente a contá-los. E esse instinto é perfeitamente explicável, já que tais fatos não pertencem à pessoa; pelo contrário, inserem-se no coletivo. No sentido geral também têm sua dose de verdade para o indivíduo. Eis por que na Antiguidade e na Idade Média os sonhos eram levados em grande consideração; sentia-se que eles expressavam uma verdade humana coletiva.

Bem, finalmente eis aqui o sonho. Foi-me enviado por um colega há alguns anos atrás, com algumas observações relativas ao sonhador. Meu colega era psiquiatra de uma clínica, e o paciente, um jovem francês, bastante destacado em seu meio. Tinha vinte e dois anos, era extremamente inteligente e dotado de grande percepção estética. Fora em viagem para a Espanha e de lá voltara com uma grande depressão, que havia sido diagnosticada como insanidade maníaco-depressiva, com predomínio da forma depressiva. Não se encontrava muito mal, mas nem tão bem para deixar de procurar uma clínica. Depois de seis meses recebeu alta e alguns meses mais tarde o jovem suicidou-se. Quando saiu, não se encontrava mais sob depressão, a qual estava praticamente curada; suicidou-se num estado de aparente lucidez. Pelo sonho compreenderemos por que ele cometeu suicídio. Ei-lo aqui. Ocorreu no começo da depressão. *Sob a grande catedral de Toledo, há um fosso cheio de água, que tem conexão subterrânea com o rio Tejo, que rodeia a cidade. O fosso é um quarto escuro e pequeno. Na água há uma grande serpente, cujos olhos brilham como joias. Perto dela um vaso de ouro, contendo uma adaga também de ouro. A adaga é a chave da cidade de Toledo, e seu possuidor exerce*

251

---

[49]. Cf. SCHNEIDEWIN, F.W. (org.). *Sophokles*. Vol. I, Introdução geral. Berlim: Weidmann, 1860, p. XVI.

todo o poder sobre a cidade. O sonhador sabe que a serpente é a amiga protetora de uma determinada pessoa, um seu amigo muito jovem, que está presente. B.C., o amigo, põe o pé descalço na boca da serpente que o lambe amigavelmente, e o rapaz diverte-se em brincar com ela. Não a teme porque é uma criança sem culpa. No sonho, B.C. parece ter sete anos de idade, e realmente fora amigo do sonhador bem no início da infância. E desde esse período, diz o sonho, a serpente ficou esquecida e ninguém mais ousou descer aos seus domínios.

Esta parte é uma espécie de introdução e só agora entraremos na ação propriamente dita. *O sonhador encontra-se só com a serpente. Conversa com ela respeitosamente, sem temer nada. O animal diz-lhe que a Espanha pertence a ela, por ser amiga de B.C., e pede-lhe para devolver-lhe o menino. O sonhador se recusa a fazê-lo, mas promete, ao invés disso, descer à escuridão da caverna e ser amigo da serpente. Mas logo a seguir muda de ideia; e, ao invés de cumprir sua promessa, decide mandar um outro amigo, um Sr. S. Este homem descende dos mouros espanhóis e, para arriscar-se a descer ao fosso, deverá recobrar a coragem original de sua raça. O sonhador aconselha-o a armar-se com a espada de punho vermelho, que está na velha fábrica de armas que se encontra do outro lado do rio Tejo. Diz-se ser uma espada muito antiga, datando da época dos antigos fócios*[50]. *O senhor S. obtém a arma e desce ao fosso, e o sonhador diz-lhe que deverá atravessar a palma da mão esquerda com a espada. Segue o que lhe é dito, mas não consegue dominar-se na presença poderosa da serpente. Envolvido por medo e dor, grita e corre estabanadamente pela escada, sem ter tocado a adaga. Assim, S. não pode dominar Toledo, nada havendo que pudesse ser feito pelo sonhador em relação ao problema, tendo de conformar-se em deixar S. perdido lá embaixo, servindo de ornamento a uma parede.* Eis aí o fim do sonho. O original evidentemente encontra-se em francês. Bem, vejamos o seu contexto. Temos certas suspeitas quanto a esses dois amigos. B.C. conheceu o sonhador, logo no início da juventude; era um pouco mais velho que ele. O sonhador projetava tudo o que havia de belo e maravilhoso nesse rapaz, fazendo-o uma espécie de herói. Mas depois, os dois amigos perderam

---

50. Moradores da antiga Fócia na Ásia Menor fundaram Massilia (Marseille) e colônias na costa oriental da Espanha.

contato; talvez o rapaz tenha morrido. S. é um amigo, de data muito recente, que possivelmente descende dos mouros espanhóis. Não o conheço pessoalmente, mas conheci sua família, que é muito antiga e respeitada no sul da França. E seu sobrenome pode bem ser mouro. O paciente conhecia a lenda sobre a família de S.

Como já disse, a pessoa que estamos focalizando recentemente visitara a Espanha e logicamente estivera em Toledo, sendo que o sonho se deu logo depois da volta, pouco antes de ele ser levado à clínica. Estava em péssimo estado, praticamente em desespero, e não pôde deixar de contar o sonho ao seu médico. Meu colega não sabia o que fazer, e apressou-se em transmitir-me o sonho, prevendo que se tratava de coisa importante. Na época em que eu o recebi, entretanto, eu não tinha conhecimento sobre esse tipo de imagens, mas tive a impressão de que, se soubesse alguma coisa a mais sobre esses sonhos e, se eu mesmo tivesse tratado do caso, talvez fosse capaz de ajudar o rapaz, e ele não chegaria ao suicídio. Desde aquela época tenho estado em contato com muitos casos semelhantes. Normalmente se pode evitar uma situação difícil através do entendimento dessas imagens. Com um indivíduo tão sensível e evoluído, que estudara história da arte, sendo pessoa dotada de um incomum senso artístico e de inteligência, o analista tem que ser sempre muito cuidadoso, pois as banalidades não conseguem nada nessas condições. Deve-se ser totalmente sério e entrar realmente nos fatos. 253

Não podemos estar caindo em engano quando imaginamos que o sonhador escolheu Toledo por alguma razão particular; e ele a escolheu como objeto de seu sonho e de sua viagem. E o material é praticamente o mesmo que todo mundo traria se tivesse visitado a cidade com a mesma disposição mental, a mesma educação, com o mesmo refinamento, com suas noções estéticas e o seu conhecimento. Toledo é uma cidade extremamente impressionante, exercendo uma espécie de fascínio sobre as pessoas. Lá existe uma das mais belas catedrais góticas do mundo. Um lugar de tradição incomensuravelmente antiga; é a velha Toletum dos romanos, que por séculos foi sede do cardeal-arcebispo e primaz da Espanha. Do VI ao VIII século fora a capital dos visigodos; do século VIII ao século XI, foi a província que serviu de capital ao reinado mouro, e do século XI até o século XVI, a capital de Castela. Sua catedral, por ser tão impressionante e bela, 253a sugere, naturalmente, tudo o que a cidade representava: a grandeza, a força, o esplendor e o mistério do cristianismo medieval, que encontrava sua expressão essencial na Igreja. Eis por que a catedral é o corpo, a encarnação do reino espiritual, pois na Idade Média o mundo era regido pelo imperador e por Deus. Assim ela expressa a filosofia cristã ou a *Weltanschauung* da Idade Média.

254   O sonho diz que sob a catedral há um lugar misterioso. O que na realidade não se afina muito com uma igreja cristã. O que havia sob as catedrais naquela época? Sempre existiu essa parte chamada cripta. Provavelmente todos os presentes já viram a grande cripta de Chartres; ela dá uma boa ideia do caráter de mistério desses lugares. Em Chartres antigamente havia um velho santuário com um poço, onde se processava a adoração de uma virgem – não a Virgem Maria, como se dá agora, mas de uma deusa céltica. Sob toda igreja cristã da Idade Média há um lugar secreto, onde nos velhos tempos os mistérios eram celebrados. O que atualmente denominamos os sacramentos da Igreja eram os mistérios da Igreja primitiva. Em provençal a cripta é chamada *le musset*, que significa segredo; a palavra origina-se de *mysteria* e poderia significar lugar de mistério. Em Aosta, na Itália, onde se fala um dialeto provençal, há um *musset* sob a catedral.

255   A cripta talvez se origina do culto de Mitra, cujo rito central se dava numa abóbada subterrânea, sendo que a comunidade permanecia separada em cima, na igreja principal. Aí havia certos orifícios, através dos quais se podiam ouvir e ver os sacerdotes e os eleitos cantando e celebrando os ritos, mas era impossível de se penetrar na parte da celebração. O que seria um privilégio apenas para os iniciados. Nas igrejas cristãs a separação do batistério do corpo central da igreja deriva da mesma ideia, porque o batismo, bem como a comunhão, eram mistérios dos quais ninguém podia falar diretamente. Devia ser usada uma espécie de alusão alegórica, para não trair os segredos. O nome de Cristo também estava cercado de mistério, e consequentemente não podia ser proferido. Referiam-se a ele pelo nome de *Ichthys*, o Peixe. Os senhores provavelmente já viram reproduções cristãs primitivas, onde Cristo aparece como peixe. Tal segredo, em relação ao nome sagrado, talvez seja a razão pela qual o seu nome não apareça num documento elaborado por volta de 140 d.C., co-

nhecido como O *Pastor de Hermas*[51], que era parte importante do corpo da literatura cristã, reconhecido pela Igreja até aproximadamente o V século. O autor de tal livro de visões, Hermas, é supostamente o irmão do bispo romano Pio. E seu mestre espiritual que lhe aparece em visões é chamado Poimén, o Pastor, e não o Cristo.

Esta ideia de cripta, ou lugar de mistério, nos conduz para algo anterior à *weltanschauung* cristã. Alguma coisa mais velha que o próprio cristianismo, como o poço pagão sob a catedral de Chartres, ou como uma antiga caverna habitada por uma serpente. É óbvio que o poço com a serpente não foi um fato verdadeiramente presenciado pelo nosso viajante ao passar pela Espanha, e que esta imagem onírica não é uma experiência individual; ela pode apenas ser compreendida através de um conhecimento arqueológico e mitológico. Teria de dar aos senhores uma certa dose desse paralelismo, a fim de que todos percebessem em que contexto surge o arranjo simbólico, considerado do ponto de vista do trabalho da pesquisa comparativa. Sabemos que toda igreja ainda tem sua fonte batismal, que originalmente era a *piscina*, na qual os iniciados eram banhados ou, simbolicamente, afogados. Depois de uma morte figurativa, imagística, no banho batismal, os iniciados ressurgiam transformados, *quasi modo geniti*, como renascidos. Assim podemos supor que a cripta e a fonte batismal tenham um significado de lugar de terror e morte, mas também de renascimento, lugar onde iniciações obscuras se processam.

256

A serpente na caverna é uma imagem que frequentemente ocorre na Antiguidade. E é importante compreender que na Antiguidade clássica, bem como em outras civilizações, a serpente não somente era um animal que provocava medo por representar perigo, mas também significava alívio e cura. Aí está a razão pela qual Asclépio, o deus dos médicos, está associado à serpente; todos conhecemos seu emblema, que ainda se encontra em uso. Nos tempos desse deus, nos asklepieia, que eram as antigas clínicas, havia um buraco no solo, coberto com uma pedra, e aí morava a serpente sagrada. Através de uma brecha feita na pedra, as pessoas que vinham em busca de cura jogavam as oferendas e o pagamento para os médicos. A serpente era

257

---

51. Cf. JUNG, C.G. *Tipos psicológicos*. [OC, 6; § 430s.].

ao mesmo tempo o caixa da clínica e o coletor de dádivas que eram jogadas na caverna. Durante a grande peste do tempo de Diocleciano, a famosa serpente de Asclépio no Epidauro foi trazida para Roma como antídoto para o mal, representando o próprio deus.

258   Esse animal não é apenas um deus de cura, é também o dom da sabedoria e o dom da profecia. A fonte de Castália, em Delfos, era inicialmente habitada por uma pitonisa. Apolo lutou com ela e a venceu, e desde então Delfos passou a ser a sede do famoso oráculo, e Apolo o seu deus, até que ele perdeu a metade de sua força para Dioniso, que mais tarde chegou do Oriente. No mundo subterrâneo, onde moram os espíritos dos mortos, as cobras e a água são elementos inseparáveis, e podemos ler sobre isso em *As rãs*, de Aristófanes. Em lendas a serpente é frequentemente substituída pelo dragão; no latim, *draco* significa simplesmente *cobra*. Um paralelo particularmente sugestivo em relação ao nosso sonho é uma lenda cristã do século V, sobre S. Silvestre[52]: Havia um enorme dragão sob a rocha Tarpeia, em Roma, ao qual virgens deveriam ser sacrificadas. Outra lenda diz que o dragão não era real, mas feito por mãos humanas, e que um monge desceu às profundezas para averiguar a verdade, e, ao chegar lá, viu que o animal tinha uma espada na boca e que seus olhos eram joias faiscantes.

259   Com muita frequência essas cavernas, como a de Castália, continham fontes, que desempenhavam papel de relevante importância no culto de Mitra, dos quais se originaram muitos elementos da Igreja primitiva. Porfírio[53] "revela que Zoroastro, o fundador da religião persa, dedicou a Mitra uma caverna contendo muitas fontes. Quem dentre os presentes esteve na Alemanha e visitou Saalburg, perto de Frankfurt, deverá ter visto a fonte perto da gruta de Mitra; tal culto vem sempre relacionado a uma fonte. Há um belo templo de Mitra na Provença, com uma piscina de água cristalina, tendo no fundo uma pedra com a escultura de Mitra Tauroktonos – Mitra, o matador do touro. Santuários como esse sempre constituíram grande escânda-

---

52. Cf. JUNG, C.G. *Símbolos da transformação* [OC, 5; § 572s.].
53. Id., ibid. [OC, 5; § 484[18]]. PORFÍRIO. *De antro nynpharum*. Apud DIETERICH, A. *Eine mithrasliturgie*. 2. ed. Berlim: [s.e.], 1910, p. 63.

lo para a cristandade primitiva, que odiava todos esses arranjos naturais, por não serem, os cristãos, grandes amigos da natureza. Em Roma, um templo em honra desse mesmo deus foi descoberto a dez pés abaixo da igreja de S. Clemente. Encontra-se ainda hoje em boas condições, mas a água o encobriu e quando se bombeia o poço, ele se enche novamente; está sempre submerso porque ali se ajuntam as fontes que vêm de partes mais interiores, e a nascente nunca foi encontrada. Conhecemos outras formas religiosas, como o culto a Orfeu, que estava sempre associado com a ideia da água nascendo num mundo subterrâneo.

Todo o material que estou apresentando pode dar-nos a ideia de que a serpente na caverna cheia de água é uma imagem bastante conhecida, desempenhando um papel importante na Antiguidade, de onde extraí todos os meus exemplos de hoje; poderia escolher paralelos em outras civilizações, e os senhores veriam que são os mesmos. A água das profundezas representa o inconsciente. E lá, via de regra, há um tesouro guardado por uma serpente ou dragão. No nosso sonho, era o vaso de ouro com a adaga em seu interior, e para esses objetos serem recuperados o dragão deveria ser vencido. A coisa preciosa é de natureza muito cheia de mistério, ligando-se à serpente de forma estranha. A natureza tão peculiar do animal também denota o caráter do tesouro, unificando as duas coisas. Geralmente há uma cobra de ouro acompanhando o tesouro. E esse mineral é buscado por todas as pessoas. O que seria o mesmo que dizer ser a serpente a própria coisa preciosa, fonte de imenso poder. Nos mitos gregos primitivos, aquele que se aventura na caverna é um herói, como Cécrops, o fundador de Atenas; na parte superior ele é metade homem, metade mulher, um hermafrodita; mas na parte inferior de seu corpo ele é uma serpente. O mesmo se diz de Erequiteu, outro rei mítico de Atenas.

Este preâmbulo nos prepara um pouco para entendermos o vaso de ouro e a adaga, no sonho que estamos focalizando. Se os senhores viram o *Parsifal* de Wagner, terão percebido que o vaso corresponde ao Graal, e a adaga à lança, e que os dois formam uma unidade; são os princípios masculino e feminino que formam a união dos opostos. A gruta, ou mundo subterrâneo, representa uma camada do inconsciente onde não há nenhuma discriminação, nem diferenciação entre masculino e feminino, que é a primeira distinção feita pelos primitivos. Eles distinguem os objetos por essa maneira, como nós ocasionalmente o fazemos; algumas chaves, por exemplo, têm em sua parte frontal um orifício e outras são maciças; normalmente elas são chamadas macho e fêmea – chave macho e chave fêmea. Vejamos por exemplo os telhados italianos; as telhas convexas são colocadas sobre telhas côncavas – as de cima são chamadas monges e as de baixo, freiras. Não se trata de nenhuma piada suja por parte dos italianos, mas sim da quintessência da discriminação.

Fig. 13 – O Tao

262   Quando o inconsciente mistura o masculino e o feminino, tudo se torna indiferenciado, não é mais possível estabelecer diferenças de espécie alguma, da mesma forma que Cécrops veio de uma distância tão mítica que ninguém poderia dizer se ele era homem ou mulher, humano ou ofídio. Vemos então que o fundo da cisterna é caracterizado pela completa união dos opostos. Aí está a condição primordial das coisas e que é também por si um fim ideal, por ser a integração de elementos eternamente opostos. O conflito chegou ao fim, tudo está parado, ou mais uma vez no estado inicial de harmonia indistinta. A mesma ideia encontra-se na antiga filosofia chinesa. A condição ideal é denominada Tao, e consiste na total harmonia entre o céu e a terra. A Fig. 13 representa o seu símbolo. Um lado é branco com um ponto preto e o outro é preto com um ponto branco. O lado claro representa o calor, o seco, o princípio do fogo, o sul; o lado escuro é o princípio frio, negro, úmido, o norte. Essa imagem representa o começo do mundo, onde ainda nada teve princípio – é também a condição a ser alcançada pela atitude da sabedoria superior. A união dos dois princípios, masculino e feminino, é a imagem arquetípica. Certa vez pude presenciar um belo exemplo de sua forma primitiva ainda viva. Quando prestava serviço militar durante a guerra, tomei parte no grupo de

artilharia nas montanhas, e os soldados tinham de cavar um fundo fosso para colocar ali um canhão bem pesado. O solo era extremamente refratário e os soldados praguejavam sempre enquanto cavavam os blocos duros. Eu estava sentado atrás de uma rocha, fumando o meu cachimbo, e escutava o que eles diziam. Um deles exclamou: "Ah, essa desgraça amaldiçoada. A gente já cavou até às profundezas dessa valeta miserável, já chegou onde moravam os fantasmas do lago e onde o pai e a mãe ainda estão dormindo juntos!" É essa mesma ideia expressa de forma muito ingênua. Um mito negro diz que o primeiro homem e sua mulher dormiam juntos na *calabash* (cabaça, em português); estavam totalmente inconscientes, até que alguma coisa se moveu e os despertou: era o filho no meio dos dois. O homem estava entre eles, e desde então ambos tornaram-se entidades separadas e puderam conhecer-se. A condição inicial de absoluta inconsciência é expressa como um estado de descanso total, onde nada acontece.

263 Quando o sonhador chega a tais símbolos, atinge a camada da total inconsciência, que é representada pelo grande tesouro. O motivo central do *Parsifal*, de Wagner, é que a espada seja trazida novamente para junto do Graal, por serem elementos que devem permanecer eternamente unidos. Essa união simboliza a plenitude total, a eternidade antes e depois da criação do mundo, uma condição dormente, nirvânica. Talvez seja a coisa buscada pelo desejo do homem. Aí está por que ele se aventura pela caverna do dragão a fim de encontrar o estágio em que o consciente e o inconsciente estão a tal ponto unidos que, finalmente, não são mais nem uma coisa nem outra. E quando, por algum motivo, os dois se separam em demasia, a consciência procura uni-los novamente, mergulhando nas profundezas onde, a um certo tempo, eles foram um. Assim, encontramos na ioga tântrica, ou na ioga kundalini, um esforço por atingir o estado em que Shiva se encontra em união eterna com Shakti. Shiva é o ponto eternamente não desenvolvido e está circundado pelo princípio feminino, Shakti, na forma de uma serpente.

264 Poderia dar-lhes muito mais exemplos dessa ideia, que representou um grande papel na tradição secreta da Idade Média; nos textos alquímicos há reproduções da união do Sol e da Lua, do princípio

masculino e feminino. Encontramos motivos análogos nas narrações cristãs sobre os mistérios, como por exemplo a narrativa de um bispo, Astério, que fala de Elêusis. Lá se diz que todo ano o padre fazia a *katábasis* ou descida à caverna. O sacerdote de Apolo e a sacerdotisa de Deméter, a mãe Terra, celebravam o *hierosgamos*, ou núpcias sagradas, para a fertilização da terra. É uma afirmação cristã, não documentada, pois os iniciados eleusianos guardavam a esse respeito o mais absoluto segredo; se traíssem alguma coisa eram punidos de morte. Eis a razão de não termos quase conhecimento nenhum de seus ritos. Entretanto sabemos que durante os mistérios de Demetér se desenrolavam certas obscenidades por serem julgadas propícias à fertilidade da terra. As damas mais distintas de Atenas se reuniam sob a presidência da sacerdotisa de Demetér. Havia uma farta refeição, muito vinho e depois era celebrado o rito de *aischrologia*, que consistia em contar piadas e ditos indecentes, o que era considerado um dever religioso, propiciador de bons efeitos sobre a fertilidade da próxima estação[54]. Um ritual semelhante acontecia em Bubástis, no Egito, no tempo dos mistérios de Ísis, quando os habitantes das cidades da parte superior do Nilo desciam para a festa, e as mulheres, nos barcos, costumavam expor-se para as mulheres das margens do Nilo. Isso era feito provavelmente com o mesmo propósito da *aischrologia*, para assegurar a fertilidade da terra. A esse respeito há referências em Heródoto[55]. No Sul da Alemanha, por volta do século XIX, a fim de aumentar a produtividade do solo, o camponês costumava levar sua mulher para o campo e manter relações sexuais com ela num sulco cavado na terra para a plantação. É o que se denomina de magia simpática.

O vaso é um utensílio que recebe ou contém, por isso mesmo é feminino, símbolo do corpo que contém anima, o sopro e a água da vida, enquanto que a adaga tem a capacidade de perfurar, penetrar, sendo portanto um elemento masculino, que corta, divide, discrimina; é uma simbolização do princípio masculino do logos.

---

54. JUNG, C.G. *Psicologia e alquimia*. OC, 12; § 105.]. • FOUCART, P.F. *Les Mystères d'Eleusis*. Paris: [s.e.], 1914, p. 55s.
55. HERÓDOTO. *Historiarum Libri IX*. Vol. 2, 60. Leipzig: [s.e.], 1899-1901.

No sonho que estamos analisando, esse instrumento aparece como a chave de Toledo e essa ideia de chave sempre vem associada ao mistério dentro da caverna. No culto de Mitra há uma espécie particular de deus, o deus da chave, ou Aiôn, cuja presença não pode ser explicada, mas creio que ela pode ser perfeitamente inteligível. Sua representação é o corpo de um homem alado, que tem cabeça de leão, estando envolvido por uma cobra que se eleva acima de sua cabeça[56]. Há uma representação dele no Museu Britânico; ele é o tempo infinito e a longa duração, o deus supremo da hierarquia mítrica, que cria e destrói todas as coisas. *A durée créatrice* de Bergson é um deus: Sol. Leão é um signo zodiacal de quando o Sol atravessa o verão, enquanto a cobra simboliza o inverno ou o tempo úmido. Dessa forma, Aiôn, o deus de cabeça de leão, envolvido por uma cobra, novamente representa a união de opostos, luz e sombra, masculino e feminino, criação e destruição. Ele é representado com os braços cruzados, tendo uma chave em cada mão. É o pai espiritual de S. Pedro, que também é o dono das chaves. As chaves que guardam o caminho do passado e do futuro.

Os antigos rituais de mistério vinham sempre ligados a divindades psicopômpicas. Algumas delas estão de posse das chaves do mundo subterrâneo, pois como guardiãs da porta têm como dever vigiar a descida dos iniciados para a escuridão, sendo os guias para os mistérios. Hécate é uma delas.

Em nosso sonho temos a chave de Toledo, e assim devemos considerar o significado de Toledo e da cidade. A velha capital da Espanha era uma fortificação de grande poder, o protótipo da cidade feudal, refúgio e proteção que não podia ser facilmente atingido pelo lado de fora. A cidade representa uma totalidade fechada sobre si mesma, uma força impossível de ser destruída, que existiu durante séculos e que existirá ainda durante muitos outros. Simboliza, portanto, a totalidade humana, uma forma de plenitude que não pode ser dissolvida.

Cidade como sinônimo do si-mesmo, de totalidade psíquica, é uma imagem bastante conhecida. Lemos, por exemplo, nos *ditos de*

---

56. JUNG, C.G. *Símbolos da transformação*. [OC, 5; fig. 84].

Oxirrinco[57] as seguintes palavras de Jesus: "A cidade construída sobre uma colina alta e estável não pode cair jamais, nem ser escondida. Lutais então para conhecer-vos e sabereis que sois os filhos do Pai poderoso, que estais na cidade de Deus e que vós sois a cidade". Há um tratado copta, no Código Bruciano, onde surge a ideia da monogênese, ou do filho único de Deus, que também é o *anthropos*, ou seja, o homem[58]. Ele é chamado à cidade de quatro portas, que simboliza a ideia de totalidade; o indivíduo que possui as quatro saídas para o mundo, as quatro funções psicológicas, estando assim contido no si-mesmo. Esta cidade é a sua totalidade indestrutível, o consciente e o inconsciente unidos.

270   Então, essas profundidades, em nível de tão grande inconsciência que surge em nosso sonho, contêm ao mesmo tempo a chave para a individualidade, em outras palavras, para a cura. O significado de "totalidade" ou "total" é tornar sagrado ou curar. A descida à profundidade trará a cura. É o caminho para o encontro pleno, para o tesouro que a humanidade sempre buscou sofrendo, e que se esconde num lugar guardado por um perigo terrível. É o lugar da inconsciência primordial, e ao mesmo tempo de cura e redenção, pois contém a joia da inteireza. É a caverna onde mora o dragão do caos, e também a cidade indestrutível, o círculo mágico ou *temenos*, o recinto sagrado onde todos os fragmentos separados da personalidade se unem.

271   O uso de um círculo mágico ou *mandala*, como é chamado no Oriente, para propósitos de cura, é uma ideia arquetípica. Quando um homem está doente, os índios pueblo do Novo México fazem na areia o desenho de um mandala com quatro passagens. No centro dele constroem uma "casa de suor", lugar de cura, e lá o paciente tem de submeter-se ao tratamento do suor. No chão do lugar da cura pintam um outro círculo mágico – colocado assim no centro do grande mandala – e no meio dele colocam um vaso com a água da cura, sim-

---

57. HENNECKE, E. (org.). *Neutestamentliche Apokryphen*. Tübingen/Leipzig: Mohr, 1904, p. 36. • GRENFELL, B.P. & HUNT, A.S. (org. e trad.). *New Sayings of Jesus and Fragment of a Lost Gospel from Oxyrhynchus*. Nova York/Londres: [s.e.], 1904, p. 38 e 16.

58. Ms. Bruce 96, Bodleian Library, Oxford. Cf. tb. JUNG, C.G. *Psicologia e alquimia*. [OC, 12; § 138s.].

bolizando a entrada no mundo subterrâneo. A simbolização que encontramos nessa cerimônia é claramente análoga à que encontramos no inconsciente coletivo. É um processo de individuação, de identificação com a totalidade da personalidade, com o si-mesmo. Na simbologia cristã, a plenificação é Cristo, e o processo de cura consiste na *imitatio Christi*. As quatro passagens são substituídas pelos quatro braços da cruz.

A serpente na caverna em nosso sonho é amiga de B.C., o herói da infância do sonhador, no qual ele projetou tudo o que desejava ser, todas as virtudes a que aspirava. Este jovem amigo está em paz com a serpente; é a criança inocente que desconhece totalmente qualquer espécie de conflito. Consequentemente tem a chave de Toledo e o poder sobre as quatro passagens.

Discussão

Dr. David Yellowlees:

Não é necessário que diga que não pretendo questionar nada do que foi dito hoje. Agradecemos sinceramente ao Prof. Jung pelo tão fascinante relato de ideias, o que ele preferiu fazer ao invés de perder tempo em assuntos controvertidos. Mas alguns dos presentes ficariam satisfeitos se o Prof. Jung reconhecesse que abordamos a psicologia e a psicoterapia através de linhas diferentes, talvez não exclusivamente freudianas, mas de acordo com certos princípios fundamentais, aos quais o nome de Freud se encontra associado, embora sem havê-los exatamente descoberto. Concordamos que o Prof. Jung apresentou o que acreditamos ser uma visão mais ampla; alguns dos que se encontram aqui preferem essa visão, e talvez os próprios freudianos possam dizer o porquê. Mas, na noite passada, surgiu uma questão sobre a relação entre o conceito do inconsciente apresentado pelo Prof. Jung e o conceito de Freud sobre o mesmo ponto. Creio que o conferencista poderia ter ainda a grande gentileza de ajudar-nos um pouco mais na elucidação desse tópico. Sei muito bem que minha interpretação pode ser falha, mas a impressão que na noite de terça-feira tive foi a de que ele tratava com fatos e Freud com teorias. O professor sabe tão bem quanto eu que essa afirmação tão simples requer alguma explicitação. Desejaria que nos dissesse, por exemplo, o que fazer, do ponto de vista terapêutico, com um paciente que produz de maneira espontânea o que chamaria de material freudiano, e até onde poderíamos ir, com relação às teorias freudianas, considerando-as apenas como teorias, em vista da evidência que pode ser provada através de matérias tais como fixação infantil da libido oral, anal, fálica etc. Ficaríamos gratos se o professor se detivesse sobre esse ponto a fim de estabelecer alguma espécie de correlação.

C.G. Jung:

274   Já de início lhes disse que não quero ser crítico; assim estou dando um ponto de vista muito particular de como abordo o material psicológico. Se os senhores quiserem ouvir toda a minha contribuição, poderão, então, decidir sobre essas questões e também sobre quanto de Freud, Adler ou de meus pontos de vista selecionarão. Se quiserem que elucide a questão da conexão com Freud, eu poderei fazê-lo de bom grado. O início de minha carreira se deu em linhas inteiramente freudianas; fui até considerado como seu melhor discípulo. Estive em ótimos termos com ele até à hora em que concluí que algumas coisas eram simbólicas. Aí Freud não concordou e identificou seu método com a teoria, e a teoria com o método. Isto é impossível; não se pode jamais identificar método com ciência. E por essa razão afirmei que não continuaria publicando o *Jahrbuch*[59]. E assim abandonei a publicação.

275   Não obstante tenho plena consciência dos méritos de Freud e não tenho intenção alguma de diminuí-los. Sei, inclusive, que o que ele diz se adapta a uma grande parte das pessoas, e é possível afirmar que tais pessoas têm exatamente o tipo de psicologia que ele descreve. Adler, cujo ponto de vista era completamente diverso, também tem um grande número de seguidores, e estou convencido de que muitos têm uma psicologia adleriana. Também tenho os meus – não tão numerosos quanto os de Freud –, eles são pessoas que têm presumivelmente a minha psicologia. Chego a considerar minha contribuição como minha própria confissão subjetiva. É a minha pessoa que

---

59. *Jahrbuch für Psychoanalytische und Psychopathologische Forschungen* (Leipzig/Viena). Jung se afastou como editor em 1913.

está nisso, meu "preconceito" que me leva a ver os fatos de minha própria maneira. Mas espero que Freud e Adler façam o mesmo e confessem que suas ideias representam pontos de vista subjetivos. Desde que admitamos nosso preconceito estaremos realmente contribuindo para uma psicologia objetiva. É impossível evitarmos o prejulgamento de nossos ancestrais, que veem as coisas a seu modo, e assim instintivamente adotamos certos pontos de vista. Seria eu um neurótico se visse as coisas de maneira oposta ao impulso de meus instintos; como dizem os primitivos, minha cobra estaria contra mim. Quando Freud afirmou certas coisas, ela não concordou. E sigo o caminho que essa serpente me indica que para mim é o melhor. Há pacientes, entretanto, com os quais tenho efetuado análise freudiana, atravessando todos os detalhes que Freud descreveu corretamente. Outros casos forçam-me a uma linha adleriana, por tratar-se, então, exatamente de um complexo de poder. Pessoas que têm capacidade de adaptar-se e têm sucesso, normalmente apresentam uma psicologia freudiana, pois em tal posição estão procurando a realização de seus desejos, enquanto que o homem que não teve sucesso não tem nem tempo para pensar no que deseja. Terá apenas uma vontade – conseguir o sucesso, apresentando então uma psicologia adleriana. Aquele que é sempre colocado em segundo plano desenvolverá fatalmente um complexo de poder.

Este não é o meu caso, pois tenho me saído bem em quase todos os setores e quase sempre consegui adaptar-me. Se no mundo todo ninguém concordar comigo, isto será para mim totalmente indiferente. Tenho um ótimo lugar na Suíça, sinto-me bem, e se meus livros não agradam a ninguém, agradarão a mim. Não há nada melhor do que estar na minha biblioteca, e se faço descobertas nos meus livros, isso é maravilhoso. Não posso dizer que eu tenha uma psicologia freudiana porque nunca tive dificuldades com relação aos meus desejos. Quando menino vivi no campo, e tomava as coisas muito naturalmente, e os fatos naturais e antinaturais de que fala Freud são para mim despidos de interesse. Falar de um complexo de incesto aborrece-me até às lágrimas. Mas sei perfeitamente qual o caminho para tornar-me neurótico: é dizer ou crer em alguma coisa que não concorde comigo, com o que sou. Vejo determinada coisa e digo o que estou vendo; se alguém concorda sinto-me feliz e se ninguém aceitar, isso será indiferente para mim. Não posso professar a confissão de Freud nem a de Adler. Posso concordar apenas com a confissão junguiana porque as coisas se me apresentam dessa forma, mesmo que nenhuma pessoa sobre a terra participe de meus pontos de vista. Aqui o meu único objetivo é mostrar-lhes algumas ideias interessantes, bem como o modo pelo qual apreendo as coisas.

277 Interesso-me sempre em ver um homem trabalhando, sua habilidade faz o encanto do trabalho. A psicoterapia é uma espécie de trabalho, de habilidade, e eu a exerço de minha maneira individual – uma maneira muito humilde, sem nada de particular para mostrar. Não que eu alguma vez creia estar totalmente certo; ninguém pode afirmar isto em assuntos psicológicos. É bom nunca esquecer que em psicologia o *meio* pelo qual se julga e observa a psique é a própria *psique*. Por acaso alguém já ouviu falar de um martelo que bata em si próprio? Na psicologia, o observador é o observado; a psique não é apenas o *objeto*, mas também o *sujeito* de nossa ciência. Como estamos vendo, trata-se de um círculo vicioso e por isso temos de ter uma modéstia incrível. O melhor que podemos esperar é que todo mundo ponha as cartas na mesa e admita: "Conduzo as coisas de tais e tais formas e é assim que as vejo". Aí poderemos comparar as experiências.

278 Sempre confrontei as minhas concepções com Freud e Adler. Três livros foram escritos por alunos meus, que tentaram dar a sinopse dos três pontos de vista[60]. Mas nunca se ouviu falar de procedimento semelhante por parte do outro lado. Assim é o nosso temperamento suíço. Somos liberais e tentamos ver as coisas lado a lado, juntas. Pelo que vejo, o melhor é dizer que há milhares de pessoas com psicologia freudiana e milhares de pessoas com estrutura adleriana. Algumas procuram satisfação de desejos, outras lutam por sentirem-se capazes, e ainda algumas preferem ver as coisas como são, deixando o resto em paz. Não querem mudar coisa alguma. O mundo está bom assim.

279 Existem muitas psicologias. Uma certa universidade americana, ano após ano, publica um volume sobre psicologias de 1934, 1935, e

---

60. KRANEFELDT, W.M. *Die Psychoanalyse*: Psychoanalytische Psychologie (1930). • HEYER. *Der Organismus der Seele* (1932). • ADLER, G. *Entdeckung der Seele*. – Von Sigmund Freud und Alfred Adler zu C.G. Jung. Zurique: [s.e.], 1934.

assim por diante. Há um caos total nesse campo e assim convém que não sejamos tão assustadoramente sérios quanto às teorias psicológicas. Não se trata de nenhum credo religioso, mas de pontos de vista e enquanto formos humanos em relação a isso conseguiremos entender-nos mutuamente. Admito que algumas pessoas possam ter problemas sexuais, enquanto outras apresentam outros problemas. Tenho principalmente outros problemas. A essa altura os senhores têm uma ideia de como eu abordo o mundo. Meu problema é lutar com o monstro enorme do passado histórico, a grande serpente dos séculos, o fardo da mente humana, o problema do cristianismo. Seria bem mais simples se eu não soubesse nada, mas eu sei demais, através de meus ancestrais e de minha própria educação. Outros não se preocupam com isso, não pensam nos fardos históricos que o cristianismo acumulou sobre nós. Mas há aqueles que se preocupam com a grande luta entre o presente, o passado e o futuro. É um tremendo problema humano. Uns fazem a história, outros constroem uma pequena casa nos subúrbios. Ninguém vai resolver o caso de Mussolini dizendo que ele tem um complexo de poder: ele está ligado à política e isso é a sua vida e a sua morte. O mundo é imenso, e não há uma única teoria que consiga explicar tudo.

Aos olhos de Freud o inconsciente é antes de tudo um receptáculo para coisas reprimidas E ele o aborda como um canto de quarto de criança. Para mim ele se apresenta como um vasto armazenamento histórico. Tenho consciência da importância de minha primeira infância, mas ela é pequena em comparação com os vastos espaços da história, que sempre me interessaram mais, desde a infância, do que esse problema dos primeiros tempos de vida. Há muitas pessoas que se parecem comigo a esse respeito, e quanto a isso estou otimista. Houve um tempo em que julguei que não encontraria ninguém semelhante a mim; estava com medo de tratar-se de uma megalomania pensar assim. Depois descobri pessoas que se afinavam com meu ponto de vista e fiquei satisfeito de representar uma minoria, cujos fatos psicológicos básicos se expressavam mais ou menos pela minha formulação. E quando se submetem tais pessoas à análise, vê-se que elas não concordam nem com Freud, nem com Adler, mas comigo. Já fui criticado pela minha timidez. Quando não tenho muita certeza sobre um paciente, dou-lhe livros de Freud, de Adler, e digo: "Faça a sua escolha", na esperança de estar caminhando pelo lugar mais certo. Às vezes cometemos enganos. Via de regra, pessoas que atingiram uma certa maturidade e que têm inclinações filosóficas, que são relativamente bem-sucedidas no mundo, sem ter uma neurose por demais acentuada, concordam com o meu ponto de vista. Mas não se pode concluir do que eu estou apresentando aqui, hoje, que sempre coloco as cartas na mesa e conto tudo aos pacientes. O tempo não me permitiria abordar todos os detalhes da interpretação, mas certos casos requerem grande acúmulo de conhecimento, e esses pacientes ficam agradecidos quando deparam com a possibilidade de alargar sua visão do mundo.

281 Não sei como poderei concordar com Freud quando ele chama uma parte do inconsciente de id. Por que dar-lhe esse nome engraçado? Trata-se do inconsciente, o que equivale a dizer alguma coisa que não conhecemos. Por que chamá-lo de id? É evidente que a diferença de temperamento produz a maneira diferente de considerar o problema. Seria impossível interessar-me tanto por esses casos de sexo. Mas é evidente que esses casos existem, há pessoas com vida sexual neurótica e então temos de conversar sobre sexo com elas até que se enjoem e aí conseguimos sair fora desse aborrecimento. Evidentemente, devido à minha atitude temperamental, espero atravessar essa fase, o mais depressa possível. É uma coisa neurótica e nenhuma pessoa razoável fala nisso por horas a fio. Não é natural viver em função desse assunto. Os primitivos são muito reticentes sobre isso. Eles aludem à relação sexual através de uma palavra equivalente a "calar", "silenciar". As coisas sexuais são tabus para eles, bem como para nós, se nos comportarmos de maneira natural. Mas as coisas e lugares, com características de tabu, são passíveis de se tornarem receptáculos de todos os tipos de projeção. E muito frequentemente o problema real não se encontra aí de forma nenhuma. Muitas pessoas criam dificuldades desnecessárias quanto ao sexo, quando as verdadeiras dificuldades são de natureza totalmente diversa.

282 Certa vez um moço me procurou com uma neurose de compulsão. Trouxe-me um manuscrito de sua autoria de cento e quarenta páginas, dando a análise freudiana completa de seu caso. Era tão perfeito e de acordo com as regras, que poderia ter sido publicado no *Jahrbuch*. Disse-me: "O senhor poderia ler isso e dizer-me por que não estou

curado, embora tenha feito uma psicanálise completa?" Mais tarde respondi-lhe: "É verdade. Eu também não consigo entender a razão. Você deveria estar curado, de acordo com as regras do jogo, mas se julga que não está curado, tenho que acreditar". Ele voltou à questão: "Por que não estou curado tendo a visão da estrutura da minha neurose?" Respondi-lhe: "Não posso criticar a sua tese. A coisa toda está maravilhosamente bem demonstrada. Mas resta apenas a questão, e talvez bem tola: você não menciona de onde veio nem quem são os seus pais. O seu último inverno foi passado na Riviera e o verão em St. Moritz. Você tomou bastante cuidado na escolha de seus pais?" – "Nenhum, em absoluto". – "Você tem alguma fonte de renda excelente que lhe dê um ótimo dinheiro?" – "Não, não tenho jeito para fazer fortuna". – "Então foi contemplado com a herança de um tio rico?" – "Não". – "Bem, e de onde vem o seu dinheiro?" – "Bom, eu tenho um modo de me arranjar. Tenho uma pessoa que me dá o dinheiro". – "Deve ser um amigo maravilhoso". E ele replicou: "É uma mulher". Ela era mais velha que ele, tinha trinta e seis anos, uma professora primária, com um salário pequeno que, como velha solteirona, se apaixonou pelo rapaz de vinte e oito. Passava necessidades a fim de que ele pudesse passar o verão em St. Moritz e o inverno na Riviera. O que eu lhe disse foi o seguinte: "E você vem me perguntar por que está doente...!" E sua resposta foi essa: "Ora, o senhor tem uma posição moralista; isto não é nada científico". Respondi-lhe: "O dinheiro que está em seu bolso é o dinheiro da mulher que você está tapeando". Ele reagiu: "Não. Não concordamos sobre isso. Conversei com ela seriamente, e nunca houve uma discussão por eu receber dinheiro dela". Respondi: "Você está fingindo para si mesmo que esse dinheiro não é dela, mas vive com esse dinheiro, o que é imoral e essa é a causa de sua neurose de compulsão. Trata-se de uma reação compensatória e de uma punição a uma atitude imoral". Um ponto de vista totalmente anticientífico, é evidente, mas estou convencido de que ele merece a sua neurose compulsiva e será a sua companheira até o último dia de sua vida, se ele continuar a comportar-se como um porco.

Dr. T.A. Ross:
Mas isso não apareceu na análise?

C.G. Jung:

284   Ele se afastou como um deus a pensar: "Dr. Jung não passa de um moralista, jamais foi um cientista. Qualquer pessoa ficaria atraída por um caso tão interessante ao invés de ficar procurando coisinhas". O homem comete um crime, rouba todas as economias de toda uma vida de uma mulher honesta só para poder divertir-se. O lugar desse fulano seria a cadeia, e a sua neurose compulsiva providencia-lhe isso.

Dr. P.W.L. Camps:

285   Sou apenas um clínico geral e poderia ser rotulado como um bairrozinho de subúrbio nos domínios da psicologia. Aqui sou quase um penetra. Na primeira noite pensei que não tinha o direito de estar com os senhores. Na segunda, voltei outra vez. Na terceira sentia-me felicíssimo e na quarta fui tomado de encanto pela mitologia.

286   Gostaria de fazer uma pergunta sobre a noite passada. Fomos para casa com a ideia de que a perfeição é altamente indesejável e a plenitude seria o fim e objetivo da existência. Dormi profundamente na noite anterior mas senti que tivera um choque de origem ética. Talvez não seja muito dotado intelectualmente, constituindo isso também um choque intelectual. O Prof. Jung declara-se fatalista ou determinista. Depois de ter analisado um jovem que saiu desapontado de seu consultório e ter-se dado mal, o professor achou que estava muito certo que assim acontecesse. Os senhores, como psicólogos, segundo entendo, destinam-se a curar pessoas e têm um propósito na vida, que não é o de meramente divertir-se ou de satisfazer a sua curiosidade própria, seja ela por mitologia ou pelo estudo da natureza humana. Os senhores lutam por atingir a profundidade da natureza e construir um mundo melhor.

287   Ouvi com o maior interesse os termos simples do Prof. Jung. Confundo-me muito com toda essa nova terminologia. Ouvir sobre a nossa sensação, sentimento, intuição e pensamento – a que um X poderia ser adicionado substituindo outra coisa – foi extremamente esclarecedor para mim, que sou um indivíduo comum.

288   Mas sinto que não ficamos sabendo onde o consciente, ou melhor, o inconsciente de uma criança se desenvolve. Creio que não ouvimos falar sobre a criança de maneira suficiente. Gostaria de perguntar ao professor onde o inconsciente de uma criança começa a passar para a consciência.

E também se às vezes não somos confundidos por essa multidão de diagramas, de barreiras, de eus e de ids e tudo o mais de que tenho ouvido falar. Não poderíamos melhorar esses diagramas através de uma graduação de estágios?

Como foi apontado, herdamos o rosto, os olhos, as orelhas e há uma multidão de rostos em psicologia a que corresponde também uma multidão de tipos. Não haveria sentido em imaginar que exista uma enorme margem de variedades inseridas nessa herança, uma espécie de malha, que receberia as impressões, selecionando-as no inconsciente nos primeiros anos de vida, vindo a atingir mais tarde o nível da consciência? Gostaria ainda de perguntar ao professor se esses pensamentos já passaram pela mente de um grande psicólogo como ele é, a meu ver o maior de todos?

C.G. Jung:

Depois dessa severa reprovação por imoralidade, devo uma explicação sobre as minhas observações cínicas de ontem. Não sou um tipo tão mau assim. Evidentemente tento fazer o máximo por meus pacientes, mas em psicologia é muito importante que o médico não tente curar a qualquer custo. Deve-se ser excepcionalmente cuidadoso para não impor a própria vontade ao paciente; temos de dar-lhe uma certa liberdade. Não se pode desviar as pessoas de seu próprio destino. Da mesma forma que, em medicina, não se pode salvar um paciente quando a sua natureza lhe mostra que a morte já está selada. Às vezes trata-se exatamente de saber se temos permissão de salvar um homem do destino que ele deveria enfrentar a bem de um desenvolvimento posterior. Não se pode impedir as pessoas de cometerem as mais terríveis asneiras, porque isto se encontra dentro do esquema delas. Se eu impedir isto, não terei mérito algum. Apenas teremos merecimentos e desenvolvimento psicológico assumindo a nós próprios como somos e sendo suficientemente sérios para vivermos a vida que nos foi confiada. Nossos pecados, erros e enganos nos são necessários, caso contrário estaríamos privados dos incentivos mais preciosos ao desenvolvimento. Quando um homem se afasta, depois de ter ouvido alguma coisa que poderia ter mudado o seu pensamento, sem prestar atenção alguma a essas verdades, nunca o chamo de volta. Podem acusar-me de não agir de maneira cristã, mas não dou importância. Coloco-me mais ao lado da natureza. O velho livro chinês da Sabedoria diz: "O mestre diz apenas *uma vez*"[61]. E não corre atrás dos outros, porque não adianta. Aqueles que têm a verdadeira capacidade de ouvir compreendem, e os que não a têm não ouvirão.

292   Pensei que as pessoas que aqui se encontram pertencessem à classe dos psicoterapeutas. Se soubesse que havia médicos presentes minha expressão teria sido mais civil. Mas os psicoterapeutas compreenderão. Freud – para citar o mestre em suas próprias palavras – diz que não é bom tentar curar a qualquer custo. Ele sempre me dizia isto, e estava certo.

293   As verdades psicológicas têm sempre duas faces e o que estou dizendo pode ser usado de forma a produzir o maior dos males, a maior devastação e insensatez. Nenhuma das coisas que já afirmei deixou de ser torcida para o seu oposto. Assim não costumo insistir em afirmações. Os senhores podem aceitá-las, mas se não o fizerem, paciência. Talvez no final, os senhores me estejam culpando por isso, mas creio que em todo mundo existe uma vontade de viver que ajuda a encontrar a coisa mais acertada. Quando trato de um homem devo tomar o maior cuidado para não nocauteá-lo com minhas opiniões nem com a minha personalidade, pois o que ele tem que fazer é travar a sua luta solitária através da vida e ter a capacidade de confiar na sua armadura e talvez em seus objetivos imperfeitos. Quando digo: "Isto não está bom, deveria estar melhor", acabo por roubar-lhe a coragem. Seu campo deve ser trabalhado com um arado que não está bom. O meu poderia ser melhor, mas de que lhe adiantaria isto? Ele não tem o meu arado, e eu o tenho e não posso emprestá-lo. Deverá usar as suas ferramentas, possivelmente deficientes, e com elas trabalhar suas capacidades herdadas, quaisquer que sejam elas. É evidente que o ajudo. Posso dizer-lhe, por exemplo: "Seu pensamento é muito bom, mas há outros campos em que você poderia melhorar". Se não quiser ouvir-me não será aconselhável insistir, porque não quero desviá-lo.

Dr. Marion Mackenzie:

294   Da mesma forma que o jovem rico não foi chamado novamente e afastou-se cheio de tristeza?[62]

---

61. Cf. *I Ching*, hexagrama 4.
62. Cf. Mt 19,16-22.

C.G. Jung:

Sim, é exatamente a mesma técnica. Se eu dissesse a alguém: "Você não deve ir embora", ele jamais voltaria. O que devo dizer é: "Escolha o seu próprio caminho". Aí conquistarei a sua confiança.

Quanto à pergunta sobre as crianças, tem havido nas últimas décadas uma tal polêmica sobre elas que normalmente coço a cabeça durante as palestras e fico pensando: "Será que todo mundo aqui é parteira ou babá?" O mundo não é principalmente formado por pais e avós? Os adultos é que têm os problemas. Deixem as pobres das crianças em paz. O que faço é puxar as orelhas da mãe, não da criança. São os pais que transmitem as neuroses aos filhos.

Certamente é interessante fazer pesquisas sobre o desenvolvimento da consciência. O seu começo é uma condição fluida e não é possível dizer quando uma criança se tornou verdadeiramente consciente. Mas isto se insere num capítulo totalmente diferente: a psicologia das idades. Há uma psicologia da criança, que aparentemente consiste na psicologia dos respectivos pais: a psicologia da infância até à puberdade; a psicologia da puberdade, do jovem, do adulto de trinta e cinco anos; do homem na segunda metade da vida; do homem que atingiu a velhice. Esta é uma ciência em separado e seria impossível abordar aqui tudo isso. Como os senhores sabem, tive muitas dificuldades relativas a tempo para ilustrar um único sonho. A ciência é vasta. É como se a gente esperasse que o físico, ao falar sobre o problema da luz, elucidasse ao mesmo tempo o problema de toda a física mecânica, o que seria simplesmente impossível. A psicologia não é um curso introdutório para babás. É uma ciência muito séria e, consistindo em um acúmulo de conhecimentos, não se pode esperar de mim em demasia. Estou tentando nivelar o melhor possível para dar o esboço dos sonhos e apresentar-lhes ideias a esse respeito, e naturalmente não posso satisfazer a todas as expectativas.

Quanto ao problema da perfeição – lutar por ela é um ideal elevado. "Leve a termo aquilo que está dentro de suas capacidades ao invés de correr atrás daquilo que jamais será alcançado". Ninguém é perfeito. Lembre-se da frase: "Ninguém é bom, a não ser Deus"[63]. E

---

63. Lc 18,19.

ninguém poderá sê-lo. É uma ilusão. Podemos modestamente lutar para nos contemplarmos, para sermos seres humanos tão plenos quanto possível. O que já nos trará trabalho suficiente.

Dr. Eric B. Strauss:

299   Pretende o Prof. Jung publicar as razões que o levaram a identificar certos símbolos arquetípicos com os processos fisiológicos?

C.G. Jung:

300   O caso ao qual o senhor se refere foi a mim submetido pelo Dr. Davie, que o publicou sem o meu conhecimento[64]. Não desejo dizer mais nada sobre essa correlação, pois ainda não me sinto suficientemente seguro nesse terreno. Questões sobre diagnose diferencial entre doenças orgânicas e símbolos psicológicos são muito difíceis, e prefiro não dizer nada quanto a isso no momento.

Dr. Strauss:

301   Mas o seu diagnóstico partiu dos conteúdos do sonho?

C.G. Jung:

302   Sim, porque o problema orgânico perturbou a função mental. Houve uma depressão muito séria e presumivelmente uma perturbação profunda do sistema simpático.

Dr. H. Crichton-Miller:

303   Amanhã teremos o último seminário e há um ponto que nos interessa e que ainda não foi abordado. É o difícil problema da transferência. Será que o Prof. Jung crê ser mais apropriado dar-nos amanhã o seu ponto de vista (sem necessariamente referir-se a outras escolas) sobre a transferência e a maneira adequada de tratá-la?

---

64. Cf. § 135[26] deste volume.

Quinta conferência

O Presidente, Dr. J.R. Rees:

Senhoras e senhores, creio que todos notamos que as observações do presidente a cada noite têm-se tornado mais curtas. Na noite de ontem o Prof. Jung se deteve no meio de uma história e creio que todos nós desejamos que ele retorne a ela e continue o mais depressa possível.

C.G. Jung:

Todos se lembram que comecei a dar o material desse sonho. Bem, eu continuo exatamente no meio dele, e ainda há muito mais para ver. Mas no fim da conferência de ontem o Dr. Crichton-Miller pediu-me que falasse sobre o problema da transferência, o que me pareceu um assunto de interesse prático para os senhores. Quando analiso cuidadosamente um sonho desse tipo, e lhe dedico muito tempo de trabalho, normalmente meus colegas se perguntam por que estou amontoando porção tão grande de material pesquisado. Dizem: "Bem, está certo, isto mostra seu zelo e boa vontade em extrair alguma coisa de um sonho. Mas qual o uso prático desses paralelos?"

Não me aborreço em absoluto com tais dúvidas. Mas eu já estava exatamente começando a tocar no ponto central do problema e o Dr. Miller me pegou no meio do voo e fez a pergunta que qualquer médico prático faria. São os médicos que sempre se preocupam com coisas práticas e não com questões teóricas. Consequentemente se impacientam quando surgem explicações teóricas. Eles ficam particularmente perturbados pelos problemas meio cômicos, dolorosos e até mesmo trágicos da transferência. Se os senhores tivessem tido um pouco mais de paciência teriam visto que eu tratava um material através do qual a transferência pode ser analisada. Mas desde que a questão foi levantada, creio que devo satisfazer o que me pedem e falar sobre a psicologia e tratamento da transferência. Mas a escolha cabe aos senhores. Creio que o Dr. Crichton-Miller representa a mentalidade da maioria dos presentes. Estou certo em pensar dessa maneira?

Participantes:
Sim.

C.G. Jung:

308   Acho acertada a decisão dos senhores, pois ao falar sobre o que me pedem terei oportunidade de voltar ao que originalmente intencionava ser a análise daquele sonho. Talvez não tenhamos tempo para terminá-la, mas também é muito melhor que nos baseemos nos problemas e dificuldades reais.

309   Nunca me teria aprofundado nesse simbolismo elaborado e no estudo cuidadoso dos paralelos se não houvesse uma terrível preocupação com o problema da transferência. Assim, discutindo o problema, uma avenida se abrirá para o tipo de trabalho que estava tentando descrever-lhes na noite passada. Já de início avisei que essas conferências seriam um pobre torso. Mesmo que as coisas fossem comprimidas ao máximo, o tempo seria extremamente curto para oferecer-lhes um sumário completo de tudo o que eu desejaria dizer.

310   Ao falarmos de transferência é necessário de início definir o conceito a fim de que realmente se entenda sobre o que se está falando. Todos sabemos que tal palavra, originalmente cunhada por Freud, tornou-se uma espécie de termo coloquial, chegando mesmo a atingir o grande público. Normalmente se tenta com ela designar uma afeição desajeitada, uma espécie de relacionamento colante, pegajoso.

311   O termo é a tradução do alemão *übertragung*, o que significa, literalmente, carregar alguma coisa de um lugar para outro. Também significa, metaforicamente, carregar de uma forma para outra. Consequentemente é a forma sinônima de *übersetzung*, isto é, tradução.

312   O processo psicológico da transferência é uma forma específica do desenvolvimento mais generalizado da projeção. É importante que se tenham juntos esses dois conceitos e que se saiba que a transferência é um caso especial de projeção ou pelo menos é assim que o entendo. Evidentemente cada um de nós está livre para usar o termo da maneira que julgar mais adequada.

313   A projeção é um mecanismo psicológico geral que carrega conteúdos subjetivos de toda espécie sobre o objeto. Por exemplo, quando se diz: "A cor desta sala é amarela", trata-se de projeção, porque no próprio objeto não há amarelo; há apenas em nós. Como se sabe a cor é uma experiência subjetiva. O mesmo acontece quando se ouve um som, que é uma projeção, pois o som não existe por si próprio. É o som em minha cabeça, o problema psíquico que eu projetei.

A transferência é usualmente um processo que se dá entre duas pessoas e não entre o sujeito humano e um objeto físico, embora haja exceções, onde seus mecanismos mais gerais podem estender-se a objetos físicos. A projeção – onde quer que os conteúdos subjetivos sejam transportados para o objeto, surgindo como se a ele pertencessem – nunca é um ato voluntário. E a transferência como um tipo de projeção não pode fugir a essa regra. Ninguém pode fazer projeções intencionais e conscientes, pois aí a pessoa saberia que estava projetando os seus conteúdos subjetivos, e por conseguinte não poderia localizá-los no objeto, pois saberia que eles são próprios da pessoa e não do objeto. Na projeção o fato aparente ao qual você está confrontado no objeto na realidade é uma ilusão; mas presumimos que aquilo que observamos no objeto não é subjetivo, mas inerente ao objeto. Eis por que essa ilusão é abolida quando se descobre que os fatos aparentemente objetivos são realmente conteúdos subjetivos. A partir de então tais elementos tornam-se associados com a própria psicologia do indivíduo, não se podendo mais atribuí-los ao objeto.

Há vezes em que se parece estar completamente consciente das próprias projeções, embora, na realidade, não se conheça a sua verdadeira extensão. Esta porção desconhecida permanece inconsciente e ainda aparece como se fosse própria do objeto. Isto acontece frequentemente na análise prática. Dizemos, por exemplo: "Olha, você simplesmente projeta a imagem de seu pai naquele homem, ou em mim", e o que o analista pensa é que isto seja uma explicação perfeitamente satisfatória e suficiente para resolver o problema. E talvez satisfatória para o analista, mas não para o paciente, pois se há qualquer coisa a mais nesse relacionamento, o paciente continuará mantendo a projeção, o que não depende de sua vontade; é simplesmente um fenômeno psíquico que se produz, é uma coisa automática, espontânea. O fato simplesmente acontece, ninguém sabe como. A coisa está lá e acabou. E tal regra, válida para a projeção encarada de um modo global, também é válida para a transferência, que é uma coisa que simplesmente acontece. Se ela realmente existe, já se encontra lá *a priori*. A projeção é sempre um mecanismo inconsciente, e por isso a consciência ou a realização consciente a destroem.

Como já vimos, via de regra, ela se dá entre dois indivíduos, e é de natureza emocional e compulsória. A emoção é sempre, em algum grau, avassaladora para o sujeito, porque é uma condição involuntária, que desvia as intenções do eu. Além de tudo, ela adere ao sujeito, que não consegue desvencilhar-se. Entretanto tal condição involuntária é ao mesmo tempo projetada no objeto e através dela um laço é estabelecido que não pode ser desfeito, exercendo sua influência compulsória sobre a pessoa (o sujeito).

317   As emoções não são manejáveis, como as ideias ou os pensamentos, pois são idênticas a certas condições físicas, e, portanto profundamente enraizadas na matéria do corpo. Por conseguinte a emoção dos conteúdos projetados sempre forma uma ligação, uma espécie de relacionamento dinâmico entre o sujeito e o objeto, que é a transferência. Naturalmente, como todos sabemos, tal laço emocional, tal ponte ou corda elástica, pode ser negativa ou positiva.

318   A projeção de conteúdos emocionais sempre tem uma influência particular. As emoções são contagiosas, estando profundamente enraizadas no sistema simpático, que tem o mesmo sentido que a palavra "sympathicus". Qualquer processo de tipo emocional imediatamente origina processos semelhantes nas outras pessoas. Quando se está numa multidão, levada por determinada emoção, é impossível evitar ser atingido pelo mesmo fenômeno. Suponhamos estar num país em que se fala uma linguagem que não conhecemos, e que alguém conte uma piada e todo mundo ri. O que acontece é que acabamos rindo de maneira idiota, simplesmente porque é impossível controlar o riso. Da mesma forma, quando se está numa multidão excitada por razões políticas, não se consegue evitar participar nessa exaltação, mesmo quando não participamos absolutamente da opinião geral, porque as emoções têm esse caráter de sugestão. Os psicólogos franceses trataram dessa *contagiou mentale*; há livros excelentes sobre o assunto, especialmente *Psicologia das massas*, da autoria de Le Bon.

319   Em psicoterapia, mesmo quando o médico está inteiramente desligado dos conteúdos emocionais do paciente, o simples fato de esse paciente ter emoções já exerce seu efeito sobre o analista. É um grande engano o médico julgar que está isento disso. O máximo que pode acontecer é ele ter consciência do fato de estar afetado, e se isso não acontecer ele estará tão indefeso que começará a ser levado por esse fator. É mesmo seu dever aceitar as emoções do paciente e servir de espelho para elas. Aí está a razão de eu rejeitar a ideia de colocar o paci-

ente num sofá e sentar-me atrás dele. Meus pacientes sentam-se à minha frente e converso com eles como um ser humano conversa com outro, de maneira natural; exponho-me totalmente e reajo sem restrições.

Lembro-me muito bem do caso de uma senhora americana, de cinquenta e oito anos, também médica. Chegou a Zurique num estado de grande confusão. Estava tão atrapalhada que no início julguei que ela fosse meio louca, até que descobri que estivera sob análise. Contou-me algumas coisas que tinha feito nesse estado de desnorteamento, e é óbvio que tais fatos jamais teriam ocorrido se o seu analista tivesse agido como ser humano, e não como um místico ausente, sentado atrás dela, e de vez em quando dizendo uma palavra sábia de lá das alturas, sem jamais demonstrar uma emoção. Assim, esta senhora ficou totalmente perdida em suas próprias neblinas, fez coisas totalmente sem sentido, que poderiam perfeitamente ter sido evitadas, se o analista se tivesse comportado de maneira mais humana. Quando ouvi toda esta história tive naturalmente uma reação emocional e devo ter dito algum palavrão. Então a paciente deu um salto na cadeira e disse-me reprovadoramente: "Mas o senhor está se emocionando". Eu disse: "Lógico que sim". Ela objetou: "Mas o senhor é um analista". Então lhe respondi: "Sim, eu sou um analista e tenho emoções. Ou a senhora pensa que eu sou um idiota ou um cataléptico?" – "Mas os analistas não têm emoções". Respondi-lhe: "Bem, seu analista aparentemente não tinha emoções. E se a senhora me permite dizer, ele não passava de um idiota". Nesse momento tudo se abriu diante de seus olhos e ela portou-se de maneira totalmente diversa daí para frente. Então ela me disse: "Graças a Deus, agora sei quem sou. Sei que há uma pessoa à minha frente que tem reações humanas". E foi a minha reação emocional que lhe deu orientação, pois essa senhora não era do tipo lógico, mas do tipo sentimental e tinha necessidade de tal orientação. Mas seu analista era um homem que simplesmente pensava e existia intelectualmente, não tendo ligação com a vida sentimental da paciente, que era uma pessoa altamente sanguínea e emocional, que precisava de emotividade e de gestos, de sentimentos para não se sentir desprotegida e só. Quando temos que tratar de uma pessoa de tipo sentimental, se lhe falássemos de coisas exclusivamente intelectuais, dar-se-ia o mesmo que se colocássemos um intelectual entre pessoas que reagissem apenas através do senti-

320

mento. Esta pessoa também estaria totalmente perdida. Sentir-se-ia como se estivesse no polo norte, pois jamais poderia ser compreendida. Ninguém reagiria a suas ideias. As pessoas em seu redor seriam extremamente gentis – e o intelectual sentir-se-ia um idiota, por não encontrar reação semelhante à sua maneira de pensar.

321 Devemos sempre responder às pessoas através de sua função principal, pois caso contrário não se estabelecerá contato. Assim, a fim de mostrar a meus pacientes que suas reações chegaram a meu sistema, sento-me diante deles, para que possam ler as reações no meu rosto e ver que estou ouvindo. Se eu sentar-me atrás, lá posso bocejar, dormir, voar em meus próprios pensamentos, fazer o que me der na telha. Eles jamais saberão o que se passa comigo e permanecerão numa condição auto erótica e isolada, o que não é bom para as pessoas comuns. Evidentemente se eles estivessem se preparando para uma existência de ermitões no alto do Himalaia, a coisa seria bem diferente.

322 As emoções dos pacientes são sempre ligeiramente contagiosas e isto se acentua cada vez mais quando os conteúdos que o paciente projeta são idênticos aos elementos do inconsciente do próprio terapeuta. Aí, ambos despencam na mesma caverna da inconsciência e entram num estado de participação. É o fenômeno que Freud denominou contratransferência. Consiste numa projeção mútua e no fato de se sentirem ambos amarrados na mesma inconsciência. A participação, como já lhes disse, é uma característica da psicologia primitiva, ou seja, do plano psicológico onde não há discriminação consciente entre sujeito e objeto. É evidente que tal estado é o fator mais confuso para analista e paciente; perde-se toda a orientação, e o fim de uma análise dessas é um desastre.

323 Mesmo os analistas não são absolutamente perfeitos, e pode acontecer que sejam inconscientes a respeito de certos fatores. Eis por que, há algum tempo, determinei que os próprios terapeutas deveriam ser analisados. Deveriam ter uma espécie de diretor espiritual. O Papa, em toda sua infalibilidade, tem que se confessar regularmente, não a um monsenhor ou a um cardeal, mas a um padre comum. Se o analista não se mantiver objetivamente em contato com o seu inconsciente, não haverá a garantia de que o paciente não venha a cair no inconsciente do analista. Provavelmente os senhores conhe-

A vida simbólica

cem certos pacientes que têm uma capacidade diabólica em descobrir o ponto fraco, o lugar vulnerável da psique do analista. A essa falha eles tentam ligar todas as projeções de seu inconsciente. Normalmente se diz que essa é uma característica das mulheres, o que não é verdade; os homens também fazem o mesmo. Eles sempre encontram esse ponto vulnerável e o analista pode ter certeza de que, quando alguma coisa o afeta, também será naquele mesmo ponto onde se encontra a sua fraqueza; trata-se do plano em que o terapeuta está inconsciente, onde é possível que venha a fazer as mesmas projeções que o paciente. Aí se desencadeia a condição de participação, ou, falando de maneira mais exata, uma condição de contaminação pessoal através da inconsciência mútua.

Todo mundo tem muitas ideias a respeito da transferência e todos sofremos de certa forma o preconceito da definição que Freud lhe deu. Estamos sempre inclinados a pensar que se trata invariavelmente de uma transferência erótica, mas minha experiência não confirmou que se trate sempre desse plano, ou de projeção de conteúdos infantis. Pelo que vi, qualquer coisa é possível de ser projetada, e a transferência erótica é apenas uma das muitas possibilidades. Há muitos elementos no inconsciente humano, também dotados de uma carga altamente emocional, que podem projetar-se, tanto quanto a sexualidade. Todo conteúdo ativado no inconsciente tem a tendência de aparecer em projeção. É regra que tal elemento que esteja constelado apareça pela primeira vez sob essa forma. Qualquer arquétipo ativado pode aparecer projetado, quer em situações externas, em pessoas, ou em circunstâncias – resumindo: em todo tipo de objeto. Há mesmo transferência com relação a animais e coisas.

Há não muito tempo atrás, tratei o caso de um homem extremamente inteligente; sua inteligência era mesmo fora do comum. Expliquei-lhe então a projeção que "fizera". Ele projetara sua imagem inconsciente da mulher numa mulher determinada e os sonhos mostravam com grande clareza onde a pessoa real divergia do que ele idealizara. O homem foi para casa e pensou. Certo dia ele me disse: "Se eu soubesse disso há alguns anos atrás teria economizado 40.000 francos". Perguntei-lhe: "Como assim?" "Bem, alguém mostrou-me uma escultura egípcia antiga e, imediatamente, apaixonei-me por ela. Era um gato egípcio, uma coisa extremamente bela". E ele a comprou por aquela soma alta e a colocou sobre um móvel da sala de visitas. Mas então descobriu que perdera a paz interior. Seu escritório ficava no andar de baixo e a cada hora ele tinha que abandonar o trabalho para ver o gato, e quando havia satisfeito o seu desejo voltava ao trabalho, para ter que se levantar novamente dali a pouco. Essa intranquilidade tornou-se tão desagradável que o homem decidiu colocar o gato bem à sua frente, sobre a escrivaninha e chegou à conclusão de que não podia mais trabalhar. Teve de trancá-lo no hall para libertar-se de sua influência, mas precisava reprimir uma contínua tentação de abrir a caixa e ficar olhando o gato. Quando ele entendeu a projeção geral da imagem feminina que fizera – pois evidentemente o gato estava simbolizando a mulher – acabou-se todo o encanto e fascínio da estátua.

326 Esta foi uma projeção num objeto físico, transformando o gato num ser vivo, ao qual ele sempre tinha de retornar, como certas pessoas retornam ao analista. Como sabemos, o terapeuta é sempre acusado de ter olhos de cobra, de magnetizar ou hipnotizar as pessoas, forçando-as a voltar e não lhes dando liberdade. Há realmente certos casos excepcionalmente negativos de contratransferência, nos quais o analista não consegue mesmo libertar o paciente, mas normalmente tais acusações se devem a um tipo muito desagradável de projeção, podendo até terminar em ideias de perseguição.

327 A intensidade do relacionamento de transferência é sempre equivalente à importância de seus conteúdos para o sujeito. Se houver um caso em que ela seja particularmente aguda, podemos ter certeza que os elementos da projeção, uma vez extraídos e tornados conscientes, provarão ser tão importantes para o paciente quanto era a própria transferência. Quando ela entra em declínio, isso não quer dizer que simplesmente se tenha evaporado. Sua intensidade, ou uma soma correspondente de energia surgirá noutro lugar, como por exemplo noutro relacionamento ou em alguma outra forma psicológica importante. Sua intensidade é também uma emoção intensa, que na verdade corresponde a um bem da vida do paciente. Se ela se dissolve, toda aquela energia projetada recai sobre o sujeito, que então fica de posse de um tesouro que antes, durante a transferência, estava sendo desperdiçado.

Agora devemos dizer algumas palavras sobre a *etiologia* da transferência. A transferência pode ser uma reação inteiramente espontânea e não provocada, como um "amor à primeira vista". Logicamente não deve ser confundida com amor, pois não tem nada a ver com isso. Nela apenas se faz mau uso do amor. Pode parecer-se com esse sentimento, e analistas inexperientes podem cair no erro confundindo-a com o amor, e o paciente cometer o mesmo erro, dizendo que se apaixonou pelo terapeuta. Aí não há realmente amor.

Ocasionalmente uma transferência pode brotar mesmo *antes* do primeiro encontro. Quer dizer, antes ou fora do tratamento. E se isso acontece com uma pessoa que depois não vai procurar o analista, as razões não serão descobertas. O que vem provar, mais uma vez, que essa projeção não tem nada a ver com a personalidade real do terapeuta.

Certa vez uma senhora veio procurar-me, sendo que nos havíamos encontrado algumas semanas antes numa recepção social. Nessa ocasião nem havíamos conversado; eu apenas falara com o seu marido o qual conhecia superficialmente. Recebi uma carta em que ela pedia uma consulta. Quando chegou à porta do consultório, disse-me: "Eu não quero entrar". Eu lhe disse: "A senhora não precisa entrar; pode ir embora, é claro! Não tenho absolutamente interesse em tê-la aqui, se isso for contra a sua vontade". E ela retrucou: "Mas eu preciso". Respondi: "Não a estou forçando". "Mas o senhor forçou-me a vir". "Mas como fiz isso?" Pensei que ela estivesse louca, mas não era nada disso; tratava-se de uma transferência que a impelia em minha direção. Ela já fizera algum tipo de projeção, carregada de valor emocional tão alto que se tornava simplesmente irresistível. Era magicamente arrastada em minha direção, pois o "cordão elástico" era forte demais. Durante o curso da análise acabamos naturalmente por descobrir quais eram os conteúdos dessa transferência não provocada.

Via de regra, tal tipo de relação se estabelece somente durante a análise. E muito frequentemente é causada por uma dificuldade de fazer contato, de estabelecer harmonia emocional entre o terapeuta e o paciente. É o que os psicólogos franceses, no tempo da terapia hipnótica e da sugestão, chamavam de *le rapport*. Um bom *rapport* denota que o terapeuta e o paciente estão conduzindo a análise de maneira satisfatória, que conseguem conversar e que existe uma grande dose de confiança mútua. Logicamente, no tempo dos terapeutas hipnóticos, todo o efeito de sugestão e da hipnose dependia da existência ou não do *rapport*. No tratamento analítico, se a ligação entre o paciente e o terapeuta se torna difícil devido à diferença de personalidade, ou se há outras distâncias psicológicas entre eles que atrasem o efeito terapêutico, por tal ausência de contato o inconsciente do paciente tentará cobrir a distância, construindo uma ponte compensatória. Já que não existem pontos comuns, nem possibilidade de formar nenhum tipo de relacionamento, um sentimento apaixonado ou fantasia erótica tenta preencher o vazio.

332   Dá-se isso frequentemente com pessoas que resistem a outros seres humanos – quer por causa de um complexo de inferioridade ou então por megalomania, ou mesmo outras razões – e que estão psicologicamente muito isolados. Então, sem o medo de se perderem, a natureza provoca um violento esforço das emoções para prendê-las ao analista. Têm a preocupação de que também o analista não as compreenderá. Tentam então adequar as circunstâncias, ou o analista ou a própria falta de vontade, por uma espécie de atração sexual.

333   Tais fenômenos compensatórios podem também recair sobre o analista. Suponhamos que esteja sob nosso tratamento uma mulher que não nos interesse de maneira particular e de repente descobrimos uma fantasia sexual em relação a ela. Não que eu aconselhe tal tipo de fantasia, mas se ela existe, o melhor é tomar consciência porque significa uma informação importante do inconsciente, mostrando que o contato com o paciente não está bom e que existe uma perturbação de relacionamento. Consequentemente, o inconsciente do terapeuta toma providências em relação à falta de relacionamento humano adequado forçando sobre ele uma fantasia que quer vencer a distância e construir a ponte. Tais fantasias podem ser visuais, podem apresentar-se sob a forma de um certo sentimento ou sensação – sensação sexual, por exemplo. São invariavelmente um sinal de que a atitude do terapeuta é errônea, supervalorizando ou subvalorizando o analisando ou não lhe dedicando a devida atenção. Tal correção de atitude também pode ser expressa através de sonhos. Assim, se algum dos senhores sonhar com um paciente, preste bastante atenção para ver se o sonho está mostrando onde existe algum erro. Os pacientes ficam tremendamente gratos quando se é honesto com relação a esse fato, e sentem muito quando não agimos corretamente ou quando somos negligentes.

Certa vez tive um caso muito instrutivo com essas características. Tratava-se de uma jovem de mais ou menos vinte ou vinte e quatro anos, que tivera uma infância bastante fora do comum. Viera de uma família inglesa de posição razoável, mas nascera em Java e tivera uma babá natural da Ilha[65]. Como acontece com crianças nascidas nas colônias, o ambiente exótico e, nesse caso, aquela estranha e bárbara civilização, penetrou-lhe na pele e toda a vida emocional e instintiva da criança ficou atingida por essa atmosfera particular. Atmosfera que o homem branco do Ocidente raramente imagina; é o clima psicológico do nativo em relação ao homem branco, um clima de pavor intenso – medo da crueldade, do desprezo e da força tremenda e incalculável do branco. Essa atmosfera infecciona as crianças nascidas no Oriente. O medo as penetra, enchendo-as de fantasias inconscientes sobre a crueldade do branco e sua psicologia se torce, e a vida sexual acaba por desenvolver-se de maneira errônea. São atacadas de incontáveis pesadelos e pânicos, não conseguindo adaptar-se a condições normais quando se deparam com o problema do casamento, e assim por diante. 334

Era o que estava acontecendo com essa garota. Ela estava se perdendo e se metia nas situações eróticas mais arriscadas, adquirindo uma péssima reputação. Adotava maneiras vulgares, pintando-se de maneira provocante e também usava enfeites a fim de satisfazer a mulher primitiva no seu sangue, ou melhor, em sua pele, como recurso para que ela pudesse surgir e ajudá-la a viver. Porque essa menina naturalmente não poderia viver sem os seus instintos, tinha que fazer todas as coisas que fossem mais baixas. Por exemplo, ela muito facilmente se deixava levar pelo mau gosto, usava cores horrorosas, ditadas por um inconsciente primitivo, para ajudá-la quando desejasse atrair um homem. Evidentemente sua escolha masculina estava também abaixo da crítica. Como era de se esperar, ela acabou enamorando-se profundamente. O apelido dela era "a grande prostituta da Ba- 335

---

65. Este caso é discutido mais prolongadamente em "The Realities of Practical Psychotherapy", conferência pronunciada no segundo congresso de psicoterapia em Berna, 28 de maio de 1937. O texto está na edição inglesa da Obra Completa, 16, apêndice. Cf. tb. "O simbolismo dos mandalas". In: JUNG, C.G. *Os arquétipos e o inconsciente coletivo*. Petrópolis: Vozes, 2011 [OC, 9/1]. As figuras 7, 8 e 9 foram desenhadas pela paciente.

bilônia". O que seria evidentemente desastroso em extremo para uma garota que tivesse um procedimento mais reto. Quando me procurou, tinha exatamente a aparência de uma perdida, e isso era tão evidente que eu me sentia mal com relação às minhas empregadas quando ela ficava no consultório durante uma hora. "Olha aqui, você simplesmente não pode ter essa aparência de uma...", e eu disse uma palavra exageradamente drástica. Ela se entristeceu, mas não pôde evitar que as coisas continuassem no mesmo pé.

336   Tive então o seguinte sonho: *Encontrava-me numa autoestrada ao pé de uma grande colina, e sobre ela havia um castelo e no castelo uma torre alta. No topo dela havia uma sacada, um belo terraço aberto com pilares, uma balaustrada de mármore sobre a qual se sentava uma elegante figura de mulher. Olhei para cima e tive que inclinar tanto a cabeça que sentia o pescoço doendo muito tempo depois, verifiquei que a figura era a minha paciente.* Aí acordei e no mesmo instante me fiz a pergunta: "Céus, por que o meu inconsciente colocou essa garota tão alto?" E imediatamente um pensamento me atingiu: "Estive diminuindo essa moça o tempo todo". Eu realmente achava que ela era má. E o sonho mostrou-me que isso era um engano, fazendo-me descobrir que estava sendo um mau médico. Então, no dia seguinte, tive de dizer-lhe: "Tive um sonho em que eu tinha que olhar para cima, na direção em que você se encontrava; isso requeria de mim um esforço tão grande que dei um mau jeito no pescoço, e a razão desta compensação é o fato de eu tê-la desprezado". Minha gente, isso produziu um milagre! Não houve mais problema de transferência, pois consegui entrar em bom contato com ela, e ela comigo.

337   Poderia contar-lhes infindos casos desse tipo sobre sonhos que refletem a atitude do terapeuta. E quando realmente se tenta alcançar um bom nível em relação ao paciente, nem muito alto, nem muito baixo, quando se tem a atitude acertada, a apreciação devida, então existe muito menos problema com a transferência, o que não quer dizer que fique abolida. Mas também podemos estar certos de que não haverá aquelas formas ruins de transferência que não passam de compensações excessivas de uma falta de relacionamento.

338   Há outra razão para a compensação excessiva por parte de pacientes com atitudes profundamente autoeróticas; os que se fecham num isolamento autoerótico e se protegem com uma espessa arma-

dura ou com uma parede ou fosso à sua volta. Mesmo assim têm necessidade desesperada de contato humano, e naturalmente começam a sentir-se loucos por uma pessoa fora dessas paredes, mas não podem fazer nada quanto a isso. Não conseguem mover um dedo e não deixam ninguém se aproximar, e através dessa atitude surge uma transferência enorme. E ela não pode ser abordada, pois o paciente encontra-se defendido de todos os lados. Pelo contrário, se tentarmos dizer qualquer coisa com relação à transferência eles sentem isso como uma espécie de agressão e se defendem ainda mais. O que podemos fazer é deixá-los arderem em seu próprio fogo, até que eles se satisfaçam e saiam voluntariamente da fortaleza. Evidentemente viverão reclamando sobre a sua falta de compreensão e assim por diante, mas a única coisa que se pode fazer é dizer: "Bem, você está aí dentro, não mostra nada e, desde que procede assim, também não posso fazer nada".

Em tal caso, a transferência pode chegar ao ponto de combustão, pois só uma chama muito forte pode forçar o indivíduo a abandonar o castelo. Evidentemente isso significa uma grande explosão, mas deve ser suportada pacificamente pelo terapeuta e o paciente mais tarde sentir-se-á agradecido de não ter sido levado totalmente a sério. Lembro-me do caso de uma colega, e posso com certeza contá-lo, pois a pessoa em questão já faleceu; tratava-se de uma senhora americana que me procurou em circunstâncias bastante complexas. A princípio, falava do alto de seu pedestal. Todos sabemos que há instituições *sui generis* na América do Norte, chamadas universidades femininas; na nossa linguagem técnica nós as denominamos incubadoras de *animus*, que produzem anualmente um alto número de pessoas temíveis. Bom, ela era um pássaro dessa espécie. Era "muito competente" e enfiara-se numa desagradável situação de transferência. Era analista, e tratava de um homem casado que se apaixonou ferozmente por ela, pelo menos aparentemente. É lógico que não se tratava de amor, mas sim de transferência. Sua projeção era de que ela queria casar-se com ele, mas que não admitia estar apaixonada por ele, e então o rapaz desperdiçava um dinheirão em flores, chocolates e todo tipo de delicadezas, terminando por ameaçá-la com um revólver. A mulher abandonou a coisa nesse pé e veio procurar-me.

340 Logo descobri que ela não tinha ideia do que fosse a vida sentimental de uma mulher. Essa criatura estava muito bem como médica, mas tudo o que tocava a esfera masculina era-lhe totalmente estranho. Era inclusive estupidamente ignorante sobre a anatomia de um homem, porque na universidade onde estudara apenas se dissecavam cadáveres de mulheres. Daí os senhores podem imaginar com que situação eu me defrontava.

341 Naturalmente vi o que estava para vir e pude entender perfeitamente por que o homem caíra na armadilha. Ela era completamente inconsciente de si própria como mulher. Era uma mente masculina dotada de asas, e todo o corpo de mulher não existia, e seu paciente foi forçado pela natureza a preencher a falha. Tinha de provar-lhe que um homem existe e que tem os seus desejos, que ela era uma mulher e deveria responder a ele. Foi uma inexistência como mulher que veio armar esta situação. Ele também era igualmente inconsciente, por não enxergar esse fato. Os senhores veem que ele também pertencia à mesma espécie de pássaros, formados apenas de cabeça, suportada por asas. Também não era homem. Com relação aos americanos, sempre descobrimos que são tremendamente inconscientes acerca de si próprios. Às vezes surge-lhes de repente essa consciência, e então temos os casos interessantes de garotas de família se envolvendo com chineses ou negros, pois para os americanos essa camada primitiva, que para nós é um pouco difícil de entender, é desagradável por ser muito mais reprimida. É o mesmo fenômeno conhecido como "virar negro" ou "virar selvagem" na África.

342 Os dois encontravam-se então nessa situação. Dir-se-ia que estavam completamente loucos. E a mulher teve que fugir. É óbvio que o tratamento estava perfeitamente claro. Alguém devia torná-la consciente de sua feminilidade, e nenhuma mulher consegue isso a não ser que aceite os seus sentimentos como um fato. Então seu inconsciente providenciou uma maravilhosa transferência para mim, a qual naturalmente não foi aceita pela paciente, e não a forcei a ver isso. Tratava-se exatamente de um caso de insulação completa, e confrontá-la com o problema da transferência ocasionaria uma posição de defesa mais fechada, que faria malograr o propósito central do tratamento. Assim jamais toquei no assunto. Apenas deixei que as coisas seguissem seu rumo enquanto tranquilamente trabalhava com os so-

nhos, os quais, como sempre acontece, informavam-me seguramente sobre o progresso da transferência. Eu via o clímax aproximar-se e sabia que um dia uma explosão repentina poderia acontecer. Evidentemente seria um pouco desagradável e de natureza bastante emocional, como todos os senhores já devem ter notado em suas próprias experiências. Já se fazia previsível uma situação altamente sentimental. Bem, a gente tem simplesmente que contar com essas coisas; não se pode evitá-las. Depois de seis meses de trabalho calmo e aborrecidamente sistemático, a paciente não pôde mais conter-se e de repente quase gritou: "Mas eu te amo!" E aí se descontrolou, caiu de joelhos, numa terrível confusão.

O que temos de fazer é suportar um momento como esse. É muito difícil ter trinta e quatro anos e subitamente descobrir que se é humano. A coisa chega até à gente numa dose muito grande, difícil de digerir. Se seis meses antes eu lhe tivesse dito que chegaria o momento em que ela me faria declarações de amor, ela subiria nas paredes. Estava em condição de insulamento autoerótico e a chama ascendente, o fogo de suas emoções acabara finalmente por queimar a casa, o que aconteceu naturalmente como uma erupção orgânica. Para ela esse acontecimento foi um passo muito grande e até mesmo o problema da situação na América foi resolvido. 343

Aos senhores talvez pareça que nisso tudo há muito sangue frio. Na verdade, apenas poderemos defrontar-nos com uma tal situação se não nos portarmos de maneira superior, mas sim acompanhando o processo, descendo um pouco o nível de nossa consciência e sentindo a situação para não diferirmos demais do paciente, pois, caso contrário, este se sentirá por demais desastrado e mais tarde apresentará os mais sérios dos ressentimentos. Eis por que é muito bom termos uma reserva considerável de sentimentos dos quais possamos dispor quando se fizer necessário. É claro que precisamos de certa experiência e rotina para atingirmos a nota certa. Isto nunca é fácil, mas devemos ultrapassar tais momentos dolorosos para não piorarmos a situação do paciente. 344

Já mencionei uma razão mais longínqua da transferência, a inconsciência mútua ou contaminação. O caso que acabo de narrar pode exemplificá-la. Via de regra, esse fenômeno se dá quando o analista tem uma falta de adaptação semelhante à de seu paciente; em 345 outras palavras, quando ele é neurótico. E desde que isto aconteça, quer se trate de neurose superficial ou profunda, isso significa uma ferida aberta, uma porta que não se consegue fechar e por aí o paciente tem facilidade de entrar, contaminando o analista. Consequentemente, é um postulado importante que o analista se conheça com a máxima profundidade.

346 Lembro-me do caso de uma garota que me procurou depois de ter passado por dois analistas e logo nas primeiras consultas tivera um sonho semelhante aos que tivera quando tratada por aqueles analistas[66]. Toda vez que se encontrava no início de uma análise a paciente tinha um sonho muito particular: *Chegava à fronteira e queria atravessá-la mas não conseguia encontrar a alfândega, onde deveria declarar o que estava levando.* Ela procurava a fronteira, mas nem mesmo dela conseguia se aproximar. Este sonho dava-lhe a impressão de que ela jamais conseguiria estabelecer o relacionamento adequado com o terapeuta mas, por ter complexo de inferioridade e não confiar em seu próprio julgamento, permanecia com o analista, sem jamais haver progresso no tratamento. Trabalhou com ele durante dois meses e depois desistiu.

347 Aí procurou outro analista. De novo sonhou *que chegava à fronteira. Era uma noite escura e a única coisa visível era uma luz muito fraca; alguém lhe disse que ali era a alfândega e ela tentou aproximar-se. No caminho, desceu uma colina e atravessou um vale. No meio deste, havia uma floresta espessa, que ela temia penetrar, mas mesmo assim entrou ali e sentiu que alguém a agarrava na escuridão. Tentou libertar-se, mas essa pessoa segurou-a ainda com mais força, e subitamente a paciente descobriu que se tratava de seu analista.* O que se seguiu foi que, três meses depois, o terapeuta desenvolveu uma violenta contratransferência por ela, como o sonho inicial havia previsto.

348 Quando começou o tratamento comigo – depois de ter-me visto numa conferência e decidido consultar-me – sonhou que *estava chegando à fronteira da Suíça. Era dia e a alfândega estava bem visível; cruzou a fronteira e lá entrou, vendo o guarda alfandegário. Uma mulher estava na sua frente e ela deixou-a passar. Aí chegou a vez da paci-*

---

66. O mesmo caso dos § 334s. deste volume.

ente; tinha apenas uma pequena mala, e ela julgou que passaria sem ser notada; mas o fiscal se aproximou e disse: "O que a senhorita leva nessa mala?" Ao que ela respondeu: "Ah, não é nada, não", e abriu-a. O fiscal enfiou a mão lá dentro e puxou alguma coisa que se foi tornando maior, maior até formar duas camas completas. O problema é que essa moça resistia à ideia do casamento; estava noiva e, por uma razão qualquer, não queria casar-se. E essas camas formavam uma cama de casal. Consegui tirar-lhe este complexo, fazendo-a conscientizar-se do problema, e logo depois ela se casou.

Os sonhos iniciais são quase sempre muito instrutivos. Por isso sempre pergunto a um paciente novo quando ele vem procurar-me: "Você sabia, há algum tempo atrás, que acabaria por me procurar?" "Você já me viu antes?" "Qual foi o seu último sonho, o da noite passada, por exemplo?" Pois se há alguma ligação a mim nas respostas dadas a essas perguntas, aí estará uma informação bastante valiosa sobre a sua atitude. E quando abordamos bem de perto o inconsciente, teremos melhores chances de ultrapassar as dificuldades. Uma transferência é sempre um estorvo, jamais uma vantagem. Cura-se apesar da transferência e não por causa dela. 349

Mais um motivo para a transferência, particularmente em suas formas mais agudas, é a provocação por parte do analista. Alguns deles, sinto muito ter de declará-lo, lutam por conseguir a transferência julgando, sei lá por que, que isso é útil, sendo mesmo uma fase necessária do tratamento. Evidentemente, essa ideia está completamente errada. Já tive clientes que me procuraram depois de fazerem um certo período de análise e que pareciam desesperados. As coisas tinham ido bem até aí. O trabalho corria satisfatoriamente, eu já havia ganho a confiança deles – de repente o paciente chega e me informa que não pode mais continuar, o que normalmente se dava entre lágrimas. "Mas por que você não pode continuar? Não tem dinheiro, ou qual é o problema?" Normalmente a resposta era essa: "Ah, não. O problema não é esse; é que eu não tenho transferência nenhuma em relação ao senhor". E eu respondia: "Graças a Deus que não é transferência! Transferência é uma doença, é anormal. Pessoas normais não a têm". Então a análise prosseguia calmamente e em bons termos. 350

Não há necessidade de transferência, como também não há necessidade de projeção. Logicamente ela aparece independentemente dis- 351 so. As pessoas sempre têm projeções, mas nunca a espécie que é esperada. Já leram Freud sobre esse aspecto, ou já estiveram com outros analistas. E foi-lhes enfiado na cabeça que deverão ter transferência, ou jamais serão curadas. É a maior das asneiras dizer uma coisa dessas. A cura não depende nem da ausência, nem da existência dela. Tais projeções acontecem devido a condições psicológicas muito peculiares. E da mesma forma que a gente dissolve outros mecanismos tornando-os conscientes, tem-se também de dissolver a transferência através da consciência. Se ela não existir, tanto melhor; o material surgirá da mesma forma. Pois não é isso que possibilita a abertura do paciente; toda a revelação que se quiser ter estará encerrada nos sonhos. Através deles pode-se conseguir tudo o que for desejado, pois o que é realmente necessário ali está. Se forçarmos uma transferência, o resultado da análise não será bom, pois só podemos fazê-lo insinuando coisas erradas, estimulando esperanças, fazendo promessas de maneira velada e no fim não poderíamos cumpri-las, pois seria um absurdo. Ninguém pode ter "casos" com cem mil virgens, o que seria enganar as pessoas. O analista não pode conduzir-se de forma excessivamente amigável, caso contrário será apanhado na rede; produzirá um efeito que está acima de suas próprias forças. Não poderá pagar a conta quando esta lhe for apresentada e assim não deverá provocar uma coisa cujas consequências não poderá suportar. Mesmo que o terapeuta o faça para o bem do paciente será de uma maneira muito mal dirigida e levará sempre a um grande engano. Deixe as pessoas serem da maneira que são. Não tem importância que elas amem ou não o terapeuta; nós não somos como os alemães que querem ser amados apenas por nos venderem um par de meias. Isto é por demais sentimental. O problema central do paciente é aprender a viver a sua própria vida. E não podemos ajudá-lo quando nos intrometemos nela.

352   Aí estão algumas causas da transferência. A razão psicológica geral da projeção é sempre um inconsciente ativado que procura expressão. Sua importância é equivalente ao conteúdo projetado. E uma transferência de natureza violenta corresponde a um conteúdo incendiário; contém alguma coisa de importante, alguma coisa realmente de grande valor na vida do paciente. Mas tão logo é projetada, o terapeuta parece incorporar essa coisa preciosa. E é impossível evitar permanecer nessa posição infeliz. Mas deve-se devolver o valor ao paciente e a aná-

lise não termina até que o paciente tenha integrado completamente o valor à sua personalidade. Assim, se for projetado o complexo de salvador em algum dos senhores, por favor, devolvam essa qualidade ao paciente sem modificá-la em nada. Que salvador signifique lá o que for, isso não quer dizer que tal qualidade seja a do analista.

Projeções de natureza arquetípica envolvem uma dificuldade particular para o analista. Toda profissão tem seus entraves, e o da análise é de tornar-se infeccionada de projeções e transferências, principalmente das de natureza arquetípica, quando o paciente supõe que o analista é o preenchimento dos seus sonhos, não um médico comum, mas um herói espiritual e uma espécie de salvador; é evidente que o terapeuta dirá: "Mas que bobagem! Isso é doentio, não passa de um exagero histérico". Não obstante, esse endeusamento é uma tentação; a coisa parece ser boa demais. E, ainda por cima, temos todos os mesmos arquétipos. E ele começa a sentir: "Bem, se há salvadores, talvez haja a possibilidade de eu ser um deles". O homem cairá nessa, a princípio, com excitação, e aos poucos surgirá cada vez mais, aos seus olhos, que ele é sem dúvida uma pessoa extraordinária. Lentamente ele se torna fascinado e exclusivo, torna-se irritante, portando-se de maneira desagradável em sociedades médicas. Não pode mais conversar com seus colegas, pois está convencido de ser não sei o quê. Afasta-se de contatos humanos, isola-se e convence-se cada vez mais de ser um fulano realmente muito importante, de grande significado espiritual – talvez igual ao dos mahatmas do Himalaia, parecendo-lhe que ele também pertença a essa sublime irmandade. E aí a pessoa está perdida para a sua própria profissão.

Há exemplos bastante infelizes a esse respeito. Conheço muitos colegas que seguiram esse caminho. Não puderam resistir às contínuas invasões do inconsciente coletivo dos pacientes; caso após caso, projetaram o complexo de salvador no analista, bem como as expectativas religiosas e a esperança de que talvez o analista, munido de conhecimentos secretos, possuísse a chave perdida pela Igreja, podendo revelar-lhes a verdade redentora. Tudo isso é uma tentação muito sutil e envolvente. E muitos foram vencidos por ela. Identificam-se com o arquétipo, criam um credo particular, e, como necessitam da crença de discípulos, fundam uma seita.

355   O mesmo problema também pode ser ilustrativo para a dificuldade característica que os psicólogos de escolas diferentes têm em discutir suas ideias divergentes, de maneira razoavelmente amigável e de uma tendência peculiar ao nosso ramo de ciência, de se fecharem em pequenos grupos e seitas científicas, como se constituíssem uma determinada fé. É verdade que tais ajuntamentos no fundo duvidam da verdade exclusiva que professam, e por isso sentam-se juntos e repetem infindamente as mesmas coisas, até acreditarem nelas. Fanatismo é sempre um sinal de dúvida reprimida, o que se pode verificar na história da Igreja. Sempre que a Igreja começa a vacilar, o estilo desvia-se para o fanático, ou surgem seitas extremistas, porque a dúvida secreta tem que ser recalcada. Quando alguém está realmente convicto torna-se perfeitamente calmo, pode discutir a sua crença como um ponto de vista pessoal sem ressentimentos de espécie alguma.

356   São os espinhos do ofício de terapeuta tornar-se psiquicamente infectado e envenenado pelas projeções às quais se expõe. Tem de estar continuamente em guarda contra a autoestima excessiva. Mas o veneno não afeta apenas a sua psique; pode ser que perturbe finalmente o seu sistema simpático. Tenho observado um número extraordinário de doenças físicas entre psicoterapeutas; doenças que não se ajustam à sintomatologia médica conhecida, e que eu atribuo à contínua onda de projeções da qual o analista não discrimina a sua própria psicologia. A condição emocional particular do paciente exerce um efeito contagioso. Pode-se dizer que ela provoca as mesmas vibrações no sistema nervoso do paciente e consequentemente, como os alienistas, os psicoterapeutas também são passíveis de tornarem-se um pouco esquisitos. Não devemos nunca esquecer esse fato, pois liga-se profundamente ao problema da transferência.

357   Trataremos agora da terapia da transferência[67]. Trata-se de assunto muito importante e complexo, e temo dizer coisas que já são do conhecimento de todos, mas para ser sistemático não vou omiti-las.

358   É evidente que a transferência tem que ser dissolvida e tratada da mesma maneira que qualquer outra projeção; o que em termos práti-

---

67. Cf. "A psicologia da transferência: Comentários baseados em uma série de figuras alquímicas". In: JUNG, C.G. *A prática da psicoterapia*. Petrópolis: Vozes, 2011 [OC, 16].

cos significa: deve-se fazer o paciente apreender o *valor subjetivo* dos conteúdos pessoais e impessoais da projeção. Pois não se trata apenas de valores pessoais. Como os senhores acabaram de ouvir, os elementos projetados também podem pertencer a uma natureza impessoal, arquetípica. O complexo de salvador, por certo, não é um motivo pessoal; é uma ideia universal, uma esperança de todo mundo, em qualquer época da história. É a ideia arquetípica da personalidade mágica[68].

No início de um tratamento as projeções são experiências pessoais do paciente inevitavelmente repetidas. Neste estágio tem-se de tratar todos os níveis de relacionamento que o paciente já teve. Se, por exemplo, tratarmos de alguém que tenha estado em muitas casas de saúde com os médicos característicos de tais lugares, o paciente projetará tais experiências no analista; aí tem-se que passar através das figuras de todos esses colegas que trabalham em sanatórios de luxo, com seus honorários elevados e todo o desempenho teatral a que recorrem, e naturalmente o paciente supõe que somos um desses fulanos. Dever-se-á passar por toda a série de pessoas com as quais o paciente conviveu – os médicos, os advogados, os professores, os tios, os primos, os irmãos e o pai. E quando a procissão interminável chega ao fim, quando chegamos à primeira infância, pensamos que a coisa realmente terminou. Mas não acabou não. É como se atrás do pai se escondesse ainda alguma coisa, e a gente chega a suspeitar que o avô também tem sua colherada na história. Nunca tive clientes que projetassem o bisavô em mim, mas o avô já foi projetado. Quando se chega ao berço, quase indo parar no outro lado da existência, esgotam-se todas as possibilidades da *consciência* e, se o problema da transferência não se resolver nesse estágio, será devido à projeção de conteúdos *impessoais*. Reconhece-se tal fator pela natureza impessoal peculiar de seus elementos como, por exemplo, o complexo de salvador ou alguma imagem arcaica de Deus. O caráter arquetípico de tais imagens produz uma "mágica", ou seja, um efeito todo-poderoso e dominador. Através de nossa consciência racional não podemos entender por que isso acontece; Deus, por exemplo, é espírito, coisa que para nós não é nada substancial nem dinâmica. Mas, ao estudar-

---

68. Cf. "O eu e o inconsciente". In: JUNG, C.G. *Dois estudos sobre psicologia analítica*. Petrópolis: Vozes, 2011 [OC, 7/2; § 374s.].

mos o significado original de tais termos, chegamos à natureza real da experiência subjacente e compreendemos perfeitamente como isso afeta a mente primitiva e, de maneira similar, a psique primitiva em nós mesmos. Espírito, *spiritus* ou *pneuma* realmente significa ar, vento, respiração. E em seu caráter arquetípico são caracteres dinâmicos e agentes semissubstanciais; por eles somos movidos, como pelo vento; eles nos penetram como na respiração e então nos tornamos inflados.

360   Tais figuras também podem ser de natureza negativa, como as imagens de feiticeiros, do demônio e assim por diante. Mesmo os terapeutas não são completamente blindados contra isso. Conheço colegas que produzem as mais maravilhosas fantasias sobre mim, acreditando que eu tenha parte com o demônio e que me valha da magia negra em meus trabalhos. E com pessoas que nunca acreditaram em demônios, aparecem as figuras mais incríveis na transferência de conteúdos impessoais. A projeção de imagens de natureza paterna (ou materna) pode ser dissolvida através do raciocínio comum; mas não se pode destruir o poder de imagens impessoais simplesmente através do bom-senso. Nem seria certo destruí-las, pois elas são enormemente importantes. E para explicar isso temo ter que voltar à história da mente humana.

361   Não há nada de novo em dizer que as imagens arquetípicas são projetadas. Isso realmente tem de acontecer, pois caso contrário elas invadiriam a consciência. O problema consiste apenas em descobrir uma forma que seja um continente adequado. Existe uma velha instituição que ajuda as pessoas a projetarem as imagens impessoais. Quase todos a conhecemos e provavelmente já passamos pelo processo, mas infelizmente éramos novos demais para reconhecer sua importância e valor. Tal meio é a iniciação religiosa, para nós representada sob a forma do batismo. Quando a influência fascinante e unilateral das imagens parentais tem que ser diminuída, para a criança ser libertada de sua condição biológica inicial com os pais, então a natureza, isto é, a natureza inconsciente no homem, na sua infinita sabedoria, providencia uma certa espécie de iniciação. Em tribos muito primitivas esse processo é representado pela iniciação na vida adulta, na participação das atividades sociais e espirituais da tribo. No curso da diferenciação da consciência a iniciação tem sofrido muitas transfor-

mações, até que chegou a nós sob a instituição elaborada do batismo, onde se fazem necessários dois agentes: padrinho e madrinha. Em nosso dialeto suíço chamados pelos nomes que equivalem a Deus: "Götti" e "Gotte", sendo que a primeira forma é masculina e significa aquele que fecunda e a outra corresponde ao seu feminino. O batismo e os pais espirituais, na forma de padrinho e madrinha, expressam o mistério de nascer duas vezes. Conhecemos nas altas castas indianas o título honorífico de "nascido duas vezes". Essa era também uma prerrogativa do faraó. Havia muitas vezes nos templos egípcios, ao lado da sala principal, a chamada câmara de nascimento, onde um ou dois quartos eram reservados ao ritual. Ali o duplo nascimento do faraó era descrito – a sua origem humana e carnal, provindo de pais comuns, bem como a origem divina – gerado por Deus e dado à luz pela deusa. Ele é nascido filho do homem e de Deus.

Nosso batismo significa o desprendimento dos pais apenas naturais e da influência sufocante das imagens parentais. Eis por que os pais biológicos são substituídos por pais naturais. Padrinho e madrinha representam a *intercessio divina* por meio da Igreja, que é a forma visível do reino espiritual. No rito católico, mesmo no matrimônio – onde deveríamos supor que é de extrema importância que este determinado homem e esta determinada mulher se unam e se confrontem mutuamente – a Igreja interfere; a *intercessio sacerdotis* impede o contato imediato do casal. O padre representa a Igreja que sempre surge sob a forma de confissão obrigatória. Essa intervenção não se deve à astúcia característica da Igreja, trata-se antes de sua grande visão, e se nos voltarmos às origens do cristianismo veremos que aí se inicia a crença de que não somos casados meramente como homem e mulher; somos casados *in Christo*. Tenho um vaso antigo que está representando um casamento cristão primitivo. O homem e a mulher seguram se as mãos, tendo entre elas o Peixe. O Peixe está entre eles, e o Peixe é Cristo. Assim o casal está unido no Peixe. Estão unidos e separados por Cristo que é o intermediário, o representante da força que se destina a separar o homem dos poderes meramente naturais.

Tal processo de separação da natureza também se dá nos conhecidos ritos iniciatórios, ou da puberdade, entre as tribos primitivas. Quando os rapazes se aproximam desse período são subitamente separados do resto das pessoas. Durante a noite ouvem as vozes dos espíritos, aqueles que urram como bois, e nenhuma mulher pode sair de casa, caso contrário será morta imediatamente. Aí os rapazes são levados para a casa da floresta onde se submetem às representações mais estranhas: não podem falar, informam-lhes que estão mortos, para depois receberem a notícia de que ressuscitaram. Dão-lhes novos nomes a fim de provarem que não têm mais a mesma personalidade que anteriormente, e que agora não são mais os filhos de seus pais. A iniciação pode ser drástica a ponto de, após o retorno dos jovens, as mães não poderem mais conversar com eles por não serem mais os seus filhos. Anteriormente, entre os hotentotes, o rapaz tinha de manter relação sexual com sua mãe, pelo menos uma vez, a fim de provar que não se tratava mais de sua mãe, mas sim de uma mulher como todas as outras.

364 O rito cristão correspondente perdeu muito de sua importância; mas ao estudarmos o simbolismo do ritual do batismo encontraremos ainda os traços de seu significado inicial. Nosso quarto de nascimento é a pia batismal, a piscina, onde ficamos como um pequeno peixe; ali somos simbolicamente afogados e revividos. Sabemos que os cristãos primitivos eram realmente mergulhados na pia batismal, que era bem maior do que atualmente; em muitas das antigas igrejas, o batistério consistia num prédio separado, construído sobre o projeto de um círculo. Um dia antes da páscoa a Igreja Católica tem uma cerimônia especial para a consagração da fonte batismal, a *benedictio fontis*. A água meramente natural é exorcizada da mistura de todas as forças malignas e transformada na fonte pura e regeneradora da vida, o ventre imaculado da nascente sagrada. O sacerdote divide a água nos quatro sentidos da cruz, sopra três vezes sobre ela, três vezes nela mergulha o círio pascal como símbolo da luz eterna, e ao mesmo tempo o seu encantamento faz com que a virtude, a força do Espírito Santo desça sobre a água. Através desse *hierosgamos*, do casamento sagrado entre o Espírito Santo e a fonte batismal como ventre da Igreja, o homem é ressuscitado na inocência verdadeira de uma nova infância. A mácula do pecado é apagada e a sua natureza se junta à imagem de Deus. Ele não está mais contaminado por forças unilateralmente naturais, está regenerado como ser espiritual.

365 Há outras instituições destinadas a separar o homem das condições naturais. É impossível entrar em todos os detalhes, mas ao estu-

darmos a psicologia dos primitivos descobrimos que todos os fatos importantes da vida estão ligados a cerimônias elaboradas, cujo propósito central é libertar o homem do estágio precedente da existência e ajudá-lo a transferir sua energia psíquica para a fase seguinte. Quando uma moça se casa deve separar-se da imagem dos pais e não deve projetar a imagem do pai no marido. Eis por que se observou um ritual particular na Babilônia, cujo propósito era desprender a jovem da imagem paterna. É o rito da prostituição sagrada, segundo a qual as jovens que vivem no seio de suas famílias devem entregar-se a um estrangeiro que visite o templo, que presumivelmente jamais retornará, devendo passar uma noite inteira com ele. Na Idade Média havia uma instituição semelhante, o *jus primae noctis*, o direito que o senhor feudal tinha com relação aos seus servos; a noiva tinha que passar a primeira noite com ele. Através do rito da prostituição no templo, uma imagem mais forte era criada e colidia com a do homem que viria a ser seu marido, e assim, quando havia problemas no casamento – pois até naqueles tempos problemas conjugais se registravam – a regressão, que é o seu resultado natural, não voltaria ao pai, mas ao estranho que ela uma vez encontrou, o amante vindo de terras desconhecidas. Assim a moça não se perdia na infância, mas era devolvida a um ser humano adequado à sua idade, ficando dessa forma suficientemente protegida contra a regressão infantil.

Esse ritual mostra um belo exemplo de observação da psique humana, pois há uma imagem arquetípica nas mulheres de um amante, que se encontra numa terra distante e desconhecida, um homem que virá pelos mares para amar apenas uma vez e partir. Tal motivo encontra-se em O *navio fantasma*, de Wagner, e em A *dama do mar*, de Ibsen. Em ambas as tramas, a heroína espera por um estranho que virá de mares longínquos para lhe dar a grande experiência do amor. Na ópera de Wagner ela se apaixona pela imagem do homem e o conhece mesmo antes que ele chegue. *A dama do mar* já encontrara o estrangeiro uma vez e vive sempre impelida a ir para o mar e esperar pela volta do amante. No rito babilônico essa imagem arquetípica é vivida concretamente para afastar a mulher das imagens parentais, que são realmente arquetípicas e consequentemente dotadas de poder excessivo. Escrevi um pequeno livro sobre o relacionamento entre o eu e o inconsciente, onde abordo a projeção da imagem paterna por uma mulher que estava sob meus cuidados profissionais, e como o problema se desenvolveu através da análise da imagem arquetípica que estava na base da transferência[69].

367   O primeiro estágio do tratamento da transferência não envolve apenas a conscientização pelo paciente de que ele ainda olha o mundo como se estivesse dentro do berço ou da escola, tudo projetando e esperando das figuras autoritárias, positivas e negativas, de sua experiência pessoal. Esta conscientização apenas se refere ao lado objetivo. Para estabelecer uma imagem realmente madura o paciente deverá ver o valor *subjetivo* dessas imagens que parecem criar empecilhos à sua vida. Deve assimilá-las à sua própria psicologia e descobrir de que forma elas fazem parte dele próprio; de que forma, por exemplo, ele dá valor positivo a um objeto, quando, na verdade, o valor deveria ser incorporado e desenvolvido pelo paciente. E da mesma forma quando projeta um valor negativo, odiando e execrando o objeto, sem descobrir que vê nele o seu próprio lado negativo, sua sombra, por preferir ter uma opinião otimista e unilateral de si mesmo. Como sabemos, Freud trata apenas desse lado objetivo. Mas não podemos ajudar em profundidade a um paciente a assimilar os conteúdos de sua neurose através da indulgência com uma falta de responsabilidade infantil, ou pela resignação a um destino cego, do qual o paciente se julga vítima. O significado de uma neurose é impulsionar o indivíduo para a personalidade total, o que inclui o reconhecimento e responsabilidade pela totalidade do ser, pelos bons e maus aspectos, pelas funções inferiores.

368   Suponhamos agora que a projeção de imagens pessoais tenha sido totalmente tratada, mas que ainda exista uma transferência que não se conseguiu dissolver. Então se chega ao *segundo estágio* da terapia da transferência. Ou seja, à *discriminação entre conteúdos pessoais e impessoais*. As projeções pessoais devem ser dissolvidas, como já vimos, e isso pode acontecer através da realização consciente. Mas as impessoais não podem ser destruídas por pertencerem aos elementos estruturais da psique; não que sejam relíquias de um passado que deve ser mantido e preservado. São, pelo contrário, funções proposi-

---

69. Ibid., § 206s.

tais e compensatórias da maior importância. São proteções fundamentais contra situações nas quais um homem poderia perder a cabeça. Em situações de pânico os arquétipos intervêm e permitem à pessoa agir de maneira instintivamente adaptada, como se aquela situação lhe fosse de há muito familiar: aí se reage da maneira que a humanidade sempre reagiu. Eis por que o mecanismo é de importância vital.

Nem se precisa dizer que a projeção de tais imagens impessoais sobre o analista deva ser retirada. Mas somos capazes de dissolver apenas o *ato* da projeção; não podemos nem devemos dissolver os seus *conteúdos*. Nem pode o paciente transportar os elementos da psique impessoal para a esfera pessoal. O fato de serem conteúdos impessoais é a própria razão de serem eles projetados. Sente-se que não pertencem à mente subjetiva, mas que devem ser localizados em algum lugar fora do eu e, por falta de uma forma adequada, um objeto humano lhes serve de receptáculo. Assim devemos ser extremamente cuidadosos ao lidarmos com projeções impessoais. Seria, por exemplo, grande erro dizer a um paciente: "Você simplesmente está projetando a imagem do salvador em mim. Que estupidez querer um salvador e fazer-me responsável por isso". Se os senhores depararem com tal expectativa, levem-na muito a sério, pois ela não é uma bobagem. Todo mundo tem uma esperança com relação a um salvador. Isso pode ser encontrado em todo lugar; veja-se, por exemplo, na Itália ou na Alemanha o que está acontecendo. Atualmente não temos nenhum salvador na Inglaterra nem na Suíça; mas não creio que sejamos tão diferentes do resto da Europa. Nossa situação é um pouco diferente daquela dos alemães e italianos; talvez eles sejam um pouquinho menos equilibrados. Mas mesmo conosco seria necessário bem pouco para chegarmos ao que está acontecendo nesses dois países. Lá temos o complexo de salvador como psicologia de massa. Este complexo é uma imagem arquetípica do inconsciente coletivo e muito frequentemente se torna ativado numa época tão cheia de problemas e desorientações como a nossa. Nesses acontecimentos coletivos podemos apenas ver, como que através de uma lente de aumento, o que pode acontecer dentro do indivíduo. É justamente num momento de pânico que tais elementos compensatórios da psique entram em ação. Não se trata, de forma alguma, de um fenômeno anormal. Talvez seja estranho para nós que isto se expresse sob formas políticas.

369

Mas o inconsciente coletivo é um fator muito irracional e nossa consciência racional não lhe pode dizer que aparência deverá tomar. Logicamente se fosse abandonado à ação livre e desordenada, sua atividade seria muito destrutiva; pode, por exemplo, assumir a forma de uma psicose. Eis por que a relação do homem com o mundo dos arquétipos sempre esteve sob certos controles; há uma forma característica através da qual se expressam as imagens arquetípicas. O inconsciente coletivo é uma função dinâmica e o homem deve sempre manter-se em contato com ele. Sua saúde espiritual e psíquica depende da cooperação das imagens impessoais. Essa é a razão principal por que o homem sempre teve as suas religiões.

O que são as religiões? São sistemas psicoterapêuticos. E o que fazemos nós, psicoterapeutas? Tentamos curar o sofrimento da mente humana, do espírito humano, da psique, assim como as religiões se ocupam dos mesmos problemas. Assim, Deus é um agente de cura, é um médico que cura os doentes e trata dos problemas do espírito; faz exatamente o que chamamos psicoterapia. Não estou fazendo jogo de palavras ao chamar a religião de sistema psicoterapêutico. É o sistema mais elaborado, por trás do qual se esconde uma grande verdade prática. Tenho uma clientela bastante grande, que se estende por alguns continentes, e onde moro estamos praticamente rodeados por católicos. Durante os últimos trinta anos não tive mais de seis católicos praticantes entre meus clientes. A vasta maioria era de protestantes e judeus. Certa vez, enviei um questionário a pessoas desconhecidas perguntando: "Se você tivesse algum problema psicológico o que faria? Iria ao médico ou procuraria seu confessor ou ministro religioso?" Não consigo lembrar-me exatamente dos números, mas recordo-me que mais ou menos vinte por cento dos protestantes disseram que procurariam o pastor; todo o resto estava enfaticamente contra o pastor e a favor do analista ou psiquiatra, e os mais enfáticos de todos eram os parentes ou filhos de pastores. Houve um chinês que deu uma resposta bem pitoresca: "Quando sou jovem procuro um médico, mas quando sou velho busco um filósofo". Mas 58 ou 60% dos católicos responderam que iriam procurar o padre. O que prova que a Igreja Católica em particular, com seu sistema rigoroso de confissão e seus diretores espirituais, é uma instituição terapêutica. Tenho alguns pacientes que, depois de terminarem a análise, converteram-se ao catolicismo e a outras associações grupais semelhantes. Creio que é perfeitamente correto fazermos uso das instituições terapêuticas que a história nos legou. Gostaria de ser eu próprio um homem de estrutura mais medieval para provar um credo semelhante; infelizmente é preciso uma psicologia um tanto medieval para isso, e não a tenho suficientemente. Mas através de tudo o que disse pode-se ver que tomo muito a sério as imagens arquetípicas e uma forma adequada para a sua projeção porque o inconsciente coletivo é mesmo um fator sério na psique humana.

371 Todas essas coisas pessoais, como tendências incestuosas e outras características infantis, não passam de mera superfície. O que o inconsciente realmente contém são os grandes fatos coletivos dos tempos. No inconsciente coletivo do indivíduo a própria história se prepara, e quando alguns arquétipos são ativados num certo número de indivíduos, chegando à superfície, encontramo-nos no meio da corrente histórica, como acontece agora com o mundo. A imagem arquetípica que o momento necessita ganha vida e todo o mundo é tomado por ela. É o que vemos hoje. Eu já pressentira esse fato em 1918, quando disse que a "besta loura está se mexendo em seu sono" e alguma coisa iria acontecer na Alemanha[70]. Naquela época nenhum psicólogo entendeu o que eu queria dizer, pois não entendiam que nossa psicologia individual não passa de uma pele bem fina, uma pequena onda sobre um oceano de psicologia coletiva. O fator poderoso, aquele que muda nossa vida por completo, que muda a superfície do mundo conhecido, que faz a história, é a psicologia coletiva que se move de acordo com leis totalmente diferentes daquelas que regem nossa consciência. Os arquétipos são a grande força decisiva e produzem os fatos e não os nossos raciocínios pessoais e a nossa inteligência prática. Antes da Grande Guerra todas as pessoas inteligentes diziam: "Não podemos ter mais guerras; o raciocínio humano desenvolveu-se demais para que coisas assim ainda possam acontecer, e nosso comércio e finanças estão tão entrelaçados internacionalmente que uma guerra está completamente fora de cogitação". E aí fizemos a mais sanguinolenta guerra que já se viu. E agora já recomeçam com

---

70. *Sobre o inconsciente.* – "Besta loura". NIETZSCHE, F. *Zur Genealogie der Moral.* Werke VII, p. 322s.

essas conversas de domínio da razão e planos de paz e mais outras coisas assim; tornam-se cegos agarrando-se a um otimismo infantil – e vejam os resultados! Está evidentemente claro que as imagens arquetípicas decidem o destino do homem. O que decide é a psicologia inconsciente do homem e não aquilo que pensamos e discutimos em nossa câmara cerebral, lá no sótão da casa.

372   Quem, em 1900, pensaria que trinta anos mais tarde iriam acontecer essas coisas na Alemanha? Teriam os senhores acreditado que uma nação inteira de pessoas inteligentes e cultas pudesse ser dominada pela força fascinadora de um arquétipo? Eu vi que isto haveria de acontecer, e só pude compreendê-lo por conhecer o poder do inconsciente coletivo. Mas, vistas da superfície, tais ideias parecem simplesmente impossíveis. Tenho mesmo amigos pessoais que se encontram sob esse avassalamento e quando me encontro na Alemanha também sou levado a crer na mesma coisa. Compreendo a totalidade e sei que tem de ser como está acontecendo. Não se pode resistir a tal poder. Os acontecimentos escapam a todas as medidas e fogem à capacidade de raciocinar. O cérebro não acaba valendo nada e o sistema simpático é tomado. É uma força que simplesmente fascina as pessoas de dentro para fora, é o inconsciente coletivo que está sendo ativado, um arquétipo comum a todos os que vêm à vida. E por ser um arquétipo tem que ter aspectos históricos e não podemos entender os fatos sem entender a história[71]. É a história da Alemanha que está sendo vivida, bem como o fascismo está vivendo a história italiana. Não podemos ser infantis em relação a isso tendo ideias razoáveis e intelectuais, dizendo: "Isto jamais deveria acontecer". Esse pensamento não passa de infantilidade, pois o que hoje estamos vivendo é a própria história, é o que acontece com o homem e o que sempre aconteceu, e é muito mais importante do que nossas pequenas mágoas e convicções pessoais. Conheço alemães bastante cultos que se julgam tão razoáveis como eu a mim ou os senhores se julgam. Mas uma onda os cobriu e simplesmente levou a razão deles na enxurrada. E quando conversamos com eles temos de admitir que não há nada que se possa fazer. Um destino incompreensível os dominou e não pode-

---

71. Cf. "Wotan". In: JUNG, C.G. *Aspectos do drama contemporâneo*. Petrópolis: Vozes, 1988 [OC, 10/2].

mos dizer se ele está certo ou errado. Não tem nada que ver com o julgamento racional, é apenas a história. E quando a transferência dos pacientes toca os arquétipos, uma mina é tocada podendo explodir, exatamente como a vemos explodir coletivamente. As imagens impessoais possuem uma imensa força dinâmica. Em *Man and superman*, Bernard Shaw diz: "Essa criatura homem, que em seus assuntos egoístas é um covarde até à medula dos ossos, lutará por uma ideia como um herói"[72]. É evidente que não poderemos chamar o fascismo ou o hitlerismo de ideias; são arquétipos e nós diríamos: dê um arquétipo ao povo, que a multidão inteira se moverá como se fosse um único homem, não há como resistir-lhe.

Devido à tremenda força dinâmica das imagens arquetípicas não se pode bani-las através do raciocínio. Consequentemente a única coisa a fazer no *terceiro estágio da terapia da transferência é diferenciar o relacionamento pessoal com o analista dos fatores impessoais*. É compreensível que, quando se trabalhou cuidadosa e honestamente com um paciente, ele goste da gente. E se o trabalho foi bom, que o analista acabe gostando dele também, quer se trate de homem ou mulher. Isto é evidente. Seria a maior neurose e a coisa mais antinatural se não houvesse algum reconhecimento do cliente pelo que fizemos por ele. Uma reação humana em relação ao terapeuta é normal e aceitável, portanto deixemos que ela aconteça, pois merece viver, e não se trata mais de transferência. Mas tal atitude somente é válida quando não está viciada por valores impessoais irreconhecíveis. O que significa que deve haver, por outro lado, o pleno reconhecimento da importância das imagens arquetípicas, muitas delas de caráter religioso. Quer achemos ou não que a tempestade nazista na Alemanha tenha um caráter religioso, isto não tem importância. Tal valor realmente lá está. O fato de pensarmos ou não que o Duce é uma figura religiosa não tem importância; o que importa é que ele realmente é essa figura. Podemos até ler a afirmação desse fato nos jornais desses dias quando foi citado um verso sobre um César romano: "Ecce deus, deus ille, Menalca!"[73] O

---

72. Terceiro ato, monólogo de Don Juan, p. 245.
73. VIRGÍLIO, *Écloga V*, 64: "ipsa sonant arbusta: deus, deus ille, Menalca!" (Até mesmo os arbustos cantam: ele é um deus, um deus, Menalca).

fascismo é a forma latina de religião e seu caráter religioso explica por que a coisa tem um tão tremendo poder de atração.

374 A consequência do reconhecimento do valor religioso de tais símbolos pode ser que seu paciente acabe se voltando para algum credo religioso, Igreja ou coisa que o valha. Se ele não puder conter a experiência do inconsciente coletivo dentro de uma determinada forma religiosa, então começam a aparecer as dificuldades, pois os fatores impessoais não encontrarão receptáculo, e o paciente recairá na transferência e as imagens arquetípicas atrapalharão o relacionamento com o paciente. O terapeuta é o salvador, mas ai dele quando deveria sê-lo e não o é. Na realidade o terapeuta é apenas um ser humano; não pode ser um salvador ou nenhuma outra imagem que esteja ativada no inconsciente do paciente.

375 Devido às enormes dificuldades desse problema elaborei uma técnica para desenvolver os valores impessoais projetados pelo paciente. É um mecanismo um pouco complicado e na noite passada eu estava prestes a mostrar-lhes alguma coisa referente a ele no tratamento daquele sonho. Pois quando o inconsciente diz que sob a Igreja Católica há uma câmara secreta com um vaso e uma adaga de ouro, não há aí nenhuma mentira. O inconsciente é a natureza, e a natureza nunca mente. Lá está o ouro, a coisa preciosa, o grande valor.

376 Se tivesse havido oportunidade, eu teria ido mais longe e dito alguma coisa sobre esse tesouro e os meios de assegurá-lo. E os senhores veriam a justificação do método que capacita o indivíduo a manter-se em contato com as imagens impessoais. Mas, da maneira pela qual as coisas se desenrolaram, eu apenas posso fazer alusão aos fatos e remetê-los a meus livros para esclarecimentos mais profundos[74].

377 Denomino esse *quarto estágio* da terapia da transferência *objetivação das imagens impessoais*. É uma parte essencial do processo de individuação[75]. Seu objetivo é desprender a consciência do objeto para que o indivíduo não coloque mais a garantia de sua felicidade ou

---

74. Especialmente o comentário a *O segredo da flor de ouro* e *Os objetivos da psicoterapia*.

75. Cf. JUNG, C.G. *Tipos psicológicos* [OC, 6; § 825s.]. "O eu e o inconsciente" [OC, 7/2;§ 266s.]. "Estudo empírico do processo de individuação" [OC, 9/1].

mesmo de sua vida em fatores externos, quer se trate de pessoas, ideias ou circunstâncias, mas sim que ele tome consciência de que tudo depende do fato de ele alcançar ou não o tesouro. Se a posse desse tesouro surge ao nível da consciência, então o centro de gravidade passa a estar no indivíduo, e não mais no objeto do qual era dependente. Atingir tal condição de desprendimento é o objetivo das práticas orientais e de todos os ensinamentos da Igreja. Em várias religiões o tesouro se projeta nas diversas figuras sagradas, mas essa hipótese não é mais possível para a mente moderna e esclarecida. Um grande número de indivíduos não pode mais expressar seus valores impessoais em símbolos históricos.

378 Defrontam-se então com a necessidade de encontrar um método individual para darem forma às imagens, pois elas têm que tomar forma e viver a vida que lhes é própria, caso contrário o indivíduo é separado da função básica da psique, tornando-se neurótico, desorientado, entrando em conflito consigo mesmo. Mas se ele for capaz de objetivar essas imagens e relacionar-se com elas, estabelecerá o contato com a função psicológica vital, que desde os inícios da consciência foi cuidado pela religião.

379 É impossível entrar nos detalhes do problema, não só por uma questão de tempo, mas porque está além de concepções científicas dar expressão adequada a uma experiência psicológica viva. O máximo que se pode dizer sobre essa condição de desprendimento é defini-la como uma espécie de centro dentro da psique individual, mas não dentro do eu[76]. É um centro fora do eu, e temo que apenas uma longa dissertação sobre a história das religiões possa dar aos senhores uma ideia do que quero dizer com isso. É o problema central de um grande número de pessoas que procuram a análise, e o analista tem que procurar um meio de ajudá-las.

380 Se adotarmos tal método, tomaremos a tocha que foi abandonada por nossos colegas do século XVII quando desistiram dela para se tornarem químicos. Desde que nós psicólogos estamos nos libertando de concepções químicas e materiais da psique, estaremos nova-

---

76. Cf. JUNG, C.G. *Psicologia e alquimia* [OC, 12; § 44, 126, 129, 135 e 325s.].

mente tomando a tocha abandonada, continuando o processo que começou no Ocidente no século XII, pois a alquimia era o trabalho dos médicos que se preocupavam com a mente humana.

Discussão

Questão:

381   Posso fazer ao Prof. Jung uma pergunta extremamente elementar? Poderia dar-nos uma definição de neurose?

C.G. Jung:

382   A neurose é uma *dissociação da personalidade* devido à existência de complexos. Ter complexos é, em si, normal; mas se os complexos são incompatíveis, a parte da personalidade que é por demais contrária à parte consciente se separa. E se a fissura atingir a estrutura orgânica, a dissociação será uma psicose, uma condição esquizofrênica, como o termo pode denotar. Então cada complexo passa a ter vida própria e isolada, sem que a personalidade possa uni-los.

383   Os complexos divididos, por serem inconscientes, encontram apenas meios indiretos de expressão, ou seja, através de sintomas neuróticos. Ao invés de sofrer um conflito psicológico, a pessoa sofre de neurose. Qualquer incompatibilidade de personalidade pode causar dissociação, e uma separação muito grande entre o pensamento e o sentimento, por exemplo, já constitui uma ligeira neurose. Quando não nos sentimos totalmente equilibrados em relação a um determinado assunto, aproximamo-nos da condição neurótica. A ideia de dissociação psíquica é a maneira mais segura com que consigo definir uma neurose. Evidentemente não cobre sua sintomatologia e fenomenologia; é apenas a formulação psicológica mais geral que posso dar.

Dr. H.G. Baynes:

384   O senhor afirmou que a transferência não apresenta nenhum valor prático para a análise. Não seria possível atribuir-lhe um valor teleológico?

C.G. Jung:
Realmente não mencionei isto, mas o valor teleológico da transferência se faz visível na análise de seus conteúdos arquetípicos. Seu valor proposital também se mostra no que eu disse sobre a transferência como função compensatória de uma falta de ligação entre o analista e o paciente – pelo menos se presumirmos que é normal os seres humanos estarem *en rapport* entre si. Evidentemente posso imaginar que um filósofo introvertido seja mais ou menos inclinado a pensar que as pessoas não têm contato entre si. Schopenhauer, por exemplo, diz que o egoísmo do homem é tão grande que ele é capaz de matar o próprio irmão para engraxar as botas com a sua gordura.

385

Dr. Henry V. Dicks:
Creio que podemos então presumir que o senhor julga a explosão de uma neurose como a tentativa de autocura, uma tentativa compensatória que faz emergir a função inferior?

386

C.G. Jung:
Exatamente.

387

Dr. Dicks:
Posso dizer então que a erupção de uma doença neurótica, do ponto de vista do desenvolvimento humano, é um fator favorável?

388

C.G. Jung:
É isso mesmo, e fico contente que esse ponto tenha sido abordado. Meu ponto de vista é realmente este. Não sou totalmente pessimista em relação a uma neurose. Em muitos casos deveríamos dizer: "Graças a Deus, ele decidiu ficar neurótico". Essa é uma tentativa de autocura, bem como qualquer doença física também o é. Não se pode mais entender a doença como um *ens per se*, como uma coisa desenraizada, como há algum tempo atrás se julgava que fosse. A medicina moderna, a clínica geral, por exemplo, concebe a doença como um sistema composto de fatores prejudiciais, e de elementos que levam à

389

cura. O mesmo se dá com a neurose, que é uma tentativa do sistema psíquico autorregulador de restaurar o equilíbrio, que em nada difere da função dos sonhos, sendo apenas mais drástica e pressionadora.

Dr. J.A. Hadfield:

390 O Prof. Jung poderia dar-nos um esboço da técnica da imaginação ativa?

C.G. Jung:

391 Esse era realmente o assunto que eu queria abordar hoje, como consequência da análise do sonho de Toledo; portanto fico contente de poder retomá-lo. Vocês verão que não posso apresentar nenhum material empírico, mas talvez seja possível dar-lhes uma ideia do método. Creio que o melhor é relatar-lhes um caso em que foi muito difícil ensinar ao paciente o método.

392 Estava tratando de um jovem artista, que tinha a maior das dificuldades em aprender o que eu queria dizer com imaginação ativa. Lutou ao máximo para compreender, mas nada conseguiu. Sua dificuldade era não conseguir pensar; músicos, pintores, artistas em geral são normalmente incapazes de pensar, por não usarem nunca o intelecto de maneira intencional. O cérebro desse homem também sempre trabalhava por si; era dotado de uma grande imaginação artística e não podia usá-la psicologicamente, e assim não podia entender nada do que eu estava querendo ensinar-lhe. Dei-lhe todas as oportunidades de tentar, e ele fez os maiores esforços por conseguir. Seria impossível relatar-lhes tudo, mas contarei como o cliente por fim conseguiu usar a imaginação psicologicamente.

393 Moro fora da cidade e ele tinha que tomar o trem para chegar lá. O trem parte de uma pequena estação e na parede havia um cartaz, que o moço fixava toda vez que esperava o trem. Era uma propaganda do Mürren, nos Alpes, gravura cheia de cachoeiras, um campo verde e uma colina no centro. E nessa colina havia algumas vacas. Ficava ali sentado, olhando o cartaz e pensando que jamais poderia entender o que é a imaginação ativa. E um dia ele pensou: "Talvez eu pudesse tentar, fazendo uma fantasia sobre aquele cartaz. Poderia, por exemplo, imaginar que me encontro no cartaz, que o cenário é

real, poderia subir a colina das vacas e olhar para o outro lado e lá embaixo ver o que há por trás da colina".

Então chegou à estação e imaginou que estava no cartaz. Viu o campo, andou pela colina entre as vacas, quando chegou ao ponto mais alto olhou para baixo e lá estava o campo novamente, descendo cada vez mais até uma cerca com um portão. Aí ele desceu, passou pelo portão e havia uma pequena passagem que circundava uma ravina e uma rocha. E quando se aproximou, havia uma capelinha com a porta entreaberta. Achou que seria bom entrar. No altar cheio de flores havia a estátua de madeira de uma Madona. Olhou para o rosto e exatamente neste instante alguma coisa de orelhas pontudas desapareceu por trás do altar. Ele pensou: "Bem, isso é tudo besteira". E instantaneamente a fantasia desapareceu.

Foi embora pensando: "É... novamente não consegui entender o que seja a imaginação ativa". Então, de repente, veio-lhe um pensamento: "Ora. Talvez a coisa não fosse aquela; talvez a coisa de orelhas pontudas atrás da estátua de Nossa Senhora, que desapareceu como um raio, realmente tenha acontecido". Então disse para si mesmo: "Vou tentar tudo de novo só para ver". Assim imaginou-se de novo na estação olhando o cartaz e foi novamente levado por sua fantasia a subir a colina. E quando se encontrava no ponto mais alto imaginou o que iria encontrar do outro lado. Lá estava a cerca, a colina e o campo descendo. Pensou: "Bem, as coisas vão indo. Parece que até agora nada mudou". Deu a volta pela rocha, e lá estava a capela e pensou: "Lá está ela; o que pelo menos não é ilusão. Até aqui tudo bem". A porta entreaberta fê-lo sentir-se extremamente feliz. Hesitou um pouco a imaginar: "Agora, quando eu abrir a porta e vir a Madona no altar a coisa de orelhas pontudas irá pular de trás da Santa, e se isso não acontecer é sinal de que toda essa história não passa de uma idiotice". Abriu a porta e olhou – lá estava tudo e a coisa pulou como antes e o rapaz se convenceu. Daí para a frente ele estava de posse da chave e sabia como manejar sua imaginação aprendendo a usá-la.

Não há tempo de contar-lhes o desenvolvimento das imagens desse paciente, nem de como outras pessoas chegam a descobrir o emprego do método. Pois, evidentemente, todo mundo o faz de maneira pessoal. Posso apenas mencionar que pode ser um sonho ou uma impressão de natureza hipnagógica que a imaginação venha a começar. Realmente prefiro o termo "imaginação" à "fantasia", pois existe diferença entre as duas coisas quando os médicos antigos diziam: "Opus nostrum", nosso trabalho deve ser feito "per veram imaginationem et non phantasticam" – por uma imaginação verdadeira e não fantástica[77]. Em outras palavras, se tomarmos o significado correto dessa definição, a fantasia é coisa meramente sem sentido, um fantasma, uma impressão passageira; mas a imaginação é ativa, cheia de propósitos criadores. E essa é exatamente a distinção que eu também faço.

397   A fantasia é mais ou menos nossa invenção e permanece à superfície das coisas pessoais e das expectativas conscientes. Mas a imaginação ativa, como o termo diz, designa imagens dotadas de vida própria e os acontecimentos simbólicos se desenvolvem de acordo com uma lógica que lhes é peculiar – quer dizer, logicamente, se a imaginação consciente não interferir. Começa-se pela concentração num ponto de partida; vou dar-lhes um exemplo de minha própria experiência. Quando eu era menino, eu tinha uma tia solteira que morava numa casinha agradável e antiga. Esse lugar estava cheio de belas gravuras coloridas, e entre elas havia a de meu avô ao lado de minha mãe. Ele era uma espécie de bispo[78] e estava representado como se estivesse saindo de casa e parando no pequeno terraço. Havia muradas e escadas que saíam desse local e um caminhozinho que ia dar na Igreja. O avô estava vestido com traje de gala, no centro do terraço. Todos os sábados eu tinha permissão de ir visitar a tia e me ajoelhava numa cadeira para ficar olhando o quadro até que visse o avô descendo os degraus. E toda vez minha tia dizia: "Mas, meu querido, ele não está andando; o vovô continua ali parado". Mas eu sabia que o tinha visto andar.

398   Os senhores entendem como foi que o quadro começou a mover-se. O mesmo acontece quando nos concentramos num quadro mental, ele ganha movimento, a imagem se enriquece de detalhes, se dinamiza e desenvolve. Naturalmente sempre sentimos desconfiança, julgando que, ao produzirmos a imagem, ela não passe de nossa invenção. Mas tem-se de ultrapassar a dúvida, pois ela não é verdadei-

---

77. Ibid., § 360; citação de *Artis auriferae*, II, p. 214s.
78. Antístete em Basileia.

ra. Através de nossa mente consciente podemos produzir muito pouco. Durante todo tempo dependemos de coisas que literalmente caem em nossa consciência, o que em alemão é chamado *einfälle*. Por exemplo, se meu inconsciente preferir não me dar ideias, não poderei prosseguir com minha conferência, pois não poderia inventar o passo seguinte. Todos conhecemos a experiência de querer dizer um nome ou palavra que conhecemos perfeitamente bem, e ele simplesmente some. Mas algum tempo depois cai de novo na memória. Dependemos de maneira total da benevolente cooperação de nosso inconsciente; e se ele se recusa estamos completamente perdidos. Consequentemente estou convencido de que não podemos fazer grande coisa por meio da invenção consciente. Nós superestimamos a força da intenção e da vontade. E assim quando nos concentramos num quadro interior e tomamos o cuidado de não interromper o fluxo natural dos acontecimentos, o inconsciente produzirá uma série de imagens que farão uma história completa.

Usei o método durante longo tempo com muitos pacientes e tenho uma grande coleção dessa "obra". O processo é interessantíssimo de ser observado. Logicamente não uso a imaginação ativa como panaceia e deve haver um número suficiente de indicações de que o método é indicado para o paciente. E há um grande número de clientes com os quais seria errado o seu uso. Mas frequentemente, no final da análise, a objetivação das imagens substitui os sonhos. As imagens os antecipam e assim o material onírico começa a diminuir. O inconsciente se "desinfla" assim que a mente consciente se relaciona com ele. O processo de maturação é acelerado. Essa definição não foi inventada por mim; o velho professor Stanley Hall inventou o termo[79].

Desde que na imaginação ativa o material é produzido em estado consciente, sua estrutura é bem mais completa do que a linguagem precária dos sonhos. E contém muito mais que os sonhos; por exemplo, os valores sentimentais lá estão e podem ser julgados através do sentimento. Com frequência, os pacientes sentem que certos materiais apresentam tendências para a visualização. É comum que digam: "Aquelas imagens eram tão expressivas que, se eu soubesse pintar,

---

79. Provavelmente Granville Stanley Hall (1846-1924), filósofo e psicólogo americano.

tentaria reproduzir a sua atmosfera". Ou então sentem que certas ideias deveriam ser expressas não racionalmente, mas por meio de símbolos. Ou, ainda, sentem-se dominados por uma emoção que, se tomasse forma, seria plenamente explicável. E assim começam a pintar, modelar e algumas mulheres começam a tecer. Tive mesmo duas clientes que dançavam suas figuras inconscientes. Logicamente o material também pode ganhar formas através da escrita.

401 Tenho uma longa série desses quadros. Encerram grande quantidade de material arquetípico, e no momento tenho intenção de começar a trabalhar nos paralelos históricos de alguns deles. Comparo-os com o material pictórico produzido em situações semelhantes em séculos passados, principalmente nos primórdios da Idade Média. Tenho mesmo que buscar alguns elementos do simbolismo no Egito. No Oriente há muitos paralelos surpreendentes aos símbolos do inconsciente até nos menores detalhes. Tal trabalho comparativo nos dá uma visão muito valiosa da estrutura do inconsciente. Também tem-se que traçar os necessários paralelos com relação aos pacientes; logicamente não da maneira elaborada com que procederíamos num trabalho científico, mas de forma a dar a cada cliente a compreensão necessária de suas próprias imagens arquetípicas. Pois a pessoa apenas pode ver o significado real de tais símbolos, quando eles não forem apenas uma experiência subjetiva estranha, sem nenhuma conexão externa, mas sim quando se apresentarem como expressão sempre recorrente ao mundo exterior, aos fatos objetivos e aos processos da psique humana. Pela objetivação de suas imagens impessoais e pelo conhecimento de suas ideias inerentes, o paciente consegue trabalhar todos os valores de seu material arquetípico. Somente então ser-lhe-á possibilitada a visão da expressividade dos símbolos e o inconsciente será compreensível para ele. Acima de tudo, esse trabalho tem efeito bem definido. O que quer que façamos em relação à simbologia recai sobre nós, produzindo a mudança de atitude que tentei definir ao falar da centralização fora do eu.

402 Vou exemplificar. Tive um paciente, professor de universidade, um intelectual de visão muito unilateral. Seu inconsciente se perturbou e sofreu uma ativação, projetando-se em outros homens, que surgiam como inimigos, e ele sentia-se terrivelmente solitário por todos parecerem seus adversários. Aí começou a beber para esquecer os

problemas, mas tornou-se excessivamente irritadiço e por causa desse estado de espírito começou a envolver-se em brigas, tendo altercações bastante desagradáveis, sendo que chegou até a ser posto fora de um restaurante, depois de levar uma bela surra. E mais fatos desse tipo aconteceram. Chegou o momento em que a situação se tornou insuportável e ele procurou-me para saber o que deveria fazer. Nessa entrevista tive uma impressão bem nítida; vi que o homem estava repleto de material arcaico e pensei: "Agora vou fazer uma experiência interessante e obterei esse material absolutamente puro, sem nenhuma influência minha. Mas para isso não vou nem mexer no caso". Assim mandei-o para uma médica que estava começando como terapeuta e que não conhecia muito sobre o material arquetípico. Sabia que ela não se arriscaria neste campo. O paciente estava tão abatido, que nem tentou ir contra a minha proposta. Foi tratar-se com ela, seguindo toda a orientação que lhe era dada[80].

Ela o aconselhou a observar os seus sonhos, e o paciente os escrevia cuidadosamente, do primeiro ao último. Tenho uma série de mil e trezentos sonhos desse homem, e eles contêm as mais surpreendentes séries de imagens arquetípicas. E, naturalmente, sem que lhe pedissem, começou a desenhar o que via em sonhos, por sentir que eram muito importantes. E no trabalho com os sonhos e os desenhos, o paciente fazia exatamente o que outros fazem através da imaginação ativa; ele chegou mesmo a inventá-los para si, a fim de trabalhar alguns problemas mais intrincados que os sonhos apresentavam, como, por exemplo, equilibrar os conteúdos de um círculo etc. Ele concretizou o problema do movimento perpétuo, não como um louco, mas de maneira simbólica. Lidou com todos os problemas com que a filosofia medieval se ocupava, os quais são desdenhados por nossa mente racional. Tal julgamento apenas mostra que não entendemos nada do assunto. Eles entendiam, nós é que somos os idiotas.

No curso dessa análise, mais exatamente, através dos primeiros quatrocentos sonhos, o paciente não estava sob minha observação. Depois do primeiro encontro, ficamos sem ver-nos durante oito meses. Os cinco primeiros, ele ficou em tratamento com aquela médica e

---

80. Este caso forneceu o material para a parte II de *Psicologia e alquimia* [OC, 12].

depois preferiu trabalhar sozinho, continuando a observação de seus sonhos com absoluto cuidado. O paciente era bastante dotado nesse setor. Finalmente nos últimos dois meses tivemos alguns encontros. Mas não me foi necessário explicar muito a ele sobre o simbolismo.

405   O efeito desse trabalho deixou-o uma pessoa perfeitamente normal e de bom senso. Deixou de beber e adaptou-se normalmente em todos os setores. A razão do seu desequilíbrio é bem evidente: este homem não era casado e vivera uma vida intelectual muito unilateral e, certamente, tinha seus desejos e apelos. Mas não tinha sorte com mulheres por não ter diferenciação alguma de sentimentos. Agia como um idiota quando se tratava de mulheres, e logicamente elas perdiam a paciência com ele. Com os homens, o paciente agia de maneira desagradável e assim cavou um fosso de solidão à sua volta. Mas agora encontrara algo que o fascinava; tinha um novo centro de interesses. Logo descobriu que os sonhos apontavam alguma coisa muito significativa e assim a totalidade de seu interesse intuitivo e científico fora despertada. Ao invés de sentir-se como uma ovelha perdida nosso homem pensava: "Ah, quando o trabalho terminar hoje à tarde, vou para o meu escritório e verei o que vai acontecer; trabalharei com os meus sonhos e lá vou descobrir coisas extraordinárias". E era o que acontecia. Logicamente o julgamento racional diria que ele caíra violentamente em suas próprias fantasias; mas o caso não era esse, em absoluto. O cliente trabalhara arduamente com os dados de seu inconsciente e tratava as imagens de maneira científica. E quando o encontrei depois dos três meses de solidão, ele já estava quase normal. Apenas sentia-se um pouco confuso; não podia entender uma parte do material que havia cavado no inconsciente. Pediu minha opinião sobre isso e com o maior cuidado dei-lhe sugestões quanto ao significado, mas apenas no que se referia a ajudá-lo a continuar o trabalho e levá-lo a termo.

406   No fim do ano publicarei uma seleção dos seus primeiros quatrocentos sonhos, onde mostro o desenvolvimento de apenas um motivo central dessas imagens arquetípicas[81]. Haverá mais tarde uma tra-

---

81. "Símbolos oníricos do processo de individuação". In: JUNG, C.G. *Psicologia e alquimia* [OC, 12].

dução inglesa e os senhores terão a oportunidade de ver como o método funciona num caso que não foi absolutamente influenciado por mim nem por qualquer outra sugestão exterior. É uma série de imagens espantosas que mostra o que a imaginação ativa pode fazer. Os senhores entendem que nesse caso era particularmente um método para objetivar as imagens de maneira plástica porque muitos dos símbolos apareciam diretamente nos sonhos; mas de qualquer forma mostra a atmosfera que a imaginação ativa pode criar. Tenho pacientes que, noite após noite, trabalham as imagens, pintando ou modelando suas observações e experiências. O trabalho os fascina. É o fascínio que os arquétipos sempre exerceram sobre a consciência. Mas, objetivando-os, desaparece o perigo de eles invadirem o consciente e obtém-se um efeito positivo. É quase impossível definir tal efeito por meios racionais; é uma espécie de ação "mágica", uma influência sugestiva que vai da imagem ao indivíduo e dessa forma o inconsciente se estende e modifica.

Disseram-me que o Dr. Bennet trouxe alguns desenhos de um paciente. Será que ele teria a gentileza de mostrá-los? O quadro (Fig. 14) é uma tentativa de representar um vaso. Evidentemente está expresso de maneira muito inepta, é apenas uma tentativa, a sugestão de um vaso. Esse motivo é em si uma imagem arquetípica que tem um determinado propósito, e por esse desenho posso provar qual era a intenção subjacente. Vaso é um instrumento para conter coisas, líqui-

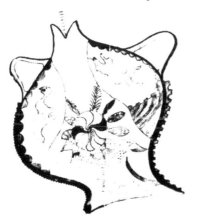

Fig. 14 – Quadro pintado por um paciente

dos, por exemplo, impedindo-os de se espalharem. Nossa palavra alemã para o vaso é *gefäss*, substantivo derivado de *fassen*, que quer dizer conter, estabelecer, dominar. A palavra *fassung* significa a acomodação e também, metaforicamente, o comportamento, permanecer composto. Assim o vaso, neste desenho, indica o movimento de conter a fim de ajuntar e não permitir a dispersão. Tem-se de ajuntar qualquer coisa que, de outra forma, poderia esparramar-se. Pela composição do quadro e por certas características que apresenta, é óbvio que a psicologia desse homem possui um número de elementos disparatados. É um quadro característico de uma condição esquizofrênica. Não conheço a pessoa, mas o Prof. Bennet confirma que minha conclusão é correta. Veem-se os elementos dispersos sobre todo o quadro. Há um grande número de coisas não motivadas e que não se encontram e não formam um conjunto. E, sobretudo, vemos linhas estranhas dividindo o campo, linhas que caracterizam uma mentalidade esquizofrênica, são as linhas de quebra. Quando um esquizofrênico faz um quadro de si próprio naturalmente exprime o corte de sua própria estrutura mental e assim encontramos essas linhas que frequentemente se espalham sobre uma determinada figura, como as linhas de um espelho quebrado. Nesse desenho, as figuras não mostram tais linhas, mas há linhas dividindo todo o plano.

408   Este homem, então, tenta ajuntar todos os elementos dispersos no vaso, que é destinado a ser receptáculo de todo o ser, de todos os elementos incompatíveis. Se tentasse uni-los em seu eu, seria uma tarefa impossível, pois o eu pode apenas identificar-se com uma parte de cada vez. Assim, o paciente indica, pela simbolização do vaso, que está tentando encontrar um continente para todas as coisas e, consequentemente, dá uma sugestão de centro fora do eu através daquela espécie de bola ou globo no meio do desenho.

409   O desenho é uma busca de cura. Traz à luz todos os elementos dispersos e também tenta ajuntá-los no vaso. A ideia de receptáculo é arquetípica. É encontrada em toda a parte, sendo motivo central de quadros inconscientes. É a ideia do círculo mágico desenhado em volta de alguma coisa que deve ser impedida de fugir ou que deve ser protegida de algum mal. O círculo mágico como encanto apotropaico é uma ideia ainda encontrada em motivos folclóricos. Por exemplo, se um homem cava para descobrir um tesouro, normalmente de-

senha o círculo mágico em volta do campo, para manter o demônio afastado. Quando se preparava o terreno para uma cidade, havia um ritual de andar ou cavalgar em volta de uma circunferência para que sua área interna ficasse protegida. Em algumas cidades suíças ainda é costume do padre e do conselho da cidade cavalgarem em volta dos campos, quando se ministra a bênção para a proteção da colheita. No centro do círculo mágico ou do recinto sagrado está o templo. Um dos mais notáveis exemplos dessa ideia é o templo de Borobudur, em Java. O passeio circular, a *circumambulatio*, é feito em forma de espiral. No caminho, os peregrinos passam pelas figuras de todas as diferentes vidas de Buda, até atingirem o Buda invisível, o Buda que está ainda para vir. O terreno de Borobudur é um círculo dentro de um quadrado. Esta estrutura é chamada *mandala* em sânscrito. A palavra quer dizer círculo, particularmente círculo mágico. No Oriente encontra-se a figura não apenas como piso de templos, mas também como motivo de decoração das paredes dos templos ou como desenhos alusivos a certas festas religiosas. No centro da mandala, encontra-se o próprio Deus, ou o símbolo da energia divina, o diamante que veio com o raio. Dentro do círculo mais interno está um claustro com quatro saídas. Então vem um jardim, em volta do qual há um outro círculo que é a circunferência externa.

O símbolo do mandala tem exatamente o significado de lugar sagrado, de *temenos*, para proteger o centro. E é um dos mais importantes motivos na objetivação das imagens inconscientes[82]. Destina-se a proteger o centro da personalidade de ser invadido e influenciado por meios exteriores.

O quadro do paciente do Dr. Bennet é uma tentativa de desenhar um tal mandala: contém um centro e todos os seus elementos psíquicos; o vaso poderia ser o círculo mágico, o temenos, em volta do qual está o circumambulatio. Portanto, a atenção se dirige para o centro, e ao mesmo tempo todos os elementos dispersos ficam ao alcance da observação, havendo a tendência de unificá-los. O circumambulatio deve ser sempre feito no sentido dos ponteiros do relógio e se alguém

---

82. Cf. JUNG, C.G. Comentário a *O segredo da flor de ouro*. Cf. tb. "O simbolismo dos mandalas";"Mandalas" [OC, 9/1].

o fizesse em outra direção seria desfavorável. E o circumambulatio nesse quadro seria a primeira tentativa do paciente de encontrar um centro e receptáculo de sua psique. Mas isso não é conseguido, o desenho não mostra equilíbrio e o vaso cai para a esquerda, para o lado do inconsciente, demonstrando assim que o inconsciente ainda é todo-poderoso. Se ele deseja que sua mágica apotropaica funcione, sua realização deve dar-se de maneira diferente. Veremos como o paciente procede na gravura seguinte.

412   Aqui (Fig. 15) aparece a tendência para a simetria. Os elementos disparatados e monstruosos que antes não podiam ser dominados agora se encontram contidos sob formas menos patológicas e mais favoráveis. O paciente conseguiu ajuntar as unidades vivas de seu inconsciente sob a forma de cobras dentro do vaso sagrado. E o vaso está firme, não tomba mais e a forma melhorou. Ainda não conseguiu êxito na sua intenção, mas pelo menos já pode dar alguma forma aos animais. São animais do submundo, peixes que vivem a grandes profundidades, cobras da escuridão; simbolizam os centros mais baixos de sua psique, o sistema simpático. Muito impressionante é que ele também atinge as estrelas, o que significa que o cosmos, o seu mundo está captado no quadro. Uma alusão à astrologia inconsciente que temos penetrada até os ossos, embora não tenhamos consciência disso. Na parte superior do quadro está a personificação do inconsciente, uma figura de animal nua, vista de costas. Trata-se de uma posição típica; no começo da objetivação dessas imagens, a figura do animal muitas vezes aparece de costas. No pé do vaso há oito figurações da lua crescente e a lua também é uma simbolização do inconsciente. O inconsciente masculino é sempre lunar, pois é um mundo noturno caracterizado pela lua. E lua (luna) é um termo feminino, pois o inconsciente é feminino. Há ainda muitas linhas de quebra que perturbam a harmonia. Mas creio que, se nenhum problema particular interferir, o paciente continuará dentro de uma linha construtiva. Eu diria que há esperanças de ele se encontrar, pois o aparecimento da anima é sempre muito positivo. Ela própria é espécie de vaso, pois incorpora o inconsciente, impedindo-o de espalhar-se em todos os sentidos. O paciente também tenta separar os motivos da esquerda dos da direita e isso indica uma tentativa de orientação consciente. A bola ou globo do primeiro desenho desapareceu, o que entretanto não é

sinal negativo. A totalidade do vaso seria o centro; e a inclinação foi corrigida, o objeto está firmemente assentado sobre uma base. Todos esses fatos mostram que ele está tentando encontrar o caminho certo.

Fig. 15 – Quadro pintado por um paciente

Os desenhos devem ser devolvidos ao paciente porque são muito importantes. Podem-se obter cópias deles; os pacientes gostam de fazer cópias para os médicos. Mas devemos dar-lhes os originais, pois eles gostam de vê-los e assim enxergam que seu inconsciente está adquirindo expressão. A forma objetiva volta-se sobre eles e os pacientes sentem-se encantados. A influência sugestiva reage no sistema psíquico do paciente introduzindo o mesmo efeito que foi colocado no desenho. Aí está a razão do uso de imagens sagradas, de ídolos, de ícones. Elas lançam sua mágica em nosso sistema, fazendo também que nos objetivemos nelas. Se nos entregarmos a um ícone ele falará conosco. Tomemos um mandala lamaica que tenha um Buda no centro, ou Shiva, e, na medida em que nos colocarmos dentro dela, ela nos responderá. Trata-se de um efeito mágico.

Tais desenhos do inconsciente expressam a verdadeira condição psicológica do indivíduo, e por isso podemos usá-los na diagnose. Por meio de um desenho desses podemos dizer exatamente em que pé está o paciente, se sua disposição é esquizofrênica ou apenas neurótica. Pode-se até partir para uma prognose. Necessitamos apenas de um pouco de prática para fazermos com que tais quadros sejam utilíssimos. Evidentemente deve-se tomar cuidado, não se pode chegar a um tal dogmatismo a ponto de dizer a cada cliente: "Agora comece a pintar". Há pessoas que pensam: "O tratamento do Dr. Jung consiste em dizer a seus pacientes que pintem", como anteriormente diziam: "Ele divide os pacientes em introvertidos e extrovertidos e diz: Você deve viver assim e assim, porque pertence a este ou àquele tipo". Certamente isto não é um tratamento. Cada paciente constitui um problema novo para o analista e ele apenas conseguirá a cura de sua neurose se o orientarmos na procura individual da solução de seus conflitos.

O presidente:

415 Senhoras e senhores, os aplausos expressam alguma coisa do que sentimos pelo Prof. Jung. Esta foi a última conferência da série que tivemos a honra, o prazer e o privilégio de ouvir. Professor, temos apenas maneiras inadequadas de exprimir-lhe o nosso agradecimento por essas conferências que foram tão estimulantes, tão desafiadoras e que nos deixaram tanta coisa para pensar no futuro. Para todos nós, e especialmente para aqueles que são terapeutas, foram conferências sumamente sugestivas. Creio que essa era exatamente a sua intenção, Prof. Jung, e isso o senhor conseguiu. Foi um prazer imenso tê-lo aqui no Instituto e creio que estamos todos arquitetando o plano de trazê-lo de volta muito breve, assim o esperamos, quando o senhor voltar à Inglaterra para fazer-nos pensar mais sobre esses grandes problemas.

II
Símbolos e interpretação dos sonhos

1. O sentido dos sonhos

Por meio da linguagem a pessoa procura denominar as coisas de tal forma que suas palavras expressem aquilo que deseja comunicar. Mas às vezes emprega conceitos ou signos que não são descritíveis em sentido estrito e que só podem ser entendidos mediante pressuposições: basta lembrar as tantas siglas como ONU, Otan, Ocee que inundam nossos jornais, ou as logomarcas e os nomes de remédios. Ainda que deflua deles o que significam, eles só têm sentido preciso para quem os conhece. Essas denominações não são *símbolos*, são mais precisamente *signos*. Chamamos de símbolo um conceito, uma figura ou um nome que nos podem ser conhecidos em si, mas cujo conteúdo, emprego ou serventia são específicos ou estranhos, indicando um sentido oculto, obscuro e desconhecido. Tomemos, por exemplo, a figura da acha dupla que aparece muitas vezes nos monu-

---

Este ensaio foi redigido em inglês e terminado pouco antes da morte de Jung, a 6 de junho de 1961. Não tinha título especial, mas era a introdução à obra coletiva *Man and His Symbols* (Aldus Books, Londres 1964) que continha colaborações de quatro autores, figurando Jung como editor. A seu pedido, Marie-Louise von Franz assumiu, após a morte dele, a tarefa, com a colaboração de John Freeman. Para a edição inglesa, o texto de Jung, intitulado "Approaching the Unconscious", foi bastante retrabalhado e dividido em capítulos; esta versão é basicamente a mesma que foi traduzida para o alemão e publicada por Walter Verlag, Olten, em 1968, sob o título *Der Mensch und seine Symbole*. A parte de Jung traz aqui o título *"Zugang zum Unbewussten"*. O livro todo foi planejado como uma introdução compreensível a todo o pensamento de Jung. O presente texto corresponde na maior parte ao original impresso de Jung, com exceção dos títulos dos capítulos que tomamos da edição anglo-americana (N.E.).

mentos cretenses. Conhecemos o objeto mas desconhecemos seu sentido específico. Um hindu, ao voltar de uma visita à Inglaterra, contou a seus amigos que os ingleses adoravam animais. Ele realmente havia encontrado figuras de águias, leões e bois em suas igrejas, mas não sabia que estes animais eram símbolos dos evangelistas. Há muitos cristãos que não sabem que estes símbolos provêm da visão de Ezequiel que, por sua vez, é um paralelo do Horus egípcio e de seus quatro filhos. Outros exemplos são o círculo e a cruz, objetos conhecidos por todos, mas que em certas circunstâncias podem constituir símbolos e significar algo que dá ensejo a especulações conflitantes.

417 Um conceito ou uma figura são simbólicos quando significam mais do que indicam ou expressam. Eles têm um aspecto abrangente "inconsciente" que nunca se deixa exaurir ou definir com exatidão. A causa dessa peculiaridade deve ser buscada no fato de no estudo do símbolo o espírito ser levado, em última análise, a representações de natureza transcendental e diante das quais deve capitular nossa compreensão. O círculo, por exemplo, pode levar à representação de um Sol "divino", onde a compreensão racional se mostra incompetente, pois não estamos em condições de definir ou demonstrar um ser divino. Somos apenas humanos e nossa faculdade intelectual é, portanto, limitada. Podemos, evidentemente, chamar alguma coisa de "divina", mas isto é só um nome, um modo de falar, talvez uma confissão de fé, mas nunca uma prova.

418 Como existem muitas coisas que estão além da compreensão humana, usamos frequentes vezes – consciente ou inconscientemente – conceitos e figuras simbólicos quando a elas nos referimos (sem considerar a linguagem eclesial que está cheia disso); não só usamos símbolos, mas também os produzimos espontaneamente em nossos sonhos. O simbolismo é um dado psicológico que merece um aprofundamento maior.

419 Todo ato da apercepção, ou seja, do conhecimento, cumpre só parcialmente sua tarefa, nunca a realizando de modo pleno. Primeiramente, a percepção sensória, que está à base de toda experiência, é limitada pelo número e qualidade restritos de nossos sentidos, o que pode ser compensado até certo ponto pelo emprego de instrumentos, mas não o suficiente para eliminar completamente o campo limítrofe da incerteza. Depois, a apercepção passa o fato observado para

um meio aparentemente incomensurável, isto é, para a forma e essência de um acontecimento psíquico, cuja verdadeira natureza é desconhecida. Desconhecida porque o conhecimento não pode conhecer a si mesmo; a psique não pode saber nada sobre sua própria substância. Por isso há em toda experiência um número indefinido de fatores desconhecidos, sem falar do fato de que o objeto do conhecimento é, de certa forma, sempre desconhecido, porque não podemos conhecer a essência da matéria em si.

Toda ação consciente ou todo acontecimento vivido conscientemente têm duplo aspecto, isto é, um consciente e um inconsciente, assim como toda percepção sensória tem um aspecto subliminar: por exemplo, o tom abaixo ou acima do limiar auditivo, ou a luz abaixo ou acima do limiar visual. A parte inconsciente do acontecimento psíquico alcança a consciência – se a alcança – apenas por via indireta. O acontecimento que revela a existência de seu lado inconsciente está marcado por sua emotividade ou por um interesse vital que não foram reconhecidos conscientemente. A parte inconsciente é uma espécie de segunda intenção que no decorrer do tempo poderia tornar-se consciente com a ajuda da intuição e através de uma reflexão mais profunda. Contudo, o acontecimento pode manifestar seu aspecto inconsciente – e este é em geral o caso – num sonho. Mas o sonho mostra o aspecto subliminar na forma de *imagem simbólica* e não como pensamento racional. Foi a compreensão dos sonhos que, pela primeira vez, nos deu oportunidade de examinar o aspecto inconsciente de acontecimentos psíquicos conscientes e de pesquisar sua natureza.

O engenho humano levou muito tempo para chegar a uma compreensão mais ou menos racional e científica do significado funcional dos sonhos. Freud foi o primeiro a tentar esclarecer empiricamente o pano de fundo inconsciente da consciência. Partiu do pressuposto geral de que as conexões oníricas estavam ligadas a representações conscientes através da lei da associação, isto é, através de dependência causal, e não eram simples acasos. Este pressuposto não é de forma alguma aleatório mas se baseia no fato empírico, já observado de há muito por neurólogos, sobretudo por Pierre Janet, de que os sintomas neuróticos estão relacionados com alguma experiência consciente. Parecem até constituir campos separados da consciência que em outro tempo e sob outras condições podem ser conscientes, assim como uma anestesia histérica pode manifestar-se por instantes, desaparecer imediatamente e, pouco depois, reaparecer. Breuer e Freud reconheceram há mais de meio século que os sintomas neuróticos são importantes e significativos na medida em que exprimem determinada ideia. Em outras palavras, são simbólicos como os sonhos: *eles simbolizam*. Por exemplo, um paciente, confrontado com uma situação difícil, é acometido de um espasmo quando quer engolir: "não consegue engolir". Sob circunstâncias semelhantes, outro paciente tem asma: "não consegue respirar o ar em casa". Um terceiro sofre de forte paralisia das pernas: não consegue andar, isto é, "não consegue mais andar". Um quarto vomita tudo que come: "não consegue digerir", e assim por diante. Da mesma forma poderiam ter tido sonhos desse tipo.

422   Naturalmente os sonhos apresentam maior variedade e muitas vezes estão cheios de fantasias pitorescas e exuberantes, mas podem ser atribuídos em última análise à mesma ideia fundamental quando se segue o método original de Freud, o chamado método da "livre associação". Este método consiste simplesmente em deixar o paciente falar à vontade sobre suas imagens oníricas. É exatamente isto que o médico não psicólogo não deixa acontecer. Devido ao pouco tempo disponível, reluta em deixar que o paciente fale quase sem parar sobre suas fantasias. Mal sabe ele que seu paciente está neste momento pronto a trair-se e a revelar o pano de fundo inconsciente de seu sofrimento. Quem falar o tempo suficiente vai trair-se inevitavelmente pelo que diz e pelo que intencionalmente evita dizer. Pode fazer o máximo de esforço de desviar o médico e a si mesmo dos fatos reais, mas em pouco tempo fica patente qual o ponto que tentou contornar. Por meio de um palavreado aparentemente prolixo e irracional, descreve inconscientemente determinado campo ao qual volta sempre de novo e em renovada tentativa de ocultá-lo. Em sua descrição emprega inclusive símbolos que aparentemente servem à sua intenção de esconder e evitar os fatos, mas que apontam constantemente para o cerne de sua desagradável situação.

423   Se tiver paciência suficiente, vai ouvir uma profusão de falas simbólicas que se destinam aparentemente a esconder do conhecimento consciente alguma coisa, um segredo. Um médico percebe muita coisa do lado sombrio da vida, a ponto de raras vezes enganar-se quando in-

terpreta o aceno que o paciente lhe faz como sinal de má consciência. O que descobre ao final confirma infelizmente suas expectativas. Até agora ninguém pôde objetar nada à teoria freudiana da repressão e da satisfação do desejo como supostas causas do simbolismo dos sonhos.

Mas, se considerarmos a seguinte experiência, ficaremos em dúvida: Um colega e amigo meu que viajou por muitas horas num trem russo tentou decifrar as letras cirílicas das placas e caiu numa espécie de devaneio sobre o que poderiam significar e – seguindo o princípio da "livre associação" – o que elas lhe lembravam; imediatamente estava mergulhado em todo tipo de reminiscências. Para pesar seu, descobriu entre elas também alguns companheiros antigos e bem desagradáveis de noites de insônia, seus "complexos", temas reprimidos e cuidadosamente relegados que o médico apontaria com satisfação como as causas mais prováveis de uma neurose ou como o significado mais plausível de um sonho. 424

Mas não houve sonho; apenas "livre associação" de letras incompreensíveis, o que significa que se pode chegar ao centro a partir de qualquer um dos quatro pontos cardeais. Por meio da livre associação chega-se às ideias críticas e ocultas, não importando o ponto de partida, sejam eles sintomas, sonhos, fantasias, letras cirílicas ou quadros de arte moderna. Em todo caso, este fato nada diz sobre sonhos e seu verdadeiro significado. Indica simplesmente a existência de um material, pronto para a associação, que circunvagueia livremente. Muitas vezes os sonhos possuem uma estrutura bem marcante, voltada, por assim dizer, para um objetivo e fazem supor que em sua base estejam uma ideia e uma intenção, mas que normalmente não são diretamente acessíveis à compreensão. 425

Esta experiência abriu-me os olhos; mas sem rejeitar de todo a ideia da "associação", cheguei à conclusão de que era preciso voltar a atenção mais para o sonho em si, isto é, para sua forma e mensagem específicas. Por exemplo, alguém sonha com uma pessoa desmazelada, bêbada e vulgar que se diz "sua esposa". A crua mensagem do sonho é chocante e muito longe da realidade, mas o sonho fez sua parte. Naturalmente esta mensagem não é aceitável e é logo rejeitada como absurdo onírico. Se deixarmos que o paciente associe livremente sobre o sonho, tentará, com grande probabilidade, afastar-se o 426 máximo possível daquela ideia chocante e vai aportar finalmente em um de seus principais complexos, sem que tenhamos apreendido alguma coisa sobre o sonho em si. O que será que o inconsciente quis dizer através de uma mensagem totalmente irreal?

427 Se alguém, com menos experiência e conhecimento no campo dos sonhos, quiser defender o ponto de vista de que os sonhos são apenas fenômenos caóticos sem significado algum, está em seu direito. Mas se os considerarmos, o que realmente são, como acontecimentos normais, então é preciso tomá-los como produtos causais, isto é, racionais, ou como visando a um objetivo, ou ambas as coisas. Em outras palavras, é preciso considerá-los como significativos.

428 Na verdade existe aqui a representação de uma pessoa decaída do sexo feminino que é parenta próxima do sonhador. Esta representação é projetada sobre a esposa, o que é falseado pela mensagem. Mas com que se relaciona então?

429 Inteligências perspicazes já sabiam na Idade Média que "todo homem traz dentro de si sua mulher"[1]: esta nossa feminilidade subordinada eu a chamei de *anima* (ainda voltarei a isso mais tarde). Ela consiste principalmente numa espécie de relacionamento inferior com o seu meio – sobretudo com as mulheres – que escondemos cuidadosamente dos outros e de nós mesmos. A personalidade de um homem pode estar perfeitamente normal para fora, enquanto o lado da anima se encontra às vezes numa situação lastimável. Este era o caso do nosso sonhador: seu lado feminino não era agradável. A mensagem aplicada à sua anima acertou o alvo em cheio ao dizer-lhe: Você se comporta como uma mulher degenerada. Isto é um golpe baixo e quer sê-lo. Mas não se deve tomar este caso como prova da natureza moral do inconsciente. É apenas uma tentativa de fornecer um contrapeso à unilateralidade da consciência do sonhador que imaginava ser um cavalheiro perfeito.

430 Experiências semelhantes ensinaram-me a desconfiar da livre associação. Não fui mais atrás de associações que estavam distantes e se desviavam da mensagem manifesta do sonho. Em vez disso, concen-

---

1. DOMINICUS GNOSIUS. *Hermetis Trismegisti Tractatus vere aureus de Lapide philosophici secreto* (1610), p. 101.

trei-me no próprio texto do sonho como sendo aquilo que era intencionado pelo inconsciente. Comecei a rodear o sonho como tal, sem perdê-lo de vista por nenhum instante, assim como se toma um objeto na mão, examinando-o de todos os lados para perceber cada uma de suas peculiaridades.

Mas por que levar em consideração os sonhos, estas ilusões fúteis, fugazes, duvidosas, vagas e incertas? Merecem eles nossa atenção? Nosso racionalismo não o recomendaria; e a história da interpretação dos sonhos foi até aqui sempre um ponto delicado; altamente desanimadora, de fato e, para dizer pouco, extremamente "não científica". Abstraindo-se do conteúdo das psicoses, neuroses, mitos e dos produtos das diversas artes, *os sonhos são as fontes mais numerosas e mais acessíveis em geral para a pesquisa sobre a capacidade simbolizadora das pessoas*. Os produtos artísticos são mais singulares, mais complicados e de compreensão mais difícil, pois, quando se trata da originalidade individual, não dá para arriscar uma interpretação desses produtos inconscientes sem a ajuda do autor. Os sonhos são de fato a fonte de todo o nosso conhecimento sobre o simbolismo.

431

Como já demonstrei, não é possível inventar símbolos e, onde quer que apareçam, nunca são produzidos pela intenção consciente e por escolha da vontade. Se tivéssemos adotado tal procedimento, nada mais teriam sido do que sinais e abreviações de pensamentos conscientes. Os símbolos são produzidos espontaneamente por nós, como podemos ver em nossos sonhos, que não são pensados por nós, mas acontecem. Eles não são compreensíveis de imediato, mas precisam de análise cuidadosa, com o auxílio da associação; mas não da "livre associação", como já mencionei acima, que em última instância sempre leva a ideias emocionais e a complexos que mantêm inconscientemente presa nossa mente. Para chegar lá não há necessidade de sonhos. Nos inícios da psicologia clínica predominava em geral a opinião de que a análise dos sonhos devia servir para a descoberta de complexos. Para alcançar este objetivo basta recorrer ao *experimento de associações* que nos dá as indicações necessárias, conforme já demonstrei há muitos anos. E nem este experimento é necessário, pois é possível chegar ao mesmo resultado se deixarmos que as pessoas falem o tempo suficiente.

432

433*   Comecei a supor que os sonhos poderiam ter uma outra e mais interessante função. O fato de levarem em última análise aos complexos não pode ser mérito específico. Se quisermos saber o que significa um sonho e qual sua função específica, então temos que procurar contornar o produto inevitável, isto é, o complexo. Para que a tentativa de interpretação tenha êxito, temos que colocar um limite à soberania da "livre" associação, impor uma restrição que está no próprio sonho. Pela livre associação afastamo-nos da imagem onírica individual perdendo-a de vista. Mas é preciso que nos atenhamos mais firmemente ao sonho e à sua forma individual. O sonho limita-se a si mesmo. Ele é seu próprio critério para o que dele faz parte e para o que dele se desvia. Todo o material que se encontra fora da extensão do sonho ou que ultrapassa seus limites traçados por sua forma individual leva ao erro e só faz com que apareçam os complexos dos quais não sabemos se pertencem ao sonho ou não, pois podem ser suscitados por muitos outros modos. Há, por exemplo, uma quantidade quase infinda de imagens pela qual pode ser "simbolizado" ou, melhor, alegorizado o ato genital. Mas o sonho intenciona sua expressão específica, apesar do fato de as associações subsequentes levarem à representação do ato genital. Isto não é novidade e é evidente, mas o verdadeiro nó da questão é entender por que o sonho escolheu sua expressão individual.

434   Na interpretação dos sonhos só deveria ser usado o material que, através de seu simbolismo, se apresenta como pertencendo clara e inequivocamente ao sonho. Enquanto a livre associação procede em relação ao tema quase que em linhas ziguezagueantes, o novo método – conforme já o disse muitas vezes – é antes um *movimento circular*, cujo ponto central é a imagem onírica. A concentração está toda voltada ao tema específico, ao sonho em si, não considerando as insistentes tentativas do sonhador de fugir do sonho. Esta tendência "neurótica" de dissociação, que sempre está presente, tem muitos aspectos e, em última análise, parece consistir numa resistência fundamental da consciência contra tudo o que é inconsciente e desconhecido. Como sabe-

---

* Na edição inglesa foram colocadas no início desse parágrafo as duas frases iniciais do § 444 [N.T.].

mos, esta resistência, muitas vezes apaixonada, é típica da psicologia das culturas primitivas que são geralmente conservadoras e têm tendências declaradamente misoneístas. Tudo o que é novo e desconhecido provoca temores fortes e supersticiosos. Os primitivos apresentam todas as reações dos animais selvagens contra acontecimentos importunos. Mas nossa civilização altamente diferenciada não está livre desses comportamentos primitivos. Uma nova ideia que não concorda exatamente com a expectativa geral encontra sérios empecilhos de ordem psicológica. Ela não é considerada como ganho, mas é temida, combatida e abominada de todas as maneiras. Muitos pioneiros têm histórias tristes para contar só por causa do misoneísmo de seus concidadãos. No que se refere à psicologia, uma das ciências mais novas, podemos ver em plena ação o misoneísmo, e na ocupação com os nossos sonhos observamos sem dificuldade nossa própria reação quando temos que confessar uma ideia desagradável. É sobretudo o medo do inesperado e do desconhecido que faz com que as pessoas aproveitem com ansiedade a livre associação como meio de fuga. Não sei quantas vezes usei, em meu trabalho profissional, as seguintes palavras: "Vamos voltar ao sonho! O que ele diz?"

Se quisermos entender um sonho, é preciso tomá-lo a sério e pressupor que ele significa o que realmente diz, pois não há razão plausível para supor que ele seja outra coisa do que é. Mas a aparente futilidade dos sonhos é tão convincente que não só o sonhador mas também o intérprete podem facilmente sucumbir ao preconceito do "nada mais do quê". Quando um sonho se torna difícil e recalcitrante, é grande a tentação de abandoná-lo por completo.

Ao realizar estudos psicológicos junto a uma tribo primitiva na África Oriental, fiquei surpreso ao constatar que os membros da tribo negavam ter qualquer sonho. Em conversas pacientes e indiretas, dei a entender que eles tinham sonhos como qualquer outra pessoa, mas que estavam convencidos de que não tinham significado algum. "Sonhos de pessoas comuns não significam nada", disseram eles. De acordo com a opinião deles, os únicos sonhos que tinham alguma importância eram os dos chefes ou dos curandeiros que se referiam ao bem-estar da tribo. Estes sonhos mereciam grande consideração. A única desvantagem era que o chefe bem como o curandeiro afirmavam não ter mais sonhos "desde que os ingleses" estavam no território: o comissário do distrito havia assumido a função dos "grandes sonhos".

437   Este caso mostra, por exemplo, como é ambivalente a opinião sobre os sonhos, mesmo numa sociedade primitiva, exatamente como em nossa sociedade, onde a maioria não liga para sonhos, enquanto apenas uma minoria lhes atribui grande valor. A Igreja já conhece há muito tempo os "somnia a Deo missa" (sonhos enviados por Deus); e vimos se desenvolvendo uma disciplina científica que se propôs a pesquisa do campo incomensurável dos processos inconscientes. Mas a "pessoa de nível médio" não pensa sobre os sonhos, e inclusive a pessoa de boa formação participa via de regra da ignorância generalizada e deprecia tudo o que, mesmo de longe, tenha algo a ver com o "inconsciente".

438   Até mesmo a existência de uma psique inconsciente é negada por grande número de cientistas e filósofos que muitas vezes apelam para o ingênuo argumento de que, se existisse uma psique inconsciente, haveria no indivíduo dois sujeitos em vez de um só. Mas é precisamente este o caso, apesar da suposta unidade da personalidade. Inclusive, o grande problema de hoje é que existem muitas pessoas cuja mão direita não sabe o que faz a esquerda. E não é apenas o neurótico que está nesse dilema; ao contrário, é o sintoma de uma ignorância generalizada que não representa um fato novo nem foi adquirida num momento histórico determinado como, por exemplo, a partir do advento da moral cristã, mas é uma herança geral da humanidade.

439   O desenvolvimento e ampliação da consciência é um processo lento e penoso que levou incontáveis éons para alcançar o grau da civilização que nós situamos mais ou menos aleatoriamente à época da descoberta da escrita, por volta de 4.000 a.C. Apesar de nosso desenvolvimento, desde então, parecer considerável, está muito longe de sua perfeição. Campos infindamente amplos de nossa mente continuam escondidos no escuro. O que denominamos "psique" não é de modo algum idêntico à nossa consciência e seu conteúdo. Aqueles que negam a existência do inconsciente não têm certeza de estarem realmente pressupondo que nosso conhecimento da psique seja pleno e que não haja mais espaço para novas descobertas futuras. É como se quisessem colocar nosso atual conhecimento sobre a natureza como o ápice de todo conhecimento possível. Nossa psique é uma

parte da natureza e seu mistério é igualmente insondável. Não podemos definir "natureza" e "psique", podemos apenas constatar o que atualmente entendemos por elas. Ninguém em sã consciência poderia fazer uma afirmação como esta: "não existe inconsciente", isto é, conteúdos psíquicos dos quais ele ou os outros não tenham consciência; nem queremos mencionar o acúmulo de provas concludentes que a ciência médica reuniu. Não é a responsabilidade ou honestidade científica que provoca esta resistência, mas um misoneísmo antiquíssimo, o medo do novo e do desconhecido.

Para esta atitude peculiar de resistência a partes inconscientes da psique há razões históricas ponderáveis. A consciência é obviamente uma conquista bem nova da natureza e, como tal, encontra-se ainda num estágio "experimental". Isto significa que é frágil, ameaçada por certos perigos e facilmente vulnerável. Um dos distúrbios psíquicos mais frequentes nos primitivos é a "perda de sua alma", o que significa, conforme a expressão diz, uma notável dissociação da consciência. No plano mental do primitivo, a psique ou alma não é uma unidade, como se pressupõe em geral. Muitos primitivos acreditam que o indivíduo, além de sua própria alma, ainda possui uma "alma da selva" que está encarnada num animal selvagem ou numa árvore. Está ligada ao indivíduo humano através de uma espécie de identidade psíquica ou, como diz Lévy-Bruhl, de uma "participation mystique"[2]. Se for um animal, este será como um irmão para a pessoa; e esta irmandade vai tão longe que, se alguém, por exemplo, tiver como irmão um crocodilo, pode, segundo dizem, atravessar a nado sem perigo um rio infestado de crocodilos. Se for uma árvore, ela exercerá sobre o indivíduo uma espécie de autoridade paterna. Uma lesão da alma da selva significa uma lesão correspondente do indivíduo. Outros acham que a pessoa tem mais de uma alma, donde se depreende que o primitivo tem a sensação de ser constituído de mais de uma unidade. Isto significa que sua psique está longe de formar um composto firme; ao contrário, está em constante perigo de decompor-se sob o assalto de sentimentos incontroláveis.

440

---

2. Para evitar mal-entendidos devo lembrar que Lévi-Bruhl infelizmente retirou depois este termo devido a pressões da crítica negativa. Mas seus críticos não têm razão, pois a identidade inconsciente é um fato psicológico bem conhecido.

441 O que é possível observar na esfera aparentemente longínqua do espírito primitivo não desapareceu, de forma alguma, de nossa civilização avançada. Muitas vezes não sabe nossa mão direita o que faz a esquerda e, tomados pela emoção, esquecemos quem somos, a ponto de as pessoas dizerem: Será que o diabo entrou nele? Disposições humorais tomaram conta de nós e nos modificam, de repente já não conseguimos mais aceitar argumentos racionais, ou fatos importantes desaparecem completamente de nossa memória. Não é uma coisa óbvia estarmos sempre em condições de "nos dominar". Autodomínio é uma virtude e, por isso, é rara e notável. Basta perguntar aos amigos ou parentes quando queremos saber algo de nós mesmos de que não tínhamos a menor noção. Fascinados pela trave no olho do irmão, esquecemos ou omitimos quase sempre aplicar a nós mesmos a crítica que esbanjamos sobre os outros.

442 Todos esses fatos amplamente conhecidos não deixam dúvida de que, apesar das alturas de nossa civilização, a consciência humana ainda não alcançou um grau adequado de continuidade. Ela é ainda dissociável e vulnerável; mas isto é de certa forma bom, pois a dissociabilidade da psique pode constituir uma vantagem na medida em que nos capacita a concentrar-nos num só ponto, com exclusão de tudo o mais que pudesse reclamar nossa atenção. Há portanto grande diferença se a consciência separa e reprime intencional e passageiramente uma parte da psique, ou se acontece a alguém que a psique se divide espontaneamente, sem nosso conhecimento e concordância, ou mesmo contra a nossa vontade. O primeiro caso é um produto da civilização, o segundo é um estado primitivo e arcaico ou um acontecimento patológico e a causa de uma neurose. E uma "perda da alma", um sintoma de primitivismo psíquico ainda existente.

443 Na verdade, resta um longo caminho do primitivismo até uma coerência confiável da consciência. Mesmo em nossa época a consciência é ainda um assunto duvidoso, pois basta uma pequena emoção para explodir sua continuidade. Por outro lado, o domínio de nossos sentimentos, por mais desejável que possa ser, permaneceria uma conquista problemática, se com isso nossa vida social perdesse em variedade, colorido, calor e charme.

2. As funções do inconsciente

* À base do sonho está sem dúvida uma forte emoção da qual participam os complexos costumeiros, o que, aliás, era de se esperar. Eles são os pontos fracos e nevrálgicos da psique que reagem em primeiro lugar e sobretudo a uma situação externa problemática. Nosso novo método trata o sonho como um fato sobre o qual não há opiniões preconcebidas, com exceção do pressuposto de que ele tem algum sentido. Isto é o que toda ciência pressupõe, ou seja, que seu objeto merece um exame. Por menor que seja a importância atribuída ao chamado "inconsciente", deve ser colocado no mínimo no mesmo plano dos piolhos e outros insetos que são objeto de interesse verdadeiro do entomólogo. E quanto à suposta audácia da hipótese de que existe uma psique inconsciente, devo sublinhar que é muito difícil pensar em outra formulação mais simples. É tão simples que se parece quase a uma tautologia: um conteúdo da consciência desaparece e perde sua capacidade de reprodução. O que no melhor dos casos se pode dizer sobre isso é: a ideia (ou o que quer que tenha sido) tornou-se inconsciente ou sumiu da consciência de modo que já não é possível trazê-la de volta à memória. Ou pode acontecer também que tenhamos um pressentimento ou um palpite de algo que está a ponto de irromper na consciência: "algo está no ar", "aí tem sujeira" e assim por diante. Nestes casos não se trata de afirmação ousada se falarmos de conteúdos latentes e inconscientes.

444

Quando algo desaparece da consciência, não quer dizer que evapora no ar ou deixa de existir, mas é semelhante a um carro que some atrás da curva. Simplesmente não está mais à vista e assim como podemos reavistar o carro, também uma ideia anteriormente perdida pode reaparecer. Não há razão para supor que conteúdos psíquicos, passageiramente obscurecidos, deixem de existir. Apenas não estão à vista. Com a sensação não é diferente, conforme prova a seguinte experiência: Quando se produz um som um pouco acima do limiar auditivo, pode-se observar, numa escuta mais atenta, que, a intervalos regulares, ele se torna audível e depois novamente inaudível. Essas oscilações podem ser atribuídas ao aumento ou diminuição periódicos da atenção.

445

---

* Cf. § 433*.

O som nunca deixa de existir com intensidade constante. É tão somente nossa atenção diminuída que causa seu aparente desaparecimento.

446   Portanto, o inconsciente consiste em primeiro lugar de uma multiplicidade de conteúdos passageiramente obscurecidos. Quando observamos uma pessoa distraída em sua atividade, podemos ver, por exemplo, como ela se dirige a um determinado lugar em seu quarto, com a evidente intenção de pegar alguma coisa. De repente para, perplexa: esqueceu por que se levantara e o que queria pegar. Começa a mexer inadvertidamente com os dedos das mãos, olhando para um grande sortimento de objetos e não tendo a menor noção do que realmente procura. De repente acorda: encontrou o que procurava, ainda que houvesse esquecido o que era. Comporta-se como um sonâmbulo que esqueceu sua intenção original mas que, apesar disso, é guiado por ela. Observando o comportamento de um neurótico, podemos encontrar centenas de exemplos em que ele pratica ações aparentemente conscientes e intencionais: se o interrogarmos a respeito, constatamos, para maior surpresa dele, que estava inconsciente em relação a isso, ou pretendia fazer bem outra coisa. Ele ouve, mas não ouve; ele enxerga, mas está cego; ele sabe e, ao mesmo tempo, não sabe. Os especialistas testemunharam milhares de observações desse tipo em que conteúdos inconscientes se comportam como se fossem conscientes, não havendo certeza se em tais casos as ideias, palavras ou ações são conscientes ou não. Alguma coisa que nos é tão evidente que não conseguimos imaginar seja ela invisível para outra pessoa pode simplesmente não existir para nosso próximo. Apesar disso pode ele comportar-se como se estivesse tão consciente dela quanto nós mesmos.

447   Esta incerteza levou ao preconceito médico de que os pacientes histéricos eram mentirosos inveterados. No entanto, o exagero de mentiras que eles parecem contar deve ser atribuído a seu estado psíquico, isto é, à dissociabilidade de sua consciência que se eclipsa de modo imprevisível assim como sua pele apresenta pontos anestésicos inesperados e variáveis. Não há certeza se uma espetada de agulha é sentida ou não. Se sua atenção estiver fixada num ponto determinado, pode acontecer que toda a superfície de seu corpo fique anestesiada. Diminuindo a atenção, estabelece-se imediatamente a percepção sensória. Se, além disso, esses casos forem hipnotizados, é possível provar facilmente que o paciente tem consciência de tudo o que foi

feito com ele num ponto anestesiado ou durante o eclipse da consciência. Consegue lembrar-se de todos os detalhes, como se tivesse estado em plena consciência durante o experimento. Lembro-me do caso de uma senhora que foi trazida para a clínica num estado de completo estupor (estado de inconsciência profunda). Ao voltar à consciência no dia seguinte, sabia quem ela era mas não sabia onde estava nem como e por que fora parar ali; também sabia a data. Eu a hipnotizei e ela me contou a história, facilmente comprovável, por que havia adoecido, como chegara à clínica e quem a havia recebido, e tudo nos mínimos detalhes. Lembrava-se perfeitamente da hora e do minuto em que dera entrada na clínica, pois havia no saguão de entrada um relógio, ainda que não estivesse num lugar muito evidente. Tudo transcorreu como se estivera em estado perfeitamente normal e não num estado de inconsciência profunda.

É certo que a maior parte de nosso material comprobatório provém de observações clínicas. Por causa disso muitos críticos dizem que o inconsciente e suas manifestações pertencem ao campo da psicopatologia na condição de sintomas neuróticos e psicóticos, e que eles não ocorrem em estado psíquico normal. Mas já foi comprovado há muito tempo que os fenômenos neuróticos não são produto exclusivo de doença. São antes e basicamente acontecimentos normais, patologicamente exagerados e, por isso, mais evidentes do que seus paralelos normais. Podemos, de fato, observarem indivíduos normais um conjunto de sintomas histéricos, em forma reduzida, e que devido à sua pouca ênfase passam despercebidos. Sob este aspecto também a vida cotidiana é uma rica fonte de nosso material comprovador.

Assim como podem desaparecer no inconsciente conteúdos conscientes, também podem reaparecer conteúdos do inconsciente. Ao lado de uma maioria de simples recordações, podem aparecer ideias realmente novas e criadoras que antes nunca foram conscientes. Elas nascem da profundeza escura como o lótus e constituem parte importante da psique subliminar. Este aspecto é de importância especial quando se lida com sonhos: é preciso ter presente que o material do sonho nem sempre se constitui forçosamente de recordações; pode também conter ideias novas que ainda não são conscientes.

450 O esquecimento é um processo normal em que certos conteúdos conscientes perdem sua energia específica através do desvio da atenção. Quando o interesse se volta para outras coisas, relega à sombra conteúdos anteriores, à semelhança de um holofote que, ao iluminar nova área, deixa no escuro a área anterior. Isto é inevitável, pois a consciência só pode reter de uma vez algumas poucas ideias com plena clareza; e mesmo esta clareza está sujeita a oscilações, conforme já alertei anteriormente. Enquanto conteúdos subliminares permanecem contra nossa vontade, fora do alcance visual, falamos de esquecimento. Conteúdos esquecidos não deixam de existir. Mesmo que não possam ser reproduzidos voluntariamente, estão presentes em estado subliminar do qual podem surgir espontaneamente a qualquer momento e, às vezes, de modo surpreendente como, por exemplo, após muitos anos de total esquecimento, ou podem ser superados através da hipnose.

451 Além do esquecimento normal, há casos, descritos por Freud, que têm a ver com recordações desagradáveis que gostaríamos de ver sumidas. Nietzsche já apontou para o fato de que, quando nosso orgulho é suficientemente pertinaz, nossa memória prefere ceder[3]. Por isso encontramos entre as qualidades perdidas não poucas que devem ao seu caráter insuportável seu estado subliminar e sua incapacidade de deixar-se reproduzir à vontade. Damos a elas o nome de conteúdos reprimidos.

452 Como paralelo ao esquecimento normal, queremos lembrar as percepções subliminares dos sentidos, pois desempenham papel importante em nossa vida cotidiana. Vemos, ouvimos, cheiramos e degustamos muitas coisas, sem nos darmos conta disso, ou porque nossa atenção está desviada, ou porque, devido à fraqueza do estímulo, a impressão não é suficientemente forte. Apesar de sua aparente não existência, podem influenciar a consciência. Exemplo bem conhecido é o do professor que passeia com um aluno seu, mergulhado numa conversa séria. De repente, percebe que sua linha de pensamento é

---

3. *Jenseits ron Gut und Böse*, IV, 68: "Isto eu fiz, diz minha memória. Isto eu não posso ter feito, diz meu orgulho e fica irredutível. Finalmente, a memória cede" (Werke, VII, p. 94).

interrompida por um afluxo inesperado de recordações de sua infância. Não consegue explicar o fato, pois não está em condições de descobrir qualquer conexão associativa com o tema da conversa. Para e olha para trás: a pequena distância encontra-se uma propriedade agrícola pela qual haviam passado; e ele se lembra que logo depois começaram a surgir em sua mente as imagens de sua infância. Disse ao aluno: "Voltemos àquela propriedade rural, pois deve ter sido lá que começaram minhas fantasias". De volta à propriedade, o professor sentiu o cheiro de gansos. Logo se deu conta da causa da interrupção de seu pensamento: quando criança vivera numa propriedade rural, onde havia gansos, cujo cheiro característico deixara nele uma impressão duradoura e causara a reprodução das imagens da memória. Ao passar pela propriedade rural, havia registrado subliminarmente o cheiro, e a percepção inconsciente havia reconduzido à memória as recordações de há muito esquecidas.

Este exemplo mostra como a percepção subliminar liberou recordações da infância, cuja tensão energética foi suficientemente forte para interromper a conversa. A percepção foi subliminar porque a atenção estava empenhada em outra coisa e o estímulo não foi suficientemente forte para desviá-la e atingir diretamente a consciência. Estes fenômenos são frequentes na vida cotidiana, mas permanecem em geral despercebidos.

453

Fenômeno raro, mas por isso mesmo muito surpreendente, é a chamada criptomnésia, a "lembrança oculta". Consiste em que, de repente, na maioria das vezes durante a redação inventiva de um texto, ocorre uma palavra, uma frase, uma imagem, uma metáfora ou uma história inteira que podem apresentar características estranhas e notáveis. Se perguntarmos ao autor donde provém este fragmento, não sabe responder e fica claro que isto não lhe pareceu algo esquisito. Gostaria de mencionar um caso desses, encontrado no livro de Nietzsche, *Assim falou Zaratustra*[4]. O autor descreve a descida de Zaratustra ao inferno com os detalhes precisos e característicos que

454

---

4. Werke, VI, p. 191 (cf. JUNG, C.G. vol. I, p. 11).

coincidem verbalmente com uma descrição no diário de bordo de um navio de 1686[5].

455   Assim falou Zaratustra...

(... através do próprio vulcão, porém, o estreito caminho conduzia para baixo, chegando a esta porta do submundo).

Naquele tempo em que Zaratustra estava na Ilha Feliz, aconteceu que um navio ancorou na ilha onde se encontrava a montanha fumegante; sua *tripulação desembarcou em terra para caçar lebres. Por volta do meio-dia, quando o capitão e seus homens estavam novamente reunidos, viram de repente um homem aproximar-se deles, vindo pelo ar*, e uma voz disse claramente: "*Já é tempo! Está mais do que na hora!*" Como, porém, a *figura estivesse bem perto deles* – voou, no entanto, com muita rapidez, qual sombra, na direção do vulcão – reconheceram com o maior espanto tratar-se de Zaratustra; todos já o tinham visto, com exceção do capitão. "Olhem! disse o velho timoneiro, *Zaratustra está indo para o inferno*".

Um extrato assustador do diário de bordo do navio Sphinx, do ano de 1686, no mar Mediterrâneo.

Os quatro capitães e um comerciante, senhor Bell, *dirigiram-se à praia* da ilha do Monte Stromboli *para caçar lebres*. Por volta das três horas, *reuniram todos os homens* para ir a bordo; para indizível surpresa deles *viram aparecer dois homens que se aproximavam rapidamente vindo através do ar*: um deles estava vestido de preto, o outro trajava roupa cinza; *passaram bem perto deles, na maior pressa*, e, para o maior espanto deles, desceram no meio das chamas ardentes *da cratera do terrível vulcão do Monte Stromboli*. (As referidas pessoas foram identificadas como sendo conhecidos de Londres.)

---

5. KERNER, J. (org.). *Blätter aus Prevorst.* – Originalien und Lesefrüchte für Freunde des inneren Lebens, mitgetheilt von dem Herausgeber der Seherin aus Prevorst. IV. Karlsruhe: [s.e.], 1833, p. 57.

Quando li a história de Nietzsche, chamou-me a atenção seu estilo singular, diferente da linguagem usual empregada pelo autor; chamou-me a atenção também o estranho cenário do capitão com sua tripulação, do navio ancorado nas proximidades da ilha mitológica, dos homens que foram caçar lebres e da descida ao inferno do homem que foi identificado pelas testemunhas como um velho conhecido. Isto não poderia ser mero acaso. A coletânea de Kerner tem a data aproximada de 1835 e é provavelmente a única fonte existente desse relato. Tive pois certeza de que Nietzsche lera este texto em Kerner. Ele conta a história com algumas divergências características e de maneira tal como se fosse criação própria sua. Ao menos não existem indicações em contrário. Como encontrasse esse caso em 1902, ainda tive oportunidade de escrever à senhora Elisabeth Förster-Nietzsche, irmã do autor; lembrou-se que ela e seu irmão haviam lido as *Blätter aus Prevorst* quando o autor tinha onze anos de idade, mas não se lembrava especificamente dessa história. Eu me lembrei da história porque, há quatro anos, topei com a coletânea de Kerner e estudei alguns volumes dos *Blätter*, pois me interessava conhecer os escritos dos médicos daquela época como os precursores da psicologia clínica. Seria natural que eu tivesse esquecido no correr dos anos esse episódio dos marujos, pois não me interessava nem de longe. Mas ao ler Nietzsche tive de repente a sensação de algo já visto, e surgiu em mim uma lembrança obscura, de algo antigo, que aos poucos se condensou em minha consciência no quadro retratado pelo livro de Kerner.

456

Quando Benoit criou com seu romance L'Atlantide um paralelo surpreendente com o livro *She*, de Rider Haggard, tendo sido acusado de plágio, respondeu que nunca havia lido o livro de Haggard e nem suspeitava de sua existência. Também este caso poderia ser chamado de criptomnésia, se não tivesse sido uma espécie de jogo da "représentation collective", como Lévy-Bruhl denomina certas representações gerais, características de sociedades primitivas. Ainda voltarei a este assunto em maiores detalhes.

457

O que falei do inconsciente deve ter dado ao leitor uma noção aproximada do material subliminar em que se baseia a geração espontânea de símbolos oníricos. Trata-se aqui obviamente de um material que deve sua inconsciência sobretudo ao fato de que certos

458

conteúdos conscientes devem perder inevitavelmente sua energia, isto é, a atenção que lhes é dedicada ou sua carga emocional específica, a fim de dar lugar a novos conteúdos. Se retivessem a energia, ficariam acima do limiar da consciência e já não seria possível livrar-se deles. É como se a consciência fosse uma espécie de projetor cujo raio de luz (da atenção ou do interesse) incidisse simultaneamente sobre novas percepções, imediatamente dominadas, e sobre os rastros de percepções mais antigas que se encontram em estado latente. Como um ato consciente, pode este processo ser entendido como um acontecimento consciente e voluntário. Mas também é frequente que a consciência seja forçada, através da intensidade de um estímulo externo ou interno, a acionar sua luz.

459   Esta observação não é inútil, pois há muitas pessoas que superestimam o papel da força de vontade e acham que em sua psique nada pode acontecer que elas não tenham intencionado. Mas no interesse da compreensão psicológica deveríamos aprender a distinguir cuidadosamente entre conteúdos intencionados e não intencionados. Aqueles nascem da personalidade do eu, ao passo que estes brotam de uma fonte que não é idêntica ao eu, isto é, brotam de uma parte subliminar do eu, de seu "outro lado", que é de certa forma um segundo sujeito. A existência desse segundo sujeito não é sintoma patológico, mas um fato normal que pode ser observado a qualquer tempo e em toda parte.

460   Tive certa vez uma conversa com um colega meu sobre um outro médico que fizera algo que eu chamei de "totalmente idiota". Este médico era amigo pessoal de meu colega e, além disso, adepto de uma crença levemente fanática da qual compartilhava meu colega. Ambos eram antialcoólicos. Impulsivamente respondeu à minha crítica: "Naturalmente é um burro". Mas interrompeu bruscamente essas palavras, dizendo: "Um homem muito inteligente, eu quis dizer". Observei calmamente que a palavra "burro" viera em primeiro lugar; ele, porém, negou contrariado ter dito semelhante coisa de seu amigo e, ainda mais, para um descrente. Este homem era muito considerado como cientista, mas sua mão direita não sabia o que fazia a esquerda. Tais pessoas são inadequadas para a psicologia e, em geral, têm aversão a ela. Mas esta é a maneira como é tratada comumente a voz do outro lado: "Não foi isso que eu pensei, eu nunca disse isto". E, ao final, como diz Nietzsche, a memória prefere ceder.

3. A Linguagem dos sonhos

Todos os conteúdos da consciência já foram subliminares ou podem tornar-se outra vez subliminares, constituindo assim uma parte da esfera psíquica que chamamos inconsciente. Todos os impulsos, intenções, emoções, percepções e intuições, todas as ideias racionais e irracionais, conclusões, induções, deduções, premissas etc., bem como todas as categorias de sentimentos têm seus correspondentes subliminares que podem manifestar-se sob a forma de etapas prévias ou graus de uma inconsciência diminuída ou parcial, passageira ou crônica. Se empregarmos, por exemplo, uma palavra ou conceito que em outro contexto têm significado bem diferente mas do qual não temos consciência no momento, isto pode provocar um mal-entendido mais ou menos cômico e até mesmo fatal. Inclusive um conceito filosófico ou matemático, definido com o maior cuidado e do qual estamos certos de que não contenha nada além do que nele colocamos, é, apesar disso, mais do que supomos: é no mínimo um acontecimento psíquico cuja natureza é difícil de reconhecer. Até mesmo os números de que nos servimos para fazer contas são mais do que nós os consideramos. São ao mesmo tempo entidades mitológicas, mas nisso não se pensa quando empregamos os números para fins práticos.

461

Também não temos consciência do fato de que conceitos gerais como Estado, constituição, dinheiro, trabalho, saúde, sociedade etc. significam em geral mais do que supostamente designam. Gerais eles são apenas em nossa suposição, enquanto na realidade prática apresentam todo tipo de nuances e matizes. Não penso aqui na deturpação intencional desses conceitos na linguagem comunista, mas no fato de que, mesmo sendo entendidos no seu sentido próprio, eles se diferenciam facilmente de pessoa para pessoa. A razão dessa diferença é que uma ideia geral é assumida num contexto individual e por isso é entendida e empregada numa variação levemente individual. Enquanto os conceitos são idênticos a simples palavras, a variação é quase imperceptível e não desempenha praticamente papel nenhum. Mas quando se exige uma definição precisa ou uma explicação esmerada, é possível descobrir eventualmente as variações surpreendentes, não só na concepção puramente intelectual do conceito, mas sobretudo em seu tom emocional e em seu emprego. Essas variações são geralmente subliminares, permanecendo por isso incógnitas.

462

463 Ainda que possamos rejeitá-las como finuras supérfluas, mostram ao menos que até os conteúdos mais banais da consciência estão cercados de uma aura de dúvida e incerteza, o que nos autoriza a supor que todos eles trazem consigo um certo grau de subliminaridade. Mesmo que este aspecto não tenha importância prática, não se deve perdê-lo de vista quando se trata da análise de sonhos.

464 Temos, por exemplo, a metáfora comumente empregada de "Du kannst mir auf den buckel steigen" ("Você pode subir nas minhas costas"). Uma imagem onírica ligada a isso permaneceu uma charada para mim por algum tempo. Mostrava como *um certo senhor X tentava desesperadamente ficar atrás de mim e subir nas minhas costas*. Este homem, de resto a mim desconhecido, conseguira transformar numa paródia grotesca algo que eu havia dito. Como isso já me havia acontecido mais vezes, não me dei o trabalho de analisar se isto me contrariava ou não. Mas como na vida prática não é sem importância a gente manter sob controle consciente as próprias reações emocionais, este sonho retomou o caso sob o "disfarce" de um provérbio popular. Não tendo motivos para acreditar que o inconsciente intencione ocultar as coisas, devo precaver-me de projetar tal intenção sobre seu procedimento. Parece-me bem provável que o sonho faz uso da conhecida metáfora para expressar a situação proverbial. É característico do comportamento dos sonhos preferir uma linguagem plástica e clara em contrapartida a expressões pálidas e puramente racionais. Poderíamos chamar esta imagem onírica de *simbólica*, uma vez que apresenta a situação não diretamente, mas num rodeio sobre uma metáfora concreta e comum que, à primeira vista, não foi compreensível. É claro que isto não é uma ocultação intencional, mas uma simples lacuna em nossa compreensão da linguagem das imagens.

465 Uma vez que a adaptação à realidade das coisas exige de nós determinações precisas, aprendemos a abandonar todo acessório fantasioso, perdendo assim uma qualidade que ainda constitui uma característica do espírito primitivo. O pensar primitivo ainda vê seus objetos rodeados de uma aura de associações que entre os civilizados se tornaram mais ou menos inconscientes. Desse modo, animais, plantas e objetos inanimados podem assumir propriedades que são total-

mente imprevistas para o homem branco. Um animal noturno que aparece de dia é para o primitivo com certeza um curandeiro que mudou passageiramente de forma; ou é um animal médico, um animal genealógico ou a alma selvícola de um determinado indivíduo. Uma árvore pode ser parte de uma vida humana; ela tem alma, tem voz e a pessoa partilha com ela do mesmo destino etc. Alguns índios sul-americanos asseguram que eles são araras vermelhas, mesmo sabendo que não possuem penas e que não têm a aparência de pássaros. No mundo dos primitivos as coisas parecem não ter a mesma delimitação estrita como entre nós. O que chamamos de identidade psíquica ou "participation mystique" foi eliminado de nosso mundo objetivo. E exatamente esta aura ou "fringe of consciousness", expressão cunhada por William James[6], que dá ao mundo do primitivo um visual colorido e fantástico. Nós a perdemos de tal maneira que, se a reencontrássemos, não a reconheceríamos e permaneceríamos estupefatos diante de sua ininteligibilidade. Entre nós essas coisas são mantidas sob o limiar da consciência e, quando reaparecem ocasionalmente, estamos certos de que existe algo de errado.

Já fui procurado mais de uma vez por pessoas inteligentes e de boa formação cultural por causa de sonhos estranhos, fantasias involuntárias ou até mesmo visões chocantes e atemorizadoras. Achavam elas que nenhuma pessoa de perfeito juízo poderia ser atingida por tais fenômenos e que alguém que teve uma visão deveria ser um caso patológico. Certa vez um teólogo me confessou sua convicção de que as visões de Ezequiel eram sintomas doentios e que Moisés e os outros profetas, ao escutar vozes, sofriam na verdade de alucinações. Naturalmente entrou em pânico quando lhe aconteceram fatos espontâneos desse tipo. Estamos tão acostumados à superfície racional do nosso mundo que não podemos imaginar que possa suceder algo contra a norma dentro dos limites do bom senso sadio. Quando nossa psique faz algo totalmente imprevisível, ficamos abalados e pensamos num distúrbio patológico, enquanto o primitivo pensa em fetiches, espíritos ou deuses, mas nunca colocaria em dúvida a sanidade de seu juízo. O homem moderno e civilizado está em situação bem se-

---

6. Na edição alemã *Psychologie* (1909), utilizada por Jung, o termo é traduzido por "franja" da consciência (p. 161s.).

melhante à de um velho médico que por sua vez era um paciente psicótico. Quando lhe perguntei como estava passando, respondeu que passara uma noite maravilhosa desinfetando todo o céu com "sublimado" (cloreto de mercúrio), mas que não encontrara nenhum Deus. Em vez de Deus, encontramos uma neurose ou algo pior ainda, e o temor de Deus transformou-se numa fobia ou numa neurose de ansiedade. A emoção ficou a mesma, o que mudou e para pior foi apenas o nome de seu objeto.

467 Certa vez fui consultado por um professor de filosofia por causa de uma fobia de câncer. Sofria da convicção compulsiva de que tinha um tumor maligno, ainda que dezenas de radiografias nada tivessem acusado: "eu sei que não há nada, mas poderia haver". Semelhante confissão é bem mais humilhante para um intelecto forte do que é para o primitivo a crença de estar sendo atormentado por um espírito. A existência de espíritos maus é, no mínimo, entre os primitivos, uma hipótese plenamente admissível, ao passo que para o homem civilizado é uma experiência arrasadora e muitas vezes fulminante ter que admitir que foi vítima de uma peça que lhe pregou a fantasia. O fenômeno primitivo da possessão não desapareceu, continua a existir como outrora, só que é interpretado de maneira diferente e mais escandalosa.

468 Os inúmeros sonhos em que as imagens e associações mostram uma analogia com ideias, mitos e ritos primitivos foram chamados por Freud de "resíduos arcaicos". A expressão dá a entender que se trata aqui de elementos psíquicos que sobraram de tempos bem remotos, mas que ainda se prendem ao espírito moderno. Este ponto de vista representa uma parte da depreciação dominante do inconsciente como sendo um adereço da consciência ou, mais drasticamente, como uma cesta de lixo onde são recolhidos todos os restos da consciência, isto é, tudo o que é rejeitado, antiquado, sem valor, esquecido e reprimido.

469 Esta concepção teve que ser abandonada nos tempos atuais, uma vez que novas pesquisas mostraram que tais associações e imagens pertencem à estrutura normal do inconsciente, podendo ser observadas em quase toda parte, nos sonhos de pessoas cultas ou analfabetas, de indivíduos inteligentes ou bobos. Não são absolutamente adereços mortos e sem importância; ao contrário, desempenham ainda uma função e por isso são de interesse vital, precisamente por seu ca-

ráter "histórico". São uma espécie de linguagem que medeia entre a forma pela qual nos exprimimos conscientemente e um modo de expressão mais primitivo, mais colorido, mais figurativo e concretista, em poucas palavras, numa linguagem que traduz diretamente sentimentos e emoções. Tal linguagem é necessária para extrair certas verdades de seu "estado cultural" (onde são completamente ineficazes) e dar-lhes uma forma funcional. Tomemos, por exemplo, uma senhora bem conhecida por seus preconceitos imbecis e por seus argumentos teimosos. O médico procura em vão incutir nela algum bom-senso, dizendo: "Minha senhora, seus pontos de vista são deveras interessantes e originais. Mas a senhora deve entender que há muitas pessoas que não possuem essas suas convicções e que precisam de sua tolerância. Não poderia a senhora..." etc. É o mesmo que falar para uma parede. Mas o sonho emprega outro método. Ela sonha: *Realiza-se uma grande recepção para a qual foi convidada. A anfitriã – uma senhora muito distinta – vem recebê-la à porta com as palavras: "Que bom que a senhora veio, seus conhecidos já estão aqui e a esperam". Ela a conduz até uma porta, abre-a, e a convidada entra num estábulo.*

Esta é uma linguagem mais concreta e mais drástica, porém tão simples que pode ser entendida até por um imbecil. Ainda que a senhora não conseguisse captar o ponto alto do sonho, ele produziu o seu efeito. Foi inevitável, pois com o tempo não podia esquivar-se de entender o chiste que ela mesma produzira.

As mensagens do inconsciente são de importância maior do que normalmente acreditamos. Uma vez que a consciência está exposta a todo tipo de atrações externas e de distrações, é facilmente desviada para caminhos estranhos e não adequados à sua individualidade. A função geral dos sonhos é compensar esses distúrbios de equilíbrio psíquico, trazendo conteúdos do tipo complementar e compensador. Sonhos com lugares altos, que causam vertigens, com balões, aviões, voar e cair estão muitas vezes ligados a estados de consciência, caracterizados por suposições fictícias, superestima própria, opiniões fora da realidade e planos fantásticos. Se não for ouvida a advertência do sonho, então surgem em seu lugar verdadeiros acidentes. A pessoa tropeça, cai da escada, vai de encontro a um automóvel etc. Lembro-me do caso de um homem que estava perdidamente sufocado num certo número de operações suspeitas. Como compensação desenvolveu uma paixão quase mórbida por escaladas perigosas de montanhas: procurava superar-se a si mesmo. Num *de seus sonhos viu-se subindo do cume de uma montanha para dentro do ar*[7]. Quando me contou o sonho, percebi logo o risco a que estava se expondo e fiz o melhor que pude para enfatizar a advertência e convencê-lo da necessidade de conter-se. Avisei-lhe inclusive que o sonho significava sua morte por um desastre nas montanhas. Foi tudo em vão. Seis meses depois "subiu pelos ares". Um guia montanhista observou como ele e seu jovem amigo desceram por uma corda num lugar difícil. O jovem havia tomado pé passageiramente numa saliência da montanha. Nosso sonhador estava acima dele e o seguia. Segundo narrou o guia, ele soltou de repente a corda, "como se pulasse para o ar". Ele caiu sobre seu amigo, despencando ambos e com morte instantânea.

472   Uma senhora que vivia numa fantasia aristocrática e austeridade acima de seu nível tinha sonhos chocantes que lhe lembravam todo tipo de coisas escandalosas. Quando abordei o assunto, recusou-se, indignada, a aceitar minha explicação. Depois disso os sonhos tornaram-se ameaçadores e começavam por seus passeios longos e solitários pelas matas, próximas à cidade, onde gostava de perambular. Percebi o perigo e a preveni imediatamente. Mas não quis dar-me ouvidos. Uma semana depois, um tarado sexual praticou contra ela um atentado assassino e só foi salva no último instante por pessoas que ouviram seus gritos. Evidentemente ela preferiu passar por esta aventura e teve que pagar por isso com duas costelas quebradas e um ferimento na cartilagem da laringe; a situação é semelhante à do alpinista que satisfez seu desejo de encontrar uma saída definitiva para sua situação desagradável.

473   Os sonhos preparam determinadas situações, eles as anunciam ou previnem contra elas muito antes que se tornem reais. Isto não é necessariamente um milagre ou pressentimento. A maioria das situações críticas ou perigosas tem longo tempo de incubação; só a consciência nada sabe disso. Os sonhos podem revelar o segredo. Muitas vezes o fazem, mas muitas vezes também parecem não fazê-lo. Por isso é questionável a suposição de que uma mão protetora nos prote-

---

7. Cf. tb. OC, 16; § 324 e OC, 8; § 164.

ge tempestivamente contra danos. Ou para dizê-lo mais positivamente: parece que às vezes atua uma instância benévola, mas nem sempre. A mão misteriosa pode inclusive mostrar-nos o caminho para a perdição. Ao lidar com os sonhos, não podemos ser ingênuos. Eles procedem de um espírito que não é totalmente humano, mas é antes um hálito da natureza, aquela deusa bela e generosa, mas também cruel. Se quisermos caracterizar este espírito, é melhor orientar-nos pelas mitologias antigas e contos de fadas das florestas do que por nosso espírito moderno com seus antolhos intelectuais e morais. A civilização é um processo altamente custoso e suas conquistas tiveram o preço de perdas enormes cuja dimensão esquecemos na maior parte das vezes ou nunca mensuramos.

Em nossos esforços quanto à interpretação dos sonhos, chegamos a conhecer os adereços da consciência que foram chamados muito apropriadamente de "fringe of consciousness". O que em princípio parece à psique um acessório supérfluo e indesejável, revela-se, quando estudado mais a fundo, como a raiz quase invisível dos conteúdos conscientes, isto é, como os aspectos subliminares deles. Eles constituem o material psíquico que deve ser considerado como fator intermediário entre os conteúdos conscientes e inconscientes ou como ponte que cobre o abismo entre a consciência e a base fisiológica do fenômeno psíquico. Esta ponte é de tal importância prática que não pode ser subestimada. Ela constitui o elo indispensável entre o mundo racional e o campo dos instintos. Como já demonstrei, a consciência facilmente se extravia pois sucumbe sempre de novo a fortes impressões e sugestões de fora. Ela está entregue, quase indefesa, a estas, sobretudo quando uma mentalidade extrovertida transfere todo o peso para objetos externos e seus aliciamentos enganosos, e quando sentimentos de inferioridade e dúvidas corrosivas sobre a própria substância interna solapam a relação com ela. Quanto mais a consciência for influenciada por preconceitos, erros, fantasias e desejos infantis, mais cedo o abismo já existente vai ampliar-se numa dissociação neurótica e levar a uma vida mais ou menos artificial, muito longe dos instintos sadios, da natureza e da verdade. Os sonhos procuram compensar isso na medida em que restabelecem a conexão com o fundamento do instinto, trazendo para a consciência imagens e emoções que exprimem o estado do inconsciente. É difícil reproduzir o estado primitivo por meio do discurso racional que é demasiadamente superficial e sem cor; mas a linguagem dos sonhos nos fornece com precisão as imagens apropriadas para atuar sobre as camadas mais profundas da psique e trazê-las para a consciência. Poderíamos dizer também que a interpretação dos sonhos enriquece de tal forma nossa modesta consciência que ela reaprende a linguagem esquecida dos instintos.

475 Enquanto se tratar de necessidades fisiológicas básicas dos instintos, elas são registradas pelos sentidos e se manifestam simultaneamente em fantasias. Mas enquanto não se tornarem perceptíveis aos sentidos, revelam sua presença apenas por imagens. A maioria predominante dos fenômenos instintivos consiste, pois, de imagens; muitas delas, porém, não são imediatamente reconhecíveis como tais. São de natureza mais ou menos simbólica. Encontram-se principalmente nas ramificações mais sutis das associações no estado crepuscular entre o pano de fundo inconsciente do sonho e de sua consciência turva. O sonho não é de forma alguma um guardião do sono, como achava Freud. É mais frequente ele perturbar o sono ou vir atrelado a uma impreterível urgência, de modo que sua mensagem atinge a consciência por mais incômoda ou chocante que ela seja. Do ponto de vista do equilíbrio psíquico e também da saúde fisiológica em geral, é melhor que o inconsciente e a consciência estejam unidos e se movimentem em paralelo do que estarem dissociados. Neste sentido a formação de símbolos pode ser uma função muito valiosa.

476 Pode-se perguntar aqui qual a finalidade dessa função se os seus símbolos passam despercebidos ou se mostram incompreensíveis. Mas a falta de compreensão consciente não significa que o sonho não tenha seu efeito. Mesmo a pessoa culta pode constatar eventualmente que sob a influência de um sonho, do qual não consegue lembrar-se, seu humor muda para melhor ou para pior. Os sonhos podem ser "entendidos" até certo grau de modo subliminar, pois é assim que atuam na maioria das vezes. Só quando um sonho é muito impressionante ou se repete mais vezes é conveniente buscar uma interpretação ou uma compreensão consciente. Em casos patológicos é urgente e necessária a interpretação, a menos que haja alguma contraindicação, como a existência de uma psicose latente que espera, por assim dizer, apenas o momento propício para irromper com força total. É desaconselhável o

emprego leviano e incompetente da análise dos sonhos, sobretudo quando existe uma dissociação entre uma consciência muito unilateral e um inconsciente analogamente irracional ou "maluco".

Graças à infinda variedade dos conteúdos conscientes e de seu afastamento da linha média ideal, é igualmente variável a complementação e compensação inconscientes, a tal ponto que é difícil responder com certeza à pergunta se os sonhos e seus símbolos são classificáveis. Ainda que haja sonhos e alguns símbolos – que poderiam ser melhor chamados de motivos – que sejam típicos e que apareçam muitas vezes, a maioria dos sonhos é individual e atípica. Motivos típicos são: cair, voar, ser perseguido por animais ou pessoas perigosas, estar em lugares públicos em trajes sumários, ou com roupa absurda ou completamente nu, estar com pressa ou estar perdido no meio de uma multidão, medo de toda espécie, lutar com armas imprestáveis ou estar completamente indefeso, correr sem poder sair do lugar etc. Um motivo tipicamente infantil é o do extremamente pequeno ou do extremamente grande, ou da mudança de um no outro. 477

Fenômeno digno de nota é o sonho que se repete. Há casos em que um sonho se repete desde a infância até pela idade adulta adentro. Normalmente estes sonhos compensam uma atitude defeituosa de vida ou se referem a uma experiência traumática que deixou em nós um preconceito específico, ou precedem a um acontecimento futuro de certa importância. Eu já sonhei com um motivo que se repetiu durante muitos anos. Era o seguinte: *havia descoberto em minha casa uma parte ou uma ala cuja existência eu desconhecia. Às vezes era a casa de meus pais – já falecidos há muito tempo – onde, para maior surpresa minha, meu pai possuía um laboratório em que se ocupava com a anatomia comparada dos peixes ou minha mãe dirigia um albergue de hóspedes do outro mundo. A ala ou o albergue particular eram em geral uma construção histórica, com vários séculos de existência, já esquecida há muito tempo, mas de propriedade de meus pais. Havia ali móveis velhos e interessantes; e ao final dessa série de sonhos que se repetiam descobri lá uma velha biblioteca cujos livros eu desconhecia. Finalmente, no último sonho, consegui abrir um dos velhos volumes. Continha grande quantidade de gravuras simbólicas maravilhosas*, e acordei sobressaltado, com o coração em disparada. 478

479   Antes desse último sonho, encomendei de um antiquário estrangeiro um livro de um clássico alquimista latino, pois encontrara na literatura uma citação que relacionava este livro com a alquimia bizantina antiga. Algumas semanas após o sonho, chegou um pacote com um volume em pergaminho do século XVI, contendo muitas ilustrações simbólicas altamente fascinantes. Uma vez que a redescoberta da alquimia representa parte importante de minha vida de pioneiro psicológico, pode-se entender facilmente o motivo do desconhecido anexo de minha casa como antecipação de um novo campo de interesse de pesquisa. Seja como for, a partir de então chegou ao fim o sonho que vinha se repetindo há mais de trinta anos.

480   Os símbolos, como os sonhos, são produtos da natureza, mas eles não aparecem só nos sonhos; podem surgir em qualquer forma de manifestação psíquica: existem pensamentos, sentimentos, ações e situações simbólicos, e muitas vezes parece que não só o inconsciente mas também objetos inanimados se arranjam de acordo com modelos simbólicos. Existem muitas histórias e bem comprovadas sobre um relógio que parou de funcionar quando seu dono morreu, como o relógio de pêndulo de Frederico o Grande em Sans Souci; de um copo que se despedaçou ou de uma cafeteira que explodiu quando seu proprietário estava numa crise ou diante dela. Mesmo quando o cético se recusa a acreditar em tais relatos, surgem sempre de novo histórias semelhantes que são contadas repetidas vezes, o que mostra suficientemente sua importância psicológica, a despeito das pessoas ignorantes que contestam sua real existência.

481   Segundo sua natureza e origem, muitos símbolos – e os mais importantes – não são individuais, mas coletivos. Trata-se principalmente de imagens e formas religiosas. O fiel acredita que eles têm origem divina, isto é, foram revelados. O cético os considera invenções. Ambos estão errados, pois, de um lado, foram objeto de desenvolvimento e diferenciação cuidadosos e conscientes durante séculos como, por exemplo, no dogma; e, por outro, são "représentations collectives" que remontam aos tempos mais antigos e que poderiam ter representado "revelações", isto é, imagens oriundas de sonhos e de fantasias criadoras. Estas são manifestações espontâneas e não invenções arbitrárias e intencionais.

Nunca houve um gênio que se tivesse sentado com caneta ou pincel na mão e dito: "Agora vou inventar um símbolo". Ninguém pode tomar uma ideia mais ou menos racional, à qual tenha chegado por um raciocínio lógico ou por um ato de vontade, e mascará-la de fantasmagoria "simbólica". Por melhor que pareça a máscara, sempre será um *sinal* que aponta para uma ideia consciente, e nunca um símbolo. Um sinal é sempre menos do que a coisa que quer significar, e um *símbolo* é sempre mais do que podemos entender à primeira vista. Por isso não nos detemos diante de um sinal, mas vamos até o objetivo para o qual aponta; no caso do símbolo, porém, nós paramos porque ele promete mais do que revela.

482

Quando os conteúdos dos sonhos condizem com uma teoria sexual, logo compreendemos o essencial deles; mas se forem simbólicos, sabemos no mínimo que ainda não os entendemos. Um símbolo não dissimula, ele revela no tempo oportuno. É natural que a interpretação do sonho chegue a um resultado bem diferente quando consideramos o sonho como simbólico, em vez de pressupor que a ideia essencial ou a emoção básica estão dissimuladas, mas em princípio já conhecidas. Neste caso só descobrimos o que já sabemos, e a interpretação do sonho não tem qualquer sentido. Por isso digo sempre aos meus alunos: "aprendam tudo que puderem sobre o simbolismo, mas esqueçam tudo quando analisarem um sonho". Este conselho é tão importante na prática que fiz dele regra para mim: sempre confesso para mim mesmo que não compreendo suficientemente um sonho para poder interpretá-lo corretamente. Faço isto para deter a torrente de minhas próprias associações e reações que poderiam impor-se à incerteza e à hesitação de meus pacientes. É da maior importância terapêutica que a mensagem do sonho, isto é, a contribuição inconsciente para a situação propriamente consciente, seja entendida o melhor possível, por isso vale a pena examinar em profundidade o contexto das imagens oníricas. Enquanto trabalhava com Freud, tive um sonho que demonstra isso.

483

Sonhei que estava em "minha casa" no primeiro andar. Encontrava-me numa espécie de sala de estar, arrumada com bom gosto e conforto no estilo do século XVIII. Estava admirado, pois reconheci que nunca a tinha visto antes. Sabia que estava no andar de cima e comecei a perguntar-me como seria o andar térreo. Desci e encontrei tudo

484

bastante escuro, com paredes forradas de madeira e móveis pesados que datavam do século XVI ou XV. Fiquei perplexo e minha curiosidade aumentou porque tudo representava uma descoberta inesperada. Para melhor conhecer toda a construção, resolvi descer ao porão. Encontrei uma porta com uma escada de pedra que levava a um salão com teto abobadado. O piso consistia de grandes blocos de pedra e as paredes me pareceram muito antigas. Examinei a argamassa e constatei que estava misturada com cacos de tijolos. Era sem dúvida um antigo muro romano. Comecei a ficar excitado. Num canto, vi uma argola de ferro presa a um bloco de pedra. Levantei o bloco e vi uma escada estreita que dava para uma espécie de caverna que certamente fora uma sepultura pré-histórica. Vi duas caveiras, alguns ossos e vasos quebrados. Então acordei.

485   Se, na análise desse sonho, Freud tivesse usado o meu método de exame do contexto, teria ouvido uma história comprida, história essa – temo eu – que ele teria rejeitado como simples fuga de um problema que, na verdade, era o seu próprio. De fato, o sonho é um resumo de minha vida, de minha vida intelectual. Cresci numa casa construída há duzentos anos. Nossa mobília era constituída de peças com mais de cem anos e minha maior aventura intelectual havia sido a filosofia de Kant e de Schopenhauer. A grande novidade da época era Charles Darwin. Até pouco tempo antes, vivera com meus pais ainda num mundo medieval, onde dominava uma onipotência e providência divinas sobre o mundo e as pessoas. Este mundo estava agora superado e obsoleto. Minha fé cristã fora relativizada pelo encontro com as religiões orientais e com a filosofia grega. Eis a razão por que o andar térreo era tão quieto, escuro e desabitado.

486   Meu interesse histórico de então brotou de uma ocupação originalmente intensa com anatomia e paleontologia comparadas, enquanto trabalhava como assistente no Instituto de Anatomia. Naquela época estava fascinado pelos ossos do homem pré-histórico, sobretudo do tão discutido homem de Neandertal e do mais discutido ainda crânio do pitecantropo de Dubois. Estas eram, em suma, minhas verdadeiras associações ao sonho, mas não ousava tocar no assunto crânio, esqueleto ou cadáver, pois sabia que este assunto não era apreciado por Freud. Ele mantinha a estranha impressão de que eu desejava sua morte prematura. Tirou esta ideia do fato de, em nossa

viagem conjunta à América, em 1909, eu ter mostrado interesse nos cadáveres mumificados do chamado Bleikeller, em Bremen, que juntos visitamos[8].

Em geral eu tinha grandes bloqueios de expor minhas próprias ideias, pois experiências recentes me haviam mostrado claramente o abismo quase intransponível entre o meu mundo das ideias e o dele, entre o meu pano de fundo cultural e o dele. Temia perder sua amizade se abrisse para ele o meu mundo interior, pois na minha opinião este haveria de parecer-lhe muito estranho. Como ainda não estivesse bem seguro da minha própria psicologia, contei-lhe quase automaticamente uma mentira para fugir da proibitiva tarefa de desvendar-lhe minha constituição psíquica bem pessoal e, portanto, completamente diferente da dele.

Percebi logo que Freud procurava em mim um desejo incompatível. Por isso propus a título de experiência que os crânios indicam certos membros de minha família cuja morte eu poderia ter desejado por uma razão ou outra. Este alvitre obteve sua aprovação, mas não me contentei com esta pseudossolução.

Enquanto ainda pensava numa resposta adequada às perguntas de Freud, fui surpreendido repentinamente por uma intuição sobre o papel que o fator subjetivo desempenha na compreensão psicológica. Esta intuição foi tão forte que só pensava em como me livrar dessa situação constrangedora, e saí pelo lado da mentira. Isto não foi elegante nem moralmente justificado, mas, de outro modo, teria arriscado um desentendimento fatal para o qual não me sentia absolutamente preparado por uma série de motivos.

Minha intuição consistiu na compreensão repentina e totalmente inesperada do fato de que o sonho representava a mim mesmo, de que minha vida, meu mundo e toda a minha realidade estavam contrapostos a um sistema teórico que fora construído por um outro e estranho espírito por suas próprias razões e motivos. Não era o sonho de Freud, mas o meu próprio, e com a velocidade do raio compreendi o que meu sonho significava.

---

8. Para maiores detalhes, cf. JAFFE, Aniela (org.) *Memórias, sonhos, reflexões*.

491	Devo pedir desculpas por esta descrição minuciosa dos apuros por que passei ao relatar a Freud o meu sonho. Mas é um bom exemplo das dificuldades em que nos vemos envolvidos no decurso de uma verdadeira análise de um sonho. Muita coisa depende das diferenças pessoais entre o analista e o analisando.

492	Neste plano a análise dos sonhos é menos uma técnica do que um processo dialético entre duas personalidades. Se a tratarmos como técnica, a peculiaridade pessoal do sonhador será preterida e o problema terapêutico ficará reduzido à simples pergunta: Quem vai subjugar quem? Foi por esta razão também que abandonei a hipnose como método de tratamento, pois não queria impor minha vontade a outros. Queria desenvolver os processos de cura a partir da própria personalidade do paciente e não a partir de minhas sugestões e de seus efeitos apenas passageiros. Queria preservar a dignidade e a liberdade de meu paciente de modo que pudesse levar a vida por sua própria força de vontade.

493	Não podia compartilhar do interesse quase exclusivo de Freud pela sexualidade. Certamente a sexualidade desempenha papel importante entre os fatores humanos, mas em muitos casos ela só ocupa o segundo lugar, depois da fome, instinto de poder, ambição, fanatismo, inveja, ódio, ou da paixão ardente do impulso criador e do espírito religioso.

494	Pela primeira vez dei-me conta de que, antes de elaborar teorias gerais sobre a pessoa humana e sua psique, deveríamos aprender muito mais sobre o indivíduo humano real e não sobre uma ideia abstrata do homo sapiens.

4. O problema dos tipos na interpretação dos sonhos

495	Ao contrário de todos os outros ramos da ciência onde é procedimento legítimo lançar uma hipótese sobre um objeto impessoal de pesquisa, na psicologia vemo-nos inevitavelmente confrontados com a relação entre dois indivíduos humanos, não podendo nenhum deles ser desviado de sua subjetividade ou ser despersonalizado de alguma outra forma. Podem naturalmente concordar em tratar de modo impessoal e objetivo um assunto qualquer, mas quando a totalidade da personalidade se torna o objeto da discussão, há dois indivíduos em confronto e toda unilateralidade fica excluída. Só é possível haver progresso se houver um acordo. Uma certa objetividade do resultado final só pode ser comprovada por meio de uma comparação com a norma válida no meio social do indivíduo e também com base em seu equilíbrio interior, isto é, em sua saúde mental. Isto não significa que o resultado deva equivaler a uma total coletivização, pois isto levaria a um estado altamente desnatural. Pelo contrário, é característico da sociedade normal e mentalmente sadia que as pessoas tenham habitualmente opiniões opostas. Fora do campo das peculiaridades humanas instintivas, é relativamente rara uma concordância em geral. As diferenças de opinião são o veículo da vida intelectual da sociedade. Mas não devem ser colocadas como meta, pois a concordância também é importante. Uma vez que a psicologia repousa no fundo em antagonismos equilibrados, nenhum julgamento pode ser definitivo e sua reversibilidade deve ser sempre levada em consideração. A razão dessa particularidade deve ser buscada na circunstância de que fora da psicologia e além dela não há critério que nos coloque em posição de formarmos um juízo definitivo sobre a natureza da psique. Tudo o que podemos pensar encontra-se num estado psíquico, isto é, no estado de uma representação consciente. A dificuldade da ciência natural está em colocar-se de certa forma fora desse estado.

A única realidade é a pessoa individual e concreta. Sendo porém impossível formular ou ensinar psicologia ou descrever indivíduos, é preciso estabelecer certos pontos comuns que nos permitam ordenar o material empírico. Podemos elevar a princípio ordenador qualquer semelhança ou dessemelhança – seja de tipo anatômico, fisiológico ou psicológico – contanto que seja suficientemente geral. Para nossa finalidade, sobretudo psicológica, vai tratar-se de um princípio ordenador psicológico, ou seja, o fato muito difundido e de fácil observação de que um grande número de pessoas é claramente *extrovertido* e outro é *introvertido*. Não há necessidade de esclarecimento especial desse conceito, pois já faz parte da linguagem comum.

Este é um dos muitos pontos em comum entre os quais podemos escolher; e como se trata aqui de apresentar o método e a abordagem para a compreensão dos sonhos como a fonte principal dos símbolos naturais, este ponto em comum nos parece adequado para nossa finalidade. Como lembrei antes, o processo de interpretação consiste na confrontação de duas mentalidades: a do analista e a do analisando, e não no emprego de uma teoria pronta. A mentalidade do analista se caracteriza por uma série de peculiaridades individuais que talvez não seja menor do que a do analisando. Elas funcionam como preconceitos. Não se pode esperar que o analista seja um super-homem somente pelo fato de ser médico e dispor de uma teoria e de uma técnica correspondente. Só quando pressupõe que sua teoria e técnica são verdades absolutas que abrangem a totalidade da psique humana, pode sentir-se superior. Mas como esta suposição é mais do que duvidosa, nunca pode ter certeza delas. Por isso será acometido de dúvidas, ao menos secretamente, se ele tomar semelhante atitude e confrontar a totalidade humana de seu analisando com uma teoria e técnica que constituem apenas tentativas hipotéticas, em vez de confrontá-la com a totalidade viva de sua própria individualidade, o único equivalente da personalidade do paciente. A experiência e o conhecimento psicológicos são simplesmente de grande proveito para o analista, mas não lhe garantem um refúgio fora do campo de batalha. Ele é colocado à prova tanto quanto o analisando.

498   Consistindo a análise sistemática dos sonhos na confrontação de dois indivíduos, é de grande importância saber se os dois coincidem quanto ao tipo. Se forem do mesmo tipo, pode acontecer que se entendam por longo tempo sem atrito; mas se um deles for extrovertido e o outro introvertido, seus pontos de vista diferentes e opostos podem chocar-se de imediato, principalmente se não estiverem conscientes do próprio tipo ou se estiverem convencidos de que seu tipo é o único certo. Este defeito logo se evidencia, pois o valor de um é o desvalor do outro. Um deles vai escolher o que a maioria considera certo, o outro vai rejeitá-lo exatamente porque é do gosto de qualquer um. O próprio Freud definiu o tipo introvertido como um indivíduo que se comporta de modo doentio consigo mesmo. Mas introspecção e autoconhecimento podem igualmente constituir valores elevados.

499   A diferença aparentemente pequena entre o extrovertido, que coloca a ênfase nas coisas externas, e o introvertido, que se ocupa da superação de situações da vida, quase não tem importância ao se lidar

com sonhos. Desde o começo é preciso ter claro que aquilo que um preza e valoriza pode ser muito negativo para o outro, e aquilo que um erige em ideal talvez cause repulsa ao outro. Este fato se torna mais evidente à medida que nos aprofundamos nos detalhes das diferenças tipológicas. Extroversão e introversão são apenas duas das muitas peculiaridades do comportamento humano, mas muitas vezes são bem evidentes e fáceis de reconhecer. Quando observamos, por exemplo, indivíduos extrovertidos, percebe-se logo que eles se diferenciam sob muitos aspectos e que o ser extrovertido é um critério muito superficial e geral para caracterizar de fato uma pessoa. Por isso procurei outras características básicas que pudessem contribuir para colocar certa ordem na multiplicidade quase infinda da individualidade humana.

Sempre me impressionou o fato de haver um número espantoso de indivíduos que só fazem uso de sua inteligência quando absolutamente necessário, sem que por isso sejam imbecis; e muitos outros que empregam sua inteligência, mas de forma inacreditavelmente tola. Impressionado fiquei também ao descobrir que muitas pessoas inteligentes e de espírito lúcido – enquanto se pôde constatar – viviam como se nunca tivessem aprendido a fazer uso de seus órgãos sensoriais; não viam o que estava diante de seus olhos, não escutavam as palavras que se impunham a seus ouvidos, não percebiam as coisas em que tocavam ou que provavam, viviam sem consciência de seu próprio estado corporal. Outros pareciam viver num estado de consciência muito singular, como se o estágio em que se encontravam fosse definitivo, sem possibilidade de mudança, ou como se o mundo e a psique fossem neles estáticos e assim permanecessem para sempre. Pareciam não ter fantasia alguma e depender completa e exclusivamente de suas percepções sensoriais. Chances e possibilidades não existiam para eles, e em seu hoje não havia lugar para um verdadeiro amanhã. O futuro era simplesmente a repetição do passado.

O que gostaria de transmitir ao leitor é a primeira impressão passageira que tive em minhas observações das muitas pessoas que encontrei. Logo percebi que as pessoas que usavam sua inteligência eram as que pensavam, isto é, que procuravam adaptar-se às pessoas e às circunstâncias da vida com a ajuda de suas faculdades intelectuais; e que os indivíduos, igualmente inteligentes, mas que, apesar disso, não pensavam eram aqueles que se orientavam pelo sentir. "Sentir" é uma palavra que necessita de explicação. Usamos a palavra sentir quando se trata, por exemplo, de sentimento (no sentido da palavra francesa *sentiment*). Mas empregamos o mesmo termo para exprimir uma intuição: "Tive um sentimento de que...".

502 O que entendo por sentir, em oposição a pensar, é um juízo de valor como, por exemplo, agradável e desagradável, bom e mau etc. De acordo com esta definição, sentimento não é nenhuma emoção nem afeto que, como dizem as palavras, são manifestações espontâneas. O que entendo por sentimento é, antes, um simples julgar, sem aquelas reações evidentemente corporais que são características de uma emoção. Sentir é, como o pensar, uma função *racional*, ao passo que a intuição, para a qual também usamos a palavra sentimento, é uma função *irracional*. Enquanto retrata um pressentimento, não é o produto de um ato da vontade, mas bem mais um acontecimento espontâneo que depende de circunstâncias outras e internas, em vez de um julgamento consciente. Parece mais uma percepção sensorial que é também um acontecimento irracional enquanto depende essencialmente de estímulos externos ou internos que devem sua existência a causas objetivas e físicas, em vez de causas racionais e psíquicas.

503 Os quatro tipos de função a seguir correspondem aos meios de que se serve a consciência para orientar-se: a *sensação* (percepção sensorial) nos diz que algo existe, o *pensar* nos diz o que é, o *sentir* nos diz se é agradável ou não, e a *intuição* nos diz de onde vem e para onde vai.

504 O leitor precisa ter bem claro que estes quatro critérios representam apenas alguns pontos de vista entre outros como, por exemplo, força de vontade, temperamento, fantasia, memória, moral, religiosidade etc. Não há neles nada de dogmático nem pretendem ser a verdade última sobre coisas psicológicas, mas seu caráter fundamental no-los recomenda como princípios úteis de ordenamento. A classificação em si não tem sentido, se não fornecer um meio de orientação e uma terminologia de uso prático. Eu a considero muito útil quando me cabe o dever de explicar os pais aos filhos, o esposo à esposa, e vice-versa. Também é útil quando procuramos entender nossos próprios preconceitos.

505 Se quisermos interpretar o sonho de outra pessoa, pode acontecer que devamos, ao menos provisoriamente, sacrificar nossos julgamentos apressados e reprimir nossos preconceitos. Isto não é fácil nem cômodo, pois exige uma energia moral que não é do gosto de qualquer um. Se não houver um esforço de criticarmos nossos próprios pontos de vista e confessarmos sua relatividade, jamais conseguiremos uma informação correta *sobre* a psique de nossos analisandos e nem uma introspecção suficiente *em* sua psique. Pode-se pressupor por parte do analisando ao menos uma certa disposição de ouvir e levar a sério a opinião do analista, mas é preciso reconhecer-lhe o mesmo direito por parte do analista. Ainda que tal comportamento seja indispensável para qualquer entendimento intelectual e constitua portanto uma necessidade óbvia, é preciso lembrar sempre que na terapia é mais importante que o paciente entenda do que sejam satisfeitas as expectativas teóricas do analista. A resistência do analisando contra a interpretação do analista não deve ser vista como necessariamente errada; deve ser vista antes como sinal evidente de que algo não vai bem: ou o paciente ainda não está em condições de entender, ou a interpretação não corresponde à verdade.

506 Abstraindo desses problemas fundamentais, a psicologia em si apresenta dificuldades suficientes quando se trata da questão de como interpretar os sonhos de outra pessoa ou, em outras palavras, de como entender símbolos. Neste empreendimento somos dificultados por nossa tendência quase insuperável de preencher com *projeções* as lacunas inevitavelmente presentes em nossa compreensão: pela suposição de que nossos pensamentos são também os do nosso interlocutor. Esta fonte de erros é possível eliminá-la com o meu método de averiguar o contexto das imagens oníricas e de renunciar a pressupostos teóricos (com exceção da hipótese heurística de que os sonhos têm algum sentido).

507 No que diz respeito, pois, aos resultados de nossa interpretação, não há nenhuma regra, menos ainda uma lei de que a finalidade geral do sonho seja uma compensação, ainda que pareça ser. Ao menos poderíamos indicar a compensação como a hipótese mais promissora e fecunda. As vezes o sonho exibe claramente seu caráter compensador. Um paciente, muito convencido de si e de seu caráter superior, *sonhou com um vagabundo bêbado, que se revolvia na sarjeta.* O so-

nhador disse (no sonho): *"É horrível como uma pessoa pode descer tanto"*. O sonhador não me revelara que em sua família havia uma ovelha negra: seu irmão mais novo era um inútil, um alcoólico arruinado. Ele mesmo não sabia quantas vezes chateara os outros com sua superioridade moral, que também era a causa de sua impotência.

508 Uma senhora que tinha um alto conceito de sua compreensão psicológica inteligente sonhava sempre de novo com uma senhora que ela encontrava às vezes em reuniões sociais. Não conseguia suportá-la, achava-a vaidosa, desleal e intrigante. Ela se admirava por que tinha que sonhar de uma forma amigável, íntima e fraterna com uma pessoa que era tão diferente dela. O sonho queria certamente indicar que ela fora "sombreada" por um caráter inconsciente como o daquela mulher. Como tivesse uma ideia bem determinada de si mesma, não tinha consciência de seu próprio complexo de poder e de seus próprios motivos desonestos. Mais de uma vez afloraram essas situações desagradáveis, mas sempre foram atribuídas a outras pessoas e nunca às suas próprias maquinações.

509 Não é apenas o lado inconveniente que passa despercebido, não recebe atenção e é reprimido, mas também qualidades positivas podem receber o mesmo tratamento. Este caso pode ser encontrado, por exemplo, num homem aparentemente modesto, que menospreza a si mesmo com maneiras cativantes, apologéticas ou servis, um homem que sempre fica atrás e no plano de fundo, ainda que, aparentemente consciente e por razões de cortesia, não perca uma oportunidade de marcar presença. Seu julgamento é bem embasado, competente mesmo e aparentemente bem compreensível; apesar disso dá a entender um certo plano superior e indizível a partir do qual o assunto em discussão poderia ser considerado, visto ou manipulado de um modo mais elevado. Esta pessoa sonha *repetidas vezes com encontros com grandes homens como Napoleão I e Alexandre Magno*. Seu evidente complexo de inferioridade se vê claramente compensado por essas visitas importantes. Mas surge ao mesmo tempo a questão crítica: Quem sou eu para receber visitas tão ilustres? Visto assim, o sonho indica que o sonhador alimenta uma secreta mania de grandeza como antídoto para seu complexo de inferioridade. Sem saber, a imagem de sua grandeza coloca-o na situação de imunizar-se contra todas as influências de seu meio ambiente; nada lhe cala fundo e, assim, pode eximir-se de

compromissos que para outras pessoas são obrigatórios. Assim, por exemplo, não se sente obrigado ou chamado a provar a si mesmo ou aos outros que seu julgamento relevante se baseia em méritos correspondentes. Não é apenas solteiro, mas também estéril intelectualmente. Conhece bem a arte de fazer circular boatos e suposições sobre sua importância, mas nada há que comprove alguma realização sua. Ele joga este jogo vazio com total inconsciência, e o sonho procura trazer-lhe isto à consciência de forma notoriamente ambígua, seguindo o velho ditado: "Ducunt volentem fata, nolentem trahunt"[9]. Ser tão familiar de Napoleão a ponto de tratá-lo por tu e ser conhecido de Alexandre Magno é tudo o que um complexo de inferioridade poderia desejar, ou seja, uma confirmação global da grandeza atrás dos bastidores, uma verdadeira realização de desejos que simula méritos, mas sem consumar as obras para isso exigidas. Mas por que o sonho não pode comunicar isso aberta e diretamente, sem usar de rodeios que parecem enganar-nos de uma forma quase traiçoeira?

Esta pergunta me foi feita várias vezes e também eu já a fiz. Surpreende-me como de modo irritante os sonhos parecem evitar uma mensagem clara ou preterir um ponto decisivo. Freud postulou a existência de um fator específico, chamado "censor", que supostamente deturparia as imagens do sonho, tornando-as irreconhecíveis ou enganosas, para falsear a consciência onírica sobre o verdadeiro objeto do sonho, isto é, o desejo incompatível. Pela ocultação do ponto crítico, presumia-se que o sono do sonhador ficaria protegido contra o choque de uma recordação desagradável. Mas "o sonho como guardião do sono" é uma hipótese improvável, uma vez que os sonhos também perturbam muitas vezes o sono.

Parece antes que, em vez de um censor inconsciente, a própria consciência produz um efeito extintor nos conteúdos subliminares. A subliminaridade corresponde ao que Janet chama de "abaissement du niveau mental". Isto é uma queda de tensão energética em que os conteúdos psíquicos perdem as propriedades que possuem no estado consciente. Perdem sua determinação e clareza, e as conexões se tor-

---

9. Os que têm vontade dirigem o destino, os que não têm vontade o destino os arrasta (Sêneca, D.J., 107, Carta).

nam vagamente análogas, ao invés de racionais e compreensíveis. Assim que a tensão aumenta, ficam menos subliminares, mais precisas e mais conscientes. Isto é um fenômeno puramente energético que pode ser observado em todos os estados sonambúlicos, seja por cansaço excessivo, por febre ou por toxinas. Não há razão para presumir que o *abaissement* sirva para proteger os desejos incompatíveis de serem descobertos, ainda que às vezes possa acontecer que um desejo inaceitável se perca com a diminuição da consciência. Por ser o sonho, de acordo com sua natureza, um processo subliminar, não pode produzir pensamentos claramente delineados; caso contrário deixaria de ser sonho e se tornaria de imediato conteúdo consciente. O sonho nada mais pode do que saltar por cima de todos os pontos que têm especial relevância para a consciência. Ele manifesta o "fringe of conciousness", como o esmaecido brilho das estrelas durante um eclipse total do Sol.

512   Não deveríamos render-nos ainda hoje à ideia antiquada de que os mitos e os símbolos são invenções inúteis de uma fantasia jocosa, mas entender que são principalmente manifestações de uma psique que se encontra fora do âmbito de nosso controle consciente. Uma consciência objetiva e bem orientada não é privilégio da mente, pois ela atua na totalidade da natureza viva. Não há diferença fundamental entre configuração orgânica e psíquica. Assim como a planta gera sua flor, a psique produz seus símbolos. Todo sonho dá testemunho desse processo. As forças instintivas influenciam a atividade da consciência de forma positiva ou negativa através de sonhos, intuições, impulsos e outros acontecimentos espontâneos. Neste sentido, tudo depende dos conteúdos propriamente ditos do inconsciente. Se contiver muito mais do que normalmente devia ser consciente, sua função fica deturpada e embaraçada, surgindo então coisas que não se baseiam em verdadeiros instintos mas que devem sua existência inconsciente ao fato de terem sido tornadas inconscientes através da repressão ou da negligência. Elas se sobrepõem de certa forma à psique inconsciente normal e deturpam sua manifestação natural de símbolos e motivos arquetípicos.

513   Por isso para uma psicoterapia que se ocupa com as causas de um distúrbio é muito natural – assim como para a Igreja que em muitos aspectos antecipou há tempos as "técnicas" modernas – começar com

uma confissão mais ou menos voluntária que inclua todas aquelas coisas pelas quais temos repugnância ou horror, das quais temos vergonha ou medo. Ao menos é esta a regra. Na práxis, porém, este procedimento é muitas vezes invertido porque sentimentos fortíssimos de inferioridade ou grave debilidade dificultam ao paciente ou o impossibilitam de encarar uma escravidão e inutilidade ainda mais profundas. Muitas vezes julguei mais útil proporcionar ao paciente um modo de ver positivo, em outras palavras, criar uma base onde pisar, antes de abordar coisas mais dolorosas e mais acabrunhadoras. Os sonhos e suas imagens ilustrativas, passíveis de muitas interpretações, devem sua forma, por um lado, aos arquétipos e, por outro lado, a conteúdos reprimidos. Portanto, possuem dois aspectos e dão azo a dois modos de interpretação: pode-se colocar a ênfase no aspecto arquetípico ou no aspecto pessoal. O primeiro indica a base global e sadia dos instintos, enquanto o outro mostra a influência patológica da repressão e dos desejos infantis.

Com um exemplo bem simples gostaria de trazer aqui o sonho do "autoengrandecimento", onde se é convidado pela rainha da Inglaterra para o chá, onde se conversa com o papa ou com Stalin, tratando-se mutuamente por tu etc. Se o sonhador for um esquizofrênico, a interpretação prática do símbolo dependerá muito do estado de consciência. Se estiver claramente convencido de sua grandeza, então um abafador seria indicado. Mas tratando-se de um pobre vermezinho, já vergado ao peso de sua inferioridade, uma diminuição ainda maior equivaleria a uma crueldade. No primeiro caso é recomendável um tratamento redutivo: e facilmente se poderá demonstrar, por meio do material associativo, que as intenções do sonhador são inconvenientes e infantis e que elas brotam muitas vezes dos desejos infantis de ser igual ou superior aos pais. No outro caso, em que um sentimento de inutilidade pervadiu tudo e já suprimiu qualquer aspecto positivo, seria totalmente inoportuno mostrar ao sonhador que ele é infantil, ridículo ou mesmo perverso. Semelhante procedimento só fortaleceria seu sentimento de inferioridade e provocaria uma resistência indesejável e excessiva ao tratamento. 514

Não existe uma técnica terapêutica ou doutrina, aplicáveis em geral, pois cada caso submetido a tratamento é um indivíduo numa situação específica de vida. Lembro-me de um paciente do qual pre- 515 cisei tratar durante nove anos. Eu só o via algumas semanas por ano, pois residia no exterior. Eu sabia desde o começo onde estava realmente seu problema, mas percebi também que a menor tentativa de uma aproximação da verdade seria respondida com reação muito forte e com tal autodefesa que provocaria um rompimento total. *Nolens volens* tive que fazer o melhor para manter a relação e condescender com sua tendência, apoiada em seus sonhos; tinha que desviar a conversa do assunto mais importante que, de acordo com o que seria de se esperar racionalmente, precisava ser abordado. Isso prolongou-se tanto que eu me culpava de estar levando meu paciente ao erro; e unicamente o fato de seu estado melhorar lenta mas visivelmente me deteve de confrontá-lo brutalmente com a verdade.

516   No décimo ano, o paciente se declarou curado e livre dos sintomas. Fiquei surpreso e estive a ponto de colocar em dúvida sua afirmação, pois teoricamente não podia estar curado. Percebendo minha surpresa, disse sorrindo: "Agora gostaria de agradecer especialmente por seu tato e paciência que me ajudaram a contornar a causa dolorosa de minha neurose; agora estou preparado para lhe contar tudo. Se eu tivesse estado em condições, teria falado sobre isso já na primeira consulta. Mas isto teria estragado meu relacionamento com o senhor. E, então, o que teria acontecido? Entraria em colapso moral, teria perdido o chão sob meus pés e meu último amparo. No decorrer dos anos, porém, aprendi a confiar no senhor e, na medida em que minha confiança crescia, melhorou também meu estado. Melhorou porque restabeleceu-se minha fé em mim mesmo, e agora estou forte o bastante para lhe falar sobre as verdadeiras coisas que me perturbavam".

517   Depois disso fez uma confissão detalhada: e isto me abriu os olhos para o fato de que o nosso tratamento devesse ter tomado um rumo tão estranho. O choque inicial fora tão grande que ele *não conseguiu enfrentá-lo sozinho*. Foram precisos dois; e nisso consiste a tarefa terapêutica, e não na satisfação de pressupostos teóricos.

518   Desses casos se aprende a seguir as linhas de desenvolvimento que se vão formando a partir do material fornecido pelo paciente e da disposição de seu caráter, em vez de orientar-se por considerações teóricas em geral que talvez nem sejam aplicáveis ao caso atual. Minha experiência e meu conhecimento das pessoas, reunidos ao longo de sessenta anos, ensinaram-me a considerar todo caso como uma vi-

vência nova, onde o que mais importa é encontrar a abordagem individual. Não tenho medo de enveredar por um estudo profundo sobre acontecimentos e fantasias infantis ou começar pelo que está por cima, mesmo que se devesse tratar de especulações metafísicas as mais nebulosas e improváveis. Tudo depende de saber se sou capaz de aprender a linguagem do paciente e se posso seguir a tateante busca de seu inconsciente por um caminho para a luz. Uma pessoa pode precisar disso, a outra talvez do contrário. As diferenças entre as pessoas são deste tipo.

Isto vale também em grande parte para a interpretação dos símbolos. Dois indivíduos podem ter quase o mesmo sonho, mas quando um é novo e o outro é mais velho, os problemas que os afligem são diversos. Neste caso seria absurdo enfocar os dois sonhos da mesma maneira. A imagem onírica é, por exemplo, *uma grande planície pela qual cavalga um grupo de homens jovens. O sonhador está adiantado em relação aos outros e precisa saltar por cima de um valão cheio de água, o que ainda está tentando, enquanto os outros caem na água.* O jovem sonhador é por natureza cauteloso e introvertido e tem bastante medo da aventura. O homem mais velho, porém, teve sempre uma natureza arrojada e destemida, e levou uma vida ativa e empreendedora em todos os sentidos. Quando teve o sonho, era inválido: não conseguia ficar quieto, dava muito trabalho ao médico e à enfermeira e causava a si mesmo danos por causa da desobediência e do desassossego. O sonho mostra claramente ao homem jovem o que ele deveria fazer e ao homem mais velho o que ele ainda faz agora. Enquanto o jovem temeroso precisa de um incentivo, o mais velho estaria disposto a arriscar o salto a qualquer hora. Mas seu espírito empreendedor ainda flamejante é precisamente o seu maior problema.

Este exemplo pode mostrar que a interpretação de sonhos e símbolos depende muito da constituição individual do sonhador. Os símbolos não possuem apenas uma, mas várias interpretações; às vezes apresentam mesmo um par de opostos como, por exemplo, a *Stella matutina* (estrela da manhã) ou Lúcifer (o que carrega a luz), que é um conhecido símbolo de Cristo e, ao mesmo tempo, o demônio. O mesmo vale para o leão. A interpretação correta depende do contexto, isto é, das associações ligadas à imagem onírica e do estado de espírito efetivo do sonhador.

5. O arquétipo no simbolismo dos sonhos

521 Como abordagem inicial do sonho, colocamos a hipótese de que ele serve à finalidade da compensação. Isto é um postulado bem geral e abrangente. Significa que consideramos o sonho um fenômeno psíquico normal que proporciona à consciência reações inconscientes ou impulsos espontâneos. Uma vez que só em pequena minoria de sonhos aparece seu caráter compensatório, devemos dar o máximo de atenção à linguagem do sonho, que nós consideramos simbólica. O estudo dessa linguagem é quase uma ciência autônoma. Como vimos, existe uma diversidade infinda de formas de expressão individual. Elas podem ser interpretadas com o apoio do sonhador que fornece o material associativo, ou seja, o contexto da imagem onírica. Assim, o sonho é cercado e observado de todos os lados. Este método é suficiente em todos os casos comuns, quando, por exemplo, um parente, um amigo ou um paciente conta seu sonho de maneira quase incidental. Mas quando se trata de sonhos obsessivos, isto é, que se repetem, ou de sonhos fortemente emocionais, aí não bastam as associações pessoais do sonhador para se chegar a uma interpretação satisfatória. Neste caso temos que considerar o fato, já observado e abordado por Freud, de que nos sonhos aparecem elementos que não são individuais e que não podem ser derivados da experiência pessoal. Estes elementos Freud os denominou "resíduos arcaicos"; são formas psíquicas cuja existência não pode ser explicada pela experiência pessoal, e que representam as formas primitivas, inatas e herdadas da mente humana.

522 Assim como o corpo humano representa todo um museu de órgãos com uma longa história evolutiva, devemos esperar que o espírito também esteja assim organizado, em vez de ser um produto sem história. Por "história" não entendo aqui o fato de nosso espírito se construir por meio de tradições inconscientes (por meio da linguagem etc.), mas entendo antes sua evolução biológica, pré-histórica e inconsciente no homem arcaico, cuja psique ainda era semelhante à dos animais. Esta psique primitiva constitui o fundamento de nosso espírito, assim como nossa estrutura corporal se baseia na anatomia geral dos animais mamíferos. Para qualquer lugar que se volte o olhar perspicaz do morfólogo, ele reconhece os rastros do modelo primitivo: da mesma forma não pode o experiente pesquisador do espírito

deixar de ver as analogias inconscientes entre as imagens oníricas e os produtos do espírito primitivo, de suas "représentations collectives" e motivos mitológicos. Assim como é imprescindível ao morfólogo a ciência da anatomia comparada, também o psicólogo ou psiquiatra não conseguem ser bem sucedidos sem uma "anatomia comparada da psique", sem uma experiência sofrível com sonhos e outros produtos da atividade inconsciente, por um lado, e com a mitologia no mais amplo sentido da palavra, por outro. Sem este instrumental ninguém consegue descobrir estas analogias. Não é possível ver a analogia entre um caso específico de neurose compulsiva, esquizofrenia ou histeria e um caso clássico de possessão demoníaca, se não houver um conhecimento suficiente de ambos.

Minha opinião sobre os "resíduos primordiais", que denomino "arquétipos" ou "imagens primordiais", é constantemente criticada por pessoas que não possuem bastante conhecimento da psicologia dos sonhos e nem da mitologia. O conceito arquétipo é muitas vezes mal entendido porque significa, por exemplo, um motivo ou figura mitológicos bem determinados e nitidamente delineados. Isto seriam meras representações e seria absurdo acreditar que tais representações mutáveis pudessem ser herdadas. Ao contrário, o arquétipo é uma tendência de criar representações muito variáveis, mas sem perder seu modelo primitivo. Existem, por exemplo, muitas representações do motivo dos irmãos inimigos, mas só existe *um* motivo. Só é possível descrever isso como uma tendência a esta espécie de formação de representações. Como tal, representa uma disposição hereditária da psique humana e é possível encontrá-la praticamente em toda parte e em todos os tempos. Penso nesse motivo quando falo do arquétipo. 523

Meus críticos partem do falso pressuposto de que eu falo de "representações herdadas" e por isso rejeitam o conceito de arquétipo como sendo mera superstição. Não levam em consideração o fato de que, se os arquétipos fossem representações oriundas da consciência ou adquiridas da consciência, nós as entenderíamos de imediato e não ficaríamos consternados, pasmos e confusos quando elas surgem em nossa consciência. Lembro-me muito bem de todos aqueles que me consultaram por causa de seus próprios sonhos e dos sonhos estranhos de seus filhos. Quanto ao seu sentido, eles tateavam completamente no escuro. A razão disso era que os sonhos continham ima- 524 gens que não podiam ser referidas a nada de que se lembrassem. Quanto aos sonhos dos filhos, não conseguiam entender de onde poderiam ter tirado representações tão estranhas e incompreensíveis. Essas pessoas tinham boa formação acadêmica e, em alguns casos, eram psiquiatras. Lembro-me de um professor que tivera repentinamente uma visão e pensou que estava louco. Entrou em verdadeiro pânico. Tirei simplesmente da estante um livro de quatrocentos anos e mostrei-lhe uma xilogravura antiga onde estava retratada sua visão. "Não precisa achar que está louco", disse-lhe eu, "sua visão já era conhecida há quatrocentos anos". Estupefato, deixou-se cair na poltrona, mas voltou ao normal.

525   Lembro-me do caso de um pai, também ele psiquiatra, que me trouxe um livrinho escrito à mão. Recebera-o como presente de Natal de sua filha de dez anos. Continha toda uma série de sonhos que ela tivera aos oito anos de idade. Foi a série mais estranha que jamais me apareceu, e era perfeitamente compreensível que o pai estivesse tão admirado. Os sonhos, por mais infantis que fossem, davam arrepios e continham imagens cuja origem era totalmente inexplicável ao pai. Reproduzo aqui os motivos mais importantes dos sonhos:

1. "O animal ruim": um monstro com forma de cobra e com muitos chifres que matava e engolia todos os outros animais. Mas Deus vinha dos quatro cantos (na verdade são quatro deuses) e paria todos os animais de novo.

2. Subida ao céu onde se realizavam danças pagãs, e descida ao inferno onde anjos praticavam o bem.

3. Muitos animais pequenos dos quais a sonhadora tem medo. Os animais tornam-se gigantescos e um deles engole a menina.

4. Um camundongo no qual entram vermes, cobras, peixes e pessoas. Desse modo o camundongo se torna humano. Esta é a origem da humanidade em quatro estágios.

5. Uma gota d'água observada ao microscópio: a gota está cheia de galhos. Esta é a origem do mundo.

6. Um mau rapaz com um torrão de barro atira pedaços dele nas pessoas que passam. Assim, todos se tornam maus.

7. Uma mulher bêbada cai na água e dela sai remoçada e sóbria.

8. Na América, muitas pessoas rolam dentro de um formigueiro e são atacadas pelas formigas. A sonhadora cai de medo num rio.

9. Num lugar deserto na Lua, onde a sonhadora se afunda tanto no chão que chega a atingir o inferno.

10. Visão de uma bola brilhante. Ela a toca. Sai vapor. Vem um homem e a mata.

11. Ela está muito doente. De repente saem pássaros de sua pele e a cobrem totalmente.

12. Enxames de moscas escurecem o Sol, a Lua e todas as estrelas, com exceção de uma que cai sobre a sonhadora.

No original alemão completo, cada sonho começa com as palavras tradicionais dos contos de fada: "Era uma vez...". Com isso a pequena sonhadora dava a entender que considerava cada um dos sonhos como uma espécie de conto de fada que ela gostaria de contar ao pai como presente de Natal. O pai não conseguiu esclarecer os sonhos com a ajuda do contexto, pois parecia não haver associações pessoais. Este tipo de sonho infantil parece de fato ser uma história, com bem pouca ou nenhuma associação espontânea. A possibilidade de que estes sonhos pudessem ser elaborações conscientes só pode ser excluída mediante um conhecimento último do caráter da criança, isto é, de seu amor à verdade. O pai estava convencido da autenticidade dos sonhos. E eu não tinha motivos para duvidar, pois, mesmo que fossem fantasias surgidas no estado de vigília, elas apresentariam problemas para nossa compreensão. Contudo, não existem razões para duvidar da autenticidade dos sonhos. Conheci pessoalmente a menina, mas isto foi antes que presenteasse o pai com os sonhos; morando ela longe da Suíça e tendo falecido de doença infecciosa mais ou menos um ano após aquele Natal, não tive oportunidade de fazer-lhe qualquer pergunta sobre o assunto.

Os sonhos têm um caráter muito estranho, uma vez que as ideias diretrizes equivalem de certa forma a problemas filosóficos. O primeiro sonho se refere a um monstro ruim que mata os outros animais, mas Deus os gera de novo através de uma espécie de *apocatastasis* (restauração). Dentro da tradição cristã, esta ideia veio ao nosso conhecimento através dos *Atos dos Apóstolos* 3,21: "É necessário que o céu o receba (Cristo) até chegarem os tempos da restauração...". Os primeiros Padres da Igreja gregos davam especial importância à ideia de que no fim do mundo todas as coisas seriam restauradas em seu estado original perfeito, através da ação do Salvador. Segundo *Mateus* 17,11, já era tradição judaica bem antiga que Elias voltaria e restauraria tudo. A *Primeira Epístola aos Coríntios* 15,22 refere-se a esta ideia: "Assim como em Adão todos morrem, assim em Cristo todos reviverão".

528 Pode-se objetar que a criança tomou conhecimento dessas ideias em suas aulas de religião. Mas ela quase não frequentou essas aulas, pois os pais (protestantes) eram daquelas pessoas – aliás, em grande número hoje – que só conheciam a Bíblia por ouvir falar dela. É de todo improvável que a ideia da *apocatastasis* tivesse sido sublinhada em especial e, assim, pudesse vir a ser objeto de vivo interesse da criança. Ao pai, ao menos, era totalmente desconhecido esse mitologema ao qual Orígenes e outros deram tanta importância.

529 Dos doze sonhos, nove trazem o motivo da destruição e da restauração. Nenhum dos sonhos apresenta traços de uma educação nitidamente cristã ou de influência cristã. Ao contrário, apresentam antes analogias com relatos primitivos. As analogias vêm ainda apoiadas por um segundo motivo, o da criação do mundo e dos seres humanos, o do mito cosmogónico que aparece em dois sonhos. A mesma conexão se encontra na passagem acima citada de 1Cor 15,22, onde Adão e Cristo, isto é, a morte e a ressurreição, são correlacionados.

530 A ideia geral de Cristo, o redentor, faz parte daquela concepção pré-cristã, espalhada no mundo inteiro, do herói e salvador que, devorado por um monstro, aparece de novo de forma miraculosa, depois de ter vencido o dragão, ou a baleia, ou coisa semelhante que o devorara. Como, quando e onde surgiu este motivo, ninguém sabe dizer. Nem saberíamos como abordar de maneira válida este problema. A única coisa que sabemos com certeza a este respeito é que aparentemente toda geração encontra isso como tradição bem antiga. Por isso é pacífica a suposição de que este motivo "descende" de um tempo em que as pessoas ainda não sabiam que tinham um mito de heróis, portanto de um tempo em que elas ainda não tinham noção daquilo sobre o que falavam. A figura do herói é uma *imago* típica que existe desde tempos imemoriais. Eu a denomino arquétipo (do grego *arché*, começo), pelo qual entendo uma tendência preexistente

do espírito humano de construir representações míticas. Na criação de "représentations mystiques", como as chama Lévy-Bruhl, existe também uma tendência instintiva como na construção do ninho, na migração etc. Encontramos essas representações praticamente em toda parte e sempre se caracterizam pelo mesmo motivo ou por motivos semelhantes. Não podemos atribuí-las a nenhuma época específica, ou a alguma região do planeta, ou a alguma raça. Onipresentes no espaço e no tempo, de origem desconhecida, podem reproduzir-se mesmo onde está excluída a tradição por meio da migração dos povos.

Os melhores exemplos disso são as pessoas, sobretudo crianças, que vivem em determinado ambiente no qual é possível excluir com bastante certeza qualquer tradição por conhecimentos ou contatos. O ambiente em que vivia nossa pequena sonhadora estava apenas familiarizado com a tradição cristã, e mesmo assim bastante superficialmente. Podemos encontrar vestígios de influência cristã nas representações de Deus, anjos, inferno e do mal. Mas o tratamento que receberam é bem diferente de um tratamento cristão. 531

Tomemos, por exemplo, o primeiro sonho: o Deus, que na verdade consiste de quatro deuses, provém dos quatro "cantos" – quatro cantos de quê? No sonho não se menciona nenhum espaço limitado. Um espaço limitado não caberia na representação de um acontecimento claramente cósmico, onde intervém o próprio ser universal. A quaternidade em si é uma representação estranha mas que desempenha papel importante nas religiões e filosofias exóticas. Entre nós, ela foi substituída pela Trindade, da qual a criança supostamente ouviu falar. Mas quem saberia algo sobre a quaternidade divina num ambiente burguês? Esta concepção era mais ou menos conhecida em círculos que, durante a Idade Média, eram iniciados na filosofia hermética; mas esta começou a definhar no início do século XVIII e agora está obsoleta no mínimo há duzentos anos. Donde tirou, pois, a sonhadora esta concepção estranha? Da visão de Ezequiel? Mas em nenhuma explicação Deus é identificado com o Serafim. 532

A mesma questão se coloca com referência à cobra com chifres. É verdade que na Bíblia aparecem vários animais com chifres, por exemplo, no *Apocalipse* 13; mas parece tratar-se de quadrúpedes, ainda que a parte superior seja de dragão, o que em grego (dracôn) significa cobra. O dragão com chifres aparece na alquimia latina do 533 século XVI com a *quadricornutus serpens* (cobra de quatro chifres), um símbolo de Mercúrio e um rival da Trindade cristã, mas, ao que pude constatar, em *um único autor*[10].

534 No sonho 2 há um motivo que decididamente não é cristão e que apresenta uma inversão de valores: danças pagãs de pessoas no céu e boas obras de anjos no inferno, o que equivale a uma relativização dos valores morais. Mas donde tirou a criança um problema tão revolucionário e moderno, digno de um gênio como Nietzsche? Mesmo que tal ideia não fosse estranha ao espírito filosófico ocidental, onde se poderia encontrá-la num ambiente de criança, e como entrou ela no mundo de representações de uma criança de oito a nove anos?

535 Esta pergunta suscita outra: Qual o sentido compensatório dos sonhos aos quais a própria sonhadora deu tal importância a ponto de dá-los de presente de Natal a seu pai?

536 Se a sonhadora fosse um curandeiro primitivo, não erraríamos na suposição de que os sonhos eram variações sobre os temas filosóficos de morte, ressurreição ou restauração, origem do mundo, criação do homem e relatividade dos valores (Lao-Tsé: o alto está sobre o baixo). Poderíamos descartar esses sonhos como sem valor, se fizéssemos a tentativa de interpretá-los a partir de um ponto de vista pessoal. Mas, conforme mostrei, eles contêm sem dúvida "représentations collectives". Apresentam certas analogias com os ensinamentos que os jovens recebiam nas tribos primitivas quando estavam prestes a tornar-se homens, membros adultos da tribo. Eram informados então sobre o que Deus, os deuses ou os primeiros animais fizeram quando criaram o mundo e o ser humano, sobre como será o fim do mundo, sobre o que significa a morte etc. Quando damos nós – na civilização cristã – semelhantes instruções? No começo da idade adulta; mas muitas pessoas só começam a pensar nessas coisas já em idade avançada e quando estão próximas do fim inevitável.

537 Nossa sonhadora está perto desses dois estados, pois movimenta-se dentro da puberdade e ao mesmo tempo dentro do fim de sua vida. Pouco ou nada no simbolismo de seus sonhos indica o início de uma vida normal de adulto; ao contrário, há várias alusões à destruição e à restauração. Quando li pela primeira vez os sonhos, tive a de-

---

10. Gerardos Dorneus de Frankfurt, médico e alquimista do século XVII.

sagradável sensação de que prenunciavam uma desgraça iminente. O motivo dessa sensação era a maneira estranha de compensação que se podia ver neste simbolismo: enquanto os sonhos conduzem a um estranho mundo de ideias, que extrapola o horizonte mental de uma criança, entram em contradição com o estado da consciência que poderíamos supor num adulto. Abrem uma perspectiva nova e bastante assustadora de vida e morte "como se poderia esperar de alguém que olha para trás sobre a vida humana, em vez de ter ainda diante de si a natural continuação dela "vita somnium breve" (a vida é um curto sonho), em vez de alegria e exaltação da primavera da vida – um "ver sacrum vovendum" (consagração aos deuses do que nasce na primavera)! Como indica a experiência, a aproximação desconhecida da morte causa uma *adumbratio*, uma sombra projetada, que invade a vida e os sonhos da vítima. Mesmo o nosso altar-mor cristão é, por um lado, sepultura (como demonstram os mausoléus em igrejas antigas) e, por outro lado, o lugar da ressurreição ou da transformação da morte em vida eterna.

538 Este é pois o mundo de ideias que os sonhos insinuaram à criança – uma preparação para a morte na forma de histórias curtas. Como os ensinamentos iniciatórios dos povos primitivos ou os koans do zen-budismo, esta instrução é diferente das doutrinas ortodoxas cristãs e está mais próxima do modo de pensar primitivo. Parece ter sua origem fora da tradição histórica, naquela matriz que, desde tempos pré-históricos, já alimentava as especulações filosóficas e religiosas sobre a vida e a morte.

539 No caso dessa menina é como se acontecimentos futuros lançassem por antecipação sua sombra, despertando aquelas formas de pensar que, normalmente em estado de sonolência, se destinam a descrever ou a acompanhar o pressentimento de um desfecho mortal. Ainda que a forma concreta em que se exprimem seja mais ou menos individual, seu modelo básico é coletivo, uma vez que podemos encontrá-los praticamente em todos os lugares e tempos; o mesmo acontece com os instintos animais: as diversas espécies apresentam diferenças notáveis, mas no geral servem aos mesmos objetivos. Não podemos admitir que todo animal recém-nascido adquira e desenvolva individualmente seus instintos, da mesma forma não podemos acreditar que as pessoas humanas inventem e produzam, a cada novo

nascimento, seus comportamentos e reações tipicamente humanos. Exatamente como os instintos, também os modelos coletivos de pensar da mente humana são inatos e herdados e, dependendo das circunstâncias, funcionam em toda parte mais ou menos de modo igual.

540   As emoções seguem o mesmo modelo, e são reconhecidas como tais no mundo inteiro. Nós as reconhecemos inclusive nos animais, e estes se entendem mutuamente a este respeito, mesmo sendo de espécies diferentes. E o que acontece com os insetos, com suas funções simbióticas complicadas? A maioria nem conhece seus pais e nunca tiveram alguém que pudesse instruí-los. Por que seria o homem o único ser vivente ao qual faltem instintos específicos ou cuja psique não apresente vestígio algum de sua evolução? Se igualarmos psique e consciência, então sucumbe-se facilmente ao erro de considerar a consciência como *tabula rasa*, totalmente vazia no nascimento e só contendo mais tarde o que fosse aprendido pela experiência individual. Mas a psique é mais do que a consciência. Os animais têm pouca consciência, mas muitos impulsos e reações que apontam para a existência de uma psique; e os primitivos fazem coisas cujo significado lhes é desconhecido. Perguntaríamos em vão a muitos civilizados sobre o sentido da árvore de Natal ou dos ovos coloridos da Páscoa, pois não têm a mínima noção do sentido desses costumes. Na verdade, fazem algo sem saber por quê. Inclino-me a acreditar que as coisas em geral foram primeiro feitas, e só bem mais tarde alguém interrogou-se a respeito e descobriu por que foram feitas. A psicologia clínica defronta-se constantemente com pacientes, tão inteligentes em outras ocasiões, mas que se comportam de modo estranho e não têm nenhuma noção do que dizem ou fazem. Temos sonhos cujo sentido não conseguimos entender, mesmo estando convencidos de que eles têm um sentido específico. Temos a sensação de que um sonho é importante e até mesmo assustador, mas por quê?

541   A observação regular de tais fatos confirmou a hipótese de uma psique inconsciente, cujos conteúdos parecem quase iguais aos da consciência. Sabemos, por exemplo, que a consciência depende muito da cooperação do inconsciente. Quando se faz um discurso, a próxima frase já vem sendo preparada durante a fala da anterior, mas esta preparação é em grande parte inconsciente. Se o inconsciente não colaborar e retiver a próxima frase, ficamos empacados. Quere-

mos mencionar um nome ou um conceito já em voga, mas ele simplesmente não vem. O inconsciente não o fornece. Gostaríamos de apresentar um velho conhecido, mas de repente seu nome desaparece, como se nunca o tivéssemos conhecido. É dessa forma que dependemos da boa vontade do nosso inconsciente. Quando assim procede, pode pregar uma peça à nossa boa memória ou colocar em nossa boca algo que não intencionávamos. Pode criar disposições de espírito e emoções inprevisíveis e injustificadas, causando assim complicações as mais diversas.

Ainda que tais reações e impulsos, superficialmente considerados, pareçam ser de natureza bem pessoal e, portanto, sejam considerados bem individuais, estão na verdade baseados num sistema instintivo pré-moldado e já pronto, que encontramos praticamente em toda parte e que possui sua mímica e gestos universalmente entendidos e suas próprias formas de pensar. Baseiam-se num modelo que foi cunhado bem antes que começassem a manifestar-se os primeiros indícios de uma consciência reflexiva. É até possível pensar que isto foi causado por uma colisão feroz de emoções e de suas consequências muitas vezes lamentáveis. Pensemos, por exemplo, no caso de um bosquímano que num acesso momentâneo de raiva e desilusão, por não ter pescado nada, estrangula seu único filho querido e, depois, ao ter nos braços o pequeno cadáver, é acometido de um grande arrependimento. Este homem tem as maiores probabilidades de nunca mais esquecer esse tormento e seu ato. Isto poderia ter sido o início de uma consciência reflexiva. Seja como for, é preciso muitas vezes o choque de uma experiência emocional desse tipo para acordar as pessoas e levá-las a prestar mais atenção em seus atos. Gostaria de lembrar aqui o caso de um nobre fidalgo espanhol que, após ter perseguido por longo tempo a amada de seu coração, conseguiu finalmente levá-la a um encontro secreto. Ela abriu calada seu vestido e mostrou-lhe o seio carcomido pelo câncer. Ele tornou-se um santo.

Muitas vezes é possível demonstrar que as formas arquetípicas de transformação, que se manifestam no momento da catástrofe, já estavam atuando bem antes, e arranjaram as circunstâncias externas tão habilmente que elas tinham que provocar inevitavelmente a crise. Não é raro que um tal desenvolvimento se mostre com tanta clareza (por exemplo, numa série de sonhos) que é possível predizer com alguma certeza a catástrofe. Dessas experiências pode-se concluir que as formas arquetípicas não são apenas modelos estáticos, mas também fatores dinâmicos, na medida em que se manifestam – exatamente como os instintos – através de impulsos espontâneos. Certos sonhos, visões ou pensamentos podem surgir de repente, sem que se possa comprovar sua causa, mesmo após cuidadosa pesquisa. Isto não significa que eles não tenham causa; devem naturalmente tê-la, mas está tão distante ou obscura que não se chega a ela. Nesse caso é preciso esperar que o sonho ou seu significado se tornem mais compreensíveis, ou que alguma coisa (talvez um acontecimento objetivo e externo) aconteça que explique o sonho como, por exemplo, algum acontecimento ainda escondido no futuro.

544   Nossas ideias conscientes estão muitas vezes ocupadas com o futuro e suas possibilidades; e o inconsciente e seus sonhos não o estão menos. Existe inclusive uma opinião difundida no mundo inteiro de que a função principal dos sonhos é dar um prognóstico do futuro. Na Antiguidade e também na Idade Média, os sonhos tinham certo papel no prognóstico médico. Por acaso estou em condições de confirmar, através de um sonho recente, o prognóstico ou, melhor, o pré-conhecimento num sonho antigo que o velho Artemidoro de Daldis (século II d.C.) cita em sua interpretação dos sonhos[11]: *Um homem sonhou que viu seu pai morrer numa casa em chamas.* Pouco tempo depois o sonhador morreu de um "flegmão" (fogo, febre alta), provavelmente de pneumonia. Um colega meu adoecera de uma febre traumática mortal. Um paciente antigo dele, que não fora informado sobre a doença de seu médico, sonhou que *o médico morreria num grande fogo*. O sonho ocorreu três semanas antes da morte do médico, ao tempo em que este dera entrada no hospital e a doença se encontrava ainda no estágio inicial. O sonhador simplesmente "sabia" que o médico estava doente e num hospital.

---

11. Cf. ARTEMIDORO (de Daldis). *Symbolik der Träume.* livro I, capítulo 2. Viena/Budapeste/Leipzig: [s.e.], 1881, p. 8: "Alguém sonhou, por exemplo, que via seu pai sendo consumido pelas chamas. Aconteceu que o próprio sonhador morreu e seu pai, consumido pela tristeza e sofrimentos atrozes, sofreu como que uma morte pelo fogo".

Como indica este exemplo, os sonhos podem revestir-se de um aspecto antecedente ou prognóstico, e o intérprete fará bem em considerar também este aspecto, sobretudo quando um sonho significativo não fornece nenhum contexto suficiente para explicá-lo. Muitas vezes semelhante sonho cai simplesmente do céu, e a gente se pergunta o que poderá tê-lo provocado. Se soubéssemos para onde ele aponta, a causa seria clara. Naturalmente é só nossa consciência que ainda nada sabe, ao passo que nosso inconsciente parece já estar informado e ter submetido o caso a um cuidadoso exame prognóstico, procedendo-se mais ou menos da mesma forma que o faria a consciência se estivesse a par dos fatos relevantes. Mas exatamente por serem subliminares a partir do ponto de vista da consciência, puderam ser percebidos pelo inconsciente e submetidos a uma espécie de exame que antecipou o resultado final. O que se pode constatar a partir dos sonhos é que o inconsciente, em suas "considerações", procede de modo instintivo e não segundo linhas diretrizes racionais. Este último procedimento é prerrogativa da consciência que faz sua escolha com raciocínio e conhecimento, enquanto o primeiro é determinado sobretudo por tendências instintivas e por formas de pensar a elas correspondentes: os arquétipos. Até parece que esteve em ação um poeta em vez de um médico racional que falaria de infecção, febre, toxinas etc., ao passo que o sonho apresenta o corpo enfermo como a morada (terrena) da pessoa e a febre como o calor que procede de um incêndio que destrói casa e morador.

Este sonho mostra que o espírito arquetípico manipulou a situação exatamente como no tempo de Artemidoro. Uma situação de natureza mais ou menos desconhecida foi captada intuitivamente pelo inconsciente e recebeu um tratamento arquetípico. Isto mostra claramente que, ao invés do raciocínio que a consciência teria empregado, o espírito arquetípico assumiu automaticamente a tarefa da predição, o que significa que os arquétipos têm iniciativa e energia específica próprias que não apenas lhes facultam dar interpretações sensatas (a seu modo), mas também intervir em dadas situações com seus próprios impulsos e formas de pensar. Neste sentido funcionam como os complexos que na vida cotidiana gozam igualmente de certa autonomia. Eles vão e voltam a bel-prazer, e muitas vezes atravessam nossas intenções conscientes de modo doloroso.

547 Pode-se perceber a energia específica dos arquétipos quando se é tomado por um legítimo sentimento de *numinosidade* que a acompanha como uma fascinação ou encanto que deles emanam. Isto é característico também dos complexos pessoais, cujo comportamento pode ser comparado com o papel desempenhado pelas *représentations collectives* arquetípicas na vida social de todos os tempos. Assim como os complexos pessoais têm sua história individual, também os complexos sociais de caráter arquetípico têm sua própria história. Enquanto os complexos pessoais nunca produzem mais do que um embaraço pessoal, os arquétipos criam mitos, religiões e ideias filosóficas que marcam nações e épocas inteiras. E assim como os produtos dos complexos pessoais podem ser entendidos como compensação de uma atitude unilateral ou deficiente da consciência, também podemos interpretar os mitos de caráter religioso como uma espécie de terapia espiritual para os sofrimentos e temores da humanidade, como a fome, a guerra, a velhice e a morte.

548 O mito universal do herói projeta a figura de um homem poderoso ou de um homem-deus que combate todo mal personificável bem como toda espécie de inimigos, dragões, cobras, monstros e demônios, e livra seu povo da destruição e da morte. O relato ou a repetição ritual de textos e cerimônias sagrados, assim como a veneração de tal figura por meio de danças, música, hinos, orações e sacrifícios enche o espectador de sentimentos numinosos e eleva o indivíduo até a identificação com o herói. Se encararmos esta situação com os olhos do crente, entenderemos como a pessoa assim arrebatada é libertada de seu abandono e miséria e é elevada a uma categoria quase sobre-humana, ao menos momentaneamente; mas frequentes vezes esta convicção perdura por longo tempo. Uma iniciação desse tipo produz uma convicção duradoura e cria uma atitude que impõe certa forma ou certo estilo à vida de uma sociedade. Como exemplo, gostaria de mencionar os mistérios de Elêusis que no início do século VII da era cristã foram definitivamente suprimidos. Juntamente com o oráculo de Delfos eram a essência e o espírito da Antiguidade grega. Em escala bem mais ampla, a era cristã deve seu nome e seu significado a um outro mistério antigo, ou seja, ao mistério do homem-deus, cujas raízes devem ser buscadas no mito arquetípico de Hórus-Osíris.

É um preconceito hoje mundialmente difundido que, em tempos pré-históricos nebulosos, as ideias mitológicas fundamentais foram "inventadas" por um velho e esperto filósofo ou profeta e que, desde então, foram cridas por um povo crédulo e não crítico, ainda que as histórias narradas por uma casta sacerdotal, sedenta de poder, não sejam realmente "verdadeiras", mas apenas "pensamentos de desejos". "Inventar" vem do latim "invenire" que significa, em primeiro lugar, "deparar com" ou "encontrar algo" e, em segundo lugar, "achar algo mediante procura". No último caso não se trata de um encontrar casual ou de deparar com, pois existe disso uma espécie de pré-conhecimento ou uma representação vaga daquilo que se vai encontrar.

549

Se examinarmos as representações estranhas nos sonhos da menina, parece improvável que ela pudesse ter *procurado* por elas, pois estava bastante surpresa por encontrá-las. Foi, por assim dizer, vítima de um acontecimento singular e inesperado que lhe pareceu suficientemente notável e interessante para com ele causar uma alegria natalina ao pai. Ao fazer isso, elevou-se de certa forma ao plano do mistério cristão, ainda vivo mesmo que modificado, do nascimento do Senhor, misturado com o mistério da árvore sempre verde que traz a luz recém-nascida. Ainda que haja suficientes comprovantes históricos da relação simbólica entre Cristo e a árvore, os pais ficariam sumamente embaraçados se lhes perguntássemos o que significa enfeitar a árvore com velas acesas no dia do nascimento de Cristo. Provavelmente teriam respondido: "É apenas um costume fazer isso no Natal". Uma resposta séria teria apresentado uma dissertação interessante e extensa sobre o simbolismo do Deus que morre, nos tempos antigos do Oriente próximo, e de sua relação com o culto da Grande Mãe e seu símbolo, a árvore; e isto só para mencionar um aspecto do complicado problema.

550

Quanto mais nos aproximamos da origem de *uma représentation collective* ou – usando a expressão da Igreja – de um dogma, tanto mais descobrimos uma teia aparentemente ilimitada de modelos arquetípicos que até hoje nunca foram objeto de uma reflexão consciente. Paradoxalmente, sabemos mais sobre simbolismo mitológico hoje do que qualquer época antes da nossa. O fato é que antigamente se *vivia* os símbolos, em vez de refletir sobre eles. Gostaria de ilustrar esse ponto através de uma experiência que tive entre os primitivos do

551

Monte Elgon: Ao nascer do Sol, saem das cabanas, cospem nas mãos e as estendem para os primeiros raios do Sol, como se estivessem oferecendo ao nascente deus Mungu sua respiração ou sua saliva. A palavra suahíli, que empregavam para descrever a ação ritual, remonta a uma raiz polinésia e corresponde a mana, mulungu ou palavras semelhantes que designam uma "força" de atuação extraordinária, uma essência que tudo penetra, e que nós chamaríamos divina. A palavra mungu é pois sua correspondente a Alá ou Deus. Quando lhes perguntei o que significava este gesto para eles e por que o faziam, eles ficaram surpresos. Só conseguiram responder: "Nós sempre fizemos isso. Sempre se procedeu assim quando o Sol nasce". Riram da conclusão lógica de que o Sol fosse mungu. O Sol não é mungu quando está acima do horizonte. Mungu é antes o instante do nascer do Sol"[12].

552   O que eles faziam era evidente para mim, mas não para eles. Eles simplesmente o fazem, não refletem sobre isso e, por isso, também não sabem expressar-se a respeito. Repetem apenas o que "sempre" fizeram de manhã, certamente com alguma emoção e não de forma puramente mecânica, pois eles vivem isso, ao passo que nós refletimos sobre isso. Eu sabia, portanto, que eles ofereciam a mungu suas almas, pois a respiração (da vida) e a saliva significavam "substância da alma". Soprar ou cuspir em cima de alguma coisa ou alguém significa algo como conferir um efeito "mágico" (por exemplo, Cristo usou a saliva para curar o cego; e o filho inala o último suspiro do pai moribundo e com isso assume a alma dele). É bem pouco provável que nos tempos antigos soubessem algo mais sobre o significado de suas cerimônias. Ao contrário, é provável que seus antepassados sabiam ainda menos sobre o significado de seu agir, pois eram bem mais inconscientes e refletiam ainda menos sobre suas ações.

553   O Fausto de Goethe diz muito bem: "No princípio era a ação". As "ações" nunca foram inventadas, elas foram feitas. Mas as ideias são uma descoberta relativamente tardia: elas foram primeiro encontradas, depois foram procuradas e encontradas. A vida irrefletida existiu bem antes; ela não foi "inventada", mas o homem esteve nela como uma "ideia posterior". No início foi levado a agir por fatores

---

12. Cf. OC, 8; § 329 e 411.

inconscientes, e só bem mais tarde começou a refletir sobre as causas que o motivaram à ação; e depois levou ainda muito tempo para chegar à ideia antinatural de que ele mesmo devia ter-se motivado, uma vez que seu espírito não pôde perceber nenhuma outra força motivadora. Seria ridícula a ideia de que uma planta ou um animal pudesse ter inventado a si mesmo, no entanto muitos acreditam que a psique ou o espírito se inventaram e conseguiram por si mesmos a existência. É fato que o espírito chegou a seu verdadeiro estado de consciência como o carvalho veio da bolota, ou como os sáurios evoluíram para mamíferos. Ainda é hoje assim como sempre foi. Somos movimentados por forças internas da mesma forma que por estímulos externos; e assim como os últimos não são produzidos por nós, também as causas motivadoras provêm de uma matriz que escapa à consciência e ao seu controle.

554 Na Antiguidade mítica estas forças foram chamadas mana, espíritos, demônios e deuses, e não são menos ativas hoje do que foram naquela época e lugar. Quando correspondem a nossos desejos, nós as chamamos de ideias ou impulsos felizes e nós mesmos nos congratulamos por sermos tão espertos. Mas se elas se voltarem contra nós, então tivemos azar, ou certas pessoas estão contra nós, ou deve ser algo patológico, pois não admitimos depender de "forças" que fogem decididamente do nosso controle.

555 É verdade que nos tempos mais recentes o homem civilizado adquiriu certo grau de força de vontade que ele pode usar ao seu bel-prazer. Aprendemos a executar corretamente nosso trabalho, sem recorrer a cantos e tambores que nos colocam hipnoticamente num estado de agir. Podemos, inclusive, virar-nos sem a oração diária pedindo ajuda a Deus. Podemos realizar o que nos propomos, e parece óbvio ser possível transformar sem dificuldade uma ideia em ação, ao passo que o primitivo é perturbado passo a passo por precauções, medos e superstições. O ditado "onde há uma vontade, há um caminho" expressa não apenas um preconceito alemão. É uma superstição do homem moderno em geral. E, para manter esta crença, cultiva por sua vez uma grande falta de introspecção. Está completamente cego para o fato de que, com toda a sua racionalidade e competência, é presa de "forças" sobre as quais não tem controle algum. Seus deuses e demônios receberam apenas outros nomes, mas não

desapareceram. Perseguem-no através de insatisfações, vagos temores, complicações psicológicas, necessidade incontrolável de comprimidos, álcool, fumo, dietas, cuidados higiênicos e, sobretudo, através de uma importante série de neuroses.

556   Já mencionei acima que encontrei um exemplo drástico disso na pessoa de um professor de filosofia e psicologia – de uma psicologia para a qual ainda não havia chegado o inconsciente. Estava tomado pela ideia compulsiva de ter câncer. Havia consultado diversos médicos que lhe provaram, através de radiografias, que tudo não passava de cisma. Ele me confessou que *sabia* não ter câncer, mas que esse conhecimento em nada ajudava contra o medo insuperável de poder ter, apesar de tudo, um tumor maligno. Quem ou o que lhe incutiu essa ideia? Certamente proveio de algum medo, de algum estado emocional que não foi causado por intenção consciente, nem pela observação de fatos. Ela sobreveio algum dia repentinamente e permaneceu. Os sintomas desse tipo são terrivelmente obstinados e impedem que o paciente receba o tratamento adequado. O que poderia fazer a psicoterapia num caso de tumor maligno? Para seu maior e sempre repetido alívio, todo novo entendido explicava que não existia vestígio algum de câncer. Isto era um ganho positivo, uma luz na escuridão de seus medos e um grande consolo em sua aflição, enquanto durava. Mas, já no dia seguinte, a dúvida voltava a roê-lo e logo estava submerso na noite do medo implacável.

557   A ideia mórbida exerceu sobre ele um poder que não tinha sob seu controle, apesar do fato de um tal caso não estar previsto em sua psicologia filosófica, onde tudo escapava caprichosamente à consciência e à sua percepção sensorial. O professor admitia simplesmente o fato de que o caso era patológico; além disso não pensava, pois havia chegado ao limite inviolável entre o campo filosófico e medicinal: o primeiro se ocupa com os conteúdos normais, o outro com os anormais que são desconhecidos no mundo do filósofo.

558   Esta psicologia à *compartiments* lembra-me outro caso semelhante. Trata-se de um alcoólico que, sob a louvável influência de certo movimento religioso, ficou tão entusiasmado que esqueceu a bebida. Ele fora evidentemente curado de forma milagrosa por Jesus, e foi apresentado em toda parte como testemunho da graça divina e

da respeitabilidade da respectiva organização. Após algumas semanas de testemunhos públicos, começou a desgastar-se o estímulo da novidade, parece que acabou o pequeno refresco alcoólico e ele voltou a beber. Dessa vez a prestimosa organização chegou à conclusão de que o caso era patológico e já não se adequava a uma intervenção de Jesus. Internaram-no numa clínica para que o médico tratasse do caso melhor do que o curador divino.

Este é um aspecto do espírito moderno "cultivado" que merece atenção mais aprofundada. Ele apresenta uma grande proporção de dissociação e confusão psicológica. Acreditamos exclusivamente na consciência e em seu livre-arbítrio, e já não percebemos que somos regidos por uma extensão incalculável de "forças" que atuam de fora do campo relativamente limitado em que podemos ser racionais e exercer certa medida de livre escolha e autocontrole. Em nosso tempo que sofre todo tipo de desorientação é necessário compreendermos o verdadeiro estado das relações humanas que dependem muito das qualidades espirituais e morais do indivíduo e da psique em geral. Para isso devemos conhecer tanto o passado quanto o presente da pessoa humana e ver as coisas em sua perspectiva correta. 559

6. A função dos símbolos religiosos

Ainda que a consciência civilizada já se tenha libertado dos instintos básicos, estes não desapareceram; perderam apenas seu contato com a consciência. Por isso viram-se forçados a manifestar-se de modo indireto, ou seja, através do que Janet chamou de "automatismos"; no caso de uma neurose, através de sintomas e, no caso normal, através de incidentes de todo tipo como disposições inexplicáveis de humor, esquecimento inesperado, equívocos etc. Estas manifestações realçam de maneira clara a *autonomia* do arquétipo. É fácil achar que somos senhores em nossa própria casa, mas enquanto não estivermos em condições de dominar nossos sentimentos e disposições de espírito ou de ter consciência das centenas de caminhos secretos onde se imiscuem pressupostos inconscientes em nossos arranjos e decisões, não somos senhores. Ao contrário, temos tantos motivos de incerteza que faríamos bem em pensar duas vezes antes de agir. 560

561   A pesquisa da consciência é impopular ainda que fosse muito necessária, sobretudo em nosso tempo em que o homem está ameaçado por perigos mortais, que ele mesmo criou e que lhe fogem ao controle. Se considerarmos a humanidade como *um* indivíduo, nossa situação atual se parece à de uma pessoa que é arrastada por forças inconscientes. Pela cortina de ferro está dissociado como um neurótico. O homem ocidental que até aqui representou a consciência autêntica percebe aos poucos a vontade agressiva de poder do lado oriental e se vê forçado a medidas incomuns. Todos os seus vícios, ainda que desmentidos oficialmente e encobertos pelas boas maneiras internacionais, lhe são lançados em rosto de forma escandalosa e metódica pelo Oriente. O que o Ocidente manobrou, ainda que em segredo, e escondeu com certa vergonha sob o manto de mentiras diplomáticas, de manobras enganosas, de distorções dos fatos e de ameaças veladas, volta-se agora contra ele e o confunde totalmente. Um caso tipicamente neurótico! O rosto de nossa própria sombra ri de nós através da cortina de ferro.

562   Daí se explica o enorme sentimento de desamparo que atormenta a consciência ocidental. Começamos a admitir que a natureza do conflito seja um problema moral e espiritual, e nos esforçamos por encontrar alguma solução qualquer. Aos poucos nos convencemos de que as armas nucleares são uma solução desesperadora e indesejável, porque são uma espada de dois gumes. Compreendemos que os recursos morais e espirituais poderiam ser mais eficazes, uma vez que podem imunizar-nos psiquicamente contra a infecção que se alastra sempre mais. Mas todos esses esforços são e serão inúteis enquanto tentarmos convencer a nós mesmos e o mundo de que elas, os nossos adversários, estão completamente errados do ponto de vista moral e filosófico. Esperamos que se arrependam e reconheçam seus erros, em vez de fazermos um sério esforço de reconhecer nossas sombras e suas maquinações traiçoeiras. Pudéssemos ver nossas sombras, estaríamos imunizados contra qualquer infecção e qualquer infiltração moral e religiosa. Mas enquanto isso não acontecer, estamos expostos a todo tipo de contágio, pois na prática fazemos o mesmo que eles, só com a desvantagem suplementar de não vermos nem querermos ver o que praticamos sob o manto de nossas boas maneiras.

O Oriente, por sua vez, tem um grande mito que nós, em nossa vã esperança de que nosso critério superior o fará desaparecer, chamamos de ilusão. Este mito é o venerando e arquetípico sonho da época áurea ou do paraíso, onde todos teriam tudo e onde um chefe supremo, justo e sábio, dirige o jardim de infância. Este poderoso arquétipo, em sua forma infantil, tem seu encanto, e nosso critério superior sozinho não o expulsará do cenário do mundo. Ele não desaparece mas, ao contrário, alastra-se cada vez mais porque nós o ajudamos a propagar-se através de nossa infantilidade que não reconhece que nossa civilização está presa nas garras dos mesmos preconceitos míticos. O Ocidente entrega-se às mesmas esperanças, ideias e expectativas. Acreditamos no Estado assistencialista, na paz mundial, mais ou menos na igualdade de direitos de todas as pessoas, nos direitos humanos válidos para sempre, na justiça e na verdade (e falando baixinho) no reino de Deus na Terra.

Lamentavelmente é verdade que nosso mundo e vida consistem de opostos inexoráveis: dia e noite, bem-estar e sofrimento, nascimento e morte, bem e mal. E sequer temos certeza se um compensa o outro: se o bem compensa o mal, se a alegria compensa a dor. A vida e o mundo são um campo de batalha, sempre o foram e sempre o serão; e se assim não fosse, a existência logo teria um fim. Um estado de perfeito equilíbrio não existe em lugar nenhum. Esta é também a razão por que uma religião altamente desenvolvida, como o cristianismo, esperava o fim próximo desse mundo; e por que o budismo lhe coloca realmente um fim, voltando as costas para todos os desejos terrenos. Estas soluções categóricas seriam simplesmente um suicídio, não estivessem elas ligadas a certas ideias morais e religiosas que constituem o substrato dessas duas religiões.

Lembro isso porque em nossa época há muitas pessoas que perderam sua fé em uma ou outra das religiões do mundo. Já não reservam nenhum lugar para ela. Enquanto a vida flui harmoniosamente sem ela, a perda não é sentida. Sobrevindo, porém, o sofrimento, a situação muda às vezes drasticamente. A pessoa procura então subterfúgios e começa a pensar sobre o sentido da vida e sobre as experiências acabrunhadoras que a acompanham. Segundo uma estatística, o médico é mais solicitado nesses casos por judeus e protestantes e menos por católicos – (Isto é assim porque a Igreja Católica se sente responsável pela *cura animaruin*, pela cura das almas.) Acredita-se na ciência e por isso são colocadas hoje aos psiquiatras as questões que antigamente pertenciam ao campo do teólogo. As pessoas têm a sensação de que faz ou faria grande diferença se tivessem uma fé firme num modo de vida com sentido, ou em Deus e na imortalidade. O fantasma da morte que paira ameaçador diante delas é muitas vezes uma força-motriz bem forte nesses pensamentos. Desde tempos imemoriais, as pessoas criaram concepções de um ou mais seres superiores e de uma vida no além. Só a época moderna acredita poder viver sem isso. Pelo fato de não se poder ver, com a ajuda do telescópio e do radar, o céu com o trono de Deus e pelo fato de não se haver provado (com certeza) que os entes queridos ainda vagueiam por aí com um corpo mais ou menos visível, supõe-se que essas concepções não sejam "verdadeiras". Enquanto concepções não são, inclusive, "verdadeiras" o bastante, pois acompanharam a vida humana desde os tempos pré-históricos e ainda agora estão prontas a irromper na consciência na primeira oportunidade.

É até lamentável a perda dessas convicções. Tratando-se de coisas invisíveis e irreconhecíveis – Deus está além de qualquer compreensão humana, e a imortalidade não se pode comprovar – para que procurar testemunhos ou a verdade? Suponhamos que nada soubéssemos sobre a necessidade do sal em nossa alimentação, assim mesmo nos beneficiaríamos de seu uso. Mesmo admitindo que o uso do sal devesse ser atribuído a uma ilusão de nosso paladar, ou que ele procedesse de uma superstição, ainda assim contribuiria para o nosso bem-estar. Por que brigar por convicções que se mostram úteis nas crises e que podem dar sentido à nossa existência? Como saber se estas ideias não são verdadeiras? Muitas pessoas concordariam comigo se eu estivesse convencido de que essas ideias são inverossímeis. O que elas não sabem, porém, é que esta negação também é inverossímil. A decisão cabe exclusivamente a cada um. Somos totalmente livres para escolher nosso ponto de vista. De qualquer forma será sempre arbitrário. Por que nutrir ideias das quais sabemos que jamais poderão ser demonstradas? O único argumento empírico que se pode aduzir a seu favor é que são úteis e que são usadas até certo ponto.

Dependemos realmente de ideias e convicções gerais porque são capazes de dar sentido à nossa existência. A pessoa consegue suportar dificuldades inacreditáveis quando está convencida do significado delas, e se sente derrotada quando tem de admitir que, além de sua má sorte, aquilo que faz não tem sentido algum.

É finalidade e aspiração dos símbolos religiosos dar sentido à vida humana. Quando os índios pueblo acreditam que são filhos do pai Sol, então sua vida tem uma perspectiva e objetivo que ultrapassam sua existência individual e limitada. Isto deixa um espaço precioso para o processo de desenvolvimento de sua personalidade e é incomparavelmente mais satisfatório do que a certeza de que se é e continua sendo um servente de bazar. Se Paulo estivesse convencido de que não era mais que um fabricante itinerante de tapetes, não teria sido ele mesmo. O que deu realidade e sentido à sua vida foi a certeza de que era um mensageiro de Deus. Poderíamos acusá-lo de megalomania, mas este aspecto esmaece diante do testemunho da História e do *consensus omnium* (consenso de todos). O mito que se apoderou dele fez de Paulo alguém maior do que um simples artesão. 567

O mito se compõe de símbolos que não foram inventados, mas que simplesmente aconteceram. Não foi o homem Jesus que criou o mito do homem-deus. Este já existia há séculos. Ao contrário, ele mesmo foi tomado por esta ideia simbólica que, segundo descreve Marcos, o tirou da oficina de carpinteiro e da limitação espiritual de seu meio ambiente. Os mitos provêm dos contadores primitivos de histórias e de seus sonhos, de pessoas que eram estimuladas pelas noções de sua fantasia e que pouco se diferenciaram daquelas que mais tarde chamaríamos de poetas ou filósofos. Os contadores primitivos de histórias nunca se perguntaram muito sobre a origem de suas fantasias. Só bem mais tarde começou-se a pensar sobre a procedência da história. Já na Grécia Antiga o intelecto humano estava suficientemente desenvolvido para chegar à suposição de que as histórias que se contavam sobre os deuses nada mais eram do que tradições antigas e exageradas de reis da Antiguidade e de suas façanhas. Já naquela época supunham que o mito não devia ser tomado literalmente por causa de seu absurdo óbvio. Por isso tentaram reduzi-lo a uma fábula de compreensão geral. É isso precisamente que nossa época tentou fazer 568 com o simbolismo dos sonhos: pressupõe-se que o sonho não signifique exatamente o que parece dizer, mas algo conhecido e compreendido em geral que, devido à sua qualidade inferior, não é declarado abertamente. Mas, para quem se livrara de seus antolhos convencionais já não havia mistério. Parecia certo que os sonhos não significavam exatamente aquilo que aparentavam dizer, mas outra coisa.

569   Esta suposição é, no entanto, completamente arbitrária. Já o *Talmude* dizia com mais acerto: "O sonho é sua própria interpretação". Por que deveria o sonho significar outra coisa e não aquilo que nele se manifesta? Existe na natureza alguma coisa que seja diferente do que ela é? O platípode, por exemplo, aquele monstro primitivo que nenhum zoólogo poderia ter inventado, não é ele simplesmente o que é? O sonho é um fenômeno normal e natural que certamente é apenas aquilo que é e nada mais significa do que isso. Dizemos que seu conteúdo é simbólico não só porque ele evidentemente possui um significado, mas porque aponta para várias direções e deve significar algo que é inconsciente ou que, ao menos, não é consciente em todos os seus aspectos.

570   Para um intelecto científico, fenômenos como as representações simbólicas são altamente irritantes porque não se deixam formular de maneira satisfatória à nossa inteligência e ao nosso modo lógico de pensar. Elas não estão isoladas dentro da psicologia. As dificuldades já começam com o fenômeno do afeto ou das emoções, que foge a qualquer tentativa do psicólogo de traçar-lhe os limites de um conceito mais preciso. A causa da dificuldade é a mesma em ambos os casos: é a intervenção do inconsciente. Estou suficientemente familiarizado com o ponto de vista científico para entender que é sumamente desagradável ter de lidar com fatos que não conseguimos entender plenamente ou, ao menos, de modo satisfatório. Em ambos os casos a dificuldade está em que nos vemos confrontados com fatos indiscutíveis, mas que não podem ser expressos através de conceitos intelectuais. Em lugar de particularidades observáveis e de características nitidamente distinguíveis, é a própria vida que se manifesta em emoções e ideias simbólicas. Em muitos casos elas são evidentemente as mesmas. Não existe fórmula intelectual capaz de resolver esta tarefa impossível e expor satisfatoriamente algo tão complexo.

O psicólogo acadêmico é perfeitamente livre em deixar de lado a 571
emoção, ou o inconsciente, ou ambos, mas a realidade persiste; ao
menos o psicólogo clínico deve dar-lhes muita atenção, pois os conflitos emocionais e as interferências do inconsciente são características de sua ciência. Ao tratar de um paciente, ele será confrontado
com tais coisas irracionais, quer saiba formulá-las intelectualmente,
quer não. Ele deve reconhecer sua existência bastante incômoda.
Portanto é natural que alguém, que não tenha sentido ou experimentado os fatos de que fala o psicólogo clínico, possa não entender sua
terminologia. Quem não teve a oportunidade ou a infelicidade de
passar por esta situação, ou outra semelhante, quase não está em condições de entender os fatos que começam a acontecer quando a psicologia deixa de ser uma ocupação de trabalho sereno e controlado e
se torna uma verdadeira aventura da vida. Tiro ao alvo num estande
de tiro ainda não é uma batalha, mas o médico tem que lidar com feridos numa verdadeira guerra. Por isso tem que interessar-se pelas realidades psíquicas, mesmo que não consiga defini-las com conceitos
científicos. Pode dar-lhes nomes, mas sabe que os conceitos que usa
para designar os fatores principais da vida real não pretendem ser
mais do que nomes para fatos que devem ser experimentados em si
porque não são reproduzíveis através de seus nomes. Nomes são apenas palavras e palavras nunca equivalem aos fatos. Nenhum manual
pode ensinar verdadeiramente psicologia, mas apenas a experiência
real dos fatos. Não basta aprender de cor palavras para obter algum
conhecimento, pois os símbolos são realidades vivas, existenciais e
não simples sinais de algo já conhecido.

Na religião cristã, a cruz é um símbolo muito significativo que 572
exprime uma diversidade de aspectos, representações e emoções;
mas uma cruz precedendo o nome de uma pessoa significa que ela já
morreu. O falo (ou *lingam*) serve na religião hindu de símbolo universal; e mesmo que um garoto use um quadro desses para decorar
um canto escuro, isto significa simplesmente que tem interesse em
seu pênis. Na medida em que fantasias infantis e da adolescência penetram fundo na idade adulta, ocorrem muitos sonhos que contêm
indiscutíveis alusões sexuais. Seria absurdo entendê-los de outra forma. Mas quando um telhador fala de monges e freiras que devem ser
colocados uns sobre os outros, ou quando um serralheiro europeu

fala de chaves masculinas e femininas, seria absurdo supor que ele está se ocupando com fantasias de juventude. Eles simplesmente pensam num tipo bem determinado de telhas ou chaves. Esses objetos não são símbolos sexuais. Apenas receberam nomes sugestivos. Mas quando um hindu culto fala conosco sobre o *lingam*, ouvimos coisas que jamais teríamos ligado ao pênis. Inclusive é muito difícil adivinhar o que ele entende exatamente por este conceito, e chega-se à conclusão natural de que o *lingam simboliza* muitas coisas. O *lingam* não é de forma alguma uma alusão obscena, assim como a cruz não é apenas um sinal de morte, mas também um símbolo para grande número de outras concepções. Muito depende da maturidade do sonhador que produz tal quadro.

573 A interpretação de sonhos e símbolos requer certa inteligência. Não é possível mecanizá-la ou incuti-la em cabeças imbecis e sem fantasia. Ela exige um conhecimento sempre maior da individualidade do sonhador bem como um autoconhecimento sempre maior por parte do intérprete. Ninguém familiarizado com este campo negará que existem regras básicas que podem ser úteis, mas devem ser usadas com cautela e inteligência. Não é dado a todos dominar a "técnica". Pode-se seguir corretamente as regras, andar pelo caminho seguro da ciência e, assim mesmo, incorrer no maior absurdo pelo fato de não ter levado em consideração um detalhe aparentemente sem importância que não teria escapado a uma inteligência mais aguçada. Mesmo uma pessoa com inteligência altamente desenvolvida pode errar muito porque não aprendeu a usar sua intuição ou sentimento que podem, inclusive, estar num grau de desenvolvimento lastimavelmente baixo.

574 Fato é que a tentativa de entender símbolos não se confronta só com o símbolo em si mas com a totalidade de um indivíduo que gera símbolos. Se tivermos real aptidão, podemos ter algum êxito. Mas, via de regra, é necessário fazer um exame especial do indivíduo e de sua formação cultural. Com isso pode-se aprender muita coisa e aproveitar a oportunidade de preencher as próprias lacunas culturais. Tracei como norma para mim considerar todo caso como tarefa totalmente nova, do qual não sei nada. A rotina pode ser útil e, de fato é, enquanto estamos lidando com a superfície; mas quando atingimos os proble-

mas principais, a própria vida toma o comando e, então, até as premissas teóricas mais brilhantes tornam-se palavras ineficazes.

Isto faz do ensino dos métodos e técnicas neste campo um grande problema. Como falei acima, o estudante precisa assimilar uma quantidade de conhecimentos específicos. Isso lhe proporciona as ferramentas intelectuais necessárias, mas o principal, isto é, o manejo delas, ele só o aprende depois de submeter-se a uma análise que lhe mostrará os seus próprios conflitos. Para alguns indivíduos ditos normais, mas sem fantasia, isto pode ser uma tarefa penosa. Eles são incapazes, por exemplo, de reconhecer o simples fato de que os acontecimentos psíquicos nos acometem espontaneamente. Tais pessoas preferem ater-se à ideia de que aquilo que sempre acontece é produzido por eles mesmos ou é patológico, e deve ser curado por comprimidos ou injeções. Esses casos mostram que a normalidade enfadonha está próxima da neurose. Além do mais são também estas pessoas que mais rapidamente são vítimas de epidemias mentais.

Em todos os graus mais elevados da ciência desempenha papel cada vez mais importante, ao lado do puro intelecto e de sua formação e aplicabilidade, a fantasia e a intuição. Mesmo a física, a mais estrita das ciências aplicadas, depende em grau surpreendente da intuição que trabalha com a ajuda de processos inconscientes e conclusões não lógicas, ainda que posteriormente se possa demonstrar que um processo lógico de pensar teria levado ao mesmo resultado.

A intuição é quase indispensável na interpretação dos símbolos e pode trazer, por parte do sonhador, uma aceitação imediata. Por mais convincente que seja subjetivamente essa feliz ideia, é também perigosa, pois pode conduzir alguém para um sentimento falso de certeza. Pode até mesmo levar a que o intérprete e o sonhador transformem em costume esta forma de troca relativamente fácil, o que pode terminar numa espécie de sonho comum. O fundamento seguro de um conhecimento e compreensão intelectuais e morais genuínos se perde quando a gente se contenta com a vaga sensação de haver entendido. Quando perguntamos a essas pessoas sobre as razões de sua assim chamada compreensão, normalmente se verifica que não sabem dar nenhuma explicação. Só podemos explicar e conhecer quando colocamos nossa intuição sobre a base segura de um conhecimento real dos fatos e de suas conexões lógicas. Um pesquisador honesto há de concordar que isto não é possível em alguns casos, pois seria desleal não levar em consideração tais casos. Sendo o cientista uma simples pessoa humana, é perfeitamente natural que odeie as coisas que não sabe explicar e caia na bem conhecida ilusão de que aquilo que hoje sabemos é o mais alto grau do conhecimento. Nada é mais vulnerável e passageiro do que as teorias científicas que sempre são meros instrumentos e nunca verdades eternas.

7. A cura da divisão

578 É sobretudo a psicologia clínica que se ocupa com o estudo dos símbolos; por isso seu material consiste dos chamados símbolos naturais, em oposição aos *símbolos culturais*. Aqueles são derivados diretamente dos conteúdos inconscientes e apresentam, por isso, grande número de variantes de motivos individuais, chamadas imagens arquetípicas. Devem seu nome ao fato de poderem ser seguidas muitas vezes até suas raízes arcaicas, isto é, até documentos da mais antiga pré-história ou até às "représentations collectives" das sociedades primitivas. A respeito disso gostaria de remeter o leitor a livros como o trabalho de Eliade sobre o xamanismo[13], onde encontramos grande quantidade de exemplos esclarecedores.

579 Os símbolos culturais, ao contrário, são os que expressam "verdades eternas" e ainda estão em uso em todas as religiões existentes. Esses símbolos passaram por muitas transformações e por alguns processos maiores ou menores de aprimoramento, tornando-se assim as "représentations collectives" das sociedades civilizadas. Conservaram em grande parte sua numinosidade original e funcionam como "preconceitos" no sentido positivo e negativo, com os quais o psicólogo deve contar seriamente.

580 Ninguém pode rejeitar essas coisas numinosas por motivos puramente racionais. São partes importantes de nossa estrutura mental e não podem ser erradicadas sem uma grande perda, pois participam como fatores vitais na construção da sociedade humana, e isto desde

---

[13]. ELIADE, M. *Shamanism*: Archaic Techiniques of Ecstasy. Londres: Routledge and Kegan Paul.

tempos imemoriais. Quando são reprimidas ou desprezadas, sua energia específica desaparece no inconsciente, com consequências imprevisíveis. A energia aparentemente perdida revive e intensifica o que sempre está por cima no inconsciente, isto é, tendências que até então não tiveram oportunidade de manifestar-se ou não puderam ter uma existência desinibida na consciência, constituindo assim uma sombra sempre destrutiva. Mesmo as tendências que poderiam exercer uma influência altamente benéfica transformam-se em verdadeiros demônios quando são reprimidas. Por isso muitas pessoas bem intencionadas têm razão em temer o inconsciente e também a psicologia.

Nossa época demonstrou o que significa quando as portas do submundo psíquico são abertas. Aconteceram coisas cuja monstruosidade não poderia ser imaginada pela inocência idílica da primeira década do nosso século. O mundo foi revirado por elas e encontra-se, desde então, num estado de esquizofrenia. Não só a grande e civilizada Alemanha cuspiu seu primitivismo assustador, mas também a Rússia foi por ele comandada, e a África está em chamas. Não admira que o mundo ocidental se sinta constrangido, pois não sabe o quanto está implicado no submundo revolucionário e o que perdeu com a destruição do numinoso. Perdeu seus valores espirituais normais em proporções desconhecidas e muito perigosas. Sua tradição moral e espiritual foi ao diabo e deixou atrás de si uma desorientação e dissociação universais. 581

Poderíamos ter aprendido há muito tempo do exemplo das sociedades primitivas o que significa a perda do numinoso: elas perdem sua razão de ser, o sentido de sua vida, sua organização social e, então, se dissolvem e decaem. Encontramo-nos agora na mesma situação. Perdemos algo que nunca chegamos a entender direito. Não podemos eximir nossos "dirigentes espirituais" da acusação de que estavam mais interessados em proteger sua organização do que em entender o mistério que o ser humano apresentava em seus símbolos. A fé não exclui a razão na qual reside a maior força do ser humano. Nossa fé teme a ciência e também a psicologia, e desvia o olhar da realidade fundamental do numinoso que sempre guia o destino dos homens. 582

As massas e seus líderes não reconhecem que há uma diferença essencial se tratamos o princípio universal de forma masculina e pai, ou de forma feminina e mãe (pai = espírito, mãe = matéria). É de so- 583 menos importância porque sabemos tão pouco de um quanto de outro. Desde os inícios da mente humana, ambos eram símbolos numinosos e sua importância estava em sua numinosidade e não em seu sexo ou em outros atributos casuais. Tiramos de todas as coisas seu mistério e sua numinosidade e nada mais é sagrado. Mas como a energia nunca desaparece, também a energia emocional que se manifesta nos fenômenos numinosos não deixa de existir quando ela desaparece do mundo da consciência. Como já afirmei, ela reaparece em manifestações inconscientes, em fatos simbólicos que compensam certos distúrbios da psique consciente. Nossa psique está profundamente conturbada pela perda dos valores morais e espirituais. Sofre de desorientação, confusão e medo, porque perdeu suas "idées forces" dominantes e que até agora mantiveram em ordem nossa vida. Nossa consciência já não é capaz de integrar o afluxo natural dos epifenômenos instintivos que sustentam nossa atividade psíquica consciente. Isto já não é possível como antigamente, porque a própria consciência se privou dos órgãos pelos quais poderiam ser integradas as contribuições auxiliares dos instintos e do inconsciente. Esses órgãos eram os símbolos numinosos, considerados sagrados pelo consenso comum, isto é, pela fé.

584   Um conceito como "matéria física", despido de sua conotação numinosa de "Grande Mãe", já não expressa o forte sentido emocional da "Mãe Terra". É um simples termo intelectual, seco qual pó e totalmente inumano. Da mesma forma, o espírito identificado com o intelecto cessa de ser o Pai de tudo e degenera para a compreensão limitada das pessoas. E a poderosa quantidade de energia emocional, expressa na imagem de "nosso Pai", desaparece nas areias de um deserto intelectual.

585   Por causa da mentalidade científica, nosso mundo se desumanizou. O homem está isolado no cosmos. Já não está envolvido na natureza e perdeu sua participação emocional nos acontecimentos naturais que até então tinham um sentido simbólico para ele. O trovão já não é a voz de Deus nem o raio seu projétil vingador. Nenhum rio contém qualquer espírito, nenhuma árvore significa uma vida humana, nenhuma cobra incorpora a sabedoria e nenhuma montanha é ainda habitada por um grande demônio. Também as coisas já não falam conosco, nem nós com elas, como as pedras, fontes, plantas e

animais. Já não temos uma alma da selva que nos identifica com algum animal selvagem. Nossa comunicação direta com a natureza desapareceu no inconsciente, junto com a fantástica energia emocional a ela ligada.

Esta perda enorme é compensada pelos símbolos de nossos sonhos. Eles trazem novamente à tona nossa natureza primitiva com seus instintos e modos próprios de pensar. Infelizmente, poderíamos dizer, expressam seus conteúdos na linguagem da natureza que nos parece estranha e incompreensível. Isto nos coloca a tarefa incomum de traduzir seu vocabulário para os conceitos e categorias racionais e compreensíveis de nossa linguagem atual que conseguiu libertar-se de sua escória primitiva, isto é, de sua participação mística com as coisas. Falar de espíritos e de outras figuras numinosas já não significa invocá-los. Já não acreditamos em fórmulas mágicas. Já não restaram muitos tabus e restrições semelhantes. Nosso mundo parece ter sido desinfetado de todos esses numes "supersticiosos" como "bruxas, feiticeiros e duendes", para não falar de lobisomens, vampiros, almas da floresta e de todas as outras entidades estranhas e bizarras que povoam as matas virgens. 586

Ao menos a superfície de nosso mundo parece estar purificada de toda superstição e componentes irracionais. Outra questão é se o mundo realmente humano – e não nossa ficção desejosa dele – também está livre de todo primitivismo. O número 13 não é ainda para muitas pessoas um tabu? Não existem ainda muitos indivíduos tomados por estranhos preconceitos, projeções e ilusões infantis? Um quadro realista revela muitos traços e restos primitivos que ainda desempenham um papel como se nada tivesse acontecido nos últimos quinhentos anos. O homem de hoje é realmente uma mistura curiosa de características que pertencem aos longos milênios de seu desenvolvimento mental. Este é o ser humano com cujos símbolos temos que lidar e, quando nos confrontamos com ele, temos que examinar cuidadosamente seus produtos mentais. Pontos de vista céticos e convicções científicas existem lado a lado com preconceitos ultrapassados, modos de pensar e sentir superados, interpretações erradas mas teimosas e ignorância cega. 587

Assim são as pessoas que produzem os símbolos que examinamos em seus sonhos. Para explicar os símbolos e seu significado, é ne- 588 cessário descobrir se as representações a eles ligadas são as mesmas de sempre, ou se foram escolhidas pelo sonho, para seu objetivo determinado, a partir de um estoque geral de conhecimentos conscientes. Quando, por exemplo, estudamos um sonho onde aparece o número 13, surge a pergunta: será que o sonhador acredita habitualmente na natureza desfavorável desse número, ou o sonho só alude a pessoas que ainda se entregam a tais superstições? A resposta a esta pergunta é de grande importância para a interpretação. No primeiro caso, temos que contar com o fato de que o indivíduo ainda acredita no azar do número 13, sentindo-se portanto desconfortável num quarto número 13 ou à mesa com 13 pessoas. No segundo caso, o número 13 nada mais significa do que uma observação crítica ou desprezível. No primeiro caso, trata-se de uma representação ainda numinosa; no segundo, está desprovido de sua emotividade original e assumiu o caráter inofensivo de um mensageiro indiferente.

589   Pretendi demonstrar com isso como se apresentam os arquétipos na experiência prática. No primeiro caso, aparecem em sua forma original, isto é, *são imagens e ao mesmo tempo emoções*. Só podemos falar de um arquétipo quando estão presentes esses dois aspectos ao mesmo tempo. Estando presente apenas uma imagem, ela é tão-somente uma imagem de palavra, como um corpúsculo sem carga elétrica. Ela é, por assim dizer, inerte, mera palavra e nada mais. Mas se a imagem estiver carregada de numinosidade, isto é, de energia psíquica, então ela é dinâmica e produzirá consequências. Por isso é grande erro em todos os casos práticos tratar um arquétipo como simples nome, palavra ou conceito. E muito mais do que isso: é um pedaço de vida, enquanto é uma imagem que está ligada a um indivíduo vivo por meio da ponte do sentimento. É um erro bastante difundido considerar os arquétipos como conceitos ou palavras e não ver que o arquétipo é ambas as coisas: uma imagem e uma emoção. A palavra sozinha é mera abstração, uma moeda circulante no comércio intelectual. Mas o arquétipo é algo vivo, por assim dizer. Ele não é cambiável ilimitadamente, mas pertence sempre à economia psíquica do indivíduo vivo do qual não pode ser separado e usado arbitrariamente para outros fins. Não pode ser explicado de qualquer forma, apenas da forma indicada pelo respectivo indivíduo. O símbolo da cruz, por exemplo, só pode ser interpretado, no caso de um bom cris-

tão, de maneira cristã, a não ser que o sonho traga razões bem fortes em contrário; mas ainda assim é bom não perder de vista o sentido cristão. Quando se tira das imagens arquetípicas sua carga emocional específica, a vida foge delas e elas se tornam meras palavras. E então é possível vinculá-las a outras representações mitológicas e, ao final, ainda mostrar que tudo significa tudo. Todos os cadáveres deste mundo são quimicamente iguais, mas as pessoas vivas não o são.

O simples uso de palavras é fértil quando não se sabe para que servem. Isto vale principalmente para a psicologia, onde se fala de arquétipos como anima e animus, o velho sábio, a grande mãe etc. Pode-se conhecer todos os santos, sábios, profetas e outros homens de Deus e todas as grandes mães do mundo, mas se permanecerem simples imagens, cuja numinosidade nunca experimentamos, é como falar em sonho, pois não se sabe o que se está falando. As palavras que empregamos são vazias e inúteis. Elas só despertam para um sentido e para a vida quando tentamos experimentar sua numinosidade, isto é, sua relação com o indivíduo vivo. Só então começamos a perceber que os nomes significam muito pouco, mas a maneira como estão relacionados a alguém, isto é de importância decisiva.

A função geradora de símbolos de nossos sonhos é uma tentativa de trazer nossa mente original de volta à consciência, onde ela nunca esteve antes e nunca se submeteu a uma autorreflexão crítica. Nós fomos esta mente, mas nunca a *conhecemos*. Nós nos livramos dela, antes mesmo de a compreendermos. Ela brotou de seu berço e raspou suas características primitivas como se fossem cascas incômodas e inúteis. Parece até que o inconsciente representou o depósito desses restos. Os sonhos e seus símbolos referem-se constantemente a eles como se pretendessem trazer de volta todas as coisas velhas e primitivas das quais a mente se livrou durante o curso de sua evolução: ilusões, fantasias infantis, formas arcaicas de pensar e instintos primitivos. Este é na verdade o caso, e ele explica a resistência, até mesmo o horror e medo de que alguém é tomado quando se aproxima dos conteúdos inconscientes. Aqui a gente se choca menos com a primitividade do que com a emotividade dos conteúdos. Este é realmente o fator perturbador: esses conteúdos não são apenas neutros ou indiferentes, mas são carregados de tal emoção que são mais do que simplesmente incômodos. Produzem até mesmo pânico e, quanto mais reprimidos forem, mais perpassam toda a personalidade na forma de uma neurose.

592   E sua carga emocional que lhes dá uma importância decisiva. É como uma pessoa que, tendo passado uma fase de sua vida em estado inconsciente, de repente reconhece que existe uma lacuna em sua memória que se estende por um período onde aconteceram coisas importantes das quais não consegue lembrar-se. Admitindo que a psique é um assunto exclusivamente pessoal (e esta é a suposição usual), tentará reconduzir para a memória as recordações infantis aparentemente perdidas. Mas as lacunas de memória em sua infância são meros sintomas de uma perda bem maior, isto é, a perda da psique primitiva – a psique que teve funções vivas antes que fosse pensada pela consciência. Assim como na evolução do corpo embrionário se repete sua pré-história, também a mente humana percorre uma série de degraus pré-históricos em seu processo de maturação.

593   Os sonhos parecem considerar sua tarefa principal trazer de volta uma espécie de recordação do mundo infantil e do mundo pré-histórico até ao nível mais baixo dos instintos bem primitivos, como se esta recordação fosse um tesouro valioso. Estas recordações podem de fato ter um notável efeito curador em certos casos, como Freud o notara há muito tempo. Esta observação confirma o ponto de vista de que uma lacuna infantil na memória (uma dita amnésia) representa de fato uma perda e que a recuperação da memória significa um certo aumento de vitalidade e bem-estar. Uma vez que medimos a vida psíquica da criança pela escassez e simplicidade de seus conteúdos da consciência, desconsideramos as grandes complicações da mente infantil que provêm de sua identidade original com a psique pré-histórica. Esta "mente original" está tão presente e atuante na criança quanto os graus de evolução no corpo embrionário. Se o leitor se lembrar do que eu disse sobre os sonhos da criança acima referida, terá uma boa ideia do que pretendo dizer.

594   Na amnésia infantil encontramos uma mistura estranha de fragmentos mitológicos que muitas vezes aparecem também em psicoses posteriores. Estas imagens são numinosas em alto grau e, portanto, de grande importância. Quando essas recordações aparecem novamente na idade adulta, podem causar as mais fortes emoções ou trazer curas admiráveis ou uma conversão religiosa. Muitas vezes trazem de volta

um pedaço da vida que faltou por muito tempo e que dá plenitude à vida humana.

 Trazer à tona lembranças infantis e modos arquetípicos da função psíquica produz um alargamento do horizonte da consciência, supondo-se que a pessoa consiga assimilar e integrar os conteúdos perdidos e reencontrados. Não sendo eles neutros, sua assimilação vai provocar uma modificação em nossa personalidade, assim como eles mesmos vão sofrer certas alterações necessárias. Nesta fase do processo de individuação, a interpretação dos símbolos tem um papel prático muito grande, pois os símbolos são tentativas naturais de lançar uma ponte sobre o abismo muitas vezes profundo entre os opostos, e de equilibrar as diferenças que se manifestam na natureza contraditória de muitos símbolos. Seria um erro particularmente funesto nesse trabalho de assimilação se o intérprete considerasse apenas as recordações conscientes como "verdadeiras" e "reais" e relegasse os conteúdos arquetípicos como simples representações da fantasia. Apesar de seu caráter fantasioso, eles representam forças emocionais ou numinosidades. Se tentarmos colocá-los de lado, haveremos de reprimi-los e reconstituir o estado neurótico anterior. O numinoso confere aos conteúdos um caráter autônomo. Isto é um fato psicológico que não se pode negar. Se, apesar de tudo, for negado, seriam anulados os conteúdos reconquistados e toda tentativa de síntese seria em vão. Como isso parece uma saída cômoda, é muitas vezes escolhida. 595

 Não se nega apenas a existência dos arquétipos, mas inclusive as pessoas que admitem sua existência os tratam normalmente como se fossem imagens e esquecem completamente que eles são entidades vivas que perfazem uma grande parte da psique humana. Assim que o intérprete se livra de forma ilegítima do numinoso, começa o processo de uma infindável *substituição*, isto é, passa-se sem empecilho de arquétipo para arquétipo, tudo significando tudo, e o processo todo foi levado ao absurdo. É verdade que as formas dos arquétipos são intercambiáveis em proporção considerável, mas a numinosidade deles é e permanece um fato. Ela possui o *valor* de um acontecimento arquetípico. O intérprete deve ter presente esse valor emocional e levá-lo em conta durante todo o processo intelectual de interpretação. O risco de perdê-lo é grande porque a oposição entre pensar e sentir 596 é tão considerável que o pensar facilmente destrói valores do sentir, e vice-versa. A psicologia é a única ciência que leva em consideração o fator de valor, isto é, o sentir, pois é o elo entre os acontecimentos psíquicos, por um lado, e o sentido e a vida, por outro lado.

597 Nosso intelecto criou um novo mundo que domina a natureza e a povoa com máquinas monstruosas que se tornaram tão úteis e imprescindíveis que não vemos possibilidade de nos livrarmos delas ou de escaparmos de nossa subserviência odiosa a elas. O homem nada mais pode do que levar adiante a exploração de seu espírito científico e inventivo, e admirar-se de suas brilhantes realizações, mesmo que aos poucos tenha de reconhecer que seu gênio apresenta uma tendência terrível de inventar coisas cada vez mais perigosas porque são meios sempre mais eficazes para o suicídio coletivo. Considerando a avalanche da população mundial em rápido crescimento, procuram-se meios e saídas para deter a torrente. Mas a natureza poderia antecipar-se a todas as nossas tentativas, voltando contra o homem seu próprio espírito criativo, cuja inspiração ele deve seguir, pelo acionamento da bomba H ou de outra invenção igualmente catastrófica que poria um fim à superpopulação. Apesar de nosso domínio orgulhoso da natureza, ainda somos vítimas dela tanto quanto sempre o fomos, e não aprendemos a controlar nossa própria natureza que, devagar mas inevitavelmente, contribui para a catástrofe.

598 Não há mais deuses que pudéssemos invocar em auxílio. As grandes religiões sofrem no mundo todo de crescente anemia porque os numes prestativos fugiram das matas, rios, montanhas e animais, e os homens-deuses sumiram no submundo, isto é, no inconsciente. E supomos que lá eles levem uma existência ignominiosa entre os restos de nosso passado, enquanto nós continuamos dominados pela grande *Déesse Raison* que é nossa ilusão dominadora. Com sua ajuda fazemos coisas louváveis: por exemplo, livramos da malária o mundo, difundimos em toda parte a higiene, com o resultado de que povos subdesenvolvidos aumentem em tal proporção que surgem problemas de alimentação. "Nós vencemos a natureza" é apenas um slogan. A chamada "vitória sobre a natureza" nos subjuga com o fato muito natural da superpopulação e faz com que nossas dificuldades se tornem mais ou menos insuperáveis devido à nossa incapacidade de chegar aos acordos políticos necessários. Faz parte da natureza humana

brigar, lutar e tentar uma superioridade sobre os outros. Até que ponto, portanto, "vencemos a natureza"?

599 Como é necessário que toda transformação tenha início num determinado tempo e lugar, será o indivíduo singular que a fará e a levará a término. A transformação começa num indivíduo que, talvez, possa ser eu mesmo. Ninguém pode dar-se o luxo de esperar que outro faça aquilo que ele só faria de mau grado. Uma vez que ninguém sabe do que é capaz, deveria ter a coragem de perguntar a si mesmo se por acaso o seu inconsciente não pode colaborar com algo de útil quando não há à disposição nenhuma resposta consciente que satisfaça. As pessoas de hoje estão pesarosamente cientes de que nem as grandes religiões, nem suas inúmeras filosofias parecem fornecer-lhes aquelas ideias poderosas que lhes dariam a base confiável e segura de que necessitam diante da situação atual do mundo.

600 Sei que os budistas diriam, e realmente o dizem: se as pessoas seguissem pelo menos o "nobre caminho óctuplo" do Dharma (doutrina, lei) e tivessem uma visão verdadeira do si-mesmo; ou os cristãos: se as pessoas tivessem ao menos a verdadeira fé no Senhor; ou os racionalistas: se as pessoas fossem ao menos inteligentes e razoáveis – então seria possível superar e resolver todos os problemas. A dificuldade está em que não podem superar nem resolver esses problemas, nem são capazes de ser razoáveis. Os cristãos se perguntam por que Deus não fala com eles, como parece ter feito outrora. Quando ouço esse tipo de pergunta, penso sempre naquele Rabi que, quando perguntado por que Deus se mostrava nos tempos antigos e agora ninguém mais o via, respondeu: "Hoje em dia já não existe ninguém que pudesse inclinar-se tão profundamente diante dele".

601 Esta resposta acerta em cheio a questão. Estamos tão enrolados e sufocados em nossa consciência subjetiva que esquecemos o fato antiquíssimo de que Deus fala sobretudo através de sonhos e visões. O budista rejeita o mundo das fantasias inconscientes como ilusões sem valor; o cristão coloca sua Igreja e sua Bíblia entre ele e seu inconsciente; e o intelectual racional não sabe ainda que sua consciência não é sua psique total; e isto, apesar de o inconsciente ter sido por mais de setenta anos ao menos um conceito científico, indispensável para todo pesquisador sério de psicologia.

602   Já não podemos ter a pretensão de julgar, à semelhança de Deus, sobre o valor e desvalor dos fenômenos naturais. Não podemos basear nossa botânica numa classificação de plantas úteis e inúteis, nem nossa zoologia numa classificação de animais inofensivos e perigosos. Mas pressupomos ainda tacitamente que a consciência tem sentido e o inconsciente não o tem; é como se estivéssemos tentando saber se os fenômenos naturais têm sentido. Os micróbios têm sentido ou não? Tais avaliações mostram simplesmente o estado lamentável de nossa mente que esconde sua ignorância e incompetência sob o manto da megalomania. É certo que os micróbios são muito pequenos e, em grande parte, desprezíveis e detestáveis, mas seria tolice não saber nada sobre eles.

603   Qualquer que seja a constituição do inconsciente, é um fenômeno natural que gera símbolos, e estes mostram ter sentido. Assim como não se pode esperar de alguém que nunca olhou através de um microscópio que seja uma autoridade no campo da microbiologia, também não podemos considerar como juiz competente no assunto aquele que nunca fez um estudo sério dos símbolos naturais. Mas a subestima geral da psique humana é tão grande que nem as grandes religiões, nem as filosofias e nem o racionalismo científico lhe dão qualquer atenção. Ainda que a Igreja Católica admita a ocorrência de sonhos enviados por Deus (*somnia a Deo missa*), a maioria de seus pensadores não faz nenhuma tentativa de entendê-los. Duvido que haja algum tratado protestante sobre temas dogmáticos que "descesse tanto" a ponto de considerar que a vox Dei pudesse ser ouvida nos sonhos. Se alguém acredita de fato em Deus, qual a autoridade que tem para dizer que Deus é incapaz de falar por meio de sonhos? Onde estão aqueles que realmente se dão ao trabalho de interrogar os seus sonhos, ou de experimentar uma série de fatos fundamentais sobre os sonhos e seus símbolos?

604   Passei mais de meio século pesquisando os símbolos naturais e cheguei à conclusão de que os sonhos e seus símbolos não são nenhum absurdo estúpido. Ao contrário, eles fornecem informações muito interessantes; basta esforçar-nos para entender os símbolos. É verdade que os resultados pouco têm a ver com compra e venda, ou seja, com os nossos interesses terrenos. Mas o sentido de nossa vida não se esgota em nossas atividades comerciais, nem os anseios da

alma humana são saciados pela conta bancária, mesmo que nunca tenhamos ouvido falar de outra coisa.

Numa época em que toda a energia disponível é empregada na pesquisa da natureza, pouca atenção se dá ao essencial do ser humano, isto é, à sua psique, ainda que haja muitas pesquisas sobre suas funções conscientes. Mas sua parte realmente desconhecida, que produz os símbolos, continua sendo terra desconhecida. E mesmo assim ela nos envia toda noite seus sinais. A decifração dessas mensagens parece ser um trabalho odioso, e poucas pessoas do mundo civilizado dela se ocupam. Pouco tempo é dedicado ao principal instrumento da pessoa humana, isto é, sua psique, quando não é desprezada e considerada suspeita. "É apenas psicológico" significa: não é nada.

Não sei exatamente donde provém esse preconceito monstruoso. Estamos tão ocupados com a questão o que pensamos que esquecemos completamente de refletir sobre o que a psique inconsciente pensa dentro e a respeito de nós. Freud fez uma séria tentativa de mostrar por que o inconsciente não merece um melhor julgamento, e sua teoria aumentou e fortificou sem querer o desprezo já existente pela psique. Se, até então, ela foi apenas desconsiderada e negligenciada, tornou-se agora um buraco de lixo moral do qual se tem um medo indizível.

Este ponto de vista moderno é sem dúvida unilateral e injusto. Não corresponde à verdade dos fatos. Nosso real conhecimento do inconsciente mostra que ele é um fenômeno natural e que, tanto quanto a própria natureza, é no mínimo *neutro*. Ele abrange todos os aspectos da natureza humana: luz e escuridão, beleza e feiura, bem e mal, o profundo e o insensato. O estudo do simbolismo individual bem como do coletivo é uma tarefa enorme que ainda não foi realizada, mas que finalmente foi iniciada. Os resultados obtidos até agora são animadores e parecem conter uma resposta às muitas perguntas da humanidade atual.

III

A vida simbólica*

Foram feitas duas perguntas ao professor Jung:

A primeira, se ele tinha alguma ideia de qual poderia ser o próximo passo do desenvolvimento religioso. Seria concebível, por exemplo, uma nova revelação – como alguns a denominariam, uma nova encarnação do mestre do mundo, uma nova interpretação e uma nova compreensão do sentido exotérico do cristianismo – talvez com a ajuda da psicologia? Ou não haveria uma expressão coletiva, mas um período em que toda pessoa deveria fazer seu próprio contato individual e desenvolver seu estilo pessoal?

A segunda, como explicar que os fiéis católicos não estariam sujeitos a neuroses, e o que poderia ser feito pelas Igrejas protestantes contra a tendência de seus membros a distúrbios neuróticos?

608 Não sou tão ambicioso quanto as perguntas que me foram feitas! Gostaria de começar com a segunda pergunta, sobre os católicos, que até agora não recebeu a devida atenção, mas que, tecnicamente considerada, merece ser vista com todo o respeito.

609 Os senhores me ouviram dizer que os católicos são menos ameaçados por neuroses do que os membros de outras confissões religiosas. Evidentemente também há católicos neuróticos, mas é fato que

---

* Conferência dada no seminário do Guild of Pastoral Psychology, a 5 de abril de 1939, em Londres. Edição particular como *Guild Lecture* n. 80 (Londres, 1954) a partir de anotações estenográficas de Derek Kitchin. Jung aprovou a transcrição. Publicada depois em forma abreviada em *Darshana*, 1/3, agosto de 1961, p. 11-22. Moradabad, Índia. Este fascículo foi dedicado à memória de C.G. Jung, falecido dois meses antes.

em meus quarenta anos de experiência não tive mais que seis católicos praticantes entre meus pacientes. Naturalmente não conto aqueles que *tiveram algum contato* com católicos, ou aqueles que se denominavam católicos romanos mas não praticavam; porém, católicos praticantes, não tive mais que seis. Esta é a experiência também de meus colegas. Em Zurique estamos cercados por cantões católicos; a Suíça não chega a ter dois terços de protestantes e o resto é católico. Além disso, temos fronteira com o sul da Alemanha que é católico. Por isso deveríamos ter um número considerável de pacientes católicos, mas não é o caso; temos muito poucos.

Certa vez um estudante de teologia me fez uma pergunta bem interessante: se, conforme minha opinião, as pessoas de hoje, com problemas psicológicos, procuravam mais o médico ou um sacerdote ou pastor. Respondi que não sabia no momento, mas que haveria de me informar. Tive a ideia de fazer uma pesquisa, enviando um questionário com perguntas detalhadas. Não fui eu que elaborei o questionário, pois neste caso a pergunta seria de antemão um pré-julgamento e a resposta ficaria prejudicada. Confiei pois o questionário a pessoas que não se sabia que eram minhas conhecidas ou que tivessem algum relacionamento comigo. Elas despacharam o questionário e recebemos centenas de respostas interessantes. Aí estava a prova do que eu já sabia. Porcentagem muito alta – a grande maioria – dos católicos disse que iria ao sacerdote e não ao médico se tivesse problemas psicológicos. A grande maioria dos protestantes disse que iria naturalmente ao médico. Recebi grande número de respostas de familiares de pastores e quase todos disseram que não procurariam o pastor, mas o médico. (Posso falar sobre isso bem à vontade, pois sou filho de pastor e meu avô era uma espécie de bispo; tive cinco tios, todos eles pastores; portanto conheço bem o assunto! Não tenho nenhuma atitude hostil para com o clero, muito ao contrário, mas isto é um fato.) Também recebi respostas de judeus, mas nenhum deles falou em procurar o rabino – isto jamais lhe viria à mente. Um chinês me deu uma resposta clássica: "Quando sou jovem vou ao médico, quando sou velho procuro o filósofo".

Havia respostas também de representantes do clero. Quero mencionar uma resposta que acredito não seja de forma alguma representativa, mas que lança certa luz sobre um tipo específico de teólogo. Dizia o respondente: "A teologia nada tem a ver com a pessoa propriamente dita". Então, com o que ela tem a ver? Poderia alguém dizer: "com Deus". Mas ninguém vai querer me dizer que a teologia se ocupa com Deus neste sentido. A teologia na verdade é destinada aos homens, se é que ela tem algum destino. Eu diria que Deus não precisa de teologia. A resposta é sintomática de certa atitude que explica muita coisa.

612   Até agora falei de minhas experiências neste campo, mas recentemente se fizeram estatísticas na América sobre a mesma questão, apenas sob outro ângulo. Trata-se de uma espécie de avaliação do número de complexos ou de manifestações dos complexos nas pessoas. O menor número ou as menores características de complexos foram encontradas em católicos praticantes, número bem maior foi encontrado entre os protestantes e maior ainda entre os judeus. Isto foi constatado independentemente de minhas pesquisas; um colega meu dos Estados Unidos fez esta pesquisa[1] e ela confirma o que lhes disse.

613   Deve, portanto, existir algo na Igreja Católica que explique este fato peculiar. Logo de saída, pensa-se na confissão. Mas este é apenas o aspecto externo. Por acaso sei muita coisa sobre a confissão porque muitas vezes tive que lidar com o clero católico, sobretudo com os jesuítas que se ocupavam com psicoterapia. Há muitos anos o clero católico estuda a psicoterapia; acompanhou cuidadosamente seu desenvolvimento. No início eram apenas os jesuítas, mas agora ouvi dizer que os beneditinos também o fazem. Existe na Igreja Católica uma antiga tradição do "diretor de consciência" – uma espécie de dirigente de almas (diretor espiritual). Esse diretor espiritual tem grande experiência e treino neste trabalho e muitas vezes me admirei da sabedoria com que os jesuítas e outros padres católicos aconselhavam seus pacientes.

614   Aconteceu recentemente que uma paciente minha, uma senhora muito nobre que tinha por confessor um jesuíta, discutiu com ele todos os pontos críticos da análise que fizera comigo. Naturalmente, al-

---

1. MURRAY, H.A. "Conclusões" de *Explorations in Personality. A Clinical and Experimental Study of Fifty Men of College Age*, editado pelos colaboradores da clínica psicológica de Harvard, sob a coordenação de Murray (1938), p. 739, parte 17.

gumas coisas não eram bem ortodoxas e eu estava ciente de que havia um grande conflito em sua mente; aconselhei-a por isso a discutir esses assuntos com o confessor (era um jesuíta famoso, agora falecido). Após essa conversa franca, contou-me tudo o que ele lhe dissera; ele confirmara tudo o que eu lhe havia dito – o que me causou surpresa, sobretudo por ter vindo da boca de um jesuíta. Isto me abriu os olhos para a sabedoria e cultura fora do comum do diretor católico de consciência. Isto explica até certo ponto por que o católico praticante vai de preferência a um sacerdote.

É fato que há relativamente poucos católicos neuróticos, contudo vivem nas mesmas condições que nós. Provavelmente sofrem sob as mesmas condições sociais que nós, sendo de se esperar também muitas neuroses. Deve haver algo no culto, na verdadeira prática religiosa, que explique o fato peculiar de haver menos complexos, ou de estes complexos se manifestarem muito menos nos católicos do que em outras pessoas. Este algo é, além da confissão, o próprio culto. É, por exemplo, a missa. O cerne da missa contém um mistério vivo, e é isso que funciona. Por "mistério vivo" não pretendo significar algo misterioso; uso "mysterium" aqui no sentido que sempre teve – um "mysterium tremendum". Mas a missa não é o único mistério na Igreja Católica. Há outros mistérios. Eles já começam na preparação simples das coisas na Igreja. Tomemos, por exemplo, a preparação da água batismal – o rito da bênção da fonte batismal na noite da vigília pascal. Aí se pode ver que ainda se realiza uma parte dos mistérios de Elêusis.

Se perguntarmos a um sacerdote comum algo sobre essas coisas, não saberá explicar. Ele nada conhece disso. Certa vez pedi ao bispo de Friburgo, na Suíça, que nos enviasse alguém para explicar o mistério da missa. Foi um desastre; não conseguiu transmitir quase nada. Só conseguiu confessar a admirável impressão, a maravilhosa sensação mística, mas não soube explicar o porquê dessa sensação. Eram apenas emoções, e nós não pudemos fazer nada com isso. Mas quando nos aprofundamos na história do rito, quando tentamos compreender toda a estrutura desse rito, incluindo os demais ritos que o cercam, vimos que é um mistério que vai até aos inícios da história da mente humana. Ele retrocede muito – muito além dos inícios do cristianismo. Sabemos que partes importantes da missa, como, por exemplo, a hóstia, pertenciam ao culto de Mitra. No culto de Mitra usava-se pão, marcado com uma cruz ou dividido em quatro partes; usavam-se pequenos sinos e água batismal – isto sem dúvida é pré-cristão. Temos, inclusive, textos que comprovam isso. O rito da água divina, ou da *aqua permanens* ("água eterna"), é uma concepção alquímica, mais antiga do que o uso cristão. E quando se estuda a *benedictio fontis*, a preparação propriamente dita da água, vemos que se trata de um procedimento alquimista; e temos um texto do primeiro século, do pseudo Demócrito, que informa sobre a finalidade da bênção.

617 São fatos reais e comprovados. Eles apontam para a pré-história, para uma continuidade de tradição que remonta a séculos antes do nascimento de Cristo. Estes mistérios sempre foram a expressão de uma condição psicológica fundamental. A pessoa externa suas condições psicológicas fundamentais e mais importantes neste rito, nesta magia, ou qualquer nome que possa ter. E o rito é o desempenho cultual desses fatos psicológicos básicos. Isto explica por que não se deveria mudar nada no rito. Um rito deve ser realizado segundo a tradição e, se houver nele qualquer mudança que seja, incorre-se em erro. Não se deve permitir que a razão nele interfira. Tomemos, por exemplo, o dogma mais difícil, o dogma da concepção virginal: é absolutamente errado querer racionalizá-lo. Se o deixarmos como está, como nos foi transmitido, então ele é verdadeiro; mas se o racionalizarmos, ele é falso, porque está sendo deslocado para o campo do intelecto brincalhão que não entende o mistério. É o mistério da virgindade e da concepção virginal, e isto é um fato psicológico da máxima importância. É lamentável que não mais o compreendamos. Mas, os senhores sabem que em séculos mais remotos as pessoas não precisavam desse tipo de compreensão intelectual. Somos muito orgulhosos disso, mas não temos razão para tanto. Nosso intelecto é totalmente incapaz de entender essas coisas. Não estamos psicologicamente desenvolvidos o suficiente para entender a verdade, a verdade extraordinária dos ritos e dos dogmas. Por isso esses dogmas nunca deveriam ser submetidos a qualquer tipo de crítica.

618 Por isso, quando trato de um verdadeiro cristão, de um verdadeiro católico, eu sempre o submeto ao dogma e digo: "Aferre-se a isso! E se você começar a criticá-lo intelectualmente sob qualquer aspecto, eu vou analisá-lo e aí você estará na pior". Quando um católico praticante me procura, eu lhe pergunto: "Você contou isso a seu confessor?" Ele

dirá naturalmente: "Não, ele não entende disso". Digo-lhe então: "Mas, o que então você confessou?" Ele responde: "Coisas pequenas, sem importância", mas dos pecados principais nunca falou nada. Como disse, tive como clientes certo número desses católicos – seis. Fiquei orgulhoso de ter tantos e disse-lhes: "Você sabe que aquilo que contou é realmente sério. Agora vá a seu confessor e confesse isso; não importa se ele entende ou não. Isto deve ser levado à presença de Deus, mas se não o fizer você estará fora da Igreja; então começará a análise e as coisas vão esquentar; você estará melhor protegido no seio da Igreja". Como os senhores percebem, levei essas pessoas de volta à Igreja e recebi uma bênção especial do Papa por ter ensinado a alguns católicos proeminentes a maneira correta de confessar-se.

619 Houve, por exemplo, uma senhora que teve papel importante na guerra. Era católica fervorosa e costumava passar as férias de verão na Suíça. Existe aqui um célebre mosteiro com vários monges, e era para lá que se dirigia para confessar e receber aconselhamento espiritual. Sendo pessoa prendada, começou a interessar-se um pouco demais pelo confessor e este por sua vez começou a interessar-se um pouco demais por ela; e surgiu o conflito. Ele foi removido para a clausura e ela entrou naturalmente em colapso; sugeriram-lhe que me procurasse. Quando veio, estava cheia de revolta contra as autoridades que haviam interferido. Aconselhei-a a voltar aos seus superiores espirituais e confessar toda a situação. Ao voltar para Roma, onde morava e tinha um confessor, este lhe perguntou: "Já a conheço há muitos anos, como foi que agora a senhora faz uma confissão tão aberta?" E ela declarou que havia aprendido isto de um médico. Esta é a história que me levou a receber uma bênção especial e particular do Papa.

620 Minha posição neste assunto é a seguinte: Enquanto um paciente é deveras membro de uma Igreja, deve levar isto a sério. Deveria ser real e sinceramente um membro daquela Igreja e não ir ao médico para resolver seus conflitos quando acredita poder fazer isso com Deus. Quando, por exemplo, um membro do Grupo Oxford me procura para tratamento, eu lhe digo: "Você pertence ao Grupo Oxford; enquanto for membro dele, resolva seus assuntos com o Grupo. Não posso fazer nada melhor do que Jesus".

621 Gostaria de contar-lhes um caso desses. Um alcoólico histérico fora curado pelo movimento desse Grupo, e este o usou como uma

espécie de caso-modelo. Mandaram-no viajar por toda a Europa, onde dava seu testemunho e dizia ter procedido mal, mas ter sido curado por esse movimento. Depois de haver contado vinte ou cinquenta vezes sua história, ficou cheio e recomeçou a beber. A sensação espiritual simplesmente desapareceu. O que fazer com ele? Agora dizem que se trata de um caso patológico e que ele precisa de um médico. No primeiro estágio foi curado por Jesus, no segundo, só por um médico! Tive que recusar o tratamento desse caso. Mandei-o de volta a essas pessoas e lhes disse: "Se vocês acreditam que Jesus curou este homem da primeira vez, ele o fará pela segunda vez. E se ele não o puder, vocês não estão supondo que eu possa fazê-lo melhor do que Jesus, não é?" Mas é exatamente o que pensam: quando uma pessoa é patológica, então Jesus não ajuda, só o médico pode ajudar.

622 Enquanto alguém acredita no movimento do Grupo Oxford, deve permanecer ali; e enquanto uma pessoa é da Igreja Católica, deve estar na Igreja Católica para o melhor e para o pior, e deveria ser curada através dos meios dela. E saibam os senhores que eu vi que as pessoas podem ser curadas por esses meios – é um fato. A absolvição e a sagrada comunhão podem curá-los, mesmo em casos bem sérios. Se a experiência da sagrada comunhão for real, se o rito e o dogma expressarem plenamente a situação psicológica do indivíduo, ele pode ser curado. Mas se o rito e o dogma não expressarem plenamente a situação psicológica do indivíduo, ele não pode ser curado. Eis a razão por que existe o protestantismo, por que ele é tão incerto, por que ele se divide tanto. Isto não é uma objeção ao protestantismo; é exatamente a mesma história que aquela do *Código de Napoleão*.

623 Após o *Código de Napoleão* estar em vigor por um ano, o homem encarregado de executar as ordens de Napoleão voltou com grande número de anotações. Diante de tantas propostas de mudanças, Napoleão encarou-o e perguntou: "Mas como? Quer dizer que o Código está morto?" ("Mais comment? Est-ce que le Code est mort?"). Mas o homem respondeu: "Ao contrário, senhor; ele vive" (Au contraire, Sire, il vit!").

624 A divisão do protestantismo em novas seitas – mais de quatrocentas – é sinal de vida. Mas infelizmente, no sentido eclesial, isto não é um belo sinal de vida, porque não há dogmas e nenhum rito. Falta a vida tipicamente simbólica.

A pessoa humana precisa de vida simbólica. E precisa com urgência. Nós só vivemos coisas banais, comuns, racionais ou irracionais – que naturalmente também estão dentro do campo de interesse do racionalismo, caso contrário não poderíamos chamá-las irracionais. Mas não temos vida simbólica. Onde vivemos simbolicamente? Em parte alguma, exceto onde participamos no ritual da vida. Mas quem de muitos de nós participa do ritual da vida? Muito poucos. E quando se olha para a vida ritual da Igreja protestante ela é quase nula. Até mesmo a sagrada comunhão foi racionalizada. Falo isso do ponto de vista suíço: na Igreja suíça de tradição zwingliana, a sagrada comunhão não é uma comunhão, mas um memorial. Também não há missa, não há confissão, não há ritual nem vida simbólica.

Algum dos senhores tem em sua casa um cantinho onde possa realizar os ritos, como se vê na Índia? Lá até as casas mais simples têm um canto separado com uma cortina onde os membros da família podem levar sua vida simbólica, onde podem fazer novos votos e meditar. Nós não temos isso, não temos um canto desses. Temos naturalmente nosso quarto, mas lá existe um telefone que pode tocar a qualquer hora, e temos de estar sempre preparados. Não temos tempo, não temos lugar. Onde estão em nosso meio aquelas imagens dogmáticas ou misteriosas? Em nenhum lugar. Temos é claro galerias de arte onde matamos os deuses às centenas. Roubamos das igrejas aquelas imagens misteriosas, imagens mágicas, e as colocamos em galerias de arte. Isto é pior do que a matança das trezentas crianças em Belém; isto é blasfêmia.

Portanto, não temos vida simbólica, mas temos necessidade premente dela. Somente a vida simbólica pode expressar a necessidade da alma – a necessidade diária da alma, bem entendido. E pelo fato de as pessoas não terem isso, não conseguem sair dessa roda viva, dessa vida assustadora, maçante e banal onde são "nada mais do que". No rito estão próximas de Deus; são até mesmo divinas. Pensemos apenas no sacerdote da Igreja Católica que está na divindade: ele traz a si mesmo como sacrifício sobre o altar; ele mesmo se oferece como sacrifício. Fazemos nós isto? Onde temos consciência de fazer isto? Em lugar nenhum! Tudo é banal, tudo é "nada mais do que"; e por isso as pessoas são neuróticas. As pessoas estão simplesmente enfastiadas de tudo, dessa vida banal, e por isso querem sensações. Querem até uma guerra: todas querem uma guerra. Todas ficam felizes quando há uma guerra e dizem: "Graças a Deus, finalmente acontece algo – algo que é maior do que nós".

628 Estas coisas entram fundo e não é de admirar que as pessoas fiquem neuróticas. A vida é racional demais, não há existência simbólica em que sou outra coisa, em que desempenho um papel, o meu papel, como um ator no drama divino da vida.

629 Conversei certa vez com o mestre de cerimônias de uma tribo dos índios pueblo e ele me contou algo bem interessante. Disse ele: "De fato somos uma tribo pequena, e estes americanos querem interferir em nossa religião. Não deveriam fazer isso porque nós somos os filhos do Pai, o Sol. Aquele que está lá (apontando para o Sol) é o nosso Pai. Temos que ajudá-lo todo dia a despontar no horizonte e caminhar pelo céu. Nós o fazemos não só para nós mesmos, mas para toda a América, para o mundo todo. E se esses americanos interferirem em nossa religião com suas missões, eles vão ver uma coisa. Em dez anos o Pai Sol já não surgirá, pois já não poderemos ajudá-lo".

630 Os senhores talvez digam que isto é uma espécie de loucura mansa. Ledo engano. Essas pessoas não têm problemas. Elas têm sua vida de todo dia, sua vida simbólica. Levantam-se de manhã sentindo sua grande e divina responsabilidade: elas são os filhos do Sol, o Pai, e sua tarefa diária é ajudar o Pai a despontar no horizonte – não só para si mesmos mas para o mundo todo. Os senhores deveriam ver essas pessoas: elas têm uma dignidade plenamente natural. E eu o compreendi quando o índio me disse: "Repare nesses americanos: estão sempre procurando alguma coisa. Estão cheios de inquietação, sempre procurando, sempre na vã esperança de encontrar alguma coisa. O que estão procurando? Não há nada para ser procurado". Isto é verdade. Podemos ver os turistas viajantes sempre procurando alguma coisa, sempre na vã esperança de encontrar algo. Em minhas inúmeras viagens encontrei pessoas que já estavam na terceira viagem ao redor do mundo – ininterruptamente viajando. Sempre a caminho, procurando. Na África Central encontrei uma senhora que viera sozinha, de carro, da Cidade do Cabo e estava indo para o Cairo. Perguntei-lhe: "Por que está fazendo isso?" Fiquei surpreso ao ver seus olhos. Eram os olhos de um animal acuado – sempre procurando, sempre esperando encontrar algo. Disse-lhe então: "O que a senhora procura? O que está esperando? Atrás de que está correndo?" Ela está quase possessa; está possuída por muitos demônios que a insti-

gam sempre. E por que está possessa? Porque não leva uma vida que tenha sentido. Sua vida é total e grotescamente banal, muito pobre, sem sentido e sem qualquer objetivo. Se for assassinada hoje, nada aconteceu, nada desapareceu, porque ela não foi nada. Mas se pudesse dizer: "Eu sou a filha da Lua. Toda noite preciso ajudar a Lua, minha mãe, a surgir no horizonte" – isto seria outra coisa! Então ela viveria, então sua vida teria sentido em todo tempo e para toda a humanidade. Isto traz paz, quando as pessoas sentem que estão vivendo a vida simbólica, que são atores do drama divino. Unicamente isto dá sentido à vida humana; tudo o mais é banal e pode ser dispensado. Uma carreira ou a geração de filhos, tudo é *maya* comparado com esta única coisa: que nossa vida tenha sentido.

631 Este é o segredo da Igreja Católica: até certo ponto ela pode viver a vida com sentido. Por exemplo, se uma pessoa pode assistir diariamente ao sacrifício do Senhor e participar de sua substância, fica repleta de deidade e repete todos os dias o sacrifício eterno de Cristo. O que estou dizendo são apenas palavras, mas para a pessoa que vive isto realmente significa o mundo inteiro. Significa mais do que o mundo todo, porque faz sentido para ela. Isto exprime o desejo da alma; exprime os fatos reais de nossa vida inconsciente. Quando o sábio diz: "A natureza exige a morte", ele quer dizer exatamente isso.

632 Creio que podemos agora passar à questão seguinte. Aquilo que falei acima refere-se infelizmente em grande parte ao passado. Não podemos fazer a roda do tempo girar para trás; não podemos voltar ao simbolismo que faz parte do passado. Assim que nos certificamos de que algo é simbólico, dizemos logo: "Pois é, então isso provavelmente significa outra coisa". A dúvida o matou e o engoliu. Por isso não é possível voltar. Já não posso voltar à Igreja Católica, já não posso experimentar o milagre da missa; sei demais sobre isso. Sei que é verdade, mas é a verdade numa forma já não aceitável para mim. Não posso dizer: "Este é o corpo do Senhor" e nem vê-lo. Simplesmente não consigo. Isto já não é uma verdade para mim; não exprime minha disposição psicológica. Minha disposição psicológica exige outra coisa. Preciso de uma situação em que o todo se torne outra vez verdade. Preciso de uma forma nova. Quando se teve a infelicidade de ser excluído de uma Igreja, ou quando saímos espontaneamente dizendo: "Tudo isso é bobagem", nisso não reside mérito algum. Mas

ser membro dela e sentir-se forçado, digamos, por Deus a abandoná-la – então sim estamos legitimamente *extra ecclesiam*. Mas "extra ecclesiam nulla salus" (fora da Igreja não há salvação), então as coisas ficam realmente terríveis, porque não estamos mais protegidos, não estamos mais no *consensus gentium* (consenso dos povos), não estamos mais no seio da mãe compassiva. Estamos sós, e todas as forças do inferno estão soltas. Isto é o que as pessoas não sabem. Por isso dizem que temos neuroses de ansiedade, medos noturnos, compulsões e tantas coisas mais. A alma ficou solitária; ela está *extra ecclesiam* e num estado de não salvação. E as pessoas não sabem disso. Consideram seu estado patológico e os médicos confirmam esta suposição. Quando eles o dizem e quando todos são da mesma opinião de que isto é neurótico e patológico, então temos de entrar nessa linguagem. Eu falo a linguagem de meus pacientes. Quando falo com loucos, uso a linguagem dos loucos, caso contrário eles não entendem. E quando falo com neuróticos, uso sua linguagem neurótica. Mas é falatório neurótico se alguém disser que isto é uma neurose. Na verdade é bem outra coisa: é o terrível medo da solidão. É a alucinação da solidão e é uma solidão que não pode ser mitigada por nada. Podemos ser membros de uma sociedade com milhares de membros, e assim mesmo sermos sós. Aquilo dentro de nós que deveria viver está só; ninguém o toca e ninguém o conhece, nem mesmo nós próprios. Mas ele continua agitando, perturba, desassossega e não dá descanso.

633   Como veem, fui simplesmente forçado por meus pacientes a tentar encontrar uma saída para tal sofrimento. Não pretendo fundar uma religião e nada sei a respeito de uma religião do futuro. Sei apenas que em certos casos acontecem tais e tais coisas. Tomemos, por exemplo, um caso qualquer: quando vou bastante fundo, se o caso o exigir ou se algumas circunstâncias forem favoráveis, posso observar certas coisas evidentes como, por exemplo, que os fatos inconscientes vêm à superfície e se manifestam de forma ameaçadora. Isto é muito desagradável. Por isso Freud teve que inventar um sistema para proteger a si mesmo e as outras pessoas contra a realidade do inconsciente, dando uma explicação altamente deficitária dessas coisas, uma explicação que sempre começa com "nada mais do que". A explicação de cada sintoma neurótico já é conhecida há muito tempo. Temos uma teoria a respeito: tudo se deve a uma fixação no pai

ou na mãe; tudo é bobagem e por isso pode ser rejeitado. Mas, fazendo assim, estamos rejeitando nossas almas. "Estou com fixação em minha mãe; quando entender todas as possíveis fantasias que tenho com minha mãe, ficarei livre dessa fixação". Se o paciente o conseguir, terá perdido sua alma. Cada vez que alguém aceitar esta explicação, terá perdido sua alma. Não ajudará à sua alma; apenas substituirá sua alma por uma explicação, uma teoria.

Lembro-me de um caso bem simples[2]. Era uma estudante de filosofia, mulher muito inteligente. Isso aconteceu quase no início de minha carreira, quando eu era um médico recém-formado e não conhecia nada além dos ensinamentos de Freud. Tratava-se de um caso de neurose não muito grave, e eu estava plenamente convencido de que poderia ser curado; mas não foi o que aconteceu. A moça havia desenvolvido uma terrível transferência de pai para mim – projetou em mim a figura do pai. Disse-lhe eu: "Como pode ver, eu não sou seu pai". Ela respondeu: "Eu sei que não é meu pai, mas sempre parece que o senhor é meu pai". Ela agia de acordo com isso e se apaixonou por mim; tornei-me seu pai, irmão, filho, amante, marido e, evidentemente, seu herói e salvador – tudo que se pudesse imaginar. Eu lhe disse: "Você vê que tudo isso é absurdo". Ela retrucou: "Mas não consigo viver sem isso". O que poderia eu fazer? Uma explicação depreciativa não ajudaria. Ela disse: "O senhor pode dizer o que quiser; o fato é este". Ela estava nas garras de uma imagem inconsciente. Tive então uma ideia: "Se alguém sabe alguma coisa sobre isso, deve ser o inconsciente que criou uma situação tão desagradável". Comecei então a observar com seriedade os sonhos dela, não para captar certas fantasias, mas para entender realmente como seu sistema psíquico reagia a uma situação tão anormal – ou a uma situação tão normal, se quisermos, pois esta situação é comum. Nos sonhos dela eu apareci como o pai. Analisamos estes sonhos. Depois apareci como amante e até como marido – tudo na mesma linha. Comecei então a mudar de estatura: eu era maior do que o comum dos seres humanos; algumas vezes tinha até atributos divinos. Pensei comigo: "Esta é a velha ideia do salvador". E a partir de então fui assumindo as formas

---

2. Cf. JUNG, C.G. *O eu e o inconsciente* [OC, 7/2; § 206s.].

mais divertidas. Apareci, por exemplo, na forma de um deus, no meio de uma campina, segurando-a nos braços como se ela fosse uma criança; o vento soprava sobre o trigal e os campos ondulavam como vagas e eu a embalava nos braços da mesma forma. Quando tomei conhecimento dessa imagem, pensei: "Agora entendo o que o inconsciente quer: quer transformar-me num deus; a moça precisa de um deus – ao menos o seu inconsciente precisa dele". Seu inconsciente queria encontrar um deus e, como não pudesse encontrá-lo, ele diz: "Dr. Jung é um deus". Disse, pois, a ela: "Certamente não sou um deus, mas o seu inconsciente precisa de um deus. É uma necessidade séria e autêntica. Nenhuma época antes da nossa satisfez esta necessidade; você é apenas uma doida intelectual, assim como eu, mas não o sabemos". Isto mudou completamente a situação e provocou uma diferença colossal. Eu curei aquele caso porque satisfiz a necessidade do inconsciente.

635   Posso narrar-lhes outro caso. A paciente era uma jovem judia. Era muito cômica, elegante e agradável – e eu pensei: "Que coisinha mais fútil!" Ela sofria de uma neurose terrível, uma neurose de ansiedade com terríveis ataques de medo; sofria disso há anos. Esteve antes em tratamento com outro analista e o deixou com a cabeça virada: ele se apaixonou por ela e não a ajudou em nada. A moça veio procurar-me. Na noite anterior – eu nunca a tinha visto antes – *tive um sonho em que uma jovem muito bonita me procurou e eu não conseguia entender nada de seu caso. De repente pensei: "Caramba! Ela tem um complexo fabuloso de pai!"* Considerei isso uma espécie de revelação. Fiquei muito impressionado com o sonho, mas não atinava a que ele pudesse referir-se. Quando, no dia seguinte, a moça apareceu, pensei logo no meu sonho: "Talvez seja ela". Contou-me sua história. Não consegui entender do que se tratava, mas pensei: "Não se trataria de um complexo de pai?" Nada me indicava que fosse um complexo de pai, mas ocorreu-me perguntar lhe algo mais detalhado sobre a história de sua família. Descobri que era de uma família hassídica – família de grandes místicos. Seu avô havia sido uma espécie de rabi milagroso – tinha uma segunda face. Seu pai rompeu com esta comunidade mística e ela era totalmente cética e exclusivamente científica em sua visão do mundo. Era uma pessoa muito inteligente, com aquela espécie de intelecto assassino, muito encontrado

entre os judeus. Pensei comigo: "O que isto tem a ver com sua neurose? Por que sofre de um medo tão profundo?" Então lhe falei: "Preste atenção, vou dizer-lhe algo que você provavelmente considerará tolice: você tornou-se infiel ao seu Deus. Seu avô levou uma vida agradável a Deus, mas você é pior do que um herege; você traiu o mistério de sua raça. Você pertence ao povo eleito, e que vida você está levando? Não admira, pois, que você tenha medo de Deus, que sofra por causa do medo de Deus".

Dentro de uma semana, eu havia curado sua neurose de ansiedade; e isto não é mentira (estou muito velho para mentir) – é um fato. Antes ela se havia submetido a meses e meses de análise, mas tudo era muito racional. Minha observação foi a virada, como se de repente tivesse compreendido tudo e toda sua neurose desapareceu. Ela havia perdido o sentido das coisas: estava baseada no erro de que poderia viver apenas com seu miserável intelecto num mundo perfeitamente banal, quando na verdade ela era uma filha de Deus e poderia ter vivido a vida simbólica; ali teria preenchido o desejo secreto que existia dentro dela, que era também o de sua família. Tinha esquecido tudo isso e estava vivendo em plena contradição com todo o seu sistema natural. De repente sua vida passou a ter sentido e ela pôde viver novamente. Toda a sua neurose se esboroou.

Em outros casos não é tão simples (aliás, não foi tão fácil assim). Não darei outros detalhes desse caso. Foi um caso muito instrutivo, mas prefiro trazer casos em que as coisas não são tão simples, onde é preciso guiar as pessoas com vagar e esperar por muito tempo que o inconsciente crie os símbolos que as tragam de volta à vida simbólica original. Para tanto é preciso conhecer muita coisa sobre a linguagem do inconsciente, sobre a linguagem dos sonhos. Então poderemos ver as imagens extraordinárias que os sonhos produzem. Estas imagens são encontradas na história sob nomes diferentes. A quantidade delas é ignorada, mas encontramo-las numa literatura que, como tal, é obsoleta. Quando conhecemos por acaso estes símbolos, podemos explicar aos pacientes a intenção do inconsciente.

Naturalmente não posso descrever de todo essas coisas, apenas mencioná-las. Baseado em minhas observações, sei que o moderno inconsciente tem a tendência de criar um estado psicológico que encontramos, por exemplo, no misticismo medieval. Encontramos certas coisas no mestre Eckhart; encontramos muita coisa no gnosticismo, isto é, uma espécie de cristianismo esotérico. Encontramos em toda pessoa a ideia do Adão Cadmon – o Cristo em nós. Cristo é o segundo Adão, o que corresponde nas religiões orientais à ideia do atmã ou do homem total, do homem original, o homem "todo redondo" de Platão – que é simbolizado por um círculo ou por uma pintura com motivos redondos. Encontramos todas essas ideias na mística medieval, na literatura alquimista em geral, desde o primeiro século da era cristã. Encontramo-las no gnosticismo e encontramos muitas delas naturalmente no *Novo Testamento*, em Paulo. Mas é um desenvolvimento absolutamente consistente da ideia de Cristo em nós – não o Cristo histórico fora de nós, mas o Cristo dentro de nós; e o argumento diz que é imoral deixar Cristo sofrer por nós, que ele já sofreu que chega e que devemos finalmente carregar nossos próprios pecados e não colocá-los sobre Cristo – nós todos deveríamos carregá-los em conjunto. Cristo expressa a mesma ideia quando diz: "Eu estou presente no menor de vossos irmãos"[3]. E o que dizer, meu caro, se o menor de seus irmãos fosse você mesmo – o que dizer então? Então você percebe que Cristo não deveria ser o menor em sua vida e que nós temos um irmão dentro de nós que é realmente o menor de nossos irmãos, muito pior que o pobre mendigo a quem demos comida. Isto significa que temos dentro de nós uma sombra, alguém muito mau, alguém extremamente pobre, mas que precisa ser aceito. O que fez Cristo – sejamos bem banais – quando o consideramos como ser puramente humano? Cristo foi desobediente à sua mãe; Cristo desobedeceu à sua tradição; Cristo se apresentou como enganador e representou esse papel até o amargo fim; ele sustentou sua hipótese até seu triste fim. Como nasceu Cristo? Na maior miséria. Quem era seu pai? Era filho ilegítimo – do ponto de vista humano, uma situação lamentável: uma pobre moça que tinha um filho pequeno. Isto é o nosso símbolo, isto somos nós; nós somos tudo isto. E se alguém viver sua própria hipótese até o amargo fim (e tiver que pagar talvez com a morte), saberá que Cristo é seu irmão.

---

3. Cf. Mt 25,40.

Isto é psicologia moderna, isto é o futuro. Este é o verdadeiro   639
futuro, este é o futuro que eu conheço – mas o futuro histórico pode
ser bem diferente. Não sabemos se será a Igreja Católica que vai colher os frutos do que agora estamos semeando. Não sabemos se Hitler vai fundar um novo islã. (Está no melhor dos caminhos para
isto; ele é como Maomé. O sentimento na Alemanha é islâmico;
guerreiro e islâmico. Estão todos embriagados de um deus feroz.)
Isto pode ser o futuro histórico. Mas eu não estou absolutamente
interessado num futuro histórico; nem um pouco. O que me interessa exclusivamente é a realização daquela vontade que vive em
cada pessoa. Minha história é somente a história daquelas pessoas
que irão realizar sua hipótese. Este é todo o problema; este é o problema dos fiéis índios pueblo: fazer hoje todo o necessário para que
meu Pai possa surgir no horizonte. Este é o meu ponto de vista. Pois
bem, acho que falei o suficiente.

Discussão

Cônego H. England:

No rito da Igreja na Inglaterra, dizemos após a santa comunhão: 640
"Aqui oferecemos e apresentamos a vós, Senhor, a nós mesmos de
corpo e alma como um sacrifício salutar, santo e vivo". Este é o sacrifício e o ritual que satisfaria as condições que o senhor exige, não é?

Prof. Jung:

Sem dúvida. A Igreja anglicana tem aqui uma grande vantagem.   641
Ela não representa todo mundo protestante, nem é tão protestante
na Inglaterra.

O Bispo de Southwark:

A questão é se podemos falar dela como pertencendo ao mundo   642
protestante.

Prof. Jung:

Mas eu chamaria a Igreja anglicana de verdadeira Igreja. O pro-   643
testantismo em si não é Igreja.

O Bispo de Southwark:

644 Há, porém, outras partes do mundo protestante que têm igrejas. Temos, por exemplo, os luteranos na Suécia; podemos considerá-los um exemplo de Igreja reformada. Suas condições são mais ou menos as nossas. O senhor já teve algum contato com o rito ortodoxo? O rito russo produz o mesmo efeito?

Prof. Jung:

645 Temo que, devido aos acontecimentos históricos, tenha havido uma interrupção. Tive contato com algumas pessoas ortodoxas e, infelizmente, já não eram muito ortodoxas.

O Bispo de Southwark:

646 Encontrei em Paris uma colônia de exilados russos que se esforçavam ao máximo para conservar viva e quase sem modificação alguma a antiga religião russa.

Prof. Jung:

647 Nunca encontrei um verdadeiro membro da Igreja ortodoxa, mas como eles praticam a vida simbólica nessa igreja, estou plenamente convencido de que estão corretos.

O Bispo de Southwark:

648 Os anglicanos estão mais em contato com os ortodoxos do que com os católicos que nos parecem simbólicos demais – não enfrentam com suficiente determinação os fatos dos quais deveriam cuidar. Eles possuem uma espécie de psicologia do exílio – um mundo só deles – e eu temo esta psicologia para alguns de nossos próprios membros que procuram refúgio no simbolismo em vez de assumir sua responsabilidade.

Prof. Jung:

649 É possível enganar usando a melhor das verdades; é possível enganar com tudo. Assim há pessoas que procuram refúgio ilegítimo no simbolismo. Por exemplo, há mosteiros cheios de pessoas que fogem

da vida e de suas obrigações, vivendo a vida simbólica – a vida simbólica de seu passado. Tais enganos são sempre castigados, mas é um fato que elas o suportam de alguma forma, sem ficar neuróticas demais. Na vida simbólica há um valor específico. É um fato que os australianos primitivos lhe dedicam dois terços de seu tempo disponível – tempo de vida em que estão conscientes.

O Bispo de Southwark:
O rei Alfredo o Grande, fez algo semelhante. 650

Prof. Jung:
Sim, este é o segredo das civilizações primitivas. 651

O Bispo de Southwark:
Era um homem muito prático, com influência civilizadora. 652

Prof. Jung:
Sim, pois o simples fato de alguém viver a vida simbólica tem uma influência extraordinariamente civilizadora. Essas pessoas são bem mais civilizadas e criativas por causa da vida simbólica. As pessoas apenas racionais têm pouca influência; tudo nelas se resume a discurso e com discurso não se vai longe. 653

Cônego England:
Mas os símbolos também podem apelar à razão, a uma razão esclarecida. 654

Prof. Jung:
Podem sim! Os símbolos criam muitas vezes uma extraordinária intensidade de vida mental, inclusive de vida intelectual. Se perpassarmos a literatura patrística encontraremos montanhas de emoção, tudo escondido sob o simbolismo. 655

Revdo. D. Glan Morgan:

656 Mas o que devem fazer os protestantes agora, especialmente nós os da esquerda – as Igrejas livres – os não conformistas? Não temos símbolo algum. Nós os rejeitamos de plano. Nossas igrejas são mortas, nossos púlpitos são tribunas de discursos.

Prof. Jung:

657 Perdoe-me, os senhores ainda têm muitos símbolos. Os senhores não falam de Deus ou de Jesus? Vejam bem, o que poderia ser mais simbólico? Deus é o símbolo dos símbolos.

Mr. Morgan:

658 Mesmo este símbolo se torna uma contradição. Há muitas pessoas em nossas igrejas que conseguem acreditar em Jesus, mas não em Deus.

Prof. Jung:

659 É certo! Também na Igreja Católica há muitos que acreditam na Igreja, mas não em Deus, nem em outra coisa qualquer.

O Bispo de Southwark:

660 Até onde isso tem a ver alguma coisa? A Igreja Católica Romana não tem apenas um sistema completo de símbolos, mas ele está vinculado à confissão da certeza absoluta – o dogma da infalibilidade. Isto deve ter influência direta sobre o valor dos símbolos.

Prof. Jung:

661 Isto é importante. A Igreja está absolutamente certa, totalmente certa em insistir nesta validade incondicional, caso contrário abriria as portas para a dúvida.

Dr. Ann Harling:

662 Também para o conflito e a neurose?

Prof. Jung:
Sem dúvida. Por isso "extra ecclesiam nulla salus". 663

O Bispo de Southwark:
Todas as formas de conflito são neuroses? 664

Prof. Jung:
Somente quando o intelecto se afasta daquela observância simbólica. Quando o intelecto não está a serviço da vida simbólica, ele se torna demoníaco; ele torna a pessoa neurótica. 665

Mr. Morgan:
Poderia haver uma transição, uma passagem de um sistema para outro, e isto não seria neurótico? 666

Prof. Jung:
A neurose é uma fase transitória; é a intranquilidade entre duas posições. 667

Mr. Morgan:
Pergunto isso porque sinto atualmente que há grande quantidade de neurose entre os protestantes por causa do preço que se deve pagar ao passar-se de um estado para outro. 668

Prof. Jung:
É justamente isso que quero dizer com "extra ecclesiam nulla salus". A pessoa entra numa fria muito grande quando abandona a Igreja; por isso não desejo isso a ninguém. Insisto na validade da Igreja original. 669

O Bispo de Southwark:
O que fazer com a grande maioria das pessoas com que temos de lidar que não pertencem a nenhuma Igreja? Elas dizem que são da Igreja anglicana, mas não pertencem a ela em nada. 670

Prof. Jung:

671 Receio que nada se pode fazer com essas pessoas. A Igreja está aí e é válida para os que estão nela. Os que estão fora das paredes da Igreja não podem ser trazidos de volta por meios comuns. Mas gostaria que o clero entendesse a linguagem da alma e que o clérigo fosse um *diretor de consciência*. Por que seria eu um diretor de consciência? Eu sou médico e não tenho preparo para isso. Trata-se de uma vocação natural do clérigo; ele deveria fazê-lo. Por isso gostaria que surgisse uma nova geração de pessoas do clero que fizessem o mesmo que se faz na Igreja Católica: tentar traduzir a linguagem do inconsciente, inclusive a linguagem dos sonhos, para uma linguagem inteligível. Sei, por exemplo, que existe agora na Alemanha o Círculo de Berneuchen[4], um movimento litúrgico cujo representante principal é um homem com grande conhecimento dos símbolos. Ele me deu uma série de casos que pude comprovar, em que traduziu, com grande êxito, para a linguagem dogmática as imagens dos sonhos, e estas pessoas voltaram calmamente para o ordenamento da Igreja. Alguns de nossos neuróticos não têm nenhuma desculpa e nenhum direito de ser neuróticos. Eles pertencem a uma Igreja, e se a gente conseguir que eles voltem à Igreja, nós os teremos ajudado. Muitos de nossos pacientes se tornaram católicos, outros voltaram à sua Igreja original. Mas isto deve ser algo que tenha substância e forma. Não é verdade que toda pessoa que analisamos dê forçosamente um pulo no futuro. Talvez ela seja determinada por uma Igreja e, se puder voltar à Igreja, talvez isto seja o melhor que lhe possa acontecer.

Mr. Morgan:

672 E se ela não puder?

Prof. Jung:

673 Aí o caso é problemático. A pessoa tem que sair procurando; tem que descobrir o que sua alma diz; tem que atravessar a solidão de uma

---

4. Um movimento protestante alemão, fundado em Berneuchen, Neumark, que buscava um aprofundamento da vida religiosa.

terra ainda deserta. Publiquei este exemplo – o de um grande cientista, muito famoso e que ainda vive[5]. Ele queria saber o que o inconsciente lhe dizia e conseguiu uma pista admirável. Este homem entrou na linha de novo porque aceitou aos poucos os dados simbólicos e agora leva uma vida religiosa, a vida de um atento observador. A religião consiste na observação atenta dos dados. Ele agora observa todas as coisas que lhe são trazidas pelos sonhos; este é o seu único guia.

Com isso estamos num novo mundo: somos exatamente como os primitivos. Quando fui à África Oriental, cheguei a uma pequena tribo no monte Elgon e perguntei ao curandeiro sobre os sonhos. Ele disse: "Eu sei o que o senhor pensa. Meu pai ainda teve sonhos". "E o senhor não tem sonhos?", perguntei. Ele se pôs a chorar e respondeu: "Não, já não tenho sonhos". Perguntando-lhe por que e ele respondeu: "Desde que os ingleses chegaram ao país, o comissário do distrito sabe quando vai haver guerra, quando haverá doenças, sabe onde nós devemos viver – ele não permite que saiamos daqui". Agora a orientação política é dada pelo comissário distrital, a inteligência superior do homem branco. Portanto, para que ter sonhos? Os sonhos eram a orientação original do homem na grande escuridão. Leiam o livro de Rasmussen sobre os esquimós do Polo[6]. Ele descreve como um curandeiro se tornou chefe de sua tribo por causa de uma visão. Quando uma pessoa vive em lugares selvagens, a escuridão traz os sonhos – "somnia a Deo missa" – que a orientarão. Sempre foi assim. Eu não fui conduzido por nenhuma espécie de sabedoria; fui conduzido por sonhos, como qualquer primitivo. Tenho vergonha de dizê-lo, mas sou tão primitivo como qualquer africano, porque nada sei. Quando alguém está no escuro, ele agarra a primeira coisa à mão e esta coisa é o sonho. E podemos estar certos de que o sonho é o nosso amigo mais chegado. O sonho é o amigo daqueles que já não são orientados pela verdade tradicional e, por isso, estão isolados. Este foi o caso dos antigos filósofos alquimistas. No Tractatus aureus, de Hermes Trismegisto, encontramos uma passagem que confirma o que eu disse sobre o isolamento:

674

---

5. Cf. "Símbolos oníricos do processo de individuação". In: JUNG, C.G. *Psicologia e alquimia*. Parte II. Petrópolis: Vozes, 2011 [OC, 12].
6. RASMUSSEN, K. *A Wizard and His Household*.

"(Deus) in quo est adiuvatio cuiuslibet sequestrati" (Deus, em quem está a ajuda daqueles que estão isolados)[7]. Hermes era ao mesmo tempo um verdadeiro diretor de almas e a própria encarnação da inspiração, representando assim o inconsciente manifesto nos sonhos. Os senhores podem ver que aquele que caminha sozinho e não tem orientação, esse tem os somnia a Deo missa; ele não tem comissário distrital. É claro que, quando temos um comissário desses, não precisamos de sonho, mas, quando estamos sós, a coisa é diferente.

O Bispo de Southwark:

675 Um católico praticante tem um comissário distrital, uma autoridade, e não precisa de sonhos.

Prof. Jung:

676 Concordo! Contudo, há pessoas na Igreja que têm somnia a Deo missa, e a Igreja é bastante cuidadosa em apreciar a importância desses sonhos. Ela não nega o fato de haver somnia a Deo missa; a Igreja se reserva o direito de julgar, mas leva em consideração esses sonhos.

Tenente-coronel H.M. Edwards:

677 Os padres católicos são treinados para ser psicoterapeutas?

Prof. Jung:

678 Sim.

Tenente-coronel Edwards:

679 Mas não aqui na Inglaterra.

Prof. Jung:

680 Não, mas os jesuítas sim. Por exemplo, o confessor-mor em Jena é um jesuíta treinado em psicoterapia.

---

7. As duas edições do texto, encontradas na biblioteca de Jung em Küsnacht (1566, p. 14, 1702, p. 4I5a; cf. bibliografia), trazem o termo *adunatio* em vez de *adiuvatio*.

Dr. A.D. Belilios:
Na escola junguiana? 681

Prof. Jung:
Em todas as escolas. Creio que ele não vá tão longe quanto eu. 682
Perguntei-lhe sobre sua opinião quanto aos sonhos e ele disse: "Bem, temos que ser cuidadosos e nós somos um pouco reticentes. Temos o auxílio da graça da Igreja". "Correto – disse eu – o senhor não precisa de sonhos. Eu não posso dar absolvição. Não tenho os meios da graça, por isso devo ouvir os sonhos. Eu sou um primitivo e o senhor um homem civilizado". Em certo sentido, esse homem é mais admirável do que eu. Ele pode ser um santo; eu não posso sê-lo. Posso apenas ser um africano muito primitivo e agarrar-me ao que está mais próximo – bastante supersticioso.

Tenente-coronel aviador T.S. Rippon:
O que o senhor acha da questão da vida após a morte? 683

Prof. Jung:
Ainda não estive lá conscientemente. Quando morrer, direi: 684
"Agora vamos ver". No tempo presente tenho esta forma e digo: "O que temos aqui? Vamos fazer tudo que pudermos *aqui*". Se após a morte eu perceber que há nova vida, direi: "Vamos viver outra vez – encore une fois". Eu nada sei sobre isso, mas posso dizer-lhe: o inconsciente não conhece tempo. Parte de nossa psique não está no tempo nem no espaço. Espaço e tempo são meras ilusões, e assim não existe tempo para determinada parte de nossa psique.

Mr. Derek Kitchin:
O senhor escreveu em algum lugar que para muitas pessoas a 685
crença numa vida futura era necessária para sua saúde psicológica.

Prof. Jung:
Sim. Perderíamos o equilíbrio se não considerássemos a imortalidade, quando os sonhos confrontam alguém com o problema; então 686

deveríamos decidir. Se eles não o fazem, deixe ficar como está. Mas se eles o confrontarem, é preciso dizer: "Preciso descobrir o que sinto a respeito. Digamos que não existe algo como imortalidade, nenhuma vida após a morte: o que passarei a sentir então? Como viverei com esta convicção?" Neste caso talvez seu estômago comece a criar problemas. Então você diz: "Digamos que eu seja imortal" e aí você se sente bem e chega a esta conclusão: "Isto deve estar certo". Como podemos saber? Como sabe um animal que o bocado de capim que comeu não é venenoso? E como sabem os animais que algo é venenoso? Eles adoecem. É assim que conhecemos a verdade: a verdade é aquilo que nos ajuda a viver – a *viver adequadamente*.

Reverendo Francis Boyd:

687   Aquilo que funciona: o teste pragmático.

Prof. Jung:

688   Aquilo que realmente funciona. Não tenho opinião formada sobre essas coisas. E, como poderia? Sei apenas que vivo erradamente se viver de certa forma. E se viver de outra forma, então sei que vivo corretamente. Quando, por exemplo, os índios pueblo acreditam que são filhos do Pai Sol, então está tudo em ordem com eles. Por isso eu digo: "Eu desejaria poder ser um filho do Sol". Mas, infelizmente, não dá. Não posso fazer isso. Meu intelecto não o permite. Devo, portanto, encontrar outra forma para mim. Mas eles estão certos. Seria o maior erro dizer a esta gente que eles não são filhos do Sol. Eu tentei, por exemplo, usar o argumento de Santo Agostinho: "Deus não é o sol, mas é aquele que fez o Sol"[8]. Mas o meu interlocutor pueblo entrou num estado de pânico. Ele considerou isso a mais tremenda das blasfêmias e disse: "Este é o Pai; não há outro Pai por trás dele. Como podemos pensar num Pai que não vemos?" E enquanto viverem nessa crença, ela será verdadeira. Tudo que vive na terra é verdadeiro. Assim, o dogma cristão é verdadeiro, mais verdadeiro do que possa-

---

8. AGOSTINHO. "In Johannis Evangelium". In: MIGNE, J.P. (org.). *Patrologia Latina*. Vol. XXXIV, 2, col. 2.037, t. III/2, Paris: Migne, 1841-1842.

mos imaginar. Nós nos julgamos mais espertos. Enquanto não o entendemos, enquanto não percebermos até onde isto pode levar, não temos razão para negá-lo. Quando vemos que estamos fora, então temos o que chamamos de ponto de vista superior. Isto é outra coisa. A análise é apenas um meio de tomarmos consciência de nossa perplexidade. Todos estamos à procura.

O Bispo de Southwark:
Diria o senhor o mesmo dos nazistas e muçulmanos, afirmando que estão certos em continuar na sua fé? 689

Prof. Jung:
Deus é terrível. O Deus vivo é um medo vivo. Considero que Maomé foi um instrumento para aquele povo. Por exemplo, todas as pessoas repletas de um poder misterioso são sempre muito desagradáveis para os outros. Estou convencido de que algumas pessoas no *Antigo Testamento* eram bem desagradáveis. 690

Revdo. W. Hopkins:
Há e sempre houve um conflito entre ciência e religião. Atualmente este conflito não é tão agudo como antigamente. Como conseguir uma conciliação que seja obviamente aquilo que precisamos? 691

Prof. Jung:
Não há conflito entre religião e ciência. Trata-se de uma ideia bem antiquada. A ciência deve ocupar-se do que existe. Há religião, e ela é uma das manifestações mais essenciais do espírito humano. É um fato, e a ciência não tem nada a dizer sobre isso. Ela apenas deve confirmar que existe esse fato. A ciência sempre corre atrás dessas coisas; ela não procura explicar os fenômenos. A ciência não pode estabelecer uma verdade religiosa. A verdade religiosa é essencialmente uma experiência, não é uma opinião. A religião é uma experiência absoluta. Uma experiência religiosa é absoluta, portanto não pode ser discutida. Quando alguém, por exemplo, teve uma experiência religiosa, então ele a teve e ninguém pode tirá-la dele. 692

Mr. Hopkins:

693 No século XIX os cientistas eram mais propensos ao dogmatismo do que hoje em dia. Rejeitavam toda e qualquer religião como uma ilusão. Mas atualmente eles a admitem e eles mesmos a experimentam.

Prof. Jung:

694 Nossa ciência é fenomenologia. No século XIX a ciência trabalhava na ilusão de que ela podia estabelecer uma verdade. Nenhuma ciência pode estabelecer uma verdade.

Mr. Hopkins:

695 Mas é a ciência do século XIX que o povo comum tem hoje em dia. Este é o nosso problema.

Prof. Jung:

696 Sim, esta é a situação. Ela penetrou até as camadas mais baixas da população e fez um mal imenso. Quando os asnos se apoderam da ciência, isto é terrível. Estas são as maiores epidemias mentais de nossa época. E tudo uma tremenda loucura.

IV

Sobre o ocultismo

(Referente ao vol. 1 da Obra Completa)

Sobre fenômenos espíritas[*]

É impossível dizer, no curto espaço de uma conferência, algo de fundamental e exaustivo sobre um problema histórico e psicológico tão complexo como é o fenômeno do espiritismo. Devemos limitar-nos a lançar alguma luz sobre um ou outro aspecto dessa questão. Este tipo de enfoque tem a vantagem de dar ao ouvinte ao menos uma ideia dos vários ângulos por que se pode ver o espiritismo. O espiritismo (de *spiritus* = espírito) é uma teoria (seus defensores chamam-na "científica") e também uma crença religiosa que, como toda crença religiosa, forma o cerne espiritual de um movimento religioso, de uma seita que acredita na intervenção real e palpável de um mundo espiritual em nosso mundo e, consequentemente, faz da comunicação com os espíritos uma prática religiosa. A dupla natureza do espiritismo lhe dá uma vantagem sobre os outros movimentos religiosos: ele acredita não só em certos artigos de fé, não suscetíveis de provas, mas baseia sua fé num complexo de fenômenos que são em última análise físicos e dizem respeito à ciência, mas que seriam de tal natureza que não podem ser explicados a não ser pela atuação dos espíritos. Esta peculiar dupla natureza – por um lado seita religiosa, por outro lado hipótese científica – faz com que o espiritismo atinja as esferas mais diversas e aparentemente mais distantes da vida.

697

---

[*] Conferência pronunciada no Bernoullianum, Basileia, em fevereiro de 1905. Publicado em fascículos no *Basler Nachrichten*, n. 311-316, 12-17 de novembro de 1905.

698   O espiritismo como seita teve seu início na América, em 1848. A história de sua origem é singular [1]. Duas moças da família metodista Fox, em Hydesville, perto de Rochester (Nova York), eram amedrontadas toda noite por sons de batidas. Inicialmente isto provocou um grande escândalo, pois os vizinhos supunham que o diabo estava aprontando das suas. Aos poucos, porém, foi possível entrar em contato com esses sons das batidas, descobrindo-se que perguntas eram respondidas com determinado número de batidas. Com um alfabeto de batidas descobriu-se que um homem fora assassinado na casa dos Fox e seu cadáver enterrado no porão. Diz-se que uma investigação comprovou esses fatos.

699   Esta é a história. As representações públicas que os Fox promoviam em Rochester com seus espíritos batedores foram seguidas rapidamente da fundação de outros círculos ou seitas. Retomou-se a antiga prática do *movimento da mesa*; foram procurados e encontrados vários médiuns, isto é, pessoas nas quais se apresentavam fenômenos como sons de batidas, movimentos de mesa etc. O movimento se espalhou rapidamente para a Inglaterra e para o continente. Na Europa, o movimento espírita tomou a forma sobretudo de uma epidemia do movimento da mesa. Era difícil haver uma festinha noturna ou uma reunião de amigos em que não fosse interrogada, aberta ou veladamente, altas horas da noite, a mesa. Este sintoma particular do espiritismo grassava em geral; mais vagaroso foi o crescimento dessa seita como religião, mas também ele se processou sem parar. Hoje em dia já não existe uma cidade grande que não tenha sua comunidade bastante numerosa de fiéis espíritas.

700   Na América, onde fervilham movimentos religiosos, pequenos e locais, é bastante compreensível o florescimento do espiritismo. Entre nós, a recepção favorável dessa crença exótica só se entende pelo fato de haver existido um solo histórico favorável. O início do século XIX trouxe-nos a orientação romântica da literatura, como sintoma

---

1. Relato mais detalhado em CAPRON, E.W. *Modern Spiritualism.* – Its Facts and Fanaticisms, Its Consistencies and Contradictions. Nova York/Boston: [s.e.], 1855. Resumido em AKSAKOW, A.N. *Animismus und Spiritismus* – Versuch einer kritischen Prüfung der mediumistischen Phänomene mit besonderer Berücksichtigung der Hypothesen der Hallucination und des Unbewussten. 2. ed. Leipzig: [s.e.], 1894.

de um anseio profundo e generalizado do povo por coisas extraordinárias e anormais. As pessoas gostavam de emoções oceânicas; prefeririam os romances que se passavam em velhos castelos e mosteiros em ruínas. Em toda parte manifestavam-se traços místicos, supersensíveis e histéricos. Estavam na ordem do dia conversas sobre a vida após a morte, sobre sonâmbulos e videntes, sobre o magnetismo animal etc. Schopenhauer dedicou a esta orientação um extenso capítulo de seu *Parerga und Paralipomena* e, inclusive, gostava de falar dessas coisas em diversos lugares dessa sua obra principal. Até mesmo seu importante conceito de "santidade" é um ideal místico-ascético exagerado. Também na Igreja Católica mostrava-se uma orientação semelhante que se concentrou na figura estranha de Johann Josef Von Görres (1776-1848). Neste sentido é bem típica sua obra em quatro volumes, *Die christliche Mystik*[2]". Tendência semelhante apresentava sua obra anterior, *Emanuel Swedenborg, seine Visionen und sein Verhältnis zur Kirche*[3]. O público protestante morria de amores pela poesia sentimental de Justino Kerner e de sua vidente, a senhora Friederike Hauffe, enquanto alguns teólogos davam largas à sua orientação catolicizante pela expulsão dos espíritos. Nesta época surgiu também grande número de biografias fantásticas ou de outras descrições psicológicas de pessoas que tinham êxtases (sonâmbulos, sensitivos etc). Em toda parte eram procuradas essas anomalias nervosas que eram cultivadas com fervor. Bom exemplo disso é a senhora Hauffe, a vidente de Prevorst, e o círculo de admiradores que reuniu em torno de si. A contrapartida católica é Catarina Emmerich, a freira visionária de Dülmen. Sobre personalidades semelhantes informa um anônimo erudito no volumoso livro *Die Tyroler ekstatischen Jungfrauen. Leitsterne in die dunkeln Gebiete der Mystik*[4].

Nestas pessoas fenomenais – sensitivos ou sonâmbulos, como eram chamados na época – foram observados os seguintes processos suprassensíveis:

---

2. GÖRRES, J. von. *Die christliche Mystik*. 4 vols. Regensburg/Landshut: [s.e.], 1836-1842.
3. Speyer: [s.e.], 1827.
4. ANÔNIMO. *Die Tyroler ekstatischen Jungfrauen* – Leitsterne in die dunkeln Gebiete der Mystik. Regensburg: [s.e.], 1843.

1. Fenômenos "magnéticos"
2. Presciência e profecia
3. Visões

702   1. Por *magnetismo animal* entendia-se no começo do século XIX um campo bem indeterminado de fenômenos fisiológicos e psicológicos que, como se supunha, podiam ser explicados como "magnéticos". Falava-se de "magnetismo animal" desde os experimentos geniais de Franz Anton Mesmer. Ele descobriu a arte de induzir uma pessoa ao sono passando de leve as mãos sobre o corpo dela. Em algumas pessoas este sono se assemelhava a um sono natural, em outras era um "sono acordado", isto é, as pessoas pareciam sonâmbulas, só dormiam em parte, ficando acordadas em alguns sentidos. Este meio-sono era chamado "sono magnético" ou sonambulismo. Neste estado as pessoas estavam totalmente submetidas à vontade do magnetizador; estavam "magnetizadas" por ele. Evidentemente esses estados perderam hoje seu aspecto maravilhoso; nós os conhecemos como *hipnose* e empregamos os passes de Mesmer como meios auxiliares além de outros métodos de sugestão. A importância que se dava aos passes de Mesmer levou rapidamente a uma supervalorização grosseira. Acreditava-se que uma força vital fora descoberta; falava-se de um "fluido magnético" que passava do magnetizador para o paciente destruindo o tecido doente. Pretendia-se explicar assim também o movimento da mesa, pois pensava-se que a mesa era vitalizada pelo fato de se colocar sobre ela as mãos, movimentando-se então como um ser vivo. Da mesma forma procurava-se explicar os fenômenos da forquilha para procurar água e do movimento automático do pêndulo. Falava-se inclusive de fenômenos absurdos desse tipo, e neles se acreditava. O jornal *Neue Preussische Zeitung*, de Barmen, na Pomerânia, publicou a história de sete pessoas que se sentaram à mesa dentro de um barco e o magnetizaram. "Nos primeiros 20 minutos o barco deslizou 50 pés correnteza abaixo. Então começou a girar com crescente velocidade, até que o movimento rotativo o virou em três minutos (180 graus). Por hábil manobra do timoneiro, o barco andou para frente e percorreu meia milha correnteza acima em 40 minutos, mas fez o percurso inverso em apenas 26 minutos. Bom número de espectadores que a tudo assistiam da margem recebeu os 'via-

jantes da mesa' com aplausos etc. Portanto um barco automóvel místico! O professor universitário Nägeli, de Friburgo, na Brisgóvia, teria dado a ideia do experimento.

Desse tipo de experimento temos notícias também da antiguidade bem remota. Informa, por exemplo, Ammianus Marcellinus, no ano 371, que um certo Patrício e um certo Hilário, ao tempo do imperador Valente, descobriram "através das abomináveis artes divinatórias" quem sucederia no trono. Usaram para isso uma tigela de metal ao redor da qual estava gravado o alfabeto. Dentro dela mantiveram suspenso um anel, preso por um fio, enquanto proferiam juramentos. Este começou a oscilar e, através de batidas na borda da tigela, soletrou o nome Teodoro. Quando sua mágica chegou ao conhecimento público, foram presos e mortos (XXIX, 1,7,28,35; XXXI, 14,8). 703

Os experimentos comuns com movimentos automáticos da mesa, da forquilha e do pêndulo não são tão maravilhosos como o primeiro exemplo citado, nem tão perigosos quanto o segundo. Justino Kerner escreveu um tratado sobre os diversos fenômenos que podem acontecer no movimento da mesa e que recebeu o sugestivo título: *Die somnambulen Tische. Zur Geschichte und Erklärung dieser Erscheinungen*[5]. O professor Thury, recentemente falecido em Genebra, também escreveu sobre esses fenômenos: *Les tables parlantes au point de vue de la physique générale*[6]. 704

2. *Presciência e profecia* são outras características dos sonâmbulos. Os casos de presciência no tempo e no espaço têm sempre um papel importante nas biografias dos melhores sonâmbulos. A respectiva literatura é rica em relatos mais ou menos confiáveis, que foram coletados por E. Gurney, F.W.H. Myers e F. Podmore em *Phantasms of the Living*, traduzido para o alemão com o sugestivo título *Gespenster lebender Personen und andere telepathische Erscheinungen*[7]. 705

A literatura filosófica nos conserva um belo exemplo de presciência; ele é especialmente interessante porque foi pessoalmente co- 706

---

5. *Die somnambulen Tische* – Zur Geschichte und Erklärung dieser Erscheinung. Stuttgart: [s.e.], 1853.
6. Genebra, 1855.
7. GURNEY, E.; MYERS, F.W. & PODMORE, F. *Phantasms of the Living*. 2 vols. Londres: [s.e.], 1886.

mentado por Immanuel Kant. Em carta sem data certa, Kant escreveu à senhorita Charlotte von Knobloch sobre o vidente Swedenborg o seguinte:

707 "A seguinte ocorrência parece-me ter o maior peso de prova e colocar a afirmação sobre o extraordinário dom de Swedenborg além de qualquer dúvida.

708 Em 1756, ao final do mês de setembro, num sábado, às quatro horas da tarde, Swedenborg chegou da Inglaterra a Gotemburgo. Mr. William Castel convidou-o a ir à casa dele e convidou mais quinze pessoas. Por volta das seis horas da tarde, Swedenborg saiu da casa e voltou pálido e transtornado para dentro da sala. Disse que acabara de irromper naquele instante um terrível incêndio em Estocolmo, no Südermalm (Gotemburgo dista umas 50 milhas de Estocolmo) e que o fogo se alastrava rapidamente. Estava inquieto e saía a todo instante. Disse que a casa de um amigo seu, cujo nome mencionou, já estava em cinzas e que sua própria casa estava em perigo. Às oito da noite, após ter saído novamente, exclamou com alegria: 'Graças a Deus, o fogo está extinto, a três portas de minha casa'. Esta notícia emocionou toda a cidade, mas principalmente as quinze pessoas que estavam com ele. O fato foi comunicado ao governador na mesma noite. No domingo de manhã, Swedenborg foi recebido pelo governador que o interrogou sobre o desastre. Swedenborg descreveu precisamente o incêndio, como começou, como terminou e quanto tempo durou. No mesmo dia espalhou-se a notícia por toda a cidade e, pelo fato de o governador lhe ter dado atenção, a comoção foi maior ainda; pois muitos estavam apreensivos por causa de seus amigos e seus bens. Na segunda-feira à noite chegou um mensageiro a Gotemburgo, enviado pelos comerciantes de Estocolmo durante o incêndio. Nas cartas que trazia, o incêndio era narrado conforme descrevi acima. Na terça-feira de manhã chegou uma correspondência do rei ao governador relatando o incêndio, com as perdas que causou, as casas que destruiu e danificou, em nada diferindo do relato que Swedenborg fez na hora do acidente, pois o fogo foi extinto às oito horas da noite.

709 O que pode opor-se à veracidade desse fato? O amigo que me escreveu isso examinou tudo, não apenas em Estocolmo mas também, há dois meses atrás, em Gotemburgo, onde conhece as casas mais respeitáveis e onde pôde obter as informações mais completas e autênti-

cas, pois decorreu pouco tempo desde 1756 e a maioria das testemunhas oculares do ocorrido ainda vive"[8].

A *profecia* é um fenômeno bastante conhecido pelo ensino religioso, de modo que não há necessidade de dar exemplos.

3. As *visões* sempre figuraram nas histórias miraculosas, seja na forma de aparições ou de êxtases. A ciência considera as visões de espíritos como engano dos sentidos (alucinações). As alucinações são frequentes nos doentes mentais. Tomei da literatura psiquiátrica um exemplo qualquer:

Uma doméstica de 24 anos de idade, filha de pai alcoólico e mãe neurótica, começou de repente a ter ataques estranhos: De tempos em tempos caía num outro estado de consciência em que via tudo o que lhe viesse à mente tão nitidamente como se fosse algo real. Ao mesmo tempo as imagens mudavam com grande rapidez e vivacidade. Neste estado a doente, que não passava de uma simples camponesa, assemelhava-se a uma vidente inspirada. O semblante transfigurava-se e seus movimentos eram graciosos. Diante dos olhos de sua mente desfilavam quadros majestosos. Apareceu-lhe Schiller em pessoa e brincava com ela. Ele recitou para ela poemas e ela mesma começou a improvisar e a recitar em versos o que tinha lido, vivido e pensado. Finalmente, voltava ao normal sentindo cansaço e esgotamento, com dor de cabeça e angústia, mas só se lembrava vagamente do ocorrido. Outras vezes sua segunda consciência tinha um caráter mais sombrio: via figuras fantasmagóricas profetizando desgraças, procissões de espíritos, caravanas de animais estranhos e medonhos, seu próprio enterro etc.[9]

Os êxtases dos videntes acontecem em geral dessa forma. Pela história conhecemos muitos visionários; a eles pertencem vários profetas do *Antigo Testamento*. Conta-se de Paulo a visão de Damasco; foi seguida de cegueira e esta terminou num dado momento psicológico. Esta cegueira lembra, por um lado, a cegueira que pode ser provocada por sugestão e, por outro lado, aquela que surge espontanea-

---

8. *Träume eines Geistersehers*. Apêndice p. 73s.
9. KRAFFT-EBING, R. von. *Lehrbuch der Psychiatrie auf klinischer Grundlage für praktische Ärzte und Studierende*. 4. ed. Stuttgart: [s.e.], 1890.

mente em certas doenças histéricas, desaparecendo num momento psicológico adequado. Encontramos as visões mais belas e mais transparentes psicologicamente nas legendas dos santos, sendo mais coloridas as visões das santas quando experimentam as núpcias celestes. Um tipo visionário especial foi a Donzela de Orleães (Joana d'Arc) que foi copiado inconscientemente pelo devoto sonhador Thomas Ignaz Martin no tempo de Luís XVIII[10].

714 Um visionário de inesgotável fertilidade foi Emanuel Von Swedenborg (1689-1772), homem inteligente e de grande cultura. Sua importância pode ser atestada também pelo fato de ter influenciado muito a Kant[11].

715 Estas observações não querem dizer nada de conclusivo, mas apenas esboçar em grandes traços a situação do conhecimento na época e sua orientação mística. Dão uma ideia das premissas psicológicas que explicam a rápida aceitação que teve entre nós o espiritismo anglo-americano. Em nosso continente o espiritismo encontrou solo fértil. Já mencionamos a epidemia do movimento da mesa na década de 1850. O ponto alto foi atingido na década de 1860 e 1870. Em Paris foram realizadas sessões espíritas no palácio de Napoleão III. Apareceram médiuns famosos e, às vezes, infames como Cumberland, os irmãos Davenport, Home, Slade e Miss Cook; foram os dias de glória do espiritismo, pois esses médiuns provocavam fenômenos maravilhosos, coisas extraordinárias que iam além de qualquer medida humana, a ponto de uma pessoa racional que não fosse testemunha ocular só lhe poder responder com ceticismo. Acontecia o impossível: surgiam corpos humanos e pedaços do corpo onde antes não havia nada a não ser ar. Estes corpos revelavam uma inteligência autônoma e se apresentavam como o espírito de falecidos. Entravam em pormenores sobre as questões duvidosas das pessoas desse mundo e submetiam-se inclusive a condições experimentais: ao desaparecer desse mundo, os espíritos deixavam para trás pedaços de suas vestes brancas e diáfanas, impressões de suas mãos e pés, textos manus-

---

10. Cf. KERNER, J. *Die Geschichte des Thomas Ignaz Martin, Landsmanns zu Gallardon, über Frankreich und dessen Zukunft im Jahre 1816 geschaut*. Heilbronn: [s.e.], 1835.
11. Sobre sua vida, cf. BALLET, G. *Swedenborg* – Histoire d'un visionnaire au XVIIIe siècle. Paris: [s.e.], 1899.

critos na parte interna de duas lousas coladas uma na outra e, finalmente, deixavam-se fotografar.

Mas essas notícias só tiveram grande impacto quando o famoso físico inglês William Crookes apresentou ao mundo, em seu *Quarterly Journal of Science*, um relato sobre as observações que fez durante três anos e que o convenceram da realidade dos fenômenos em questão. Como se trata de observações das quais nenhum de nós participou e cujas condições já não podem ser averiguadas, não temos outra alternativa a não ser deixar que o próprio observador nos informe como essas observações se refletiam em seu cérebro. O tom de seu relato nos permite ao menos supor quais os sentimentos que acompanharam sua descrição. Cito por isso textualmente uma passagem de suas investigações realizadas nos anos de 1870-1873:

"*Classe* VI: A levitação de pessoas. Isto ocorreu em minha presença, em quatro ocasiões e no escuro. As condições de exame sob as quais isto se realizou eram bastante satisfatórias, enquanto é possível julgar; mas a demonstração visual de tal fato é tão necessária para destruir nossas opiniões pré-formadas sobre o 'possível e impossível naturalmente', que eu só vou mencionar aqui casos em que as deduções da razão foram confirmadas pelo sentido da visão.

Numa das ocasiões vi uma cadeira, com uma senhora sentada nela, levantar-se vários centímetros do chão. Noutra ocasião, para afastar a suspeita de que isto era de certa forma feito por ela, a senhora ficou de joelhos em cima da cadeira de modo que se podia ver os quatro pés da cadeira. Esta ergueu-se então uns cinco centímetros, permaneceu ao ar por uns dez segundos e depois desceu lentamente. Em outra ocasião, duas crianças, em tempos diferentes, levantaram-se do chão com suas cadeiras, à plena luz do dia e sob as condições mais satisfatórias (para mim); pois eu estava ajoelhado e observava de perto os pés das cadeiras para que ninguém pudesse tocá-las.

Foi com Mr. Home que testemunhei os casos mais extraordinários de levitação. Em três ocasiões distintas eu o vi completamente levantado do chão do quarto. A primeira vez sentado numa cadeira de braços, a segunda vez ajoelhado numa cadeira e a terceira vez de pé sobre uma cadeira. Nos três casos tive total liberdade de ver o fato quando estava acontecendo.

720   Existem ao menos cem casos narrados de Mr. Home levantar-se do chão na presença de outras pessoas. Ouvi dos lábios das três testemunhas oculares das ocorrências extraordinárias desse tipo – o conde de Dunra-ven, Lord Lindsay e o capitão C. Wynne – seus relatos pessoais e exatos do que ocorrera. Rejeitar a evidência relatada nesse assunto é rejeitar todo e qualquer testemunho humano; pois nenhum fato na história sagrada e profana é atestado por uma série de provas mais fortes.

721   Os testemunhos reunidos sobre a levitação de Mr. Home são indiscutíveis. Seria desejável que alguém cujo testemunho fosse considerado decisivo no mundo científico – se é que existe tal pessoa cujo testemunho seja aceito *em favor* de semelhantes fenômenos – examinasse com seriedade e paciência esses fatos aqui mencionados. A maioria das testemunhas oculares ainda vive e certamente essas pessoas estariam dispostas a dar seu testemunho. Mas em alguns anos este testemunho direto será difícil ou até mesmo impossível de obter"[12].

722   Como se pode deduzir do tom dessa citação, Crookes estava plenamente convencido da realidade de suas observações. Não vou alongar-me em outras citações. Não aprenderíamos nada de novo com isso. Basta dizer que Crookes viu quase tudo que ocorreu com esses grandes médiuns. Não é necessário sublinhar que se este inaudito é um fato real, o mundo e a ciência foram enriquecidos por uma experiência da mais tremenda importância. Por uma série de razões não é possível criticar a capacidade psicológica de apreensão e retenção de Crookes durante os anos 1870-1873 do ponto de vista psiquiátrico. Sabemos apenas que naquela época Crookes não era manifestamente doente mental. Crookes e suas observações são por enquanto um enigma psicológico não resolvido. O mesmo vale para um número de outros observadores, cuja inteligência e probidade não queremos negar sem fundamento. Mas de vários observadores em que aparecem preconceitos, falta de espírito crítico e imaginação fértil não digo nada: são excluídos de antemão.

723   Não precisamos estar particularmente assediados por dúvidas se o conhecimento do mundo do século XX atingiu realmente o ponto

---

12. CROOKES, W. "Notes of an Enquiry into the Phenomena called Spiritual, during the years 1870-1873". *Quarterly Journal of Science*, XI, n.s. IV, 1874, p. 85s. Londres.

mais alto possível para sentir-se humanamente tocado pelo testemunho inequívoco de um sábio eminente. Mas, apesar de nossa simpatia, deixemos de lado a questão da realidade física desses fenômenos e fiquemos em primeiro lugar com a questão psicológica: Como é possível que um grande pensador, que mostrou sua perspicácia e seu dom de observação científica em outros assuntos, chegue a afirmar como realidade algo inconcebível?

Esse interesse psicológico levou-me, há anos, a investigar as pessoas que eram dotadas de poderes mediúnicos. Minha profissão de psiquiatra deu-me amplas possibilidades para isso, sobretudo numa cidade como Zurique, onde convergem muitos elementos extraordinários num espaço bem pequeno, fato que não se encontra em qualquer outra parte da Europa. Nos últimos anos investiguei oito médiuns, seis mulheres e dois homens. A impressão total resultante dessas investigações pode ser resumida dizendo-se que o médium deve ser abordado com um mínimo de expectativas se não se quiser ficar desapontado. O resultado das pesquisas tem mero interesse psicológico, isto é, não surgem novidades físicas ou fisiológicas. Tudo o que pode ser considerado fato científico pertence ao campo dos processos mentais, dos processos cerebrais e é explicável pelas leis já conhecidas da ciência. 724

Todos os fenômenos que o espiritismo diz serem prova da ação dos espíritos estão ligados à presença de certas pessoas, chamadas médiuns. Nunca pude observar acontecimentos ditos espíritas em lugares ou ocasiões sem a presença de um médium. Os médiuns são em geral pessoas levemente anormais. A senhora Rothe, por exemplo, apesar de não poder ser declarada irresponsável pelos psiquiatras criminais, apresentava um certo número de sintomas histéricos. Sete dos meus médiuns apresentavam leves sintomas de histeria (que também são frequentes em outras pessoas). Um dos médiuns era um trapaceiro americano, cuja anormalidade consistia sobretudo no descaramento. Os outros sete agiam de boa-fé. Somente uma médium, uma senhora de meia-idade, tinha seus dons desde o nascimento; sofria desde a infância de alterações da consciência (estados crepusculares frequentes e levemente histéricos). Fazia desse estado uma virtude; provocava a alteração da consciência por autossugestão e então profetizava nesse estado de auto-hipnose. Os outros médiuns descobriram seus dons no contato social, passando a cultivá-los em sessões espíritas, o que não é 725 muito difícil. Através de algumas sugestões habilidosas é possível levar uma alta porcentagem de pessoas, sobretudo mulheres, a manipulações espíritas simples como, por exemplo, ao movimento autônomo da mesa e, em alguns casos, à escrita automática.

726 Os fenômenos mais comuns que observamos nos médiuns é o movimento da mesa, a escrita automática e falar em transe.

727 O movimento da mesa consiste em uma ou mais pessoas colocarem as mãos sobre uma mesa facilmente móvel. Após algum tempo (desde alguns minutos até uma hora) a mesa começa a movimentar-se, fazendo movimentos giratórios ou ondulatórios. Esses fenômenos podem ser observados em todos os objetos que são tocados. O pêndulo que se movimenta automaticamente e a forquilha que se torce obedecem ao mesmo princípio. Foi apenas uma hipótese muito infantil das décadas anteriores presumir que os objetos tocados se moviam por si mesmos, como seres vivos. Quando se escolhe um objeto mais pesado, pode-se perceber os músculos do braço do médium durante a movimentação do objeto e constatar com clareza a tensão deles e o consequente esforço do médium para mover o objeto. A única coisa estranha nisso tudo é que os médiuns afirmam que não sentem o esforço, mas têm a sensação de que o objeto se move por si ou de que seu braço ou sua mão são movidos. Mas este fenômeno psicológico só é estranho naquelas pessoas que não conhecem as experiências do hipnotismo. Pode-se, por exemplo, recomendar ao hipnotizado que, após acordar, deva esquecer tudo o que aconteceu durante a hipnose; mas, assim mesmo, após receber determinado sinal, vai levantar o braço direito sem saber por que está fazendo aquilo. Após acordar terá esquecido tudo, mas ao receber o sinal levanta o braço; não sabe por que o fez, "o sinal simplesmente lhe puxou o braço para cima".

728 Por outro lado, podemos encontrar às vezes em histéricos fenômenos automáticos que surgem espontaneamente como, por exemplo, paralisia de um braço ou movimentos automáticos dele. Os doentes não conseguem dizer o motivo desses sintomas surgidos repentinamente, ou alegam motivos fictícios: teriam aparecido por causa de um resfriado ou por esforço excessivo. Basta hipnotizar os doentes para saber a verdadeira razão ou significado desse sintoma. Uma jovem acorda de manhã e percebe que seu braço direito está paralisa-

do. Vai aflita ao médico e diz que não sabe donde vem isso, mas que no dia anterior se cansara demais na limpeza da casa. É o único motivo do qual se lembra. Mas a hipnose revela que no dia anterior tivera forte discussão com os pais. O pai a havia agarrado com força pelo braço direito e posto para fora de casa. O motivo da paralisia do braço direito ficou claro; deve-se à lembrança inconsciente da cena do dia anterior e que não estava presente em sua consciência desperta[13].

A partir desses fatos vemos que em nosso corpo podem ocorrer, sob certas circunstâncias, movimentos automáticos, cujo motivo e origem desconhecemos. Se a ciência não nos tivesse alertado para isso, também não saberíamos que nossos braços e mãos fazem continuamente leves movimentos que acompanham nossos pensamentos: os chamados "movimentos de tremor intencional". Pensemos, por exemplo, numa figura geométrica simples, num triângulo talvez, e os movimentos da mão estendida vão desenhar um triângulo, o que pode ser demonstrado facilmente por meio de um aparelho adequado. Se, portanto, alguém se sentar à mesa com a expectativa nítida de movimentos automáticos, os movimentos de tremor intencional vão refletir essa expectativa e movimentar aos poucos a mesa. E uma vez sentidos os movimentos aparentemente automáticos, a pessoa logo se convence de que "a coisa funciona". A convicção (sugestão) turva o julgamento e a observação, de modo que a pessoa não percebe como os tremores, inicialmente leves, se transformam aos poucos em contrações musculares mais fortes, produzindo consequentemente efeitos maiores e mais convincentes.

Quando uma mesa comum, cuja construção simples conhecemos, faz movimentos aparentemente autônomos e se comporta como se fosse viva, então a fantasia humana está pronta a considerar como causa do movimento algum fluido místico ou mesmo o espírito do ar. Quando a mesa compõe frases de conteúdo inteligível a partir de letras do alfabeto – o que em geral acontece – então parece comprovado que temos em ação uma "inteligência de fora". Sabemos, porém, que os tremores automáticos iniciais dependem muito de

---

[13]. Sobre a existência de "ideias inconscientes", cf. minha tese de habilitação *O tempo de reação no experimento de associações*. Leipzig, 1905.

nossas ideias. Se forem capazes de mover a mesa, podem igualmente guiar os movimentos da mesa a ponto de formar palavras e frases a partir de letras do alfabeto. Não é necessário visualizar de antemão as frases. A parte inconsciente de nossa psique que dirige os movimentos automáticos logo faz entrar nos movimentos um conteúdo intelectual[14]. Como é de se esperar, o conteúdo intelectual dessa produção também é de baixa qualidade e em pouquíssimos casos ultrapassa a inteligência do respectivo médium. Bons exemplos da pobreza da "fala da mesa" nos dá Allan Kardec em seu conhecido *Livro dos médiuns*.

731   A chamada escrita automática segue os mesmos princípios do movimento da mesa. O conteúdo do escrito não supera o da "fala da mesa". O mesmo acontece em princípio com o falar em transe ou em êxtase. Em vez dos músculos do braço entram aqui em atividade autônoma simplesmente os músculos do sistema da fala. Naturalmente o conteúdo do que é falado entra na mesma categoria dos produtos dos outros automatismos.

732   Os fenômenos da fala automática são estatisticamente os mais frequentes nos médiuns. A clarividência ou presciência são fenômenos bem mais raros. Entre os médiuns havia duas pessoas com fama de serem clarividentes. Uma delas é uma profissional bem conhecida que já se expôs ao ridículo com suas sessões em várias cidades da Suíça. Para obter uma opinião a mais justa possível sobre o estado mental dessa pessoa, tive com ela aproximadamente trinta entrevistas num período de seis meses. Os resultados no que diz respeito à clarividência podem ser resumidos desta forma: Não foi observado nada que inquestionavelmente ultrapasse as possibilidades psicológicas normais. Mas havia alguns casos extraordinários porque revelavam um dom sutil de combinações inconscientes. Ela sabia combinar e empregar com muita aptidão pequenas percepções e suposições, o que acontecia sobretudo num estado de leve obnubilação da consciência. Este estado não tinha nada de sobrenatural em si; ao contrário, é um assunto bem conhecido da pesquisa psicológica.

---

14. Exposição mais detalhada em meu escrito "Sobre a psicologia e a patologia dos fenômenos chamados ocultos". In: JUNG, C.G. *Estudos psiquiátricos*. Petrópolis: Vozes, 2011 [OC, 1].

Pude demonstrar experimentalmente através do meu segundo médium a finura da capacidade inconsciente de apreensão. Os experimentos seguiram esta ordem: O médium sentou-se a uma mesa pequena e leve defronte a mim; a mesa estava em cima de um tapete grosso e macio (para favorecer a mobilidade). Ambos colocamos as mãos sobre a mesa. Enquanto a mente do médium estava ocupada numa conversa com uma terceira pessoa, eu me concentrei intensamente num número entre zero e dez, por exemplo o número três. A combinação consistia em que a mesa deveria inclinar-se tantas vezes quantas era o número pensado. O fato de o número ser indicado corretamente enquanto eu estava com as mãos sobre a mesa durante o experimento não é extraordinário. O extraordinário é que em 77% dos casos o número correto também foi dado quando eu tirava as mãos da mesa logo após a primeira inclinação. Quando minhas mãos não tocavam a mesa de forma nenhuma, não havia resultados corretos. Dos resultados de muitos experimentos se depreende que é possível transmitir a uma outra pessoa, através de simples tremores intencionais, um número entre zero e dez, e isto de tal forma que esta pessoa não podia conhecer este número mas reproduzi-lo por meio de seus movimentos automáticos. Pude constatar que a consciência do médium nunca tinha qualquer noção do número que eu havia transmitido. Os números acima de dez foram reproduzidos com muita inexatidão e, às vezes, só um dos algarismos. Quando os números eram pensados em algarismos romanos, tudo era bem pior do que em algarismos arábicos. Os 77% acima referidos só dizem respeito aos algarismos arábicos. Disso pode-se concluir que meus movimentos inconscientes provavelmente transmitiam uma imagem pictórica dos números. A imagem pictórica mais complicada e mais incomum dos números romanos tornava a coisa mais difícil, bem como os números acima de dez.

733

Não posso falar desses experimentos sem mencionar uma observação curiosa e instrutiva que fiz num dia em que todos os experimentos psicológicos com o médium davam errado. Também os experimentos com os números, acima citados, não queriam funcionar, até que usei o seguinte expediente: Num experimento realizado quase nos mesmos parâmetros, disse ao médium que o número em que estava pensando (3) ficava entre o 2 e o 5. Fiz então com que a mesa me respondesse uma dúzia de vezes. Os números reproduzidos pela

734

mesa com férrea insistência foram 2, 4 e 5, mas nunca 3; a mesa ou, respectivamente, o inconsciente do médium indicava assim negativa mas claramente que conhecia o número em que eu pensava, mas que o evitava por mero capricho. Os caprichos do inconsciente são algo sobre o qual os espíritas têm muito a dizer, só que em sua linguagem isto seria dito que os bons espíritos foram suplantados por espíritos gozadores e zombadores que estragaram o experimento.

735   A fina capacidade de apreensão do inconsciente que consegue ler números em outra pessoa a partir dos tremores é um fato impressionante mas não sem precedentes. A literatura científica conhece uma série de exemplos que comprovam este fato. Mas se o inconsciente de alguém for capaz de conhecer e reproduzir algo (o que minhas experiências demonstraram), sem que disso saiba a consciência do indivíduo, então é preciso ter muito cuidado em afirmar que se trata de clarividência. Antes de admitir que o pensamento sobrevoa o espaço e o tempo independentemente do cérebro, temos que descobrir, através de minuciosa investigação psicológica, as fontes e afluências escondidas do conhecimento aparentemente sobrenatural.

736   Por outro lado, todo pesquisador imparcial pode admitir tranquilamente que ainda não chegamos ao ápice da sabedoria e que a natureza guarda em si possibilidades infindas que nos trarão um futuro mais promissor. Eu me atenho a dizer que os casos por mim observados de suposta clarividência podem ser explicados de um modo diferente e mais compreensível do que admitir possibilidades de conhecimento místico. Casos aparentemente inexplicáveis de clarividência eu só ouvi contar ou li em livros.

737   O mesmo vale das outras grandes manifestações espíritas, dos chamados fenômenos *físicos*. Os que eu vi eram considerados como tais, mas não eram. Falando em geral, entre os inúmeros que acreditam em milagres, atualmente há poucos que viram alguma coisa manifestamente sobrenatural. E mesmo entre esses poucos há alguns que possuem uma fantasia exagerada e substituem a observação crítica pela fé. No entanto, permanece entre essas testemunhas um pequeno resto que não podemos criticar. Incluo entre eles Crookes.

738   Todas as pessoas observam mal as coisas que lhes são incomuns. Também Crookes é uma delas. Não existe um dom universal de ob-

servação que possa reclamar alto grau de certeza sem um treino especial. A observação humana só realiza algo quando está treinada num campo determinado. Se tirarmos um observador perspicaz de seu microscópio e voltarmos sua atenção para o vento e o tempo, ficará inseguro e saberá dizer menos que um caçador ou agricultor. Se colocarmos um bom físico na escuridão enganadora e mágica de uma sessão espírita, onde médiuns histéricos realizam suas cerimônias com todo requinte mirabolante e incrível de que são capazes, sua observação não será muito melhor do que a de um leigo. Tudo irá depender da força que seu preconceito tem contra ou a favor do caso. Depois disso seria ainda aconselhável examinar, por exemplo, a disposição psíquica de Crookes. Se ele tiver uma tendência adquirida do meio ambiente ou da educação, ou mesmo inata, de acreditar no maravilhoso, então pode ser convencido pela aparição. Se não tiver a tendência de acreditar no maravilhoso, não acreditará apesar da aparição, como aconteceu com tantos outros que viram coisas semelhantes com os mesmos médiuns.

A observação e os relatos humanos são perturbados por diversas fontes de erros que, em parte, são ainda totalmente desconhecidas. Toda uma corrente da psicologia experimental se ocupa da "psicologia do depoimento", isto é, do problema da observação e do relato. O professor William Stern[15], fundador dessa corrente, publicou alguns experimentos cujos resultados são bastante negativos quanto à capacidade de observação das pessoas; e note-se que Stern fez as experiências com pessoas cultas. Sou da opinião de que devemos ainda trabalhar arduamente por alguns anos na direção apontada por Stern, antes de abordar a difícil questão da realidade dos fenômenos espíritas.

No que se refere aos relatos miraculosos que encontramos na literatura, não devemos, apesar de todo senso crítico, perder a consciência da limitação de nosso conhecimento, caso contrário pode acontecer-nos algo tremendamente embaraçoso, como foi o caso de

---

15. De 1871-1938, professor de psicologia aplicada em Breslau; de 1934-1938, na Duke University, EUA. Cf. *Cartas Freud/Jung*, e JUNG, C.G. "O diagnóstico psicológico da ocorrência", [OC, 2 § 728].

uma Academia que criticou o ponto de vista de Chladni[16] sobre os meteoros, ou da respeitável associação médica da Baviera que criticou a estrada de ferro[17]. Acredito, no entanto, que o atual estado da questão nos dá motivo suficiente para esperarmos tranquilamente até que aconteçam fenômenos físicos mais impressionantes. Se, após afastada qualquer fraude consciente e inconsciente, auto-ilusão, preconceito etc, ainda subsistir algo positivo, a ciência exata vai tomar conta desse campo e submetê-lo a uma cuidadosa verificação, como aconteceu com qualquer outra experiência humana. O fato de muitos espíritas se vangloriarem com sua "ciência" e "conhecimentos científicos" é obviamente grande abuso. Falta a essas pessoas não apenas o senso crítico mas também um conhecimento psicológico dos mais elementares. Também não querem aprender nada, apenas continuam acreditando, o que é uma ingênua arrogância em vista da imperfeição humana.

Prefácio a "Phénomènes Occultes", de Jung[*]

741   Os três ensaios reunidos neste pequeno volume foram escritos ao longo de trinta anos. O primeiro sobre "fenômenos ocultos", em 1902, e o último sobre "alma e morte", em 1932. O motivo de serem publicados juntos é que todos os três tratam de certos problemas fundamentais da psique humana, especialmente da questão da existência da alma após a morte. O primeiro ensaio contém a descrição de uma sonâmbula que alegava ter contato com os espíritos de pessoas falecidas. O segundo trata do problema da dissociação e dos diversos fragmentos da personalidade (almas parciais). No terceiro ensaio discute-se a psicologia da fé na imortalidade, bem como a possibilidade da subsistência da alma após a morte.

---

16. Propriamente meteoritos que os astrônomos do século XIX ainda consideravam como de procedência terrena. O físico alemão E.F.F. Chladni (1756-1827) ensinava que provinham de fora da Terra.

17. Quando, em 1835, foi inaugurada a primeira ferrovia de Nürnberg até Fürth, os médicos alertavam que a velocidade dos trens provocava vertigem nos passageiros e observadores, e que o leite das vacas que pastavam perto da via férrea poderia ficar azedo.

* O livro, traduzido por E. Godet e Y. Le Lay, foi publicado em Paris em 1939. Contém "Sobre a psicologia e a patologia dos fenômenos chamados ocultos" (OC, 1), "A alma e a morte" e "Os fundamentos psicológicos da crença nos espíritos" (ambos em OC, 8). O texto corresponde ao manuscrito alemão.

A maneira como procedi corresponde ao ponto de vista e ao espírito da moderna psicologia empírica, cujo método é científico. Ainda que estes ensaios tratem de assuntos que normalmente pertencem ao campo da filosofia e da teologia, seria errôneo supor que a psicologia se ocupa da natureza *metafísica* do problema da imortalidade. A psicologia não pode e não quer afirmar "verdades" metafísicas. Ela se ocupa exclusivamente da *fenomenologia psíquica*. A ideia da imortalidade é um fenômeno psíquico difundido em toda a terra. Psicologicamente falando, cada "ideia" é um "fenômeno", como o são a "filosofia" ou a "teologia". Para a moderna psicologia as ideias são seres, como os animais e as plantas. Seu método é o da *descrição da natureza*. Todas as concepções mitológicas são *substanciais* e bem mais antigas do que a filosofia. Originalmente eram percepções e experiências, exatamente como os conhecimentos da natureza física. Na medida em que essas ideias são universais, são sintomas, características ou expressões normais da vida psíquica que estão presentes de *modo natural* e não precisam de nenhuma prova de sua "verdade". A única questão discutível é se elas aparecem em geral ou não. Se aparecem em geral então fazem parte do estado natural e da estrutura normal da psique. Se, por acaso, não forem encontradas numa consciência individual, estarão contudo presentes de modo *inconsciente* e trata-se então de um caso anormal. Quanto mais essas ideias estiverem ausentes na consciência, mais serão encontradas no inconsciente, ficando fortalecida a influência do inconsciente sobre a consciência. Este estado assemelha-se a um distúrbio neurótico do equilíbrio.

É normal pensar na "imortalidade", e é anormal não fazê-lo ou não se preocupar com isso. Se todas as pessoas consomem sal, o normal é fazer isso, e anormal não fazê-lo. Com isso nada se afirma sobre o "estar certo" comer sal ou sobre a imortalidade. Esta é uma questão que no sentido estrito não importa ao psicólogo. Tanto a imortalidade quanto a existência de Deus não podem ser demonstradas, nem pela filosofia, nem pelas ciências empíricas. Sabemos que o sal é indispensável ao bem-estar fisiológico. Não é por esse motivo que comemos sal, mas porque a comida temperada com sal tem gosto melhor. Podemos facilmente supor que muito antes de existir qualquer filosofia as pessoas descobriram instintivamente quais as ideias necessárias ao funcionamento normal da psique. Apenas uma mente simplória pode ir além disso e afirmar que a imortalidade existe ou não. Devido à sua indiscutibilidade, esta questão não pode ser proposta. Ademais passa por cima do essencial, ou seja, do *valor funcional da ideia*.

744   Se alguém não "acreditar no sal", o médico precisa ensinar-lhe que ele é necessário à saúde fisiológica. Da mesma forma, segundo penso, o médico da alma não deve partilhar das tolices em voga, mas lembrar ao paciente quais são os elementos normais da estrutura de sua psique. Por razões de higiene psíquica seria melhor não esquecer as ideias primitivas e universais, mas reconstruí-las o mais rápido possível lá onde tenham desaparecido por negligência ou por ignorância intelectual, não importando as provas "filosóficas" (impossíveis de qualquer forma) a favor ou contra. Em geral parece que o coração possui uma memória mais confiável daquilo que convém à psique do que a cabeça; esta tem sempre uma tendência mórbida a levar uma existência "abstrata" e facilmente esquece que sua consciência se apaga no instante em que o coração se recusa a trabalhar.

745   As ideias não são apenas algarismos da mente calculadora, mas são também os vasos de ouro do sentimento vivo: a "liberdade" não é apenas um nome abstrato, mas também uma emoção. A razão se torna um contrassenso quando ela se afasta do coração; e uma vida psíquica sem ideias universais sofre de desnutrição. Buda diz: "Essas quatro substâncias nutritivas, seu bhikkus, sustentam as criaturas (já) nascidas e beneficiam as criaturas que procuram o renascimento... A primeira é o *alimento comestível*, grosso ou fino, o *contato* é a segunda, a *capacidade de pensar da mente* é a terceira, a *consciência* é a quarta"[1].

C.G. Jung

---

1. *Samyutta-Nikaya*. 12, 11, II, p. 18.

Psicologia e espiritismo[*]

Não é fácil deixar este livro de lado quando se descobre que ele trata de "coisas invisíveis", isto é, de espíritos, pertencendo pois à categoria da literatura espírita. Pode-se lê-lo também sem essa hipótese ou teoria e considerá-lo relato de fatos psicológicos ou uma série contínua de comunicações do inconsciente – pois é disso que realmente trata. Até mesmo os espíritos parecem fenômenos psíquicos que têm sua origem no inconsciente. De qualquer forma as "coisas invisíveis" que constituem as fontes de informação desse livro são personificações vagas de conteúdos inconscientes, condizendo com a regra de que partes ativadas do inconsciente assumem o caráter de personalidades quando são percebidas pela consciência. Por isso, as vozes ouvidas pelos doentes mentais parecem ser de pessoas, muitas vezes identificadas, ou a elas são atribuídas intenções pessoais. Quando o observador consegue – o que nem sempre é fácil – reunir certo número de alucinações verbais, descobrirá nelas algo como motivos e intenções que têm caráter pessoal.

O mesmo vale em maior grau ainda nos "controles" dos médiuns espíritas que servem de intermediários às "comunicações". Tudo em nossa psique tem em princípio caráter pessoal, e é preciso levar muito longe a investigação até chegar a elementos que não apresentam esse caráter. O "eu" ou "nós" das comunicações só tem importância gramatical e não prova a existência de um espírito, mas apenas a presença pessoal do médium ou dos médiuns. Mas tratando-se de "provas de identidade", como aparecem nesse livro, é preciso lembrar que tal prova parece ser teoricamente impossível quando se considera o grande número de fontes de erros. Sabemos com certeza que o inconsciente percebe de modo subliminar e é depositário de recorda

---

[*] Prefácio ao livro de Stewart Edward White, *Uneingeschränktes Weltall*, Zurique, 1948. Depois publicado também em *Neue Schweizer Rundschau*, XVI/7 (Zurique, novembro de 1948), p. 430-435. White (1873-1946), escritor americano, autor de histórias de aventuras, ocupou-se nos últimos anos de sua vida com o espiritismo. Jung conheceu seus livros em 1946 através de Fritz Künkel, um psicoterapeuta americano. Cf. sua longa carta a Künkel, de 10 de julho de 1946 sobre *The Unobstructed Universe* (C.G. Jung – *Cartas* I, org. por A. Jaffé).

ções perdidas. Além disso, provou a experiência que espaço e tempo são medidas relativas para a consciência, e que a percepção inconsciente não é impedida pela barreira do tempo e do espaço, mas pode realizar coisas às quais a consciência não tem acesso. Neste contexto, chamo a atenção para os experimentos de Rhine, realizados na Duke University e em outros lugares[1].

Nestas circunstâncias a prova da identidade parece, ao menos teoricamente, uma causa perdida. Na prática, porém, a coisa é outra, pois há casos tão impressionantes que convencem de vez as pessoas envolvidas. Ainda que nossos argumentos críticos coloquem em dúvida cada caso individualmente considerado, não existe um único sequer que possa provar a não existência dos espíritos. Neste aspecto temos de contentar-nos com um "non liquet" (não está claro). Os convencidos da realidade dos espíritos devem saber que isto é uma opinião subjetiva, podendo ser questionada por várias razões. Quem não acredita nisso deve precaver-se da suposição ingênua de que toda a questão de espíritos e fantasmas está resolvida e que todas as manifestações desse tipo devem ser consideradas embustes e coisas sem cabimento. Isto não é assim. Os fenômenos existem, independentemente de qualquer interpretação, e não há dúvida de que são manifestações autênticas do inconsciente. As comunicações dos "espíritos" são *afirmações sobre a psique inconsciente*, pressuposto que sejam realmente espontâneas e não um produto enganoso da consciência. Isto elas têm em comum com os sonhos: também estes falam do inconsciente e é por isso que a psicoterapia se serve deles como fonte estratégica de informação.

O que E.S. White expõe em seu livro pode ser considerado uma informação valiosa sobre o inconsciente e sobre a natureza dele. As informações diferem proveitosamente das comunicações espíritas encontradas na literatura comum, pelo fato de evitarem todo caráter edificante e toda fantasia banal e se concentrarem em certos aspectos e ideias gerais. Esta diferença benfazeja e notável deve ser atribuída à feliz circunstância de que o verdadeiro mérito desse livro cabe à médium

---

1. RHINE, J.B. *New Frontiers of the Mind*. Nova York/Londres: [s.e.], 1937/1938. Cf. tb. *The Reach of the Mind*. [s.l]: [s.e.], 1947. • TYRRELL. *The Personality of Man*. [s.l.]: [s.e.], 1945.

Betty, a esposa já então falecida do autor. E o "espírito" dela que pervade o livro. Conhecemos sua atuação e sua personalidade através de outros livros anteriores de White[2], e sabemos da enorme influência de sua personalidade sobre seu meio ambiente; como atuou educativa e espiritualmente em seu meio e como preparou no inconsciente das pessoas que a cercavam o que veio à luz nas comunicações desse livro.

A intenção educativa da atividade de Betty não difere da tendência geral da literatura de comunicação espírita: os "espíritos" (ou fatores inconscientes personificados) procuram um desenvolvimento da consciência humana e uma unificação dela com o inconsciente. Os esforços de Betty perseguiam confessadamente os mesmos objetivos. É interessante notar que os inícios do espiritismo americano (e logo transplantado para a Europa) coincidem com o desabrochar do materialismo científico na metade do século XIX. Por isso o espiritismo, em todas as suas formas, tem um sentido *compensador*. É importante saber que uma série de cientistas, médicos e filósofos, de competência inegável, se interessaram pela verdade dos fenômenos duvidosos que demonstravam uma atuação muito estranha da psique sobre a matéria. Menciono principalmente Friedrich Zöllner, William Crookes, Alfred Richet, Camille Flammarion, Giovanni Schiaparelli, Sir Oliver Lodge e nosso psiquiatra Eugen Bleuler, sem considerar grande número de pessoas menos conhecidas. Eu pessoalmente não me destaquei nesse campo por alguma pesquisa original, mas não hesito em declarar que observei um número suficiente desses fenômenos para estar plenamente convencido de sua realidade. Eles são inexplicáveis para mim e, por isso, não estou em condições de decidir-me por nenhuma das interpretações usuais.

Não quero predispor o leitor quanto ao conteúdo desse livro, mas não posso deixar de salientar alguns pontos. Antes de tudo parece-me importante lembrar – sobretudo porque o autor não conhece nada da psicologia moderna – que as "coisas invisíveis" preconizam uma *concepção energética da psique*, o que se aproxima muito dos pontos de vista mais recentes da psicologia. A analogia está no conceito da "frequência". Mas aqui está também a diferença que não pode

---

2. *The Betty Book*. [s.l.]: [s.e.], 1937. Cf. tb. WHITE, S.E. *Across the Unknown*. Nova York: [s.e.], 1939. • WHITE, S.E. *The Road I Know*. [s.l]: [s.e.], 1942.

ser menosprezada: a psicologia supõe que a consciência tem uma tensão energética maior do que o inconsciente. Ao passo que as "coisas invisíveis" atribuem ao espírito dos falecidos (portanto a um conteúdo personificado inconsciente) uma "frequência" maior do que à psique viva. Não se pode, porém, atribuir importância muito grande ao fato de ambos os campos usarem uma concepção energética, uma vez que o conceito de energia representa, por assim dizer, uma categoria de pensamento da ciência moderna.

752 As "coisas invisíveis" esclarecem também que nosso mundo consciente constitui um só cosmos com o "além", de modo que os falecidos não estariam num lugar diferente do dos vivos. Só existe uma diferença de "frequência" nas duas formas de vida; é como numa hélice, onde em baixa rotação as asas são visíveis, mas não em alta rotação. Traduzido para a psicologia, isto significaria que a psique consciente e inconsciente são uma e a mesma coisa, separadas apenas por uma quantidade diferente de energia. A ciência pode concordar com esta afirmação, mas não pode aceitar que o inconsciente tenha maior quantidade de energia, ao menos no que se refere à experiência cotidiana.

753 Segundo os "Invisíveis", o "além" é este cosmos mas sem as limitações impostas aos mortais pelo espaço e tempo; por isso é conhecido como "the unobstructed universe". O aquém está contido, por assim dizer, neste ordenamento maior e deve sua existência principalmente ao fato de o homem corporal ter uma "frequência" menor, fazendo com que se tornem atuantes os fatores de tempo e espaço. O mundo sem limitações é chamado "orthos" pelos "Invisíveis", ou seja, o mundo "certo" ou "verdadeiro" Disso se depreende com clareza que significado se dá ao "além", mas é preciso enfatizar que isto não representa nenhuma desvalorização do aquém. Lembro-me da questão filosófica que o draconiano árabe me colocou quando visitei os túmulos dos califas no Cairo: "Quem é mais inteligente, aquele que constrói sua casa onde permanecerá o maior tempo, ou aquele que a constrói onde ficará apenas passageiramente?" Betty não tem dúvidas de que esta vida limitada pode ser vivida da forma *mais plena possível* porque a obtenção de um máximo de consciência já nesta terra é um pressuposto essencial para a vida vindoura no "orthos". Assim, concorda não apenas com a tendência geral da "filosofia" espírita, mas também com Platão, que considerava a filosofia uma preparação para a morte.

A psicologia moderna pode confirmar que isto constitui – ao menos para certas pessoas – um problema na segunda metade da vida, quando o inconsciente se faz sentir de modo perceptível. O inconsciente é, desde as mais antigas concepções, a terra do sonho e também a terra dos mortos e dos antepassados. De tudo que sabemos, o inconsciente parece uma forma de ser relativamente independente das limitações de espaço e tempo; também nada há que objetar à ideia de que a consciência e seu mundo estejam contidos de certa forma no mar do inconsciente. A psique inconsciente é de uma vastidão desconhecida e é possivelmente mais importante do que a consciência. Constata-se, ao menos entre os primitivos ou primatas, que o papel da consciência é bem menor do que o do inconsciente. Os acontecimentos em nosso mundo moderno – onde a humanidade anda às cegas, sem ajuda e sem querer, de uma catástrofe para outra – pouco colaboram para fortalecer a fé no valor de nossa consciência e na liberdade de nossa vontade. A consciência *deveria* ser de suma importância, pois é a única garantia da liberdade e da possibilidade de evitar o desastre. Mas isso, ao que parece, continua sendo por ora mera esperança piedosa. 754

O esforço de Betty e de seus "Invisíveis" é no sentido de ampliar ao máximo a consciência mediante sua união ao "orthos". Procuram educar a consciência para ouvir a psique inconsciente e, assim, conseguir uma colaboração dos "Invisíveis". Este esforço pode ser comparado ao da psicoterapia moderna. Também ela procura compensar a unilateralidade, estreiteza e limitação da consciência mediante um melhor relacionamento e conhecimento do inconsciente. 755

A semelhança entre as concepções principais desse livro e os pontos de vista fundamentais da psicologia do inconsciente não nos devem enganar sobre a profunda diferença entre ambos. Em princípio, a psicologia dos "Betty Books" não difere da cosmovisão dos primitivos, na qual todos os conteúdos do inconsciente são projetados sobre objetos do meio ambiente. O que a nível primitivo é um "espírito", a nível mais consciente talvez seja uma ideia abstrata; assim como os deuses antigos começaram a transformar-se em ideias filosóficas no início de nossa era. Esta projeção de fatores psicológicos é comum ao espiritismo e à teosofia do nosso tempo. A vantagem da projeção é óbvia: ela é diretamente visível e objetiva, não exigindo maior reflexão. Mas, ao trazer o inconsciente para mais perto da consciência, ela é no mínimo melhor do que nada. O livro de White nos faz refletir, não só 756 sob o aspecto psicológico, mas também físico, reflexão essa que é importante para a integração dos conteúdos projetados.

Julho de 1948

Prefácio e contribuição ao livro de Moser: "Spuk: Irrglaube oder wahrglaube?"*

757   A autora solicitou-me algumas palavras introdutórias a seu livro. Atendi com grande satisfação, ainda mais que seu livro anterior sobre ocultismo, escrito com muita cautela e conhecimento do assunto, está bem vivo em minha memória. Saúdo o aparecimento desse livro, que traz uma coletânea ricamente documentada de fatos parapsicológicos, como um enriquecimento valioso da literatura psicológica em geral. Histórias estranhas e misteriosas nem sempre são mentiras e fantasmagorias. Os séculos precedentes conheceram "histórias engenhosas, curiosas e edificantes", entre as quais havia observações cuja validade científica ficou comprovada. A descrição psicológica moderna do homem como uma totalidade teve seus precursores nas numerosas narrativas biográficas de pessoas incomuns como sonâmbulos e outros semelhantes nos inícios do século XIX. Devemos a descoberta do inconsciente a essas observações antigas e pré-científicas. No tocante às pesquisas dos fenômenos parapsicológicos estamos ainda bem no começo. Não conhecemos ainda a amplidão do campo a ser considerado. Por isso a coletânea de observações e de material bastante confiável é um serviço valioso. O colecionador deve ter muita coragem e firme propósito de não deixar-se intimidar pelas dificuldades, deficiências e possibilidades de erros que rondam semelhante empreendimento; também o leitor deve munir-se de bastante interesse e paciência para deixar que atue sobre ele objetivamente e sem preconceitos este material às vezes desconcertante. Nesta região ampla e nebulosa, onde tudo parece possível e nada digno de fé, a gente mesmo precisa ter observado, lido e ouvido muitas coisas estranhas e, se possível, testado muitas histórias pelo exame de suas testemunhas, para chegar a um julgamento mais ou menos seguro.

---

* Baden (Suíça) 1950.

Apesar de certos progressos, como a fundação da Society for Psychical Research americana e inglesa e da existência de uma literatura considerável e, em parte, bem documentada, predomina ainda, e sobretudo nos círculos mais bem informados, um preconceito e uma desconfiança, apenas em parte justificados, contra semelhantes relatos. Parece que Kant tinha razão quando escreveu há dois séculos: "Histórias desse tipo terão sempre apenas crentes secretos, porque publicamente são rejeitadas pela moda dominante da descrença"[1]. Ele mesmo reserva seu julgamento com as seguintes palavras: "A mesma ignorância me torna corajoso a ponto de negar absolutamente a verdade das mais diversas histórias espíritas, mas com a restrição comum, ainda que maravilhosa, de que duvidando de cada uma delas ainda tenho certa fé nelas todas em conjunto"[2]. Seria desejável que muitos de nossos preconceitos adotassem esta sábia atitude de um grande pensador.

Tenho razões para afirmar que isto dificilmente acontecerá, pois o preconceito racionalista se funda – "lucus a non lucendo" [3]- não na razão mas em algo muito mais profundo e mais arcaico, ou seja, num instinto primitivo ao qual Goethe se refere no *Fausto* ao dizer: "Não convoque a multidão bem conhecida..."[4] Tive certa vez a feliz oportunidade de observar este efeito ao vivo numa tribo do monte Elgon; poucas pessoas dessa tribo haviam tido contato com os brancos. Durante uma tentativa de conversa, pronunciei sem querer a palavra "selelteni", que significa "espíritos". Houve um silêncio mortal na assembleia dos homens. Desviaram o olhar de mim, olharam para outros lados e alguns foram embora. Meu guia e o chefe deles confabularam entre si e, então, o guia sussurrou no meu ouvido: "Por que o senhor disse isso? O senhor precisa fazer 'shauri tahâri' (parar com a

---

1. *Träume eines Geistersehers, erläutert durch Träume der Metaphysik*, 1766. Edição de Kehrbach, p. 45.

2. Ibid., p. 42.

3. SELLNER, A. (org.). *Latein im Alltag*, p. 74: Literalmente: "bosque que não brilha". Quintiliano (cerca de 35-95 aC) diz que alguns conceitos provêm de seus opostos – Bosque: lucus, luzir: lucere.

4. Parte I, Passeio da Páscoa; Wagner fala. Cf. GOETHE, J.W. von. *Werke* – Vollständige Ausgabe letzter Hand. 31 vols. Stuttgart: Cotta, 1827-1834.

conversa)". Com isso aprendi que não se deve mencionar em voz alta os espíritos em hipótese alguma. Este medo primitivo dos espíritos está ainda em nossos membros, mas inconscientemente. O racionalismo e a superstição são complementares. De acordo com a regra psicológica a sombra fica mais forte quando há luz, isto é, quanto mais racionalista for a consciência, tanto mais vivo se torna o mundo de fantasmas do inconsciente. É óbvio que a racionalidade é, em grande parte, uma defesa apotropaica contra a "superstição" inevitável e sempre presente. O mundo demoníaco dos primitivos está apenas algumas gerações distante de nós, e as coisas que aconteceram e ainda acontecem nos estados ditatoriais ensinaram e ensinam que as coisas inaudíveis estão horrivelmente perto de nós. Eu lembro a mim mesmo sempre de novo que a última bruxa foi queimada no ano do nascimento de meu avô.

760   O preconceito dominante em muitos lugares contra os relatos de acontecimentos narrados nesse livro apresenta todos os sintomas do medo primitivo dos espíritos. Mesmo pessoas cultas, que poderiam saber melhor das coisas, usam às vezes de argumentos os mais insensatos, tornam-se ilógicas e negam o testemunho de seus próprios sentidos. Elas subscrevem, caso for conveniente, as atas de uma sessão e depois, como já aconteceu mais de uma vez, retiram seu nome, pois o que observaram e corroboraram é impossível – como se a gente soubesse exatamente o que é possível!

761   As histórias de espíritos nem sempre demonstram plenamente o que parecem provar. Assim, por exemplo, não fornecem nenhuma prova da imortalidade da alma. Mas para o psicólogo elas são interessantes sob vários aspectos: informam sobre coisas de que a mente do leigo nem suspeita, como a exteriorização de processos inconscientes, seu conteúdo e as possíveis fontes de fenômenos parapsicológicos. Estes relatos são de especial importância para a pesquisa da localização do inconsciente e dos fenômenos de sincronicidade, que indicam uma relativização psíquica de espaço e tempo, e assim também da matéria. Com ajuda do método estatístico, é possível demonstrar com bastante segurança a existência de tais efeitos, como fizeram Rhine e uma série de outros pesquisadores. Mas a natureza individual dos fenômenos mais complexos desse tipo impede o uso do método estatístico porque é complementar à sincronicidade e, por isso,

destrói o último fenômeno, devendo o estatístico eliminá-lo como provável acaso. Nesta relação dependemos totalmente dos casos individuais bem observados e bem autenticados. O psicólogo só pode dar as boas-vindas a qualquer nova contribuição de relatos objetivos.

A Dra. Fanny Moser reuniu neste primeiro volume um impressionante material de fatos. Difere de outras coletâneas do gênero por uma exposição cuidadosa e detalhada e por uma documentação que dá em muitos casos um conspecto geral da situação, o que falta muitas vezes em outros relatos desse tipo. Ainda que os fenômenos espíritas tenham certas características universais, eles se apresentam sob condições e formas individuais infindamente variáveis e que são de suma importância para a pesquisa. A presente coletânea dá preciosa informação exatamente neste aspecto.

A questão discutida aqui é de importância para o futuro. A ciência apenas começou a ocupar-se seriamente da psique humana e sobretudo do inconsciente. Ao vasto campo dos fenômenos psíquicos pertence também a parapsicologia que nos informa sobre possibilidades inauditas. Já é tempo de a humanidade tomar consciência da natureza da psique, pois evidencia-se cada vez mais que o maior perigo que ameaça as pessoas provém de sua psique e, portanto, daquela parte de nosso mundo experimental da qual menos conhecimento tínhamos. A psicologia precisa de um considerável alargamento de seu horizonte. O presente livro constitui um marco no longo caminho para conhecer a natureza psíquica do ser humano.

Abril de 1959

C.G. Jung

Caso do Prof. C.G. Jung, Zurique

No verão de 1920 estava eu em Londres, onde trabalhei e dei conferências, a convite do Dr. X. Contou-me o meu colega que, enquanto esperava minha chegada, procurou e encontrou um lugar conveniente para os fins de semana. Disse-me que não foi fácil encontrar uma casa condizente, pois devido às férias de verão tudo já estava alugado ou era de preço exorbitante, ou sem atrativo. Por pouco não havia abandonado o plano. Finalmente havia encontrado –

e isto por um feliz golpe de sorte – uma casa de campo encantadora, que servia exatamente à nossa finalidade, e a um preço irrisório. Era uma antiga, mas muito atraente, casa de fazenda em Buckinghamshire, para onde fomos ao final da primeira semana de trabalho (isto é, na sexta-feira à noite). Para os serviços caseiros, Dr. X havia contratado uma moça da vizinhança que, durante a tarde, recebia a ajuda voluntária de alguma amiga. Estávamos alojados com simplicidade mas confortavelmente. A casa era grande, de dois andares e construída em ângulo reto. Tinha duas alas, mas uma delas era suficiente para nós. No andar térreo havia um caramanchão com estufa de plantas, com uma porta que dava diretamente para o jardim; depois havia a cozinha, a sala de jantar e uma sala de visitas. No primeiro andar havia um corredor, começando da escada que subia da estufa e passando pelo meio da casa até um grande quarto de dormir que ocupava toda a parte frontal da ala. Uma das janelas dava para o oeste e a outra para o leste. A esquerda da porta (no lado oeste) havia uma cama; do lado oposto à parte frontal (norte) havia uma cômoda bem grande e antiga; à direita (leste), um armário e uma mesa. Somada a algumas cadeiras, esta era toda a mobília. Era o meu quarto. De ambos os lados do corredor havia vários quartos de dormir, ocupados pelo Dr. X e eventuais hóspedes.

765   Na primeira noite, cansado do trabalho penoso da semana, dormi bem. Passamos o dia seguinte passeando e conversando. Na segunda noite fui para a cama, bastante cansado, pelas onze horas, mas não consegui ultrapassar o ponto de pegar no sono. Caí apenas numa espécie de torpor que se tornou desagradável, pois o ar estava abafado e havia um cheiro indefinível e desagradável. Pensei que tivesse esquecido de abrir as janelas. Isto me levou, apesar do torpor, a acender a luz (isto é, a acender uma vela): ambas as janelas estavam abertas e um vento suave passou pelo quarto enchendo-o com o perfume das plantas de verão. Não havia qualquer vestígio do mau cheiro. Fiquei semiacordado no meu estado estranho até perceber na janela do leste a fraca luminosidade do dia que se aproximava. Neste momento sumiu como que por encanto o torpor e eu mergulhei num sono profundo, só acordando pelas nove horas.

766   No domingo à noite comentei casualmente com o Dr. X que havia dormido muito mal na noite anterior. Recomendou-me que to-

masse uma garrafa de cerveja, o que fiz. Mas tudo se passou como na noite anterior: não consegui ultrapassar o ponto de cair no sono. As duas janelas estavam abertas. No início o ar estava fresco, mas após cerca de meia hora pareceu-me que piorava; tornou-se abafado, mofado, e finalmente quase repulsivo. Era difícil identificar o cheiro, apesar de meus esforços em tentar fazê-lo. A única coisa que me ocorreu foi pensar que havia algo de doentio no ar. Segui este rastro através de todas as lembranças de cheiro que a gente pôde reunir durante oito anos de atividade prática numa clínica psiquiátrica. De repente veio-me à lembrança a imagem de uma senhora idosa que sofria de carcinoma exposto. Era sem dúvida o mesmo cheiro doentio que eu havia sentido tantas vezes em seu quarto de doente.

Como psicólogo, fiquei pensando na causa dessa alucinação estranha do cheiro. Mas não consegui estabelecer qualquer relação entre meu estado consciente e a alucinação. Apenas me sentia mal, pois o torpor me paralisava. Ao final já não conseguia pensar e caí num torpor semiconsciente. De repente escutei algo pingando regularmente. "Será que não fechei bem a torneira da água?", pensei. "Mas não existe água corrente no quarto – então deve estar chovendo – mas o dia estava hoje tão bonito!" Os pingos prosseguiam regularmente, com intervalos de dois segundos. Imaginei uma poça de água à esquerda de minha cama, perto da cômoda. "Então o telhado deve estar vazando em algum lugar", pensei comigo. Finalmente, o que me pareceu um grande esforço, acendi a luz e fui para perto da cômoda. Não havia nenhuma água no chão nem mancha de água no teto de gesso. Só então olhei pela janela: era uma bela noite estrelada. Enquanto isso, os pingos continuavam a cair. Pude identificar o lugar no chão donde provinha o barulho dos pingos: mais ou menos meio metro em frente à cômoda. Poderia tocá-lo com a mão. De repente o barulho sumiu e não apareceu mais. Somente às três horas da madrugada, quando começou a clarear, peguei no sono. Certamente ouvi o barulho de cupins na madeira. Mas o ruído deles é mais agudo. Este era um barulho surdo, como de gotas caindo do teto.

Estava chateado e não descansara neste final de semana. Mas nada disse ao Dr. X. No próximo final de semana, após dias de muito trabalho e realizações, já não pensava na minha experiência anterior. Mas depois de estar deitado por meia hora, tudo se repetiu. Apareceu o torpor, o cheiro desagradável e ainda algo novo: algo como papel áspero era esfregado ao longo da parede, os móveis estalavam cá e lá, havia sussurros estranhos, ora num ora noutro canto. Pairava uma calma esquisita no ar. Pensei que fosse o vento; acendi a luz e quis fechar as janelas. Mas a noite estava serena e não havia sinal de vento. Enquanto a luz estava acesa, o ar estava fresco e não se ouvia barulho algum. Mal apaguei a luz, voltou devagar o torpor, o ar tornou-se pesado, os estalidos e sussurros recomeçaram. Pensei que tivesse zunido nos ouvidos. Mas tudo sumiu por volta das três horas da manhã.

769 Na noite do segundo dia, tentei a sorte tomando uma garrafa de cerveja. Sempre havia dormido bem em Londres, e não podia imaginar o que estava provocando esta insônia num lugar tão quieto e tranquilo. Nesta noite repetiram-se os mesmos fenômenos, mas de forma mais intensa. Só agora me veio a ideia de que poderia ser algo parapsicológico. Sabia que certos problemas dos quais os moradores da casa não tinham consciência podiam provocar semelhante exteriorização; conteúdos constelados inconscientemente têm muitas vezes a tendência de manifestar-se de alguma forma exteriormente. Mas eu conhecia bem os problemas dos antigos moradores, e nada pude descobrir que explicasse essas exteriorizações. No dia seguinte indaguei cautelosamente como haviam dormido as outras pessoas. Todos elogiaram o bom sono que haviam tido.

770 Na terceira noite as coisas foram piores ainda. Escutei o som de batidas e tive a impressão de que um animal do porte de um cão andava pela casa como se estivesse em pânico. Como nas noites anteriores, a algazarra sumia aos primeiros clarões da manhã.

771 Durante o terceiro final de semana, os fenômenos foram ainda mais intensos. Os sussurros transformaram-se num bramir e zunir de tempestade. As batidas vinham de fora e tinham um som surdo como se alguém batesse com uma marreta envolta em pano nas paredes de tijolos do primeiro andar. Várias vezes tive que certificar-me de que não havia tempestade e que ninguém poderia bater nas paredes pelo lado de fora.

772 No quarto final de semana observei cautelosamente ao meu hospedeiro que a casa poderia ser "assombrada", o que explicaria o baixo preço do aluguel. Ele riu de minha observação, ainda que também ele não conseguisse explicar minha insônia. Notei, porém, que as

duas moças arrumavam depressa as coisas após o jantar e deixavam a casa bem antes do pôr do sol. Pelas oito horas não havia mais nenhuma moça na casa. Brinquei com a cozinheira, dizendo que ela tinha medo de nós, pois toda noite vinha uma amiga apanhá-la e, mais que depressa, ia para casa. Ela sorriu e disse: "Não tenho medo dos senhores, mas não ficaria um instante sequer sozinha nesta casa, ou após o pôr do sol". Perguntei-lhe: "Mas, o que há de errado aqui?" Ela respondeu: "O senhor não sabia que esta casa é assombrada? Eis a razão por que a conseguiram tão barato. Ninguém aguentou ficar aqui". E, ao que se lembrava, isto sempre foi assim. Mas nada consegui saber dela sobre a origem desse boato. Sua amiga confirmou enfaticamente tudo o que a outra dissera.

Na qualidade de hóspede não pude fazer maiores pesquisas na localidade. Meu anfitrião estava cético, mas dispôs-se a fazer uma completa vistoria na casa. Nada encontramos de anormal até chegarmos ao sótão. Lá encontramos uma parede divisória entre as duas alas da casa; a parede tinha uma porta relativamente nova, de uns quatro centímetros de grossura, com uma grossa fechadura e duas enormes cavilhas, que separava a ala desabitada da nossa. A moça não sabia da existência dessa porta. Essa porta era um tanto misteriosa, pois tanto o térreo quanto o primeiro andar se comunicavam abertamente nas duas alas. Não havia quartos no sótão nem coisas guardadas. Também não havia sinais de uso. Não encontrei explicação.

O quinto final de semana foi tão insuportável que pedi ao meu anfitrião que me arranjasse outro quarto. Havia acontecido o seguinte: Era uma noite calma e enluarada. No quarto havia sussurros, estalos e batidas; do lado de fora soavam pancadas na parede. Tive a impressão de que algo estava perto de mim. Com grande esforço abri os olhos. Vi então, ao meu lado, no travesseiro, a cabeça de uma senhora velha que me fixava com o olho direito bem aberto. Faltava a parte esquerda do rosto até o olho. Isto foi tão repentino e inesperado que dei um salto da cama, acendi a luz e passei o resto da noite numa cadeira à luz da vela. Na noite seguinte mudei para o quarto do lado, onde dormi maravilhosamente, não sendo mais perturbado nesta noite nem nos seguintes fins de semana.

775   Manifestei ao hospedeiro minha convicção de que a casa era assombrada, mas ele recusou minha suposição com um sorriso cético. Esta atitude, ainda que compreensível, me chateou. Não pude disfarçar que minha saúde havia sofrido com essas experiências. Sentia-me estranhamente esgotado; nunca antes havia sentido isso. Desafiei então o Dr. X a passar uma noite no "quarto assombrado". Ele aceitou e deu-me sua palavra de honra que contaria fiel e exatamente tudo o que viesse a observar. Iria sozinho e lá passaria o final de semana para que não fosse influenciado.

776   Eu então viajei. Dez dias depois recebi uma carta do Dr. X. Fora passar sozinho o fim de semana naquela casa. A noite tudo estava muito quieto e ele pensou que não era absolutamente necessário ir ao segundo andar, pois o fantasma poderia manifestar-se em qualquer parte da casa, se é que havia algum. Armou sua cama de campanha no caramanchão; mas como a casa ficasse um pouco isolada, tomou consigo uma espingarda carregada. Tudo estava absolutamente quieto. Não estava se sentindo muito "confortável", mas após algum tempo quase adormeceu. De repente pareceu-lhe ouvir leves passos no corredor. Acendeu a luz e abriu a porta, mas não havia ninguém. Voltou para a cama e pensou que eu era um "idiota". Mas não demorou muito e ouviu novamente os passos e, para seu desgosto, descobriu que faltava a chave na fechadura. Tomou uma cadeira e imprensou o espaldar debaixo da fechadura e foi deitar-se. Logo a seguir ouviu de novo os passos que se detiveram atrás da porta; a cadeira havia estalado como se alguém estivesse forçando a porta a partir do corredor. Tomou então sua cama e a armou no jardim onde dormiu muito bem. Na noite seguinte armou de novo a cama no jardim, mas por volta de uma hora começou a chover. Empurrou então a parte superior da cama para debaixo do alpendre do caramanchão e cobriu as pernas e os pés com uma capa impermeável. Assim conseguiu dormir em paz. Mas nada nesse mundo o convenceria a dormir novamente no caramanchão. Acabou entregando a casa ao dono.

777   Tempos depois soube pelo Dr. X que o proprietário havia demolido a casa. Ela se tornara invendável e ninguém queria alugá-la. Infelizmente não guardei o original da carta. Mas seu conteúdo não me saiu da cabeça. Ela me trouxe grande satisfação, depois de meu colega ter rido tanto do meu medo de fantasmas.

Recapitulando, gostaria de fazer as seguintes observações a respeito desses fenômenos. Não consigo explicar o barulho dos pingos. Estava bem acordado e examinei o assoalho. Excluo a hipótese de haver sido uma delusão subjetiva neste caso. Quanto aos sussurros e estalidos, acredito que não eram barulhos objetivos, mas um zunir nos ouvidos que parecia ser um barulho real no quarto. No meu estado hipnoide estranho, os ruídos pareciam exageradamente fortes. Também não tenho certeza se o som das batidas era objetivo. Poderia ser o som de fortes batidas do coração que a mim pareciam vir de fora. Meu estado de torpor estava ligado a um estado de excitação interna que certamente correspondia a um medo. Este era para mim inconsciente até o momento da visão e só depois dela surgiu na consciência. A visão teve o caráter de uma alucinação hipnagógica e foi provavelmente uma reconstrução da lembrança da senhora idosa com carcinoma.

No tocante à alucinação do cheiro, suponho que minha presença no quarto ativou aos poucos alguma coisa que estava nas paredes. Pareceu-me que o cão andando em pânico de cá para lá representava minha intuição (que na linguagem comum é ligada ao nariz – a um "bom nariz"). Eu tinha "farejado" algo. Se o órgão olfativo não estivesse tão degenerado no homem, mas estivesse tão desenvolvido como num cachorro, eu teria tido uma ideia mais precisa das pessoas que haviam ocupado anteriormente este quarto. Os curandeiros primitivos conseguiam cheirar não só um ladrão, mas também "espíritos".

A catalepsia propriamente hipnoide, com a qual foram sempre relacionados estes fenômenos, equivale a uma concentração intensa, cujo objeto foi uma percepção olfativa subliminar e, por isso, "fascinante"; algo semelhante ao estado psíquico de um cão perdigueiro que sentiu o cheiro. O agente fascinante parece-me ter sido de natureza peculiar que não é suficientemente explicada por uma substância emitindo cheiro; o cheiro pode ter "incorporado" uma situação psíquica de natureza excitante e tê-la transferido para o percebedor. Isto não é impossível, se considerarmos a extraordinária importância do sentido do olfato nos animais. Também não é impossível que a intuição tenha assumido no homem o lugar do mundo dos cheiros que se perdeu com a degeneração do sentido olfativo. O efeito da intuição sobre o homem é semelhante à repentina fascinação que os cheiros exercem sobre os animais. Pessoalmente fiz algumas experiências em que cheiros "psíquicos", ou seja, alucinações de cheiro significaram intuições subliminares, conforme pude constatar mais tarde.

781   Com esta hipótese não se pretende explicar todos os fenômenos espíritas, mas no máximo uma certa categoria deles. Já li e ouvi grande número de histórias de espíritos. Entre elas estão algumas que poderiam ser explicadas dessa forma, por exemplo aquelas segundo as quais num quarto onde ocorreu um assassinato se desenvolveu um fantasma. Num caso ainda havia vestígios de sangue escondidos sob um cobertor. Um cachorro certamente teria farejado o sangue e talvez reconhecido o sangue humano, e se possuísse a imaginação humana talvez pudesse reconstruir mais ou menos o ato de violência. Nosso inconsciente, que possui poderes de percepção e reconstrução muito mais sutis do que a consciência, poderia fazer o mesmo e projetar uma imagem visionária da situação psíquica que a estimulou. Um parente me contou, por exemplo, que viajou para fora do país e hospedou-se num hotel. De noite teve um pesadelo terrível sobre uma mulher sendo assassinada em seu quarto. Dias depois, veio a saber que na noite anterior à sua estadia no hotel fora realmente assassinada uma mulher naquele quarto. Com essas observações quis apenas dizer que a parapsicologia faria bem em aproveitar os conhecimentos que a psicologia moderna tem do inconsciente.

Abril de 1950

C.G. Jung

*

Comentário da autora Fanny Moser:

Respondendo a um questionário, o Prof. Jung completou seu relato sobre a fantástica experiência naquela casa assombrada na Inglaterra:

Tratava-se de "uma casa de campo antiga, provavelmente do século XVII ou XVIII, uma fazenda isolada, distante uns quinze minutos da vila mais próxima. A casa era de tijolos, numa região levemente acidentada, com gramados, capoeira e algumas árvores maiores. Não havia grandes águas na redondeza".

À pergunta se "os pingos como de água" cessavam logo após ter acendido a luz, respondeu: "Não, ainda duravam ao menos três minutos, depois da luz acesa".

O mais importante foi o seguinte: "A visão da cabeça aconteceu numa noite em que houve grande ruído de batidas. Quando acendi a luz, tudo parou. A cabeça tinha sido bem viva, compacta e corpórea. Estivera à minha direita, a uns quarenta centímetros de distância. Finalmente não se apagara, mas sumira no momento em que acendi a luz. Tudo foi muito rápido. A visão durou em torno de um a dois segundos" – e assim mesmo o efeito sobre um homem como o Professor Jung foi tão forte que o arrancou da cama, fez com que passasse o resto da noite numa cadeira e solicitasse um outro quarto. É preciso ter isto bem em conta. Significativo é também que um colega "ria de seu medo de fantasmas", mas não se atreveu a dormir no "quarto assombrado", preferindo dormir com chuva sob o alpendre no jardim – sem considerar sua promessa, sob "palavra de honra", de "contar tudo fiel e exatamente!" Em sua supraconsciência, o Professor Jung era um "idiota", mas subconscientemente acreditava em fantasmas, e este medo venceu!

Este caso é talvez o mais horrível, considerando-se a aparição repentina de uma cabeça de mulher no travesseiro "compacta e bem viva, fixando-o com o olho direito bem arregalado!"

Prefácio ao livro de Jaffé: "Geister erscheinungen und vorzeichen. Eine psychologische deutung"[*]

A autora deste livro já é conhecida pela publicação de trabalhos valiosos. Aqui fala de histórias maravilhosas que são classificadas odiosamente de superstição e são apenas cultivadas em segredo. Isto foi trazido a público por um questionário feito pelo *Schweizerischer Beobachter*, que lhe granjeou não pequena notoriedade. O imenso material chegou primeiro ao meu endereço. Mas como minha idade e outros compromissos não me permitiam mais esta ocupação, a tarefa de examinar esta coletânea e submetê-la a uma avaliação psicológica

---

[*] Zurique 1958.

não poderia ter sido colocada em mãos mais competentes do que as da autora. Ela havia mostrado tal tato psicológico, compreensão e conhecimentos em sua abordagem de um tema semelhante – uma interpretação de *Goldnen Topf* [1], de E.T.A. Hoffmann – que não hesitei em minha escolha.

783 Curiosamente, o problema das histórias maravilhosas, como são narradas de praxe – iluminação ou não – nunca foi abordado pelo lado psicológico. Excluo naturalmente a mitologia, ainda que as pessoas em geral admitam que se trata essencialmente de história que hoje não mais acontece. Enquanto fato psíquico atual, ela é considerada campo de caça de desocupados. Histórias de espíritos, precognição e outros fatos maravilhosos são relatados constantemente, e o número daqueles que já experimentaram "algo" do gênero é espantosamente elevado. Mas, apesar do silêncio desaprovador dos "esclarecidos", não ficou oculto ao grande público que existe há bastante tempo uma ciência séria, denominada "parapsicologia". Este fato pode ter colaborado para encorajar o público a responder ao questionário.

784 Uma das coisas mais notáveis que veio à luz é que entre o nosso povo (suíço), considerado sóbrio, sem fantasia, racionalista e materialista, há tantas histórias de espíritos e coisas semelhantes como, por exemplo, na Inglaterra ou Irlanda. Pude constatar por experiência própria e de outros pesquisadores que a feitiçaria, praticada na Idade Média e em tempos mais remotos, não morreu mas floresce hoje como há milhares de anos. Mas disso "não se fala". Isto simplesmente acontece, e uma visão superficial dos intelectuais nada sabe a respeito; os intelectuais não se conhecem a si mesmos nem as pessoas como elas são. No mundo dessas últimas continua a ser vivida a vida dos milênios – sem que tenham consciência disso – e acontecem sempre de novo as coisas que acompanharam a vida das pessoas desde tempos imemoriais: premonições, precognições, visões de espíritos e fantasmas, volta dos mortos, coisas demoníacas, bruxarias, práticas de magia etc.

785 Naturalmente nossa época científica quer "saber" se essas coisas são "verdadeiras", sem levar em consideração como deveria ser esta prova da verdade e a maneira de realizá-la. Para tanto, os fatos de-

---

1. *Bilder und Symbole aus E.T.A. Hoffmanns Märchen "Der goldne Topf"*.

vem ser encarados com precisão e sobriedade, constatando-se na maioria dos casos que as mais belas histórias se desfazem no ar e o que resta depois disso "não merece ser comentado". Ninguém pensa em fazer-se esta pergunta básica: Qual é a verdadeira razão de serem vividas e contadas sempre de novo as mesmas histórias antigas, sem nada perderem de seu prestígio? Ao contrário, voltam com renovado vigor juvenil, tão frescas "como no primeiro dia".

A autora se propôs considerar as histórias maravilhosas como aquilo que elas são, isto é, *realidades psíquicas*, e não fazer pouco caso delas porque não entram no esquema de nossa cosmovisão atual. Por isso deixou de lado a questão da verdade, como já se fez há muito tempo na mitologia, e tentou pesquisar o porquê e para quê psicológicos: *Quem* vê um fantasma? Sob que condições psicológicas a pessoa o vê? O que significa o fantasma, quando considerado em seu conteúdo, isto é, como símbolo?   786

A autora sabe manter a história maravilhosa como ela é, com todos os enfeites que tanto contrariam os racionalistas. Assim fica mantida a atmosfera *de penumbra*, essencial ao relato. Faz parte da experiência noturno-numinosa um crepúsculo da consciência, o estar arrebatado, a impossibilidade do senso crítico e a paralisia da opinião própria. E próprio da natureza da experiência maravilhosa que a razão se volatilize e um outro tome espontaneamente o controle – uma experiência singular que a pessoa conserva *nolens volens* no maior segredo como um tesouro, às vezes sob protesto da razão. Este é o propósito incompreensível desse fenômeno: fazer-nos sentir a presença irresistível de um mistério.   787

A autora conseguiu preservar esta totalidade da experiência, apesar da renitência dos relatos, e fazer dela o objeto de sua investigação. Quem espera encontrar uma resposta à questão da verdade parapsicológica ficará desapontado. Ao psicólogo pouco interessa saber que tipo de fatos podem ser estabelecidos no sentido convencional; o que lhe interessa é que toda pessoa garanta a autenticidade de sua experiência, independentemente de qualquer interpretação. Os relatos do livro não deixam dúvida quanto a isso. A autenticidade é confirmada não apenas pelo relato em si, mas também por histórias paralelas independentes. Não se pode duvidar do fato de que seme-   788 lhantes relatos são encontrados em todos os tempos e lugares. Por isso não há razão suficiente para duvidar da veracidade dos relatos individuais. Só se justifica a dúvida quando se trata de mentira deliberada. Esses casos são muito poucos, pois os autores dessas falsificações são ignorantes demais para saberem mentir bem.

789 A psicologia do inconsciente nos trouxe tantas luzes novas para outros aspectos que poderíamos esperar esclarecesse ela também o mundo obscuro das histórias maravilhosas eternamente jovens. A partir do abundante material reunido nesse livro, o modo de ver da psicologia profunda ganha de fato novas e significativas perspectivas que merecem a devida atenção. Recomendo o livro a todos que sabem avaliar aquilo que rompe subitamente a monotonia da vida cotidiana, sacode nossas certezas e dá asas à imaginação.

Agosto de 1957

C.G. Jung

V

Psicogênese das doenças mentais

(Relacionado ao vol. 3 da Obra Completa)

O estado atual da psicologia aplicada[*]

Na Suíça alemã

Enquanto que em Basileia e Friburgo não se ensina psicologia, foi aberto recentemente em Berna um Instituto de Psicologia, sob a direção do Professor Dürr. No semestre do inverno de 1907 houve ali um curso sobre psicologia em geral, bem como sobre pedagogia, com base na psicologia, e mantém um curso sobre introdução à psicologia experimental.

Sobre Zurique pode-se dizer o seguinte: O Professor Schumann está dando um curso sobre psicologia especial e um seminário sobre psicologia experimental para estudantes mais adiantados no laboratório da Universidade. – O livre-docente Wreschner[1] está dando aulas neste inverno sobre psicologia e psicologia da voz e da linguagem, e um curso introdutório sobre psicologia experimental, com demonstrações no laboratório de psicologia. – Estou dirigindo um seminário para estudantes adiantados no laboratório da clínica psiquiátrica da Universidade, laboratório esse que foi criado em 1906. O programa inclui psicologia normal e patológica.

---

[*] Publicado como "notícias" em *Zeitschrift für angewandte Psychologie und psychologische Sammelforschung* I, 1907/1908, p. 469s. Leipzig. Além da colaboração de Jung, as "notícias" incluem informe da França, da Suíça francesa e dos Estados Unidos da América.
[1] Arthur Wreschner, psicólogo experimental alemão e médico, atuante em Zurique (cf. *Cartas Freud/Jung*, 124J[9]).

792   Não existem em Basileia e Berna associações ligadas à psicologia (Friburgo nem entra em questão).

Em Zurique temos há alguns anos:

1. Uma associação jurídico-psiquiátrica da qual sou o presidente desde 1907[2].

2. Há vários anos existe aqui também uma associação psicológico-neurológica, onde de vez em quando há conferências sobre psicologia. O presidente é o Professor Von Monakow[3].

3. Além disso, foi fundada, no outono de 1907, uma associação para pesquisas freudianas (com vinte membros mais ou menos). O presidente é o Professor Bleuler [4].

C.G. Jung
Burghölzli-Zurique

Sobre Dementia Praecox[*]

794   O relator descreve em primeiro lugar as grandes analogias entre as doenças claramente psicógenas e a dementia praecox, através do uso da psicanálise nas psicoses, passando então a falar de todas as peculiaridades da dementia praecox que (naquela época ainda!) eram pouco consideradas pela análise psicológica. A despotencialização do processo de associação ou *o abaissement du niveau mental*, que tem como consequência um modo de associação totalmente onírico, parecia indicar que na dementia praecox colabora um agente (*noxe*) que está ausente, por exemplo, na histeria. Os fenômenos do *abaissement* foram atribuídos ao agente patogênico, entendido como organicamente condicionado e colocado em paralelo com os sintomas de envenenamento (por exemplo, estados paranoides em envenenamentos crônicos).

---

2. Ibid., 198j[2a].

3. Constantin von Monakow (1853-1930), neurologista suíço de origem russa; op. cit., índice s.v.

4. Ibid., 46J e 47J.

[*] Resumo de Jung, uma contribuição ao relato de Otto Rank sobre o Primeiro Congresso Internacional de Psicologia (Salzburgo. 27 de abril de 1908), publicado em *Zentralblatt für Psychoanalyse* I/3, dezembro de 1910, p. 128. Wiesbaden. O manuscrito original parece estar perdido. – Cf. para tanto *Cartas Freud/Jung*, 85J[4].

Recensão de "Konrad Ferdinand Meyer. Eine* Pathographisch-Psychologische studie", de Sadger

A nova arte de escrever biografias a partir do ponto de vista psicológico já produziu uma série mais ou menos bem-sucedida de estudos. Basta lembrar os escritos de Möbius[1] sobre Goethe, Schopenhauer, Schumann, Nietzsche e de Lange[2] sobre Hölderlin etc. Entre essas "patografías", o livro de Sadger ocupa um lugar todo especial. Não se destaca por um vasculhar minucioso do diagnóstico, também não procura prensar a patologia do poeta numa forma clínica específica, como o fez Möbius de modo detestável no caso de Goethe. Sadger procura antes entender psicologicamente o desenvolvimento de toda a personalidade, isto é, entendê-la a partir de dentro. O fato de a rotulação psiquiátrica do "caso" ficar um pouco prejudicada não desabona o livro. Quando se sabe com certeza a designação médica do estado da pessoa, isto não significa ainda um progresso na compreensão. Assim, por exemplo, o conhecimento de que Schumann sofreu de dementia praecox e C.F. Meyer de melancolia periódica, em nada contribui para entender a sua psique. Há uma tendência de se ficar parado na constatação do diagnóstico e acreditar que se está dispensado de maior compreensão. Mas é aqui que propriamente começa a tarefa do patógrafo que deve e quer entender mais do que o biógrafo comum. O biógrafo não penetra em certas áreas e, por não entender o que lá ocorre e não encontrar nada de compreensível, chama aquelas áreas de malucas ou "patológicas". Möbius usa termos psiquiátricos para designar estas áreas e diz algo sobre sua geografia. Mas a tarefa específica do patógrafo seria descrever em linguagem inteligível o que realmente está acontecendo nessas áreas fechadas da psique e quais as poderosas influências que passam de lá para cá e de cá para lá

---

* Publicado em *Basler Nachrichten* (novembro de 1909). O livro de Isidor Sadger é o n. 59 da série "Grenzfragen des Nerven- und Seelenlebens", Wiesbaden, 1908. Sobre o psicanalista vienense Sadger, cf. *Cartas Freud/Jung*, 75J[1]. Em seu ensaio, estuda a influência da mãe e da irmã sobre a vida sexual do poeta Meyer (1825-1898).

1. Paul Julius Möbius (1854-1907), neurologista de Leipzig, escreveu sobre a psicopatologia desses e de outros escritores.

2. Wilhelm Lange (1875-1950). *Hölderlin* – Eine Pathographie. Stuttgart: [s.e.], 1909.

entre o mundo conhecível e o não conhecido. Até agora a patografia falhou miseravelmente, acreditando que sua tarefa terminou quando ficou constatada a insanidade; existe alguma justificativa para isso, pois não poucos dos maiores representantes da psiquiatria moderna estão convencidos de que a insanidade está além de uma compreensão maior. Mas a validade dessa afirmação é apenas subjetiva: gostamos de chamar de insanidade aquilo que não entendemos. Em vista dessa limitação de nossa inteligência, não deveríamos ir tão longe e afirmar que aquilo que não entendemos é incompreensível de todo. Isto é compreensível, mas nós somos intelectualmente ainda algo embotados e lerdos para ouvir corretamente e entender os mistérios de que nos fala a insanidade mental. Entendemos alguma coisa cá e lá e às vezes parece que se abrem conexões internas que ligam em séries ordenadas o que parece ser absolutamente fortuito e sem a mínima coerência. Esta concepção devemo-la à genial psicologia de Sigmund Freud que agora sofre todos os castigos do inferno que os filisteus científicos reservam para toda nova descoberta[3].

796   Quem quiser ler o livro de Sadger com real proveito deve primeiro familiarizar-se com a psicologia de Freud, caso contrário terá uma impressão estranha da especial proeminência que o autor dá à importância da mãe na vida do poeta. Na falta desse conhecimento prévio, será difícil entender também o grande número de referências à relação pai-filho e mãe-filho e apreciar sua validade geral. A partir dessas poucas observações já se percebe que o livro de Sadger merece lugar especial entre as patografias; ao contrário de outras, esta patografia vai mais fundo, até às raízes do patológico, separando uma grande área do mundo escuro do incompreensível e anexando-a ao compreensível. Quem conseguiu assimilar alguma coisa dos escritos de Freud vai ler com grande interesse como a alma sensível do poeta foi aos

---

3. "Quando alguém possui uma nova concepção, uma ideia original, quando apresenta pessoas e coisas de um ponto de vista inesperado, há de surpreender o leitor. E o leitor não gosta de ser surpreendido. Só procura numa história as tolices que já conhece. Se alguém tenta instruí-lo só consegue humilhá-lo e irritá-lo. Não tente esclarecê-lo, pois ele gritará que estão insultando suas crenças". FRANCE, A. *L'Ile des Pingouins*. Op. cit., prefácio, p. IV.

poucos se libertando do peso opressivo do amor materno e de seus conflitos afetivos inevitáveis, e como então começou a jorrar a fonte oculta da criatividade poética. Temos uma dívida de gratidão para com o autor por esta introspecção na vida de um artista tão incompreendido em seu processo de desenvolvimento. Quem não tiver conhecimentos prévios de psicologia será estimulado pela leitura do livro a adquiri-los.

Recensão do livro de Waldstein:
"Das unbewusste ich und sein verhältnis zur gesundheit und erziehung"*

Por várias razões louve-se a iniciativa de resgatar do esquecimento o livro de Waldstein, *The Subconscious Self*, e torná-lo acessível a um público maior numa boa tradução. O conteúdo do livro também é bom e, em algumas passagens, muito importante. Dr. Veraguth[1] (Zurique) ressalta, na introdução à edição alemã, que o livro, publicado pela primeira vez há mais de dez anos, tem antes de tudo valor de documento histórico. Isto infelizmente é verdade, pois em nenhum outro campo o presente é mais curto e o passado mais rápido do que na literatura médica. A edição inglesa foi publicada numa época em que se completou novamente uma virada secular daquela espiral (em que o conhecimento científico devia obviamente aumentar) no mundo de fala alemã. Os cientistas haviam chegado outra vez ao mesmo ponto de oitenta anos atrás. Naquela época vivia o notável Franz Anton Mesmer[2], talvez o primeiro no mundo cultural de língua alemã a observar que, armado com a necessária segurança pessoal, qualquer um poderia imitar as curas milagrosas que eram feitas nos lugares de peregrinação por sacerdotes, reis da França e charlatães

---

* Publicado em *Basler Nachrichten* (9 de dezembro de 1909). WALDSTEIN, L. *The Subconscious Self and its Relation lo Education and Health*. Nova York: [s.e.], 1897. Waldstein (1853-1915) era um neurologista americano.

1. Otto Veraguth (1870-1944), neurologista suíço. Quanto ao comentário de Jung sobre ele e o livro de Waldstein, cf. *Cartas Freud/Jung*, 115J.
2. Franz Anton Mesmer (1734-1815), médico austríaco, fez experiências com o magnetismo animal.

em peles de ovelha (ver o caso do pastor Ast que aliviou seu meio ambiente de muitos milhões de marcos). Esta arte ficou conhecida como "mesmerismo". Não se tratava de um embuste, e muita coisa boa podia ser realizada com ela. Mesmer ofereceu sua arte à ciência, também fez escola, mas não levou bastante em conta que, desde que existe ciência, existe também uma casta imorredoura que se coloca no topo mais alto da ciência, sabe tudo muito melhor do que qualquer outra pessoa e que, de tempos em tempos, protege a humanidade contra certos erros perniciosos. Ela nos protege contra crendices como: que o planeta Júpiter tem luas, que meteoros podem cair do espaço, que a febre puerperal é causada pelas mãos sujas e que o cérebro tem estrutura fibrosa. A casta também protegeu a psicologia, durante oitenta anos, contra a descoberta do hipnotismo, desprezando o "magnetismo animal" de Mesmer. Contudo, alguns cabeçudos alemães e alguns obscurantistas da era romântica preservaram alguma coisa de Mesmer e reuniram secretamente observações e experiências que foram ridicularizadas por seus contemporâneos e sucessores por cheirarem a superstição. Apesar da constante zombaria, os numerosos livros saídos da pena de Justinus Kerner, Eschen-Mayer, Ennemoser, Horst e outros[3], que narraram "histórias curiosas de sonambúlicos", contêm, além de muitas tolices, verdades evidentes, mas foram relegados ao sono durante sessenta anos. O médico da zona rural, Liébeault[4], que nos anos de 1860 fez a tímida experiência de publicar um pequeno livro sobre o assunto, ficou com a edição toda estocada junto ao editor durante vinte anos. Mas trinta anos depois já existia uma literatura com centenas de livros e várias revistas especializadas. A espiral havia entrado novamente neste campo. De repente descobriu-se que era possível fazer muita coisa teórica e prática com o antigo "mesmerismo"; que era possível criar e depois fazer desaparecer à vontade, por sugestão, inclusive sintomas aparentemente perigosos

---

3. Sobre Kerner (1786-1862), escritor alemão e pesquisador das coisas ocultas, cf. JUNG, C.G. "Sobre a psicologia e a patologia dos fenômenos chamados ocultos". In: JUNG, C.G. *Estudos psiquiátricos*. Petrópolis: Vozes, 2011 [OC, 1]. Joseph Ennemoser (1787-1854), Karl August Eschenmayer (1768-1852) e Georg Conrad Horst (1767-1838) escreveram sobre magia, mesmerismo etc.

4. Auguste Ambroise Liébeault (1823-1904), médico e hipnotizador francês.

de doenças nervosas como paralisias, contraturas, parestesias etc.; que, portanto, todo o exército das neuroses, isto é, ao menos 80% da clientela dos neurologistas era constituído de distúrbios de natureza psíquica (Um conhecimento que hoje em dia é tão moderno que seus descobridores e redescobridores são festejados como grandes benfeitores da humanidade).

Em sua sabedoria sem base experimental, a casta logo reconheceu o perigo em que estava a humanidade e declarou: 1. que a terapia por sugestão era fraudulenta e ineficaz; 2. que era extremamente perigosa; 3. que os conhecimentos adquiridos por métodos hipnóticos eram pura fabricação, imaginação e sugestão; e 4. que as neuroses eram distúrbios orgânicos do cérebro. Mas foi descoberto que nossa consciência não cobre obviamente toda a extensão de nossa psique, que existe o fator psíquico e que ele atua lá onde nossa consciência não chega. Este fator psíquico além da consciência foi chamado de subconsciente, de segundo eu, ou de personalidade inconsciente etc. Na Alemanha, os heréticos foram Dessoir, Forel, Moll, Vogt, Von Schrenck-Not-Zing e outros[5]. Na França, Binet e Janet e respectivas escolas. Quando o movimento atingiu seu ponto mais alto na Alemanha, surgiu o pequeno livro de Waldstein sobre o eu "subconsciente". Este impulso foi saudado com entusiasmo por todos os pesquisadores honestos, mas foi considerado coerentemente pela casta como deletério para o desenvolvimento do pensar lógico; seus representantes mais importantes disseram que o subconsciente 1. não existia; 2. não era psíquico mas fisiológico e, por isso, não pesquisável; 3. *apenas fracamente consciente*, isto é, tão fracamente que não se tem consciência de estar consciente. Desde então os pesquisadores do "inconsciente" foram taxados de não científicos; o "inconsciente" não existia, mas era apenas uma consciência fraca em demasia. Ou então ele é fisiológico, o que é o oposto de psicológico, não interessando pois ao psicólogo e a ninguém mais. Assim ele está protegido contra qualquer pesquisa.

798

---

5. Max Dessoir (autor de *Das Doppel-Ich*, 1890), Auguste Forel (cf. adiante § 921[19]), Albert Moll (cf. adiante § 893), Oskar Vogt, Albert Von Schrenck-Notzing: todos psiquiatras.

799   Mas, apesar de tudo, a semente não morreu dessa vez. O trabalho foi levado avante incansavelmente, e hoje estamos bem mais adiantados do que há dez anos. Mas este avanço só existe para aqueles poucos que não se deixaram amargurar e trabalham com afinco para abrir à consciência os abismos da psique humana. Para esses poucos, o livro de Waldstein não representa nenhuma novidade ou avanço; mas para os outros ele contém muita novidade e muita coisa boa. Há coisas sábias sobre a estética e o surgimento da obra de arte. Melhor ainda é sua concepção psicológica das neuroses, uma concepção que se desejaria tivesse ampla divulgação, pois a casta ainda mantém como certo que a histeria e os distúrbios nervosos se devem a alterações cerebrais. Infelizmente muitos médicos medíocres ainda juram por este evangelho em detrimento de seus neuróticos que nossa época cria em grande número. Quase todos esses pacientes foram convencidos pelo dogma médico de que sua doença é de natureza corporal. Continuamente são apoiados pelos médicos neste contrassenso, e o tratamento prossegue mal feito com seus métodos físicos, com seus medicamentos e outras magias. Não é de admirar que a Christian Science apresente em nossos dias maiores êxitos de cura do que alguns neurologistas. Aqui está um grande mérito desse livrinho: projetou ao menos um pouco de luz naquele campo escuro da psique de onde provêm em última instância todas as realizações humanas, sejam elas ações criativas ou os chamados distúrbios nervosos. Seria desejável que livros desse tipo obtivessem a benevolência do público mais esclarecido para preparar aos poucos o terreno de uma compreensão mais profunda da psique humana e libertar as cabeças das pessoas doentes e sadias do crasso materialismo do dogma orgânico-cerebral. Um refinado tom sensitivo-psicológico dá ao livro de Waldstein um caráter particularmente atrativo, ainda que sua análise fique longe das profundas pesquisas de Freud.

Um exame da psique do criminoso[*]

800   A duplicidade da vida psíquica no criminoso pode ser reconhecida muitas vezes já no primeiro olhar. Não é preciso ir tão longe como

---

[*] Publicado em *Wiener Journal*, X/84, 15 de janeiro de 1933, p. 1-2.

os filmes de suspense que mostram a vida dúplice de criminosos nos caminhos tortuosos de suas experiências, disfarces e revelações. Quase todo criminoso traz um disfarce facilmente reconhecível: a tendência de parecer honesto. Evidentemente não me refiro a homens e mulheres completamente depravados que perderam toda relação com a humanidade normal. Mas, em geral os homens e mulheres do crime mostram certa ambição por respeitabilidade e quase todos enfatizam constantemente sua decência. Sua atitude condiz raras vezes com as condições de vida dos criminosos retratados em romances. Muitos criminosos levam uma vida de cidadãos comuns e cometem seus crimes, por assim dizer, através da segunda pessoa. Pouquíssimos criminosos conseguem uma completa separação entre sua propensão a uma vida dentro da respeitabilidade social e seu instinto criminoso. Aqui se apresenta uma duplicidade da vida psíquica do criminoso que em sua simplicidade e clareza deve ser imediatamente perceptível também ao leigo.

801 É impressionante como o crime se aproxima sorrateiramente do autor como se fosse algo estranho, como ele o agarra, sem que o autor saiba o que fará no momento seguinte. Gostaria de apresentar um caso típico, tirado de minha práxis.

802 Um garoto de nove anos cravou uma tesoura na cabeça, por cima do olho, de sua irmã menor, que penetrou até a membrana cerebral. Mais meio milímetro e a criança teria morrido do ferimento. Dois anos antes – o garoto tinha então sete anos – a mãe dele me contara que havia alguma coisa de errado com ele. O garoto tinha atitudes bem estranhas. Na escola havia se levantado durante a aula e se agarrado ao professor com todos os sinais de verdadeiro pânico. Em casa, fugia muitas vezes do jogo e se escondia no sótão. Não respondia às perguntas sobre a causa disso. Quando conversei com o garoto, disse-me que tinha muitas vezes ataques convulsivos. Desenrolou-se então o seguinte diálogo:

803 "Por que você tem sempre medo?" O garoto não respondeu. Percebi que relutava em falar. Insisti e finalmente respondeu: "Isto eu não posso dizer". "Mas, por que não?", perguntei. Respondia sempre de novo que não podia dizê-lo. Finalmente disse: "Eu tenho medo do homem". "Que homem é esse?" Novamente, nenhuma res-

posta. Depois de muita conversa consegui a confiança do garoto. Contou-me então que já aos sete anos lhe havia aparecido um homenzinho. O homenzinho tinha uma barba e outros detalhes que foram descritos pelo menino. Este homem lhe havia acenado e ele então ficou com medo. Por isso se agarrara ao professor procurando ajuda, escondia-se em casa e saía correndo dos jogos. Perguntei: "O que o homem queria?" "Ele queria passar-me a culpa". "O que significa isto, a culpa?" Não soube responder, mas sempre falava de novo na "culpa". A cada aparição o homenzinho se aproximava mais, e ficou especialmente próximo da última vez, quando ele, o garoto, cravou a tesoura na irmãzinha. Esta aparição do homenzinho nada mais era do que a personificação do instinto criminoso, e o que o garoto chamava de "culpa", nada mais do que um símbolo daquele segundo eu que o impelia ao crime.

815* Depois do que fez, o garoto começou a ter ataques epilépticos. Nunca mais fez algo semelhante. Também nele, como em muitos outros casos, a epilepsia foi uma fuga do crime, uma repressão do instinto criminoso. É frequente encontrarmos casos semelhantes. As pessoas procuram inconscientemente fugir de uma compulsão interna para o crime e se refugiam na doença.

816 Em outros casos podemos ver pessoas de aparente boa saúde que transmitem seus maus instintos, escondidos sob esta aparência, a outras pessoas e as levam a praticar, bastante inconscientemente, atos que elas mesmas não praticariam, ainda que tivessem certa propensão para isso.

817 Um exemplo. Tempos atrás houve um homicídio na região do Reno que causou muita sensação. Um homem, até então irrepreensível, matou toda a sua família e inclusive o cachorro. Ninguém sabia o motivo e ninguém havia notado algo de estranho no homem. Este homem me contara que havia comprado uma faca, sem saber para quê. Certa noite adormecera na sala de estar, onde havia um relógio de pêndulo. Ouvia o tique-taque do relógio e este tique-taque parecia um batalhão de soldados em marcha. O barulho da marcha ficou cada vez mais baixo e o batalhão se afastava. Quando não escutou

---

* O texto do parágrafo anterior não foi subdividido como na edição inglesa [N.T.].

mais nada, sentiu de repente: "Agora devo fazê-lo". Então cometeu os assassinatos. Desferiu em sua mulher onze facadas.

De acordo com minhas investigações, a culpa principal do acontecido cabia à mulher. Ela pertencia a uma seita religiosa; e tais mulheres consideram muitas vezes aqueles que não rezam com elas como renegados, diabos, e a elas mesmas como algo especial, como santas. Esta mulher transmitiu, talvez inconscientemente, mas com certeza, para o homem, o mal que estava nela. Ela o convencia de que ele era mau enquanto ela era boa, instilando de certa forma em seu subconsciente o instinto criminoso. Note-se que o homem dizia uma passagem da Bíblia a cada facada, o que indica ainda melhor a origem de sua hostilidade.

Na alma humana ocorrem muito mais crimes, crueldade e horror do que no mundo externo. A alma do criminoso, que se manifesta em suas ações, consegue penetrar muitas vezes na profundeza dos processos psíquicos da humanidade em geral. São muito estranhos os panos de fundo de um tal assassinato; e é muito estranho como pessoas são levadas a praticar atos que nunca fariam em outras ocasiões e por iniciativa própria.

Certa vez um padeiro foi passear num domingo. Ficou muito admirado, pasmo, e pensava estar sonhando quando percebeu algum tempo depois que estava preso numa cela, de mãos e pés amarrados. Não tinha a mínima noção do que havia acontecido. O homem, nesse meio-tempo, tinha matado três pessoas e ferido gravemente outras duas. Sem dúvida, havia agido em estado cataléptico. O passeio dominical havia tomado um rumo completamente diferente daquele que o padeiro intencionara quando saiu de casa. A mulher *desse* homem também pertencia a uma seita religiosa e era uma "santa"; e a analogia das causas do crime nos leva ao caso anteriormente descrito.

Quanto pior a pessoa é, mais ela tenta impingir aos outros a perversidade que não deseja mostrar externamente. O padeiro e o renano eram pessoas decentes. Antes de cometer os crimes, teriam ficado sumamente surpresos se alguém pensasse que eram capazes de algum assassinato. No mínimo nunca pensaram em cometer um homicídio. Esta ideia lhes foi inspirada inconscientemente, talvez por suas mulheres, através da ab-reação de maus instintos. O homem é um ser muito complicado; e ele, que sabe tanta coisa sobre tudo, sabe muito pouco de si mesmo.

A questão da intervenção médica[*]

Nota da redação: No 66° Congresso dos psiquiatras do Sul da Alemanha, em Badenweiler, o professor Dr. Medard Boss apresentou um relato sobre o caso de um travesti "sob o aspecto analítico-existencial". O tratamento terminou numa total castração do paciente, incluindo a amputação do pênis e a implantação de lábios vulvares artificiais. O relato provocou comentários críticos[1] por parte de alguns colegas (cf. *Psyche*, IV, 4, p. 229s.). Dr. Boss achou que fora mal compreendido. Ele respondeu, ao que nos parece, com uma réplica mais dirigida às pessoas do que ao assunto em si (*Psyche*, IV, 7, p. 394s.). Como nossos relatores tivessem com Dr. Boss um relacionamento pessoal e amigável e como nos interessássemos em que o problema apresentado, devido à sua importância fundamental para a solidariedade no relacionamento médico-paciente, não descambasse para o campo de uma controvérsia pessoal, pedimos num questionário enviado a 28 pesquisadores (evidentemente também para aqueles indicados por Dr. Boss) que tomassem posição diante das duas perguntas seguintes:

1. O senhor considera lícita ou não do ponto de vista médico em geral uma intervenção como a praticada pelo Dr. Boss?

2. O senhor considera lícita ou não do ponto de vista do psicoterapeuta a intervenção feita pelo Dr. Boss?

C.G. Jung (Küsnacht – Zurique):

Em primeiro lugar, tive que situar-me através da exposição do caso. O jargão existencialista, totalmente supérfluo, complica desnecessariamente o assunto e torna a leitura uma tarefa desagradável. O paciente estava ávido por transformar-se em mulher – tanto quanto possível – e estava predisposto contra qualquer outra influência. Está claro que do ponto de vista psicoterapêutico não havia nada a fazer. Com isso se resolve a pergunta n° 2. Uma cirurgia desse tipo nada tem a ver com a psicoterapia, pois qualquer um, inclusive o paciente, podia ter aceito o conselho de procurar um cirurgião para castrá-lo.

---

[*] Publicado em *Psyche*, IV/8, 1950/51, p. 464s. Heidelberg.
1. Prof. Alexander Mitscherlig, Heidelberg.

Se Boss lhe deu este conselho, é um assunto privado dele, portanto algo que não se deve espalhar aos quatro ventos.

Por sua vez, a pergunta n°. 1 não é tão fácil de ser respondida. Segundo a máxima "nulla poena sine lege" (não há pena sem lei anterior), tal intervenção é "lícita" se a lei a permitir ou não a proibir. Não há lei contra cirurgias plásticas, e se eu convencer um cirurgião a amputar-me um dedo, então isso é um assunto particular, isto é, um problema de ética individual. Se alguém, em pleno gozo de suas faculdades mentais, quer ser castrado e depois se sente melhor do que antes, não há muito que objetar ao seu procedimento. Quando o médico está convencido de que com tal cirurgia vai ajudar ao paciente, não havendo qualquer outro prejuízo, então sua disposição ética de ajudar e melhorar pode levá-lo a fazer tal intervenção, sem que se possa recriminá-lo em princípio por causa disso. Apenas deve estar consciente de que seu procedimento algo incomum e não convencional irrita perigosamente a *ética coletiva da classe médica*. Além disso, a cirurgia atinge um órgão que é objeto de um tabu coletivo, isto é, a castração representa uma *mutilação numinosa* que impressiona muito a qualquer um e, por isso, está cercada de toda espécie de considerações emocionais. Um médico que arrisca tal cirurgia não deve admirar-se se a coletividade reagir contra. Ele pode estar plenamente justificado perante sua consciência, mas arrisca sua reputação por violar um sentimento coletivo (O *carrasco* está numa situação semelhante!). Insultos desse tipo não interessam à profissão médica e são, portanto, abominados com toda razão.

O Dr. Boss teria agido melhor calando este caso penoso, em vez de proclamá-lo *urbi et orbi* com entusiasmo "analítico-existencial", por mais que estivesse interessado em obter a aprovação de sua classe profissional. Ele teve uma consciência bem diminuta de quanto seu procedimento ofende o sentimento profissional dos médicos.

Respondo, pois, à pergunta n°. 1 da seguinte forma: Pelas razões acima, considero a cirurgia, do ponto de vista médico em geral, como arriscada ou, respectivamente, ilícita. Do ponto de vista individual, prefiro conceder ao Dr. Boss o benefício da dúvida.

Prefácio a "Wisdom, Madness and Folly", de Custance

826   Quando, em 1906, eu trabalhava em meu livro *Über die Psychologie der Dementia praecox*[1] (assim se chamava antigamente a esquizofrenia), nunca imaginei que, no meio século seguinte, a pesquisa psicológica das psicoses e de seus conteúdos não fizesse nenhum progresso. O dogma, ou a superstição intelectual de que apenas as causas físicas eram válidas, manteve fechado ao psiquiatra o acesso à psique de seu paciente e induziu-o às mais ousadas e estranhas intervenções no mais delicado de todos os órgãos, em vez de permitir ao menos o pensamento da possibilidade de conexões e efeitos genuinamente psíquicos, ainda que esta última fosse óbvia para uma mente sem preconceitos. É preciso apenas dirigir a atenção para isso, mas é precisamente isto que o preconceito materialista impede inclusive naquelas cabeças que reconheceram a futilidade dessas suposições metafísicas. O orgânico, apesar de nunca conhecido mas puramente hipotético, é mais convincente do que o realmente psíquico, pois este ainda não existe em seu próprio direito, mas é considerado um vapor secundário que sabe da química albuminosa das coisas. Como é possível saber que a única realidade é o átomo físico, se este não pode ser provado em sua existência a não ser pela psique? Se existe alguma coisa que pode ser designada como primária, então isto é a psique, jamais o átomo que, como qualquer outra coisa de nossa experiência, nos é apresentado diretamente apenas como modelo ou imagem psíquicos.

827   Lembro-me ainda muito bem da grande impressão que tive quando consegui decifrar pela primeira vez a aparente tolice dos neologismos esquizofrênicos. Foi uma tarefa bem mais simples do que decifrar os hieróglifos ou a escrita cuneiforme. Enquanto esta decifração nos deu uma autêntica visão da cultura intelectual da antiga humanidade – uma proeza certamente não desprezível – a decifração dos produtos da insanidade e outras formas de manifestação do inconsciente abre-nos o sentido de processos psíquicos muito mais antigos e fundamentais e, com isso, dando acesso a um mundo sub e por trás, que não é apenas a matriz de produtos mentais do passado, mas também da consciência do dia a dia. Mas isto parece não interessar

---

1. OC, 3.

nem afetar o psiquiatra; mais ou menos como se fosse de importância capital saber exatamente de que pedreira vinham as pedras para construir as catedrais da Idade Média, mas sem dar a mínima importância ao sentido e objetivo dessas construções.

Meio século não bastou para dar ao psiquiatra, "o médico da alma", um conhecimento mínimo da estrutura e conteúdos da psique. Ninguém precisa escrever uma apologia sobre a importância do cérebro, pois este pode ser colocado até debaixo de um microscópio. Mas a psique não é nada porque não é suficientemente física para poder ser solidificada e pintada. As pessoas continuam desprezando o que não conhecem, e o que conhecem menos de tudo, elas dizem que sabem bem. A tentativa de fazer certa ordem no caos da experiência psicológica é considerada "não científica" porque os critérios da validade física não podem ser aplicados diretamente à realidade psíquica. A prova documental que é reconhecida plenamente na história e na jurisprudência parece ainda desconhecida na psiquiatria.

828

Por esta razão, um livro como este deveria ser bem-vindo exatamente para a psiquiatria. É um documento humano, infelizmente um dos poucos. Não conheço mais do que meia dúzia dessas descrições autóctones da psicose; mas essa é a única que provém da esfera da insanidade maníaco-depressiva; todas as outras derivam da insanidade esquizofrênica. Quanto eu saiba é a única. Certamente há em inúmeras histórias clínicas autodescrições semelhantes, mas nenhuma delas veio à luz na forma de uma publicação impressa; além do mais, nenhuma chegaria sequer perto da autobiografia de nosso autor no que se refere à articulação, cultura geral, conhecimentos literários, reflexão e autocrítica. O mérito desse livro é incomum e tanto maior porque apresenta uma descoberta, ou melhor, uma redescoberta de certas estruturas fundamentais e tipos da psique sem sofrer a influência da literatura. Ainda que eu mesmo tenha estudado e descrito esses mesmos fenômenos há muitos anos, foi para mim uma novidade importante e inesperada ver que a fuga de ideias delirante e o não constrangimento do estado maníaco deslocam o limiar da consciência para o inconsciente, de tal forma que este, como no "abaissement du niveau mental" da esquizofrenia, é posto a nu e assim tornado inteligível. O que o autor descobriu no estado maníaco coincide perfeitamente com minhas verificações. Refiro-me principalmente à estrutu-

829

ra dos opostos e ao seu simbolismo, ao tipo de anima e, finalmente, ao inevitável entendimento com a realidade da psique. Como se sabe, esses três pontos fundamentais desempenham papel essencial em minha psicologia, mas dela o autor só tomou conhecimento mais tarde.

830   É de especial interesse para o conhecedor desse campo ver o quadro geral que surge quando é removida na mania a inibição que a consciência exerce sobre o inconsciente. O resultado é uma oposição crua, mitigada por nada, brilhando em todas as formas e cores, que se estende desde as alturas até as profundezas. O simbolismo é sobretudo de natureza coletiva e arquetípica e, portanto, decididamente mitológica ou religiosa. Faltam indicações precisas de um processo de individuação, pois a dialética se processa na confrontação espontânea e interna dos opostos na presença de um sujeito perceptivo e reflexivo. Isto não está numa relação dialética com um oposto; em outras palavras, não ocorre nenhum diálogo. Os valores apresentam-se num sistema indiferenciado de branco e preto, não se colocando o problema das funções mais ou menos diferenciadas. Faltam por isso também indicações precisas do processo de individuação que tem como pressuposto necessário uma relação intensa com os outros indivíduos e um entendimento com eles. A relação, isto é, o eros não aparece, portanto, em lugar nenhum como problema. Em compensação, a realidade psíquica, que o autor traduz muito bem por *actuality*, recebe uma atenção tanto maior, cujo valor não pode ser negado.

831   Por causa do conteúdo impressionante de sua psicose, o autor ficou profundamente afetado. Sua comoção perpassa como característica principal o livro do começo ao fim, fazendo dele um monólogo confessional, dirigido a uma audiência anônima, bem como um entendimento com o espírito da época também anônimo. Seu horizonte intelectual é amplo e honra o *logos* de seu autor. Não sei qual será a impressão que o livro causará ao leigo "normal" que nunca se defrontou com algo do outro lado da barreira. Sei apenas que o psiquiatra e o psicólogo praticante devem gratidão ao autor pelo esclarecimento que seu esforço lhes proporcionou. O livro é uma contribuição única e valiosa para o conhecimento daqueles conteúdos psíquicos importantes que se manifestam sob condições patológicas ou estão na origem delas.

C.G. Jung

Prefácio ao livro de Perry: "The self in psychotic process"*

Quando estudava o manuscrito do Dr. Perry, não pude deixar de me lembrar do tempo em que, como jovem alienista, procurava em vão por um ponto de vista que me capacitasse a entender as funções da mente enferma. Meras observações clínicas – e o subsequente *post mortem*, quando se examinasse atentamente o cérebro que deveria ter sido defeituoso, mas que não apresenta sinais de anormalidade – não foram particularmente esclarecedoras. O *axioma* era: "doenças mentais são doenças do cérebro", mas isto nada me dizia. Nos meus primeiros meses na Clínica[1], percebi que me faltava uma *real psicopatologia*, uma ciência que mostrasse o que estava acontecendo na mente durante uma psicose. Nunca me satisfiz com a ideia de que tudo o que os pacientes produziam, sobretudo os esquizofrênicos, era absurdo ou palavrório caótico. Ao contrário, cedo me convenci de que suas produções significavam algo que podia ser entendido, caso alguém pudesse descobrir o que era. Em 1901, comecei com meus experimentos de associação em pessoas experimentais normais para ter uma base normal de comparação. Descobri então que os experimentos eram quase regularmente perturbados por fatores psíquicos fora do controle da consciência. Chamei a esses fatores de *complexos*. Mal havia comprovado esse fato, quando apliquei minha descoberta a casos de histeria e esquizofrenia. Em ambos encontrei uma quantidade exagerada de distúrbios, o que significava que o inconsciente nessas condições não está apenas em oposição à consciência, mas também possui uma carga energética extraordinária. Enquanto nos neuróticos os complexos consistem em conteúdos dissociados, mas sistematicamente ordenados e, por isso, facilmente compreensíveis, nos esquizofrênicos o inconsciente se mostrou não apenas incontrolável e autônomo, mas altamente não sistemático, desordenado e caótico. Além disso tem uma qualidade onírica peculiar, com associações e ideias bizarras como as encontramos nos sonhos. Na mi-

---

* Berkeley/Los Angeles/Londres, 1953. Por John Weir Perry. Subtítulo: Its Symbolism in Schizophrenia.

1. Burghölzli, Zurique.

nha tentativa de compreender os conteúdos das psicoses esquizofrênicas, fui muito ajudado pelo livro de Freud sobre a interpretação dos sonhos, que apareceu recentemente (1900). Em 1905 já havia adquirido um conhecimento seguro sobre a psicologia da esquizofrenia (então chamada "dementia praecox"), a ponto de escrever dois trabalhos[2] sobre ela. *A psicologia da dementia praecox* (1906) praticamente não teve repercussão alguma, pois ninguém estava interessado em psicologia patológica, exceto Freud, com o qual tive a honra de colaborar nos sete anos seguintes.

833   Em seu livro o Dr. Perry apresenta um quadro excelente de conteúdos psíquicos com os quais me confrontei pessoalmente. No começo sentia-me completamente perdido para entender a associação de ideias que podia observar diariamente em meus pacientes. Não sabia naquela época que possuía em meu bolso a chave do mistério, porquanto não conseguia ver o paralelismo muitas vezes óbvio entre as delusões do paciente e os motivos mitológicos. Mas por longo tempo não ousei admitir qualquer relação entre formações mitológicas e as delusões mórbidas do indivíduo. Além do mais, meu conhecimento de folclore, mitologia e psicologia primitiva era lamentavelmente deficiente, de modo que era lento em descobrir que esses paralelos eram comuns. Nossa abordagem clínica da mente humana era apenas média, o que era quase tão útil quanto a abordagem dos mineralogistas da catedral de Chartres. Nosso treinamento como alienistas preocupava-se mais com a anatomia do cérebro do que com a psique humana. Não se podia esperar muito mais naquela época, quando mesmo as neuroses, com sua abundância de material psicológico, eram psicologicamente *terra desconhecida*. A principal arte que os estudantes de psiquiatria tinham que aprender então era como não ouvir os seus pacientes.

834   Mas eu comecei a ouvir, e assim o fez também Freud. Ele estava impressionado com certos fatos da psicologia das neuroses, que ele

---

2. O segundo trabalho é provavelmente "O conteúdo da psicose". Cf. § 982 deste volume. "O conteúdo da psicose". In: JUNG, C.G. *Psicogênese das doenças mentais*. Petrópolis: Vozes, 2011 [OC, 3].

inclusive denominou segundo um famoso modelo mitológico, mas eu estava assoberbado com o material "histórico", enquanto estudava a mente psicótica. De 1906 a 1912 procurei adquirir o máximo de conhecimentos de mitologia, psicologia primitiva e religião comparada. Este estudo deu-me a chave para entender as camadas mais profundas da psique e possibilitou-me escrever o livro *Wandlungen und Symbole der Libido* (Transformação e símbolos da libido). Este título é um tanto enganoso, pois o livro apresenta a análise de uma condição esquizofrênica prodromal. Foi publicado há quarenta anos, mas no ano passado publiquei a quarta edição revista, sob o título *Symbole der Wandlung* (Símbolos da transformação, vol. 5 da Obra Completa). Não se pode dizer se esse livro exerceu alguma influência perceptível sobre a psiquiatria. A falta de interesse psicológico não é privilégio do alienista. Ele a compartilha com certo número de outras escolas do pensamento como a teologia, filosofia, economia política, história e medicina. Todas elas precisam de conhecimentos psicológicos, mas se permitem alimentar preconceitos e permanecer na ignorância. Foi apenas nos últimos anos, por exemplo, que a medicina reconheceu a "psicossomática".

A psiquiatria negligenciou completamente o estudo da mente psicótica, apesar de ser importante uma investigação desse tipo, não só do ponto de vista científico e teórico, mas também do ponto de vista da terapia prática. 835

Por isso saúdo o livro do Dr. Perry como o mensageiro de um tempo em que a psique do doente mental vai ser alvo do interesse que merece. O autor faz uma adequada apresentação de um caso médio de esquizofrenia com sua estrutura mental peculiar e, ao mesmo tempo, mostra ao leitor o que ele deve conhecer sobre psicologia humana em geral se quiser entender as distorções aparentemente caóticas e a "bizarria" grotesca da mente enferma. Uma compreensão adequada tem muitas vezes um grande efeito terapêutico em casos mais brandos que, obviamente, não aparecem em hospitais de doentes mentais, mas no consultório particular do especialista. Não se pode subestimar o choque desastroso que sofrem os pacientes quando se veem assaltados pela intrusão de conteúdos estranhos que eles não conse- 836 guem integrar. O simples fato de terem tais ideias isola-os de seus semelhantes e os expõe a um pânico irresistível que, muitas vezes, marca o início da psicose manifesta. Se, por um lado, puderem contar com a compreensão adequada de seu médico, eles não entram em pânico, porque ainda são compreendidos por um ser humano e assim preservados do choque desastroso do isolamento completo.

837   Os conteúdos estranhos que invadem a consciência são encontrados raramente nos casos neuróticos, ao menos não diretamente; esta é a razão por que tantos psicoterapeutas não estão familiarizados com os estratos mais profundos da psique humana. Por sua vez, o alienista raramente tem tempo ou o equipamento científico necessário para tratar psicologicamente de seus pacientes ou importar-se com eles. Neste aspecto, o livro do autor preenche uma lacuna. O leitor não deve ser enganado pelo preconceito corrente de que eu só faço teorias. As minhas assim chamadas teorias não são ficções, mas fatos que podem ser verificados se alguém simplesmente se der ao trabalho, como fez o autor com tanto êxito, de escutar o paciente, de dar-lhe o crédito – tão importante humanamente – de que o que ele diz significa algo e encorajá-lo a expressar-se tanto quanto pode. Conforme mostra o autor, desenho, pintura e outros métodos são às vezes de valor inestimável, enquanto complementam e ampliam a expressão verbal. É de suma importância que o examinador esteja suficientemente a par da história e fenomenologia da mente. Sem este conhecimento, não saberia entender a linguagem simbólica do inconsciente e não poderia ajudar seu paciente a assimilar as ideias irracionais que confundem e tornam perplexa sua consciência. Não é um "interesse histórico peculiar", uma espécie de hobby para mim coletar curiosidades históricas, como foi sugerido, mas um esforço para entender a mente enferma. *Tanto quanto o corpo, a psique é uma estrutura extremamente histórica.*

838   Espero que o livro do Dr. Perry desperte o interesse do psiquiatra pelo aspecto psicológico de seu caso. A psicologia depende tanto de sua aprendizagem quanto a anatomia e a fisiologia da aprendizagem do cirurgião.

Prefácio ao livro de Schmaltz: "Komplexe psychologie und körperliches symptom"*

É com muita satisfação que atendo ao desejo do autor de escrever uma palavra introdutória a seu estudo, pois o li com vivo interesse e total concordância. O autor se propôs a abordar psicologicamente um caso no campo da medicina psicossomática, em colaboração com um especialista interno, e a descrever nos mínimos detalhes o curso do tratamento até sua cura. A descrição clínica do caso é incontestável e completa. Também me parece satisfatória sua explicação e interpretação psicológica. Em nenhum lugar o autor sucumbe a um preconceito teórico, mas comprova suas conclusões com material suficiente e mostra muito cuidado e precaução. A história clínica não é um caso em si fora do comum. É um dos muitos casos de perturbação cardíaca, associada a uma lesão do sentimento, doença característica do nosso tempo. Atribuo ao autor um mérito especial por não ter medo de apontar também as conexões mais gerais e as causas mais profundas da neurose. A neurose é a expressão da pessoa toda que não pode ser tratada apenas nas categorias de uma especialidade médica. As causas psicógenas têm a ver com a psique e esta, por sua própria natureza, se estende não só para além do horizonte médico, mas, como matriz de todos os eventos psíquicos, ultrapassa também os limites da compreensão científica. Certamente os detalhes etiológicos têm que ser elaborados dentro dos limites específicos do horizonte do especialista; mas a psicologia e terapia das neuroses exigem um ponto de Arquimedes do lado de fora, sem o qual elas simplesmente andam em círculo. A própria medicina é uma ciência que fez grandes progressos só porque tomou muita coisa emprestada de todas as outras ciências. Foi indispensável que ela incorporasse em seu horizonte a física, a química e a biologia; e se isto foi o caso da medicina somática, então a psicologia das neuroses não prosperará sem tomar emprestado das ciências filosóficas.

839

De importância decisiva para a etiologia e terapia das neuroses é a atitude do indivíduo. E se esta for submetida a uma análise cuidado-

840

---

* Stutgart, 1955.

sa, descobre-se que ela repousa em certas premissas psíquicas, pessoais ou coletivas, que podem ter efeitos patogênicos ou curativos. Assim como a medicina moderna já não pode contentar-se em constatar que um paciente foi contagiado por febre tifoide, mas também preocupar-se com a água responsável pelo contágio, assim a psicologia das neuroses não pode contentar-se com uma etiologia que pensa resolver tudo com traumas e fantasias infantis. Sabemos há muito tempo que as neuroses das crianças dependem do estado psíquico dos pais. Sabemos também que muitas vezes esses "estados psíquicos" provêm não apenas de deficiências pessoais, mas também de condições psíquicas coletivas. Isto seria razão suficiente para o especialista em neuroses preocupar-se também com essas condições gerais. Não se pode combater uma epidemia de tifo diagnosticando e tratando cuidadosamente de um caso individual. A medicina mais antiga teve de contentar-se com usar qualquer poção, contanto que ajudasse. Graças às ciências auxiliares, a medicina moderna conseguiu os meios de conhecer as qualidades de seus remédios. Mas o que cura uma neurose? Para encontrar a verdadeira resposta a essa pergunta, a psicologia das neuroses precisa ir muito além de seus limites puramente médicos. Existem alguns médicos que já perceberam isso. Também neste sentido, o autor ousou abrir uma que outra janela.

Zurique-Küsnacht

C.G. Jung

VI
Freud e a psicanálise

(Relativo ao vol. 4 da Obra Completa)

Sigmund Freud: "Sobre os sonhos[*]
(25 de janeiro de 1901)

Freud começa com uma breve exposição de seu trabalho. Distingue em primeiro lugar as várias interpretações que o problema dos sonhos recebeu ao longo da história:

1. A antiga hipótese "mitológica", ou melhor, mística, de que os sonhos são manifestações significativas de uma alma libertada dos grilhões dos sentidos. A alma é concebida como entidade transcendente que produz sonhos independentemente, como ainda supunha Gott-Hilf Heinrich Von Schubert, ou representa o meio de comunicação entre a mente consciente e a revelação divina.

2. A hipótese mais recente de K.A. Scherner e J. Volkelt, segundo a qual os sonhos devem sua existência à operação de forças psíquicas que são mantidas sob controle durante o dia.

3. O ponto de vista moderno e crítico de que os sonhos podem ser atribuídos a estímulos periféricos que afetam em parte o córtex cerebral, induzindo assim à atividade sonhadora.

---

[*] Manuscrito encontrado no espólio de Jung, datado de janeiro de 1901. Provavelmente é um relato feito a seus colegas de Burghölzli, no qual Jung assumiu em 10 de dezembro de 1900 seu primeiro posto de trabalho como médico assistente. Cf. JAFFE, A. (org.). *Memórias, sonhos, reflexões.* "Studienjahre", p. 118. O texto de Freud havia sido publicado como parte de uma série intitulada "Grenzfragen des Nerven- und Seelenlebens", org. por Löwenfeld e Kurella (Wiesbaden, 1901), p. 307-344.

4. A opinião comum de que os sonhos têm um significado mais profundo e podem até prenunciar o futuro. Com reservas, Freud se inclina para este ponto de vista. Ele não nega um sentido mais profundo aos sonhos e admite como certo o método comum da interpretação dos sonhos enquanto toma a imagem onírica como símbolo de um conteúdo oculto que tem um significado.

842 No início de suas observações, Freud compara o sonho a ideias obsessivas que, à semelhança daquele, são estranhas e inexplicáveis à consciência.

843 A psicoterapia das ideias obsessivas oferece a chave para desenredar as ideias dos sonhos. Assim como deixamos que um paciente que sofre de ideias obsessivas perceba todas as ideias que se associam à ideia dominante, podemos fazer conosco mesmos a tentativa de observar tudo o que vem associado às ideias no sonho se deixarmos surgir, sem espírito crítico, tudo o que estamos acostumados a reprimir como sem valor e perturbador. Portanto, observemos todas as ideias psiquicamente sem valor, as percepções e ideias momentâneas que não vêm acompanhadas por nenhum sentimento de valor mais profundo e que o cotidiano produz em quantidades infindas.

844 Exemplo do parágrafo 674. Com base nos resultados desse método, Freud supõe que o sonho é uma espécie de substituto, isto é, uma representação simbólica de uma linha de pensamento com certo sentido, muitas vezes ligada a emoções bem vivas. O mecanismo dessa substituição ainda é obscuro, mas de qualquer forma merece a dignidade de um processo psicológico da mais alta importância, uma vez que o elo inicial e final do processo foi estabelecido pelo método indicado. Freud chama o conteúdo do sonho, como ele se apresenta à consciência, de "conteúdo manifesto do sonho". O material, as premissas psicológicas, portanto todas as linhas de pensamento, ocultas à consciência sonhadora e só descobertas pela análise, Freud as denomina "conteúdo latente do sonho". O processo sintético que elabora, a partir das ideias multiformes não ligadas entre si ou só ligadas superficialmente, a imagem do sonho numa certa unidade, é por ele chamado "trabalho do sonho".

845 Estamos agora diante de duas perguntas básicas:

1. Qual é o processo psíquico que transforma o conteúdo latente do sonho em conteúdo manifesto?

2. Qual é o motivo dessa transformação?

Há sonhos cujo conteúdo latente não está oculto de forma alguma, ou apenas um pouco, e que são lógicos e compreensíveis em si porque o conteúdo latente é essencialmente idêntico ao conteúdo manifesto. Os sonhos das crianças são muitas vezes desse tipo porque o mundo das ideias das crianças está repleto principalmente de imagens sensórias e concretas. Quanto mais complicadas e abstratas se tornarem as linhas de pensamento dos adultos, tanto mais confusos se tornarão os seus sonhos, na maioria das vezes. Raras vezes encontramos no adulto um sonho completamente transparente e coerente. Muitas vezes os sonhos dos adultos pertencem à categoria de sonhos que, apesar de lógicos e sem sentido, são ininteligíveis porque seu sentido não se coaduna com a linha de pensar da consciência desperta. Mas os sonhos em sua maioria são confusos e incoerentes, surpreendendo por seu absurdo e impossibilidade. São também aqueles que se afastaram o máximo de sua premissa, do material latente do sonho, que têm a menor semelhança com ele e, portanto, são difíceis de analisar, tendo exigido para sua síntese um gasto maior de energia psíquica transformadora.

846

Os sonhos infantis, com sua clareza e transparência, experimentam em menor grau a atividade transformadora do trabalho do sonho. Sua natureza é, portanto, bastante clara: trata-se na maioria das vezes de sonhos de desejos.

847

Uma criança com fome sonha com comida, um divertimento negado de dia realiza-se de noite no sonho etc. Nas crianças trata-se de objetos sensórios simples e de desejos simples, sendo por isso também o sonho bem simples. Se nos adultos se trata de objetos semelhantes, também os sonhos serão simples. A este tipo pertencem sobretudo os chamados sonhos de conveniência que ocorrem em geral pouco antes do despertar. Por exemplo, está na hora de levantar: sonha-se então que já se está de pé, já se lavou, já se vestiu e está no trabalho. Ou, se existe um exame próximo, sonha-se que se está no meio dele etc. Mas nos adultos sonhos aparentemente bem simples

848

são muitas vezes bem complicados, pois colidem com vários desejos e influenciam mutuamente a configuração da imagem onírica.

849 Para os sonhos das crianças e os sonhos de conveniência dos adultos, o autor coloca a seguinte fórmula: "Uma ideia que está no optativo é substituída por uma representação no presente".

850 A segunda das perguntas acima colocadas, isto é, sobre o motivo da transformação do conteúdo latente na imagem concreta do sonho, pode ser respondida mais facilmente nesses casos simples: Evidentemente a satisfação representada suaviza a intensidade do desejo emergente e emocional; portanto, o desejo não consegue romper a inibição e acordar o organismo em descanso. Neste caso o sonho desempenha a função de guardião do sono.

851 A primeira das perguntas, isto é, sobre o processo do trabalho do sonho será melhor respondida pelo exame dos sonhos confusos.

852 Ao examinar um sonho confuso, a primeira coisa que nos chama a atenção é que o material latente do sonho é bem mais amplo do que a imagem onírica construída a partir dele. A cada ideia do sonho manifesto se associam, na análise, ao menos três ou quatro outras ideias que possuem entre si algo de comum. A imagem onírica a elas correspondente reúne muitas vezes em si todas as características diferentes das ideias individuais subjacentes. Freud compara esta imagem onírica com as fotografias de família de Galton, em que várias tomadas são sobrepostas. Esta combinação de ideias diferentes Freud a chama de "condensação das ideias". Muitas imagens oníricas devem a este processo seu caráter indefinido e embaçado. O sonho não conhece nenhum "ou-ou" mas apenas um "e".

853 Numa observação superficial, parece muitas vezes que duas ideias unidas numa só imagem nada tenham em comum. Porém, olhando mais profundamente, percebe-se que, onde não há um *tertium comparationis*, o sonho cria um e insere a ideia correspondente, em geral mediante a expressão linguística. As vezes essas ideias dissemelhantes têm uma expressão linguística homófona: talvez uma rima, ou podem ser trocadas por falta de atenção. O sonho usa esta possibilidade como um *quid pro quo* (uma coisa por outra) e assim combina os elementos dissimilares. Em outros casos, o sonho procede não apenas de modo engraçado mas também poético, fala em tropos e metáforas, cria símbolos e

alegorias, tudo para disfarçar e cobrir com teias enganadoras. O processo de condensação cria figuras horrendas que ultrapassam de longe os seres fabulosos dos contos orientais. Diz um filósofo moderno que nós somos tão prosaicos em nossa vida cotidiana porque desperdiçamos nos sonhos fantasia poética excessiva. Portanto, as figuras de um sonho confuso são principalmente estruturas mistas.

No sonho manifesto, o material latente do sonho é apresentado por esta estrutura mista, os chamados elementos do sonho. Estes elementos não são incoerentes, mas estão ligados entre si por um "pensamento onírico" comum, isto é, eles representam muitas vezes diferentes modos de expressão de uma e mesma ideia dominante. 854

Esta situação bastante complicada explica boa parte da confusão e incompreensibilidade do sonho, ainda que nem tudo. Até agora tratamos apenas do aspecto manifesto do sonho. Ainda não consideramos o aspecto dos sentimentos e emoções que desempenham um papel de grande relevância. 855

Se analisarmos um de nossos sonhos, chegaremos finalmente, pela livre associação, a linhas de pensamento que, por curto ou longo tempo, foram importantes para nós e, consequentemente, estão revestidos de um sentimento correspondente de valor. Através do processo de condensação e reinterpretação, certas ideias são empurradas para o palco do sonho, cujo caráter peculiar poderia levar o sonhador a criticá-las e a reprimi-las, como acontece realmente na consciência acordada. Mas o lado emocional do sonho impede isto ao dotar os elementos dos sonhos com sentimentos que constituem um contrapeso efetivo contra toda crítica. As ideias obsessivas funcionam da mesma forma: por exemplo, a agorafobia se manifesta através de um sentimento imperioso de medo e assim mantém a posição que usurpou na consciência. 856

Freud supõe que as emoções se transferem dos componentes do material latente do sonho para os elementos do sonho manifesto e, com isso, contribuem para completar a dessemelhança entre o sonho latente e o manifesto. Freud chama a este processo de "deslocamento do sonho" ou, em termos modernos, inversão dos valores psíquicos. 857

Mediante esses dois princípios acredita o autor que pode explicar satisfatoriamente a obscuridade e confusão de um sonho que se 858 move dentro de um material simples e concreto de pensar. As duas hipóteses lançam nova luz sobre a questão do móvel do sonho e da conexão entre sonho e vida desperta. Existem sonhos em que a relação com a vida desperta é bem evidente e em que uma impressão importante durante o dia assume o papel de móvel do sonho. Com mais frequência, porém, o móvel do sonho é um acontecimento completamente indiferente, até mesmo trivial, que pode introduzir sonhos longos e cheios de emoção, apesar de sua total inutilidade. Nesses casos a análise nos remete a complexos de ideias que são em si insignificantes mas que estão associados a impressões do dia, sumamente importantes, através de relações incidentais de um tipo ou outro. No sonho, as coisas incidentais ocupam um lugar amplo e impositivo, enquanto as coisas importantes estão retraídas na consciência sonhadora. O móvel propriamente dito do sonho não é, portanto, o momento indiferente e incidental, mas a emoção poderosa que está no plano de fundo. Mas, por que a emoção abandona de certa forma as ideias a ela associadas e empurra em seu lugar para dentro da consciência os elementos insignificantes e sem valor? Por que o intelecto sonhador se esforça em reunir de todos os cantos de nossa memória as coisas esquecidas, incidentais e sem importância, procurando elaborá-las, construí-las e compô-las em imagens engenhosas?

859   Antes de buscar a solução dessa questão, Freud tenta indicar outros efeitos do trabalho do sonho a fim de lançar uma luz mais clara sobre os propósitos e objetivos das funções oníricas.

860   O material que está à base do sonho abrange nos adultos, além de imagens visuais e acústicas da memória, inúmeras coisas abstratas que não são facilmente representadas de forma concreta. Considerando a representatividade do conteúdo do sonho, surge nova dificuldade que influencia a performance do sonho. Para isto o autor faz um pequeno excurso e descreve como o sonho representa relações lógicas para representação visual das imagens sensórias. Suas observações neste aspecto não têm maior importância para sua teoria; servem apenas para aumentar a consideração do público pelo sonho que caiu em descrédito.

861   Mas um notável efeito extenuante do trabalho do sonho é o que o autor designa pelo nome de "composição do sonho". Segundo sua

definição, trata-se de uma espécie de revisão por que passa a massa desordenada dos elementos oníricos no momento de sua aparição – uma verdadeira dramatização, muitas vezes de acordo com todas as regras da arte, exposição, desenvolvimento e solução. Conforme as palavras do autor, o sonho adquire dessa forma uma fachada que, no entanto, não cobre todos os lados de seu conteúdo. Esta fachada, segundo Freud, é o ápice do mal-entendido, pois ela sistematiza o jogo enganador dos elementos oníricos e os leva a uma relação plausível. Freud pensa que a razão dessa última configuração do conteúdo do sonho está na consideração da inteligibilidade. Ele gosta de imaginar o produtor do sonho como um demônio brincalhão que deseja tornar plausíveis seus planos à pessoa que dorme.

Além desse último e inconstante efeito do trabalho do sonho, o que o sonho cria não é nada de novo ou intelectualmente superior. Tudo que se apresenta de bom e correto na imagem do sonho já pode ser constatado, através da análise, também no material latente. E pode ser bastante duvidoso se a composição do sonho não é um efeito direto da consciência reduzida no sentido de uma tentativa fugaz de explicar as alucinações do sonho.

Chegamos agora à última questão: Por que o sonho realiza esses trabalhos? Analisando seus próprios sonhos, o autor em geral se defronta com ideias em parte rapidamente esquecidas e em parte inesperadas e de natureza desagradável que entraram na consciência desperta apenas para serem novamente suprimidas. "Repressão" é o nome que ele dá a esse estado de ideias.

Para explicar o conceito de repressão, o autor postula dois sistemas de formação de ideias; um deles com livre acesso à consciência, enquanto o outro só pode alcançar a consciência por intermédio do primeiro. Em termos mais claros, existe no limite entre a consciência e o inconsciente uma *censura* que está sempre ativa durante a vida acordada, regulando o fluxo das ideias que vai à consciência de tal forma a reter todas as ideias incidentais que por alguma razão são proibidas, e só permitir que cheguem à consciência as ideias aprovadas. Durante o sono há uma predominância momentânea daquilo que foi reprimido durante o dia; a censura precisa ceder e assume um compromisso: o sonho. O autor não esconde o caráter demasiadamente esquemático e antropomórfico dessa concepção, mas consola-se com a esperança de que algum dia seu correlato objetivo possa ser encontrado em alguma forma orgânica ou funcional.

865 Existem ideias de coloração sumamente egoísta que podem ludibriar a censura imposta pelos sentimentos éticos e pela crítica, quando a censura se encontra relaxada no sono. Entretanto a censura não está totalmente abolida, mas apenas reduzida em sua eficácia, possuindo ainda certa influência sobre a formação das ideias dos sonhos. O sonho representa a reação da personalidade à invasão de ideias rebeldes. Seu conteúdo são ideias reprimidas e que são representadas de modo deturpado e disfarçado.

866 Num exemplo de sonhos compreensíveis e que têm sentido, percebe-se claramente que seu conteúdo é geralmente um desejo realizado. O mesmo acontece com os sonhos confusos e difíceis de entender. Também eles contêm a realização de desejos reprimidos.

867 Portanto, os sonhos podem ser divididos em três classes:

1. Aqueles que representam *com toda franqueza um desejo não reprimido*. São os sonhos do tipo infantil.

2. Aqueles que representam a realização de um *desejo reprimido de forma dissimulada*. Segundo Freud, a maioria dos sonhos pertence a esta classe.

3. Aqueles que representam *com toda franqueza um desejo reprimido*. Estes sonhos viriam acompanhados de medo. O medo seria o substituto da deturpação do sonho.

868 Mediante a concepção do sonho como um compromisso chegamos à explicação do sonho em geral. Quando a consciência desperta mergulha no sono, diminui também a energia necessária para manter a inibição contra a esfera do material reprimido. Mas, assim como a pessoa adormecida tem ao seu dispor alguma atenção contra estímulos sensórios que provêm de fora e pode, através dessa mesma atenção, eliminar influências perturbadoras do sono por meio de sonhos perifrásticos e dissimuladores, também os estímulos vindos de dentro, isto é, da esfera psíquica inconsciente, são neutralizados por um compromisso, ou seja, por um sonho igualmente perifrástico. O objetivo é o mesmo num e noutro caso, isto é, a preservação do sono. Por esta razão Freud chama o sonho de "guardião do sono". Bons exemplos dessa concepção são os chamados sonhos acordados que

são inesgotáveis em descobertas e perífrases que nos devem explicar a continuação do sono.

Menos claros neste sentido são os sonhos confusos, mas Freud afirma que, com empenho e boa vontade, também neles podem ser descobertos desejos reprimidos. Aqui ele adota um ponto de vista algo unilateral, pois tanto o desejo quanto o oposto dele, isto é, o medo reprimido, podem ser o móvel do sonho; este medo, manifestado sem reservas e muitas vezes de modo exagerado, faz com que a explicação teleológica dos sonhos pareça duvidosa.

Freud: sonhos
Conteúdos

Organização

Introdução

1. Exemplo da análise. Exame não crítico das associações.

    a) Conteúdo manifesto do sonho

    b) Conteúdo latente do sonho

2. Classificação dos sonhos:

    a) Com sentido e compreensível

    b) Com sentido e incompreensível

    c) Confuso

3. Sonhos de crianças

4. Sonhos de adultos: sonhos de conveniência e sonhos de desejos

5. Causas da estranheza dos sonhos:

    a) Condensação

        aa) mediante o fator comum natural

        bb) mediante um fator comum criado pelo próprio sonho

    b) Deslocamento do sonho, deturpação do sonho, deturpação ou ideias proibidas

    c) Representação concreta de ideias inadequadas, por isso metáforas

        Metamorfoses sensórias de relações lógicas

Causal: transformação ou mera justaposição Alternativa = e Semelhança, fator comum, concordância

Oposição, caçoada, desprezo = absurdo do sonho manifesto

d) Composição do sonho visando à compreensão

e) Representação de desejos e pensamentos reprimidos

6) Concepção teleológica: o sonho como guardião do sono.

Recensão do livro de Willy Hellpach: "Grundlinien einer psychologie der hysterie"*

871   Todos os meus colegas de profissão que se interessam pelo grande problema da histeria vão saudar com alegria e expectativa um livro que, por sua envergadura, promete abordar meticulosamente e com base ampla a psicologia da histeria. Todos que conhecem o estado atual da teoria da histeria e principalmente da psicologia da histeria sabem que nosso conhecimento desse campo obscuro infelizmente é muito pequeno. As pesquisas de Freud, apesar de receberem pouco reconhecimento, mas que ainda não foram superadas, previram o fato de que as futuras investigações sobre a histeria seriam psicológicas. O livro de Hellpach parece vir ao encontro dessa previsão. Se examinarmos sumariamente o índice de nomes, ao final do livro, encontraremos mencionados: Arquimedes, Behring, Billroth, Büchner, Buda, Cuvier, Darwin, Euler, Fichte, Galileu, Gall, Goethe, Herbart, Hume, Kepler, Laplace, de la Mettrie, Newton, Rousseau, Schelling e outros, nomes ilustres todos eles, entre os quais um que outro psiquiatra ou neurologista. Não padece dúvida de que uma teoria da histeria ultrapassará os estreitos limites da psiquiatria e da neurologia. Quanto mais penetrarmos na charada da histeria, mais se ampliarão seus horizontes. Por isso Hellpach parte de uma base de grande extensão e, certamente, com boas razões. Mas quando olhamos para

---

* *Zentralblatt für Nervenheilkunde und Psychiatrie*, XXVIII, 1905. Berlim. O livro foi publicado em Leipzig em 1904. Cf. *Cartas Freud/Jung*, 230J[6].

o espectro ilimitado de conhecimentos, indicado pelos nomes do índice, a base de Hellpach para uma psicologia da histeria nos parece de uma amplidão perigosa.

Através de várias insinuações, o autor dá a entender que considera a crítica negativa como mal-intencionada. Gostaria de dizer que não tenho preconceitos contra Hellpach. Ao contrário, li o livro dele *sine ira* e com atenção, num esforço honesto de entendê-lo e fazer-lhe justiça. O texto até a página 146 pode ser considerado uma introdução. Temos às vezes dissertações sobre conceitos, teorias e história das ciências que se estendem a todos os campos concebíveis da ciência e que parecem nada ter a ver com a histeria. Apenas alguns aforismos, tirados da história da teoria da histeria, sobretudo avaliações dos trabalhos de Charcot e de outros pesquisadores, têm uma fraca conexão com o tema. Não me acho competente para criticar as discussões muito gerais sobre as teorias da ciência e da pesquisa. Os reflexos de luz tirados da história da pesquisa da histeria não são exaustivos ao apresentar o assunto, nem trazem algo novo enquanto pesquisa. Para a psicologia não trazem praticamente nenhuma contribuição.

872

A verdadeira abordagem do tema começa na página 147. Em primeiro lugar temos uma discussão sobre a *sugestionabilidade*. Aqui devemos louvar o pensamento e o sentimento seguros de Hellpach: ele aborda um dos pontos mais difíceis da teoria da histeria. É óbvio que o conceito atual de sugestionabilidade é muito indefinido e por isso insatisfatório. Hellpach tenta penetrar no problema da volição, analisando o comando e a sugestão. A análise o leva a discutir a mecanização e a *desmotivação:* emancipação do ato voluntário do motivo. Através de várias linhas de pensamento embaralhadas, chegamos ao problema da apercepção (no sentido de Wundt) que está intimamente ligado ao problema da volição. Hellpach dá especial importância a uma das qualidades da apercepção, isto é, à *extinção da sensação*. Os estímulos no limite do perceptível são relegados, sob certas circunstâncias, pelo campo visual periférico, mas a fonte do estímulo (estrelinhas etc.) desaparece com a introdução do centro visual. Esta observação é estendida analogicamente também à apercepção, quando a chamada apercep-

873

ção ativa assume a função do centro visual. Portanto, é atribuído à apercepção um efeito de extinção da sensação. Hellpach explora em minúcias esta ideia, infelizmente de modo pouco compreensível e sem aduzir argumentos suficientes. De acordo com o pensamento de Hellpach, a extinção da sensação parece algo comum e normal. Mas ela é uma exceção, pois a apercepção não extingue a sensação; o que acontece é o contrário. A discussão sobre a apercepção culmina na frase: "O controle que, no estado mais passivo da apercepção, se estende sobre todo o campo da consciência, e com isso possibilita a atividade mais rica da vontade, desaparece com a tensão crescente da apercepção ativa. Surgem então as ações da distração".

874 Outro "estado da apercepção" Hellpach o encontra no "vazio da consciência"; aqui empreende, entre outras coisas, um pequeno excurso nos desertos incultivados da dementia praecox e apresenta o negativismo como fenômeno de sugestão na consciência vazia do catatônico. Como se tivéssemos alguma ideia de como é a consciência do catatônico!

875 O resultado da análise da sugestionabilidade parece resumido na seguinte frase: "Apresento a completa falta de sensação ou a completa falta de moderação como os critérios de todos os efeitos psíquicos, que podem ser chamados de sugestões". Infelizmente, com isso não posso fazer nada. Ao longo de cinquenta páginas de análise, não se sabe exatamente como, o conceito da sugestionabilidade mergulhou no indefinido; também não se sabe o que foi feito dele. Em compensação, temos diante de nós dois critérios estranhos de sugestão, cujo início e fim estão no âmbito do incompreensível.

876 Segue então um capítulo sobre um dos milhares de sintomas histéricos: ataxia-abasia. O essencial desse capítulo é a ênfase no significado da paralisia histérica. Outro capítulo fala do sentido do distúrbio histérico da sensação. Hellpach considera a apraxia dolorosa como uma doença autônoma, mas não apresenta provas. Também considera as hiperestesias histéricas como um problema fisiológico e não psicológico, mas também aqui faltam razões conclusivas. É precisamente na histeria que não devem ser multiplicados os princípios explicativos sem necessidade. Para explicar a anestesia, Hellpach usa

a extinção aperceptiva da sensação, aquele fenômeno paradoxal, acima referido, que é tudo menos um fato claro, simples e seguro. Merece aplausos a afirmação de que os histéricos param de sentir quando deveriam sentir. Mas não é possível explicar este fato notável a partir de uma observação ainda mais obscura e mal fundamentada.

Hellpach acha que o intelecto histérico se caracteriza por uma fantástica apercepção e docilidade. A apercepção fantástica é um estado psicológico em que "a atividade da fantasia tem uma tendência para a apassivação da apercepção". Pode-se adivinhar o que Hellpach entende por essa coisa complicada. Mas julgo-me incapaz de formulá-lo num conceito claro. Acredito que nem Hellpach tinha uma noção clara disso, caso contrário poderia ter esclarecido o leitor a respeito. 877

Hellpach assim define a docilidade: "Dócil é a pessoa que executa as exigências que lhe são feitas de boa vontade ou com indiferença psicológica, ou pelo menos sem opor resistência interna" A sugestionabilidade que num capítulo anterior havia desaparecido sob uma torrente de jogos psicológicos de palavras e conceitos, surge aqui novamente, de modo inofensivo e inesperado, como "docilidade". 878

No capítulo "A trama psicológica de uma psicologia da histeria", chegamos ao "fenômeno-raiz da histeria". A "desproporção entre a insignificância da causa emocional e a força do fenômeno de expressão" seria o cerne da anomalia histérica da mente. 879

Na última parte do livro, o autor procura elaborar melhor os princípios anteriormente estabelecidos e indicar uma aplicação; também discute a teoria de Freud sobre a origem da histeria. É mérito de Hellpach entender Freud, restringir e contrabalançar algumas unilateralidades e exageros da teoria freudiana. Mas no que se refere à origem da histeria ela não avança em nada para além de Freud, e em clareza fica muito aquém dele. 880

Às vezes Hellpach faz algumas insinuações contra o "inconsciente". Dispõe-se a explicar certos movimentos histéricos de expressão sem a hipótese do inconsciente. Esta tentativa merece ser lida no original (p. 401s.). Para mim isto não parece ser claro nem convincente. Além do mais, os movimentos de expressão não são fenômenos in- 881 conscientes por excelência. A hipótese do inconsciente psicológico se apoia em fatos bem diferentes daqueles que Hellpach aborda. Apesar disso, o autor emprega algumas vezes o conceito de inconsciente, provavelmente porque não conhece outro melhor para colocar em seu lugar.

882   A tentativa de Hellpach (nos últimos capítulos) de elucidar os aspectos sociológicos e históricos do problema da histeria merece elogios como tendência geral: mostra que o autor tem uma visão geral incomum, e até mesmo magnífica, de seu material. Infelizmente ele fica preso em todos os pontos aos conceitos mais genéricos e mais incertos. Por isso o resultado final do grande esforço é desproporcionalmente pequeno. O ganho psicológico se reduz ao anúncio de um grande propósito e a algumas observações e concepções inteligentes. Para o insucesso desse livro contribuiu não pouco a infelicidade do estilo de Hellpach. Quando o leitor entendeu finalmente uma frase ou uma questão e espera, em seguida, encontrar um desdobramento ou resposta, defronta-se sempre de novo com explanações de como o autor chegou a esta primeira formulação e tudo o que se pode ou poderia dizer sobre ela. Desse modo o pensamento progride aos solavancos, o que com o tempo se torna insuportavelmente cansativo. É surpreendente o número de excursos que o autor faz, além de indicar minuciosamente quantos outros ainda poderia ter feito. Por isso precisa dizer muitas vezes que está voltando ao tema. Em razão disso, o livro padece de uma opacidade peculiar que torna muito difícil qualquer orientação.

883   Além do mais, o autor comete um grave pecado de omissão por não apresentar praticamente nenhum exemplo. Esta falta é especialmente séria quando se trata de fenômenos patológicos. Quem deseja ensinar algo novo deve primeiro ensinar o seu público a ver, mas isto é impossível sem exemplos. Talvez a concepção de Hellpach pudesse trazer algo de bom e novo se ela se dignasse descer à esfera inferior da casuística e do experimento. Se Hellpach quiser falar ao empírico em geral, certamente considerará válido este conselho.

Jung
Burghölzli

Resenhas da literatura psiquiátrica*

BRUNS, L. *Die Hysterie im Kindesalter*. 2. ed. totalmente revista. Halle: 1906. O conhecido e benemérito autor, por causa de suas pesquisas sobre a sintomatologia e tratamento da histeria, publica uma segunda edição de seu livro, conhecido da maioria dos médicos, sobre a histeria infantil. Após breve introdução histórica, o autor oferece uma visão geral bem concisa da sintomatologia, atendo-se ao empiricamente essencial e deixando de lado todas as raridades e curiosidades, com louvável autocensura. Através da apresentação de casos bem claros e curtos, descreve as diversas formas e localizações das paralisias, espasmos, tiques e afecções coreicas; os estados sonambúlicos, letárgicos e de possessão são abordados mais por alto (pelo fato de serem mais raros). Os sintomas de dor (nevralgias etc.), os distúrbios da bexiga e principalmente os fenômenos psíquicos que são de extraordinária importância na histeria mereceram pouca atenção. Na discussão da etiologia, o autor defende, ao contrário de Charcot, o ponto de vista de que não se deve atribuir demasiada importância à hereditariedade. Mais importantes para ele, e com razão, são as causas psíquicas (e individual-psicológicas), sobretudo a imitação de maus exemplos, a influência da educação deficiente, susto e medo etc. Em muitos casos a influência dos pais é diretamente patogênica.

884

Devido à comprovada frequência da histeria infantil, o diagnóstico é da maior importância, pois muitos casos são retardados por um diagnóstico falso e até mesmo completamente arruinados. A posição do autor é bem realista diante da psicogênese: atribui ao evidente impacto psíquico do sintoma histérico a maior importância diagnóstico-diferencial. Muitas vezes é preciso confiar nas próprias impressões para o diagnóstico; o autor cita as palavras clássicas de Moebius[1]: "De acordo com minha concepção geral, que formei sobre a natureza da histeria, muitos sintomas podem ser histéricos, outros não". Por-

885

---

* *Correspondenz-Blatt für Schweizer Aerzte*, XXVl-XL, 1906-1910. Basileia. Redescoberto por Henri F. Ellenberger durante as pesquisas para seu livro *The Discovery of the Unconscious.* – *The History and Evolution of Dynamic Psychiatry.* Nova York/Londres: [s.e.], 1970.

1. Cf. acima, § 795[2].

tanto, em muitos casos, o diagnóstico da histeria é mais uma arte do que uma ciência. Quanto a presumir uma simulação, o autor recomenda, louvavelmente, a maior precaução.

886 Basicamente, a terapia é sempre psíquica. A água, a eletricidade etc. só atuam como forças de sugestão. Não podemos aprofundar aqui as peculiaridades desse capítulo muito bem escrito e que dá uma orientação primorosa para a prática.

887 O livro é escrito por um praticante para praticantes. Por isso não sofre detrimento algum se o aspecto teórico só é representado de modo aforístico, não levando em consideração as modernas concepções, inclusive as concepções analíticas de Freud.

Jung
Burghölzli

888 BLEULER, E.[2]. *Affektivitat, Suggestibilität, Paranoia*. Halle, 1906. Este trabalho, destinado, sobretudo a psicólogos e psiquiatras, destaca-se, como todas as publicações de Bleuler, por uma clareza meridiana; trata de um assunto que se aproxima cada vez mais do centro de interesse psicológico: as emoções e sua influência sobre a psique. O campo da pesquisa das emoções, como vários outros campos da psicologia, sofre de uma grande falta de clareza dos conceitos. Por isso Bleuler propõe em primeiro lugar uma divisão nítida entre as emoções propriamente ditas e os sentimentos intelectuais, uma separação conceitual que é da maior importância para a discussão científica. A emotividade, incluindo todas as emoções e processos semelhantes às emoções, é um conceito coletivo que abrange todos os processos psíquicos não intelectuais, como a volição, a índole, a sugestionabilidade, a atenção etc. É o fator psíquico que exerce influência tanto sobre o psíquico quanto sobre o corporal.

889 Na primeira e segunda partes de seu livro, Bleuler aplica esta concepção ao campo da psicologia normal. Na terceira parte aborda as mudanças patológicas da emotividade. A emotividade é da maior im-

---

2. Eugen Bleuler (1857-1939), diretor de Burghölzli; cf. *Cartas Freud/Jung* 2J[8], 40F[5], 41J, e abaixo § 938.

portância para a psicopatologia. Com exceção das psicoses propriamente emocionais (insanidade maníaco-depressiva), a emotividade desempenha papel importante também nas psicoses que costumamos considerar sobretudo intelectuais. Bleuler mostra isso com o auxílio de histórias clássicas cuidadosamente selecionadas, na paranoia originária[3]. Ele constatou que o conteúdo do quadro clínico paranoico se desenvolve a partir de um complexo de ideias com carga emocional, isto é, de ideias acompanhadas de intensa emoção que, por isso, influenciam a psique com força anormal. Esta é a ideia fundamental da obra.

No espaço de uma pequena resenha, é impossível fazer justiça às numerosas perspectivas e ao grande acervo de material empírico que estão contidos no trabalho de Bleuler. Recomenda-se, por isso, com insistência a leitura desse livro, em primeiro lugar aos especialistas. Mas também o não psiquiatra que tem interesse pelos problemas gerais da psicopatologia fará nele rica colheita de conhecimentos psicológicos.

Jung

Burghölzli

WERNÍCKE, C.[4]. *Grundriss der Psychiatrie in klinischen Vorlesungen.* 2. ed. revista. Leipzig, 1906. Depois da morte repentina de Wernicke, Liepmann e Knapp providenciaram a segunda edição desse importante livro que, como nenhum outro, foi um fermento para a psiquiatria moderna. Wernicke incorporou, por assim dizer, aquela orientação da psicopatologia que acreditava poder basear-se exclusivamente em dados anatômicos. Seu livro é a imponente expressão desse modo de pensar. Além de grande quantidade de material provado empiricamente, encontramos muitas especulações brilhantes, cujo ponto de partida é sempre anatômico. O livro é obra de uma mente bem original que procura, com base na constelação de dados clínicos e anatômico-cerebrais, introduzir na psicopatologia novos pontos de vista, com a finalidade de fazer uma síntese das duas disciplinas que se repelem mutuamente: anatomia do cérebro e psicolo-

---

3. Paranoia originária: proveniente da infância. O termo foi abandonado depois por Bleuler.
4. *Cartas Freud/Jung*, 33J[7].

gia. Wernicke é o mestre em toda parte onde o evento psicológico chega mais perto do fato anatômico, sobretudo no tratamento de problemas relativos à questão da afasia. Sua "Introdução psicofisiológica", onde procura responder a questões sobre a conexão entre dados anatômico-cerebrais e psicofisiológicos, constitui uma das leituras mais interessantes, também para o não psiquiatra, de literatura médica mais recente.

892   A segunda parte, "Os estados paranoicos", introduz a célebre hipótese da sejunção[5], que é uma das concepções fundamentais de seu sistema. A terceira parte, que é a mais longa, trata das "Psicoses agudas e estados defectivos". Aqui, com a ajuda de muitos exemplos, o autor desenvolve seu ponto de vista clínico, radical e revolucionário, que só teve uma aceitação parcial por parte de seus colegas profissionais e, até agora, não fez escola. As ideias de Wernicke, apesar de brilhantes, partem de um ponto de vista muito limitado; a anatomia cerebral e a clínica psiquiátrica são importantes sem dúvida para a psicopatologia, mas bem mais importante é a psicologia, e esta falta em Wernicke. É grande o perigo do esquematismo dogmático naqueles que seguem os passos de Wernicke com menos brilhantismo do que ele. Esperamos por isso que este admirável livro consiga o menor número de adeptos possível.

Jung
Burghölzli

893   MOLL, A.[6]. *Der Hypnotismus, mit Einschluss der Hauptpunkte der Psychotherapie und des Occultismus*. 4. ed. ampliada. Berlim: 1907. O conhecido livro de Moll tem agora o dobro do volume da primeira edição. A primeira parte, a parte histórica, é muito rica e informa sobre a abrangência total do movimento ligado à hipnose. A segunda parte contém uma introdução clara e didaticamente muito boa sobre as diversas formas e meios da técnica do hipnotismo, seguida de uma discussão sobre o trabalho do hipnotizador e sobre a natureza da su-

---

5. JUNG, C.G. "A psicologia da *dementia praecox*" [OC, 3; § 55].
6. *Cartas Freud/Jung*, 94F[1].

gestão. A definição de Moll soa assim: "A sugestão é um processo pelo qual é obtido, sob condições inadequadas, um efeito que evoca a ideia da realização do efeito". A terceira parte, que trata da sintomatologia, é bastante minuciosa e escrita com espírito crítico. Aborda também os fenômenos mais recentes no campo do hipnotismo, incluindo Mme. Madeleine e "o inteligente Hans". Mas não consigo entender por que Moll, na seção sobre os sonhos, não leva em consideração as pesquisas fundamentais de Freud. Só faz algumas magras citações de Freud. Ao falar da relação entre certos distúrbios mentais (especialmente a catatonia) e estados hipnóticos semelhantes, Moll não menciona o trabalho de Ragmar Vogt[7], que é de grande importância neste aspecto. Além do mais, a pesquisa sobre a relação dos estados mentais patológicos com a hipnose e fenômenos funcionais correlatos não é exaustiva nem esclarecedora de certos resultados perceptíveis, o que até agora não aconteceu em nenhum manual sobre hipnotismo. O caso da ecolalia, descrito na p. 200, poderia ser uma simples catatonia; isto se aplica também a grande número de outras doenças chamadas "doenças de imitação" que são observadas em geral por médicos que desconhecem os sintomas da catatonia. Quando Moll fala sem mais de uma grande sugestionabilidade no sono, o conceito todo de sugestionabilidade precisa de uma revisão drástica. Na discussão sobre o subconsciente faltam de novo as pesquisas importantíssimas de Freud. O capítulo VIII, "Medicina", traz uma exposição valiosa que merece ser lida, influência das "autoridades" sobre a questão da hipnose e de seus possíveis perigos. Na explanação dos métodos hipnóticos de tratamento, Moll também toca nos métodos catárticos. Baseia-se aqui nas publicações primitivas de Breuer e Freud[8], mas que este já superou há muito tempo. Portanto, sua técnica atual é bem diferente daquela descrita por Moll. Löwenfeld[9] abandonou recentemente sua posição negativa para com Freud, ao menos no que se refere à neurose de ansiedade (Münchner medizinische Wochenschrift, 1906). Os outros capítulos contêm uma exposição

---

7. Ibid. 101F[3].

8. BREUER, J. & FREUD, S. *Studien über Hysterie*. Leipzig/Viena: [s.e.], 1895.

9. *Carlas Freud/Jung*, 11F3.

ampla dos vários métodos psicoterapêuticos. Também descreve detalhadamente a importância forense do hipnotismo. O último capítulo, "Coisas ocultas", dá uma visão geral crítica sobre os principais fenômenos "ocultos".

894   O livro de Moll, ao lado do livro de Löwenfeld[10], é a melhor e mais completa introdução à psicoterapia hipnótica. Por isso, é recomendado a todos os médicos, especialmente aos neurologistas.

Jung
Burghölzli

895   KNAPP, A. *Die polyneuritischen Psychosen*. Wiesbaden: 1906. Trata-se de uma monografia sobre o complexo polineurítico da psicose. As 85 primeiras páginas trazem histórias clínicas detalhadas e suas epícrises. As 50 páginas seguintes contêm uma descrição geral dos sintomas principais, numa linguagem clara que permite uma orientação bem rápida. A nomenclatura é fortemente influenciada por Wernicke, o que não encontrará maior aprovação. A preferência pelo termo "psicose acinética da motilidade" em vez de catatonia etc., é de difícil compreensão, sobretudo quando se considera que ele só descreve uma condição que pode assumir uma aparência totalmente diversa no momento seguinte. O livro pode ser indicado sobretudo para o psiquiatra.

Jung
Burghölzli

896   REICHHARDT, M. *Leitfaden zurpsychiatrischen Klinik*. Jena: [s.d.]. O livro é uma valiosa introdução aos elementos da psiquiatria. Através de pontos de vista práticos, o autor trata dos principais capítulos da psiquiatria:

897   A sintomatologia geral com definições claras e precisas.

---

10. LÖWENFELD, L. *Der Hypnotismus* – Handbuch der Lehre von der Hypnose und der Suggestion. Mit besonderer Berücksichtigung ihrer Bedeutung für Medicin und Rechtspflege. Wiesbaden: [s.e.], 1901.

Os métodos de exame com descrição detalhada dos numerosos métodos para teste de inteligência e da capacidade de percepção.

A psiquiatria específica. Aqui o autor se atém apenas ao essencial. No controvertido capítulo sobre a dementia praecox, a ênfase recai sobre a dementia simplex, catatonia e paranoia, sendo esta última tratada *in globo*, sem referência aos diagnósticos especiais da escola de Kraepe-Lin que, para a práxis, são de qualquer forma irrelevantes. Um bom índice analítico facilita a consulta ao livro. Além da clara exposição, uma das qualidades principais da obra é sua restrição ao essencial. As definições legais de insanidade mental foram tiradas exclusivamente da legislação alemã. Na questão dos testes de inteligência, não se faz menção do método, de certa importância prática, da leitura de uma fábula, seguido do teste de livre reprodução. A afirmação de que em áreas rurais uma instituição com 1.000 a 1.500 leitos é suficiente para um milhão de habitantes não está correta, ao menos para a Suíça. Sem considerar as instituições privadas, temos no cantão de Zurique cerca de 1.300 leitos estatais que estão longe de satisfazer a demanda. De resto, o livro é recomendado não só a estudantes, mas principalmente a todos os médicos chamados a dar um parecer que auxilie o juiz na declaração de anormalidade mental.

Jung

Burghölzli

ESCHLE, F.C.R. *Grundzüge der Psychiatrie*. Viena, 1907. O autor – diretor do sanatório de Sinsheim, em Baden – procura, com base em sua experiência de longos anos como alienista prático, expor os fundamentos da psiquiatria na forma de um manual. O capítulo I trata da natureza e do desenvolvimento da insanidade. Como formas gerais de anormalidade psíquica, o autor enumera uma insuficiência distintiva, afetiva e originariamente apetitiva, o que corresponde mais ou menos à antiga psicologia de Kant. A leitura desse capítulo é difícil, pois a disposição do assunto não é clara e o estilo se enreda em palavras difíceis como, por exemplo, "No sono hipnótico, que representa a forma mais intensa e duradoura da insuficiência artificialmente sugestiva do mecanismo psicossomático, falta, segundo Rosenbach, ao órgão psíquico a possibilidade de formar a unidade diferenciadora que como 'eu' está numa relação antitética com as outras partes do corpo (e com o mundo externo), ainda que ele represente essa unidade". Este é apenas um exemplo dos muitos que poderiam ser aduzidos.

901 No capítulo II, "Quadros clínicos da insanidade", o autor faz uma descrição das doenças específicas, apresentando grande quantidade de casos muito interessantes e expondo opiniões originais mas que nem sempre podem ser endossadas, sobretudo quando afirma, baseado em Rosenbach, que o emprego em larga escala da hipnose levaria a uma estupidificação geral do público. Sua classificação das psicoses apresenta uma mistura de pontos de vista antigos e novos; ao lado da dementia praecox, o autor ainda trata de uma confusão alucinatória aguda e de uma demência aguda (estupidez curável), ao passo que distingue entre paranóia e demência paranoide.

902 O capítulo III trata da avaliação forense de condições mentais duvidosas. No fim do livro há um minucioso índice de autores e de assuntos. O livro é essencialmente eclético procurando selecionar o melhor da psiquiatria antiga e moderna e dando um tom filosófico para integrar tudo numa unidade. Pode ser uma leitura recomendada aos médicos que não acompanharam as mudanças mais recentes da psiquiatria.

Jung

Burghölzli

903 DUBOIS, P.[11]. *Die Einbildung ais Krankheitsursache*. Wiesbaden: 1907. Dubois oferece um panorama compreensível de sua concepção da natureza e tratamento das psiconeuroses. Começa com uma clara e convincente definição da "imaginação", demonstrando a seguir os efeitos patológicos da imaginação, com base em muitos exemplos instrutivos. Dessa concepção Dubois deriva de forma facilmente compreensível sua terapia que consiste essencialmente num esclarecimento racional do doente sobre a natureza de seus sintomas e numa educação de seu pensamento. Possa este trabalho, como todos os outros escritos meritórios de Dubois, que recomendamos vivamente ao médico prati-

---

11. *Cartas Freud/Jung*, 115J[8]; e abaixo § 1.050.

cante, contribuir para uma abertura geral na concepção da natureza psicógena da maioria das neuroses! Ainda que o método de Dubois não tenha êxito em toda neurose, ele serve ao menos para atuar profilaticamente, de modo que os casos que devem seus sintomas a sugestões imprudentes de médicos se tornem cada vez mais raros. Ao final do livro, Dubois acena para a possibilidade de sua terapia estender-se às psicoses – mas o alienista é menos otimista neste particular.

Jung
Burghölzli

LOMER, G. *Liebe und Psychose*. Wiesbaden: 1907. O livro de Lomer é uma orientação geral, mais beletrística do que científica, sobre a sexualidade e seus derivados psicológicos. A maior parte do livro apresenta os processos psicossexuais normais e procura incuti-los na cabeça de um público leigo instruído. Quem pretende maior aprofundamento deve ler Havelock Ellis e Freud. O aspecto patológico só é tratado incidentalmente com uma reserva benéfica ao relatar casos mais picantes. Era de se esperar um aprofundamento maior do problema no campo da patologia psicossexual onde existem estudos preliminares tão bons como as pesquisas de Freud.

Jung
Burghölzli

MEYER, E. *Die Ursachen der Geisteskrankheiten*. Jena: 1907. O livro de Meyer chegou no tempo certo e será bem recebido não só pelo psiquiatra mas também por todos que se interessam pelas causas das doenças mentais no sentido mais amplo. Este livro vem preencher uma lacuna de exposições compreensíveis sobre a etiologia da psicose. O autor discute em detalhes todos os fatores que entram em questão na causa da psicose. O capítulo sobre o envenenamento é escrito com especial cuidado. Na exposição das causas psíquicas, que são atualmente objeto de fortes controvérsias, o autor mostra uma imparcialidade tranquila, concedendo aos elementos psíquicos maior liberdade de movimento do que a qualquer outra concepção que gostaria de reduzir toda a etiologia exclusivamente a causas não psíquicas. Um pequeno erro precisa ser corrigido. Freud e a escola de Zurique consideram a disposição psicológica como simples determinante material dos sintomas futuros, e não única causa da psicose. O autor fez uma seleção muito boa da extensa literatura que existe no campo da etiologia. Um índice excelente facilita a consulta ao livro.

Jung

Burghölzli

906   FREUD, S. *Zur Psychopathologie des Alltagslebens. Über Vergessen, Versprechen, Vergreifen, Aberglaube und Irrtum*. 2. ed. ampliada. Berlim: 1907[12]. É um sinal animador que este livro importante chegue agora à sua segunda edição. Esta obra é praticamente o único grande trabalho de Freud que introduz sem esforço, por assim dizer, suas ideias no mundo, pois é escrito com muita simplicidade e fluência. Presta-se muito bem para iniciar também o leigo (são poucos os que não são leigos neste campo) nos problemas da psicologia de Freud. Neste livro não se trata de especulações da psicologia teórica, mas de casuística psicológica tirada da vida cotidiana. São exatamente os incidentes da vida diária e que parecem insignificantes que Freud escolheu como tema de sua pesquisa, mostrando com diversos exemplos como o inconsciente influencia, a cada passo e da maneira mais inesperada, nosso pensar e agir. Muitos de seus exemplos parecem não ser muito plausíveis, mas isto não nos deve espantar, pois todas as linhas de pensamento, individuais e inconscientes, parecem tudo menos dignas de fé quando escritas no papel. A verdade profunda das ideias de Freud só convence quando nós mesmos experimentamos as coisas na prática. Mesmo para aqueles que não se interessam muito pela psicologia, o livro de Freud é uma leitura estimulante; para os que pensam mais profundamente, para aquele que por inclinação ou profissão se interessa pelos processos psíquicos, o livro é uma rica mina de ideias muito abertas, cuja importância para o âmbito geral das doenças mentais e nervosas não é possível captar de antemão no momento atual. Neste sentido, o livro também é um guia fácil para os

---

12. *Cartas Freud/Jung*, 27 F[10].

trabalhos mais recentes de Freud sobre a histeria[13] que, apesar da ou por causa da grande verdade intrínseca, só encontraram até agora oposição fanática e mal-entendidos néscios. Por isso o livro é recomendado em particular aos alienistas e neurologistas.

Jung

Burghölzli

LÖWENFELD, L.[14]. *Homosexualität und Strafgesetz*. Wiesbaden: 1908. Este livro é um produto da disputa que surgiu atualmente na Alemanha sobre o malfadado artigo 175 do Código Penal alemão. Como se sabe, o artigo se refere ao vicio antinatural entre homens, e também com animais. O autor apresenta uma história concisa do conceito clínico de homossexualidade. Resume o ponto de vista atual da seguinte forma: "A homosexualidade é uma anomalia que pode manifestar-se na esfera física em associação com doença e degeneração; mas na maioria dos casos é um desvio psíquico isolado da norma, que não pode ser considerado como patológico ou degenerativo, nem tampouco reduzir o valor do indivíduo como membro da sociedade". O artigo 175 que obteve força de lei somente por pressão ortodoxa, apesar da oposição por parte de autoridades influentes, mostrou-se até agora inútil, desumano e até mesmo diretamente nocivo; possibilitou o surgimento de extorsões profissionais com todas as consequências tristes e repulsivas. O livro oferece uma boa visão geral de toda a questão da homossexualidade.

Jung

KLEIST, K. *Untersuchungen zur Kenntnis der psychomotorischen Bewegungsstörungen bei Geisteskranken*. Leipzig: 1908. O livro apresenta no essencial o quadro clínico de uma psicose de motilidade, aliás, catatonia, com uma discussão epicrítica detalhada. Os pontos de vista do autor aproximam-se muito dos de Wernicke, por isso o trabalho trata principalmente de localizações cerebrais. O resultado da pesquisa leva à conclusão de que os distúrbios psicomotores do catatônico se

---

13. Refere-se provavelmente à *Análise fragmentária de uma histeria* (1905) e *Sobre a teoria sexual* (1905).

14. Cf. acima, nota 9.

devem a dois fatores: de inervação e psíquicos. Considera como sede da doença o ponto terminal do sistema cerebelo-cortical, isto é, o córtex cerebral frontal. Pelo fato de os pacientes apresentarem ocasionalmente sensações de esforço e fadiga na realização das tarefas a eles atribuídas, e de os sintomas psicomotores serem consequência de um distúrbio das reações motoras coordenadas com essas sensações, o condicionamento psíquico também aponta para o sistema cerebelo-frontal, isto é, o córtex cerebral frontal. A conclusão é consequente quando se considera de antemão os complexos psíquicos funcionais como um apêndice de seus órgãos executores. Recomenda-se o livro a especialistas por causa de sua penetrante análise diferencial-diagnóstica da apraxia orgânica e distúrbios semelhantes da motilidade.

Jung

909   BUMKE, O.[15]. *Landläufige Irrtümer in der Beurteilung von Geisteskranken.* Wiesbaden, 1908. Este pequeno livro oferece mais do que o título diz. É um panorama resumido e claro da psiquiatria; não faz, porém, uma exposição bem elementar das psicoses mas pressupõe certo conhecimento dos principais tipos de psicoses, isto é, um conhecimento que atualmente todo médico praticante deve possuir. Com base nisso o autor discute as questões que normalmente trazem dificuldades ao médico sem formação psiquiátrica na avaliação dos distúrbios mentais. Aborda a etiologia, o diagnóstico, o prognóstico e a terapia, dando ao leitor uma série de conselhos e indicações, tirados de sua experiência pessoal. Ao final existe também um capítulo sobre o parecer forense do doente mental.

910   Um livro escrito com muita clareza e de fácil manuseio, por isso altamente recomendado.

Jung

911   EHRENFELS, CHRISTIAN VON *Grundbegriffe der Ethik.* Wiesbaden: 1907. O autor – professor de filosofia em Praga – faz uma exposição filosófica, mas facilmente compreensível, de seus conceitos éticos básicos. Seus argumentos culminam na confrontação entre moral social

---

15. *Cartas Freud/Jung*, 196J[2].

e individual, objeto novamente de violenta controvérsia em nossos dias. A conclusão não é muito positiva, o que caracteriza, aliás, todo o tom desse pequeno livro: "A moral normativa identifica-se bem mais com a moral social correta – com a única condição de que o indivíduo deve ter a liberdade de realizar as modificações na moral social que obviamente não correspondem principalmente a seus caprichos, mas pelas quais possa responder diante do tribunal do Eterno e Inescrutável".

Jung

EHRENFELS, C. *Sexualethik*. Wiesbaden: 1907. Enquanto o livro *Grundbegriffe der Ethik* tinha essencialmente um interesse teórico, este trabalho do mesmo autor tem grande importância prática. É a melhor e mais clara exposição que conheço sobre os postulados da ética sexual. Inicialmente o autor faz uma apresentação ponderada e lúcida da moral sexual, natural e cultural. No capítulo seguinte, sobre "a moral contemporânea no Ocidente", aborda a forte oposição entre os postulados da sexualidade natural e cultural, os efeitos socialmente benéficos da monogamia, por um lado, e seus lados sombrios, por outro, ou seja, a prostituição, a dupla moral sexual da sociedade e sua influência perniciosa sobre a cultura. Ao falar dos esforços e possibilidades de reformas, o autor adota uma posição de precaução e reserva que não endossa a atitude filisteia dos que defendem o status quo nem certas tendências modernas que querem derrubar todas as barreiras. Mesmo não tendo um programa definido de reforma (isto mostra que não é um sonhador), o autor tem em mente muitas opiniões moralmente libertadoras que haverão de contribuir para solucionar nosso maior problema cultural, de início pelo menos para o indivíduo. O livro que não ostenta, como outros, uma nudez charlatã com disfarce científico, mas que procura despretensiosa e razoavelmente possíveis soluções, merece a maior consideração. 912

Jung
Küsnacht em Zurique

DOST, M. *Kurzer Abriss der Psychologie, Psychiatrie und ge-richtlichen Psychiatrie*. Leipzig, 1908. Este pequeno livro é uma nova espécie de compêndio da psiquiatria com referência especial aos métodos de testar a inteligência. A psicologia ficou um tanto esquecida. 913

Mas os capítulos de psiquiatria oferecem realmente tudo o que se pode esperar de um panorama geral. O psiquiatra encontrará aqui a lista dos diversos métodos psíquicos de exame. É difícil encontrar uma apresentação resumida dos diversos métodos dispersos na literatura.

Jung

Küsnacht em Zurique

914   PILCZ, A. *Lehrbuch der speziellen Psychiatrie für Studierende und Ärtze.* 2. ed. melhorada. Leipzig/Viena: 1909. Não é toda disciplina médica que está num grau de desenvolvimento tão infantil como a psiquiatria, onde um manual que deveria ter validade geral só possui validade local. Quando se considera, por exemplo, que a dementia praecox é uma doença responsável pela metade das intervenções em Zurique, em Munique está em franco descenso há alguns anos (devido a novas teorias), em Viena não é muito frequente, em Berlim é rara e em Paris quase não se manifesta, então é preciso desconsiderar na resenha de um manual de psiquiatria a confusão babilônica de linguagem e conceitos e aceitar simplesmente o ponto de vista do referido manual. O livro de Pilcz, já em segunda edição, é um livro admirável em sua concisão e clareza que atinge seu objetivo. Muito bem escrito, o assunto é bem ordenado, a exposição é rigorosa, precisa, contendo o essencial e o seguro. O livro merece ser recomendado.

Jung

Küsnacht em Zurique

915   BECHTEREW, W, *Psyche und Leben.* 2. ed. Wies-baden: 1908. Com base em grande conhecimento da literatura, o livro não trata de problemas psicológicos, como o título faz supor, mas faz considerações psicofisiológicas e teórico-filosóficas sobre o que está entre o psíquico e o físico, passando a discutir a relação entre energia e psique e a relação da psique com a fisiologia e biologia. O estilo da exposição é aforístico; os capítulos, em número de 31, têm uma ligação muito frouxa entre si. O principal valor da obra está em suas inúmeras referências a pontos de vista de vários pesquisadores especializados e na indicação da literatura. Quem deseja encontrar aqui uma explicação sintética ou crítica do problema psicofisiológico procura em vão. Mas quem deseja orientar-se de

maneira excitante nesse campo curioso com sua literatura complicada e espalhada por toda parte, o livro é bem indicado.

Jung
Küsnacht em Zurique

URSTEIN, M. *Die Dementia praecox und ihre Stellung zum ma-* 916
nisch-depressiven Irresein. Viena: 1909. Conforme indica o título, trata-se de uma pesquisa clínica sobre o diagnóstico da dementia praecox que por causa da mais recente mudança de rumo da escola de Kraepelin voltou à atualidade. Não é qualquer um que consegue imitar a grande facilidade com que atualmente a insanidade maníaco-depressiva é separada da dementia praecox, nem mesmo Urstein. Ele ensaia uma crítica contundente contra os trabalhos de Wilmann e Dreyfus que pretendiam limitar categoricamente o diagnóstico da dementia praecox em favor da insanidade maníaco-depressiva. O livro de Urstein pode contar com a decidida simpatia de todos aqueles que colocam em dúvida a solidez do diagnóstico de Kraepelin e que não podem suportar a ideia de que o catatônico é de agora em diante um maníaco-depressivo. As páginas 125 até 372 estão repletas de histórias de casos que são supérfluas no círculo dos leitores especialistas a quem o livro pretende dirigir-se.

Jung
Küsnacht em Zurique

REIBMAYER, A. *Die Entwicklungsgeschichte des Talentes und* 917
Genies. I. Die Züchtung des individuellen Talentes und Genies in Familien und Kasten. Munique, 1908. Desse livro só existe até agora o primeiro volume. Apesar de incompleto, percebe-se que se trata de um estudo que pretende ser amplo. O presente volume contém essencialmente uma orientação teórico construtiva sobre o problema que possui naturalmente uma ramificação extensiva à biologia e à história. Se o segundo volume trouxer as necessárias biografias e outros materiais, teremos no livro de Reibmayer uma obra importante, digna da atenção dos círculos mais amplos.

Jung
Küsnacht em Zurique

918   NÄCKE, P.[16], *Über Familienmord durch Geisteskranke*. Halle: 1908. O livro é uma monografia sobre assassinato em família. O autor dispõe de um material de 161 casos, classificados de acordo com suas peculiaridades. Näcke é da opinião de que os assassinatos em família aumentaram nos últimos anos. Ele distingue entre assassinatos "completos" e "incompletos". Os primeiros parecem mais frequentes em pessoas mais ou menos sadias; os últimos, mais frequentes entre pessoas loucas. A maioria dos assassinos são pessoas ainda jovens. As vítimas dos homens são em geral as esposas, das mulheres são em geral as crianças. As causas por ordem e frequência são: nos homens, alcoolismo crônico, paranoia e epilepsia; nas mulheres, melancolia, paranoia e dementia praecox.

Jung
Küsnacht em Zurique

919   BECKER, T. *Einführung in die Psychiatrie*. 4. ed. ampliada e modificada. Leipzig: 1908. Este livro, pequeno e prático, dá uma orientação clara e sucinta sobre a psiquiatria. A classificação das psicoses é essencialmente conservadora, recebendo a paranoia ainda um grande espaço ao lado da dementia praecox. O livro pode ser recomendado como uma "introdução", se desconsiderarmos o capítulo sobre a histeria que não se coaduna mais com os pontos de vista modernos.

Jung

920   CRAMER, A. *Gerichtlche Psychiatrie*. 4. ed. reelaborada e ampliada. Jena: 1908. O livro de Cramer, agora em sua quarta edição, que nos dá o fio condutor da psiquiatria judiciária, é um dos melhores do gênero. É bem fundamentado, abrangente e leva vantagem sobre o manual de Hoche[17] por ser exposição homogênea. Lamenta-se apenas – como na psiquiatria em geral – a falta de uniformidade na classificação, mas isto não é uma falha do livro e sim da própria disciplina. Não fosse esta inconveniência, o livro de Cramer poderia ser

---

16. Ibid., 49J².
17. HOCHE, A.E. *Handbuch der gerichtlichen Psychiatrie*. Berlim: [s.e.], 1901.

recomendado em geral; mas como está, o principiante só pode confiar nele totalmente se estiver disposto a aceitar este enfoque especial. No mais, o livro é útil nas mãos de um psiquiatra.

Jung

FOREL, A.[18], *Ethische und rechtliche Konflikte im Sexualleben in und ausserhalb der Ehe*. Munique, 1909. Na introdução do livro o autor diz: "As páginas a seguir são uma acusação, baseada na maior parte em documentos escritos, contra a hipocrisia, desonestidade e crueldade da moral predominante em nossos dias e contra o direito quase vegetativo em assuntos da vida sexual". Disso se deduz que também este livro integra o campo daquela enorme tarefa cultural em que Forel já possui grandes méritos. Trata-se no essencial de uma apresentação de grande número de diversos conflitos psicossexuais, de natureza moral e jurídica, cujo conhecimento é indispensável não só ao neurologista mas também a todo médico que deve aconselhar os seus doentes em situações difíceis da vida.

Jung

A importância da teoria de Freud para a neurologia e a psiquiatria[*]

Em termos médicos, os méritos de Freud se restringem principalmente ao campo da histeria e da neurose obsessiva. Pressuposto de sua pesquisa é a teoria da psicogênese do sintoma histérico, tal como foi formulada por Moebius e trabalhada experimentalmente por Pierre Janet. Segundo essa concepção, todo sintoma histérico corporal deve estar ligado causalmente a um processo psíquico correspondente. A prova dessa concepção provém da análise crítica do sintoma histérico que só se torna compreensível quando se leva em conta o fator psíquico. Bons exemplos nos dão os diversos fenômenos paradoxais das anestesias cutâneas e sensoriais. Em favor da mesma concepção fala

---

18. Auguste Henri Forel (1848-1931), diretor de Burghölzli antes de Eugen Bleuler. Cf. *Cartas Freud/Jung*, índice s. v.

* Resenha feita pelo próprio autor de uma conferência para a Associação Médica Cantonal, na reunião de outono. Zurique, 26 de novembro de 1907, publicada em *Correspondenz-Blatt für Schweizer Aerzte*, XXXVIII, 1908, p. 218. Cf. *Cartas Freud/Jung*, 54J.

também a influenciabilidade sugestiva do sintoma histérico. Mas a teoria da psicogênese não explica a *determinação individual* do sintoma histérico. Estimulado pela descoberta das conexões psíquicas de Breuer, Freud preencheu esta grande lacuna em nosso conhecimento com seu método de psicanálise e mostrou que se podem encontrar conexões psíquicas determinantes para cada sintoma. A determinação sempre procede de um *complexo de ideias, reprimido e com carga emocional*. (O conferencista ilustra essa afirmação com uma série de casos, tirados em parte de Freud e em parte de sua própria experiência.) O mesmo princípio se aplica também à neurose obsessiva que, em sua manifestação individual, é determinada por mecanismos bem semelhantes (O conferencista apresenta vários exemplos.) Como afirma Freud, a sexualidade no sentido mais amplo desempenha papel importante no surgimento da neurose, o que é facilmente compreensível, uma vez que a sexualidade tem grande importância na vida íntima da psique. Em muitíssimos casos a psicanálise tem também um valor terapêutico indiscutível, o que não significa que seja o único tratamento possível da neurose. Por esta teoria da determinação psíquica, Freud obteve um lugar de destaque também na psiquiatria, sobretudo pela elucidação dos sintomas da dementia praecox, até então completamente ininteligíveis. A análise dessa doença revela os mesmos mecanismos psíquicos que atuam na neurose e assim nos informa sobre a configuração individual das ilusões, alucinações, parestesias e fantasias hebefrênicas bizarras. Dessa forma ilumina-se de repente uma vasta área da psiquiatria que estava na escuridão total.(O conferencista traz como exemplo dois casos de dementia praecox.)

Recensão do livro de Wilhelm Stekel: "Nervöse angstzustände und ihre behandlung"[*]

923   Provido de rico material casuístico, o livro faz uma exposição dos estados de angústia nervosa; na primeira parte fala da neurose de

---

[*] *Medizinische Klinik*, IV/45, 8 de novembro de 1908, p. 1735-1736. Berlim. O livro de Stekel foi publicado com um prefácio de Freud em Berlim e Viena, 1908. Após a segunda edição (1912) foi omitido o prefácio pelo fato de Stekel ter se afastado da psicanálise ortodoxa. Quanto às relações de Jung com Stekel 1907-1913, cf. *Cartas Freud/ Jung*, índice s. v.

angústia e na segunda da histeria de angústia. Os limites clínicos de ambos os grupos são muito mais amplos do que os colocados pela clínica até então. Sobretudo na neurose de angústia aparecem muitas categorias novas de doenças cujos sintomas são considerados como *equivalentes da angústia*. De acordo com sua natureza, a histeria de angústia tem limites clínicos incertos e transborda para outras formas de histeria. A terceira parte aborda o diagnóstico geral dos estados de angústia, a terapia geral e sobretudo a técnica da psicoterapia. Mas o que torna particularmente atraente o livro é o fato de que Stekel, um discípulo de Freud, faz pela primeira vez a tentativa, aliás muito louvável, de possibilitar a um público médico mais amplo uma visão da estrutura psicológica das neuroses. Em sua casuística, Stekel apresenta não só a superfície exterior de seus casos, como foi usual até agora, mas, seguindo as reações mais sutis do paciente, dá um quadro penetrante da gênese psicológica do caso e de seu desenvolvimento posterior durante a ação terapêutica da psicanálise. Analisa muitos casos com grande perícia, muita experiência e muitos detalhes, enquanto outros recebem apenas um esboço psicológico, pois seria difícil para o leigo seguir o pensamento do autor no campo psicológico. Estas abreviações que, por sua dificuldade de compreensão levam facilmente a mal-entendidos e à acusação de que o autor tira conclusões apressadas, são infelizmente inevitáveis para o livro não se tornar volumoso demais. Com base neste método que considera especificamente cada individualidade, Stekel prova que os estados de angústia nervosa são determinados, sem exceção, por conflitos psicossexuais de natureza bem individual, confirmando assim a teoria de Freud de que a angústia neurótica não é outra coisa senão um desejo sexual convertido.

Até agora sentimos falta da casuística na análise de Freud. O livro de Stekel preenche de certa forma esta lacuna. Muito bem planejado e escrito, o livro é altamente recomendado não só aos especialistas, mas a todos os médicos praticantes, pois as neuroses manifestas e ocultas constituem legião e todo médico há de encontrá-las em sua vida profissional.

Jung

Nota da redação sobre o *Jahrbuch**

925   Na primavera de 1908 houve em Salzburgo uma reunião privada de todos os que se interessavam pelo avanço da psicologia criada por Freud e pela aplicação dela às doenças nervosas e mentais. Na reunião foi reconhecido que o estudo dos problemas nesta área já começava a ultrapassar os limites do simples interesse médico e que havia necessidade de um periódico para reunir os trabalhos dessa linha, espalhados até agora em muitos lugares. Desse consenso nasceu o nosso *Jahrbuch*. Sua tarefa seria a publicação contínua de todos os trabalhos que se ocupassem em sentido positivo do aprofundamento e solução de nossos problemas. Desse modo o *Jahrbuch* não daria apenas uma visão do constante progresso dos trabalhos neste campo promissor, mas também uma orientação sobre o atual estado e abrangência das questões relevantes de cada uma das ciências humanas.

Zurique, janeiro de 1909

Dr. C.G. Jung

Comentários ao livro de Wittels:
"Die sexuelle not"**

926   O livro foi escrito com o mesmo grau de paixão e inteligência. Discute questões como aborto, sífilis, família, filhos, mulheres e profissões das mulheres. Seu lema é: "As pessoas precisam viver plenamente sua sexualidade, caso contrário ficam atrofiadas". Coerente com esta afirmação, Wittels levanta sua voz em favor da liberdade sexual num sentido bem amplo. Ele fala uma linguagem que raras vezes se ouve, a linguagem da veracidade impiedosa, quase fanática, que

---

* *Jahrbuch für psychoanalytische und psychopathologische Forschungen*, 1/1, 1909. Leipzig/Viena; organizado por Bleuler e Freud, redação a cargo de Jung. O *Jahrbuch* V/2 (1913) contém a renúncia de Jung e de Bleuler; cf. *Cartas Freud/Jung*, 357J, de 27 de outubro de 1913, com comentário.

** *Jahrbuch für psychoanalytische und psychopathologische Forschungen*, II/l, 1910, p. 312-315. Leipzig/Viena. O livro de Wittels fora publicado em 1909 em Leipzig/Viena. Cf. *Cartas Freud/Jung*, 209F².

soa desagradável aos ouvidos e que gostaria de desmascarar todo fingimento e mentiras culturais. Não cabe a mim julgar as tendências éticas do autor. A ciência deve apenas *ouvir* a voz e constatar que este apregoador não está só, mas é um líder de muitos que se dispõem a seguir este caminho e que se trata de um movimento cujas fontes são invisíveis e cuja torrente aumenta a cada dia. A ciência tem por obrigação examinar e ponderar o valor intrínseco do material comprobatório – e entendê-lo.

O livro é dedicado a Freud, e em muita coisa se baseia na psicologia dele que, em essência, é a racionalização científica desse movimento contemporâneo. Mas não se deve misturar as duas coisas: para o psicólogo social, o movimento é e continua sendo um problema intelectual, para o moralista social é um desafio. Wittels trata desse desafio à *sua* maneira, enquanto outros o tratam de outra maneira. Precisamos ouvir a todos. Em nenhum outro terreno como este cabe a advertência de que é necessário não procurar o aplauso entusiástico, por um lado, e, por outro, não arremeter furiosamente contra pontas de facas, mas desapaixonadamente considerar que tudo aquilo pelo qual as pessoas lutam no mundo exterior, também é uma luta no interior de cada um de nós. É preciso admitir finalmente que a humanidade não é um amontoado de individualidades separadas, mas possui um grau de coletividade psicológica tão elevado que o individual parece mera variação sutil. Como, porém, julgar corretamente este assunto se não conseguimos admitir que ele também é problema nosso? Quem for capaz de admitir isso procurará em primeiro lugar a solução dentro de si mesmo. E é dessa forma que surgem as grandes soluções.

Ainda existe nas pessoas uma grande paixão pelo espetáculo circense de antigamente; querem logo saber e decidir quem está certo e quem está errado. Mas quem aprendeu a examinar os fundamentos e panos de fundo de seu pensar e agir, e adquiriu uma visão profunda e salutar da maneira como os impulsos biológicos inconscientes torcem nossa lógica, perde o gosto por lutas de gladiadores e disputas públicas, resolvendo o assunto dentro de si mesmo. Dessa forma preserva-se uma perspectiva especialmente necessária numa época em que Nietzsche aparece como um agouro importante. Wittels certamente não ficará sozinho; é apenas o primeiro e um dos muitos que tirarão conclusões "éticas" da mina dessa psicologia verdadeiramente biológica de Freud, conclusões que abalarão até a medula o que era "bom" até agora. Certa vez um francês observou em tom jocoso que, dentre todos, os inventores ou moralistas levam a pior, pois suas inovações são sempre imoralidades. Isto é cômico e triste ao mesmo tempo, pois mostra que nosso conceito de moral está bastante desatualizado. Falta-lhe a melhor coisa que o pensamento moderno conseguiu: *uma consciência biológica e histórica*. Esta falta de adaptação causará, mais cedo ou mais tarde, sua ruína; e nada conseguirá deter esta ruína. Quero lembrar aqui as sábias palavras de Anatole France: "Ainda que o passado lhes mostre que os direitos e deveres estão em constante movimento e mutação, eles acreditariam estar enganados se previssem que a humanidade criaria para si novos direitos, novos deveres e novos deuses. Enfim, eles têm medo de cair em descrédito aos olhos de seus contemporâneos, assumindo esta horrível imoralidade que é a moral futura. Estes são empecilhos na busca do futuro"[1].

929   Aqui está o perigo do nosso conceito antiquado de moral: ele turva a visão de coisas novas que, por mais convincentes que sejam, sempre trazem consigo o ódio da imoralidade. Mas é exatamente aqui que nossos olhos deveriam enxergar com mais clareza e mais longe. O movimento de que acima falamos, a urgência de reformas na moral sexual, não é invenção de alguns cérebros sonhadores, mas um fenômeno que surge com todo impacto de uma força da natureza. Aqui não prospera nenhum argumento ou sofisma sobre a razão de ser da moral; devemos aceitar o que é mais inteligente e fazer disso o melhor. Isto exige trabalho árduo e sujo. O livro de Wittels é um prelúdio do que está por vir, que vai apavorar e chocar muita gente. A grande sombra desse pavor recairá naturalmente sobre a psicologia

---

[1]. "Bien que le passé leur montre des droits et des devoirs sans cesse changeants et mouvants, ils se croiraient dupes s'ils prévoyaient que l'humanité future se ferait d'autres droits, d'autres devoirs et d'autres dieux. Enfin, ils ont peur de se déshonorer aux yeux de leurs contemporains em assumant cette horrible immoralité qu'est la morale future. Ce sont'là des empêchements à rechercher l'avenir" (*Sur la pierre blanche*, p. 188s.).

de Freud, que será acusada de ser o solo fértil de toda a iniquidade. Gostaria de preveni-los de antemão contra essa acusação e dizer que nossa psicologia é uma ciência que pode ser acusada no máximo de ter descoberto a dinâmica usada também pelo terrorista. O que o moralista e o médico prático em geral fazem com ela não nos interessa, nem queremos interferir nisso. Muitas pessoas não qualificadas vão imiscuir-se e cometer as maiores tolices, mas também isso não nos importa. Nosso objetivo é única e exclusivamente o conhecimento científico que não deve incomodar-se com o alvoroço que se levanta ao seu redor. Se a religião e a moral forem estilhaçadas no processo, pior para elas. É sinal de que não têm mais consistência. Também *o conhecimento é uma força da natureza* que prossegue seu caminho com necessidade interna e irresistível. Aqui não há camuflagens e negociatas, mas apenas uma aceitação incondicional.

Este conhecimento não se identifica com os pontos de vista do médico prático que podem mudar; por isso não devem ser medidos por critérios morais. Isto deve ser dito bem alto porque ainda existem hoje em dia pessoas com pretensões de cientistas que estendem suas apreensões morais inclusive para o conhecimento científico. Como qualquer ciência propriamente dita, também a psicanálise está além da moral: ela racionaliza o inconsciente e insere assim as forças instintivas outrora autônomas e inconscientes na hierarquia da psique. A diferença entre a posição anterior é que a pessoa *deseja* agora ser o que é e não deixar nada à disposição do inconsciente. A objeção da impossibilidade que logo se levanta, isto é, que o mundo então sairá dos eixos, deve ser repassada em primeiro lugar à psicanálise; ela tem a última palavra, mas só na privacidade do consultório, porque este medo é um *medo individual*. É suficiente que o objetivo da psicanálise seja um estado psíquico onde o "eu devo" é substituído por "eu quero", de modo que, como diz Nietzsche, a pessoa se torna senhora não só de seus vícios, mas também de suas virtudes. Portanto, na medida em que a psicanálise for puramente racional – e ela o é por sua própria natureza – ela não é moral nem antimoral, não dá prescrições nem outros "você deve". A tremenda necessidade das massas de serem guiadas forçará muitos a abandonar o ponto de vista do psicana-

930

lista e começar a "receitar". Alguns vão receitar moral, outros receitarão "licenciosidade". Ambos vêm ao encontro das massas e obedecem às correntes que empurram as massas de cá para lá. A ciência está acima de tudo isso e empresta a força de suas armas tanto a cristãos como a anticristãos. É claro que a ciência não é confessional.

931   Nunca li um livro sobre a questão sexual que dilacera a moral hoje em vigor com tanto rigor e inclemência, permanecendo, apesar disso, verdadeiro no essencial. Por isso o livro de Wittels merece ser lido; não só o livro dele mas de muitos outros que abordam o mesmo tema, pois o importante não é um livro em si, mas o problema comum a todos eles.

Recensão do livro de Erich Wulffen: "Der sexualverbrecher"[*]

932   Wulffen faz uma exposição ampla do delito sexual que não se limita apenas à casuística criminalista, mas procura também os fundamentos psicológicos e sociais do crime. Aproximadamente 250 páginas são destinadas à biologia sexual em geral, à psicologia e caracterologia sexual e à patologia sexual em geral. No capítulo sobre a psicologia sexual, o autor certamente terá lamentado a ausência de pontos de vista psicanalíticos. Os capítulos sobre a criminologia sexual são de grande interesse e trazem rica contribuição ao pesquisador dessa área, pois o autor é um criminalista de larga experiência. As ilustrações são bastante boas e em parte de grande valor psicológico.

933   Ao lado da coletânea de Pitaval[1], o livro de Wulffen pode ser uma fonte valiosa para uma pesquisa psicanalítica desse campo no futuro.

Jung

---

[*] *Jahrbuch für psychoanalytische und psychopathologische Forschungen*, II/2, 1910, p. 747. A obra tem o subtítulo "Ein Handbuch für Juristen, Verwaltungsbeamte und Ärzte. Mit zahlreichen kriminalistischen Originalaufnahmen". Berlim, 1910.

1. François Gayot Pitaval (1673-1743), jurista francês e compilador de *Causes célèbres et intéressantes* (1734-1743), em 20 vols.

Resenhas das obras psicológicas de autores suíços (até o final de 1909)[*]

Esta coletânea contém, entre outras coisas, todos os trabalhos da escola de Zurique que se ocupam diretamente com a psicanálise ou a ela dizem respeito em sua essência. Trabalhos de conteúdo, clínico ou psicológico, da mencionada escola são omitidos. As obras de Abraham, inclusive as publicadas em Zurique, foram resenhadas no *Jahrbuch* 1909. Alguns trabalhos de autores alemães que se aproximam dos resultados de *Estudos diagnósticos das associações* são mencionados de passagem. É impossível dar atenção à literatura crítica e de oposição, enquanto duvida da cientificidade de nossos princípios de pesquisa.

BEZZOLA [antigamente Schloss Hard, Ermatingen], "Zur Analyse psychotraumatischer Symptome", *Journal für Psychologie und Neurologie* VIII, 1907. O autor ainda se baseia totalmente na teoria do trauma. Seu procedimento corresponde nos mínimos detalhes ao método de Breuer-Freud que foi denominado "catártico". Da metodologia mais recente o autor não tem noção correta. Recomenda uma modificação que ele chama de "psicossíntese". Para isso parte do seguinte: "Toda experiência psiquicamente efetiva chega à nossa consciência sob a forma de excitações dissociadas dos sentidos. Para se tornarem conceitos, as excitações devem ser associadas entre si e com a consciência. Devido à estreiteza da consciência, este processo não pode realizar-se totalmente, certos componentes permanecem no inconsciente ou se tornam conscientes por uma falsa associação. A psicossíntese consiste em reforçar esses componentes conscientes isolados pela empatia até que sejam reativados os componentes subconscientes associados com aqueles; desse modo o desenvolvimento

934

935

---

[*] *Jahrbuch für psychoanalytische und psychopathologische Forschungen*, II/1, 1910, p. 356-388. Alguns autores e publicações são mencionados nas *Cartas Freud/Jung*, índice s.v. Faltam informações sobre Eberschweiler, Hermann, Ladame, H. Müller, Pototsky, Schnyder e Schwarzwald. O *Jahrbuch* publicou sob a redação de Jung também trabalhos sobre Freud (de Abraham), a literatura psicanalítica da Áustria e da Alemanha (Abraham), literatura inglesa e americana sobre psicologia clínica e psicopatologia (Jones), a psicologia de Freud na Rússia (Neiditsch) e as teorias de Freud na Itália (Assagioli).

posterior de todo o processo atinge a consciência, seguindo-se a dissolução dos sintomas psicotraumáticos". Apresenta uma série de casos para comprovar essa teoria. Naturalmente são apresentados com total cegueira em vista do pano de fundo propriamente psicossexual. A conclusão contém um ataque à teoria sexual de Freud, naquele tom nervoso costumeiro e respectivos argumentos.

BINSWANGER, cf. JUNG. "Estudos diagnósticos das associações". *Estudos experimentais*, vol. 2 da Obra Completa.

936 BLEULER. "Freudsche Mechanismen in der Symptomatologie von Psychosen". *Psychiatrisch-Neurologische Wochenschrift* 1906, Zurique. Análises de sintomas e conexões de diversos estados psicóticos.

937 BLEULER & JUNG. "Komplexe und Krankheitsursache bei Dementia praecox". *Zentralblatt für Nervenheilkunde und Psychiatrie* XXXI (1908), p. 220s. Devido às críticas de Mayer à teoria da dementia praecox, de Jung, os autores procuram esclarecer seu ponto de vista sobre a questão da etiologia. Demonstram em primeiro lugar que a nova concepção não é etiológica mas sintomático-lógica. As questões da etiologia são complicadas e vêm em segundo plano. Bleuler fez uma distinção nítida entre o processo físico da doença e a determinação psicológica dos sintomas, e em vista do processo da doença não atribui nenhuma importância etiológica à determinação dos sintomas. Contrariamente a isso, Jung deixa em aberto a questão da etiologia ideogênica, uma vez que nos processos físicos da doença o correlato físico da emoção pode desempenhar um papel etiológico importante.

938 BLEULER. *Affektivitat, Suggestibilitat, Paranoia*. Halle (1906). O livro of Bleuler sobre a emotividade significa uma tentativa de amplas proporções de dar uma descrição e definição psicológicas em geral dos processos emocionais e relacioná-los em grandes traços com a psicologia de Freud. A concepção de atenção e sugestionabilidade como instâncias especiais e manifestações parciais da emotividade é uma simplificação benéfica na confusão babilônica de linguagem e conceitos que hoje prevalecem na psicologia e na psiquiatria. Ainda que não se diga a última palavra, Bleuler nos oferece uma interpretação simples, baseada na experiência, de processos psíquicos complicados. A psiquiatria precisa disso com urgência, pois o psiquiatra está *obrigado* a lidar com fatores psíquicos muito complicados. Poderia-

mos esperar tranquilamente por mais de cem anos até conseguir algo semelhante da psicologia experimental. Na mesma base da emotividade Bleuler coloca um capítulo sumamente importante da psiquiatria, isto é, a colocação da ideia paranoica, demonstrando em quatro casos que o complexo de ideias com carga emocional é a raiz da delusão.

O autor dessa recensão contenta-se com o esboço geral do conteúdo e da tendência desse livro. Os ricos detalhes do livro não se prestam a uma apreciação curta. Podemos dizer que esta obra de Bleuler é a melhor descrição geral da psicologia da emotividade feita até hoje. É altamente recomendada, sobretudo aos iniciantes. 939

BLEULLER. "Sexuelle Abnormitäten der Kinder". *Jahrbuch der Schweizerischen Gesellschaft für Schulgesundheitspflege* LX (1908), p. 623s. É uma descrição simples e clara das perversões sexuais infantis. Referências frequentes são feitas à psicologia de Freud. O autor defende a educação sexual da criança, não uma educação feita em massa na escola, mas no lar, onde os pais devem aproveitar com muito tato os momentos propícios. 940

BLEULLER & JUNG. *Estudos diagnósticos das associações* (OC, 2).

BOLTE. "Assoziationsversuche als diagnostisches Hilfsmittel". *Allgemeine Zeitschrift für Psychiatrie* LXIV, 1907. O autor apresenta o uso do experimento de associações para fins de diagnóstico. Ele concorda em linhas gerais com os pressupostos básicos dos *Estudos diagnósticos das associações*. Alguns exemplos interessantes tornam atraentes as ideias de seu trabalho. 941

CHALEWSKY. "Heilung eines hysterischen Bellens durch Psychoanalyse". *Zentralblatt für Nervenheilkunde und Psychiatrie* XX. Zurique, 1909. 942

Recensão de Maeder omitida.

CLAPAREDE. "Quelques mots sur la définition de l'hystérie". *Archives de Psychologie* VII, p. 169s. Genebra, 1908. O autor critica com muita competência a nova concepção de histeria, introduzida por Babinsky. No capítulo final, Claparede dá seu próprio ponto de vista e os fundamentos para uma concepção, que na realidade também consiste numa série de pontos de interrogação. Reconhece a importância da repressão freudiana e lhe atribui um significado biológico. A resistência psicanalítica que conheceu por experiência própria é para ele 943 uma reação de defesa. Considera assim também o globo (nó na garganta de fundo histérico), o vômito, os espasmos no esôfago, a mentira, a simulação etc. Vê nos sintomas corporais uma reivindicação de reações ancestrais que outrora foram úteis. Considera, pois, o mecanismo histerogênico como uma "tendência à reversão", ao atavismo no modo de reagir. O caráter infantil e a "disposição lúdica" desse mecanismo parecem falar em favor de sua teoria. Em seus argumentos falta a necessária base empírica que só se adquire através da psicanálise.

944   EBERSCHWEILER. "Untersuchungen über die sprachliche Komponente der Assoziation". Dissertação de Zurique, *Allgemeine Zeitschrift für Psychiatrie*. Zurique, 1908. Trata-se de uma pesquisa trabalhosa e cuidadosa que o autor empreendeu por solicitação do recenseador. Um resultado é de especial interesse para a psicologia dos complexos: ficou patente que no experimento de associações ocorrem certas *sequências de vogais*, isto é, algumas reações que se seguem umas às outras têm o acento na mesma vogal. Se examinarmos estas "perseverações" numa correlação com as características de complexos, percebe-se que, num total médio de 0,36 características de complexos por reação, 0,65 recaem numa palavra da sequência vogal. Se tomarmos as duas associações sem afinidade de som e que precedem a sequência vogal, temos o seguinte resultado:

a) Associação sem sequência vogal: 0,10 características de complexo

b) Associação com sequência vogal: 0,58 características de complexo

1. Começo da sequência vogal (associação cujo acento da vogal persevera na série seguinte): 0,91 características de complexo

2. Elo da sequência vogal: 0,68 características de complexo

3. Elo da sequência vogal: 0,10 características de complexo Z. Associação com novo acento da vogal: 0,42 características de complexo.

945   Nota-se que após distúrbios de complexos há uma nítida tendência a perseverações de som, o que é uma constatação importante para o mecanismo do jogo de sons e rimas.

946   FLOURNOY. *Des Indes à la Planète Mars. Étude sur un cas de somnambulisme avec glossolalie*. 3. ed. Paris e Genebra, 1900. – "Nouvelles observations sur un cas de somnambulisme avec glossolalie", *Archives de Psychologie* (1901). Os trabalhos extensos e suma-

mente importantes de Flournoy sobre um caso de sonambulismo histérico trazem um material de observação muito valioso também para a psicanálise, sobre os sistemas de fantasia e que merece a atenção geral. Na exposição do caso, Flournoy se aproxima de certas concepções bem explícitas de Freud, ainda que os pontos de vista mais modernos de Freud já não pudessem ter aplicação nesta obra.

FRANK. "Zur Psychoanalyse" [Escrito comemorativo em homenagem a Forel], *Journal für Psychologie und Neurologie* XIII. Zurique: 1908. Após breve introdução histórica, baseada nos estudos de Breuer e Freud, o autor lamenta que, sem indicar as razões, Freud tenha abandonado o método original. (Uma leitura atenta dos escritos subsequentes de Freud revela por que preferiu a técnica mais perfeita à técnica original.) O próprio autor limita-se ao método catártico original em conjunção com a hipnose, e suas exposições casuísticas mostram que trabalha com um método valioso, de utilidade prática que traz resultados compensadores. Consequentemente o ataque inevitável à teoria de Freud sobre a sexualidade é colocado num tom mais suave. O autor pergunta: "Por que deveriam ser exclusivamente os impulsos sexuais, entre tantos outros contidos na psique, a provocar distúrbios, ou seria o impulso sexual a raiz de todos os outros?" (A sexualidade nas neuroses não foi inventada *a priori*, mas descoberta empiricamente e precisamente pelo emprego da psicanálise, o que é algo diferente do método catártico.) O autor não usa a psicanálise porque "não se pode obrigar o médico prático a aplicar em cada caso a psicanálise até as últimas consequências só por razões teóricas". (Esta obrigação não existe em parte alguma, mas por razões práticas deve-se ir além de 1895, pois se os métodos daquela época tivessem resolvido tudo, não haveria motivo para avançar mais.) Frank tem a impressão de que Freud dominava bem a hipnose e a sugestão na teoria, mas não na prática. "Só posso entender esta constante mudança de método pelo fato de que, como teórico, *seus tratamentos com hipnose não eram suficientemente profundos e os resultados eram insatisfatórios*[1], devendo por isso sair em busca de novos métodos" etc. Pouco acima diz o autor que "Freud abandonou esses métodos apesar de seus êxitos. Dessa contradição se depreende que Frank ignora

---

1. Os grifos nos textos citados são do autor da resenha.

completamente as obras posteriores de Freud, bem como os trabalhos de outros autores e da clínica de Zurique, caso contrário não poderia afirmar, em 1908, que o método catártico e seus resultados ficaram "despercebidos" e só aconteceram algumas "tentativas isoladas".

948 (O recenseador se vê forçado a dizer que é muito fácil conseguir uma orientação sobre essas questões aparentemente difíceis. Se, por exemplo, um autor se defronta com o problema por que Freud teria abandonado a hipnose, o melhor a fazer seria escrever uma carta ao professor Freud e informar-se junto a ele. O recenseador insiste nesse ponto porque um dos principais males da psiquiatria alemã é que a gente ao invés de entender-se se desentende. Neste campo é preciso que haja um *entendimento pessoal* para eliminar as dificuldades e mal-entendidos desnecessários. Se este princípio, que tem plena validade na América, fosse reconhecido em nossos países, muitos autores, de resto com grandes méritos, não precisariam cair no ridículo com suas críticas que, além do mais, são às vezes feitas numa linguagem tal que torna impossível de antemão qualquer réplica).

FÜRST, cf. JUNG. *Estudos diagnósticos das associações*, X (OC, 2).

949 HERMANN. "Gefühlsbetonte Komplexe im Seelenleben des Kindes, im Alltagsleben und im Wahnsinn", *Zeitschrift für Kinderforschung* XIII, p. 129-143. Galkhausen: [s.d.] Introdução geral e facilmente compreensível à teoria dos complexos e sua aplicação a diversos estados psíquicos normais e patológicos.

950 ISSERLIN, "Die diagnostische Bedeutung der Assoziationsversuche", *Münchner Medizinische Wochenschrift*, n. 27, Munique: 1907. Nesta exposição crítica são reconhecidas como válidas diversas descobertas importantes feitas pelos estudos de associações de Zurique. Mas onde começa a psicologia de Freud aí termina a aprovação do autor.

951 JUNG. *Zur Psychologie und Pathologie sogenannter Okkulter Phänomene. Eine psychiatrische Studie*. Dissertação de Zurique. Leipzig, 1902. Além de muitas discussões clínicas e psicológicas sobre a natureza do sonambulismo histérico, o livro contém observações detalhadas sobre um caso de mediunidade espírita. A divisão da personalidade é atribuída à tendência da personalidade infantil, e como raiz dos sistemas de fantasia foram encontrados os delírios de desejo sexual.

Entre os exemplos de automatismo neurótico há um caso de criptomnésia que o autor descobriu no *Zaratustra* de Nietzsche.

JUNG. "Ein Fall von hysterischen Stupor bei einer Untersuchungsgefangenen". *Journal für Psychologie und Neurologie* (1902). Num caso dos chamados estados crepusculares de Ganser-Raecke, o autor apresenta a intenção patológica, o desejo de estar doente, a repressão freudiana daquilo que tem carga desagradável e da satisfação delirante do desejo. 952

JUNG. "Die psychopathologische Bedeutung des Assoziationsexperimentes". *Archiv für Kriminal-Anthropologie* XXII, p. 145s. Introdução geral ao experimento de associações e à teoria dos complexos. 953

JUNG. "Experimentelle Beobachtungen über das Erinnerungsvermögen". *Zentralblatt für Nervenheilkunde und Psychiatrie* XXVIII 1905, p. 653s. O autor apresenta o método da reprodução por ele introduzido no experimento. Quando, após terminado o experimento de associações, se examina a pessoa experimental se ela se lembra exatamente da reação que deu a cada uma das palavras-estímulo, constata-se que o esquecimento ocorre via de regra nos ou imediatamente após os distúrbios de complexos. Portanto é um "esquecimento" freudiano. Este método indica características importantes de complexos. 954

JUNG. "Die Hysterielehre Freuds. Eine Erwiderung auf die Aschaffen-burgsche Kritik". *Münchner Medizinische Wochenschrift*, n. 47, 1906. Como o título indica, é um escrito polêmico que procura induzir o opositor a se informar melhor sobre o método psicanalítico antes de julgar. O escrito atualmente só tem valor histórico, marcando, por assim dizer, o ponto de partida do movimento florescente da psicologia de Freud. 955

JUNG. "Die Freudsche Hysterielehre". *Monatsschrift für Psychiatrie und Neurologie* XXIII/4, 1908, p. 310s. Trabalho escrito a pedido do presidente do Congresso Internacional de Psiquiatria em Amsterdã. A exposição que se restringe ao mais elementar corresponde aos conhecimentos que o autor tinha naquela época, mas que mudaram muito desde então por causa de sua maior experiência. A teoria de Freud é seguida historicamente em seu desenvolvimento do método catártico até a psicanálise. Os princípios psicanalíticos são apresentados de tal forma que se aproximem o máximo possível do que já é co- 956 nhecido pela ciência. Como ilustração da concepção psicanalítica de histeria é apresentado de forma esquemática um caso de histeria. A formulação conclusiva (abreviada) soa assim: Algumas atividades sexuais precoces de natureza mais ou menos perversa crescem sobre uma base constitucional. Na puberdade, a fantasia contém uma orientação constelada pela atividade sexual infantil. A fantasia leva à formação de complexos de ideias, incompatíveis com os outros conteúdos da consciência e, por isso, sujeitos à repressão. Esta repressão traz consigo a transferência da libido para uma pessoa amada, acarretando um grande conflito de sentimentos que provoca então o surgimento da doença propriamente dita.

957 "Associations d'idées familiales (avec 5 graphiques)". *Archives de Psychologie* VII (1907). Com a ajuda do material de Furst (cf. *Estudos diagnósticos das associações*), o autor avalia a diferença média entre os vários tipos de associação. Os resultados são dados em porcentagens e com gráficos.

958 JUNG. "L'analyse des rêves". *Année psychologique publiée* par Alfred Binet, XV. 1909, p. 160. O autor procura em rápidos traços apresentar os fundamentos da interpretação freudiana dos sonhos. Como material usa uma série de exemplos de sua própria experiência.

959 JUNG. *Über die Psychologie der Dementia praecox. Ein Versuch.* Halle, 1907. O livro consiste de cinco capítulos:

I. Apresentação crítica dos pontos de vista teóricos sobre a psicologia da dementia praecox, constantes da literatura até 1906. Presume-se em geral um disturbio bem central que recebe diferentes nomes por parte dos autores; além disso, alguns autores falam de "fixação" e "divisão de séries de ideias". Freud foi o primeiro a demonstrar o mecanismo psicogênico de uma demência paranoide.

II. O complexo com carga emocional e seus efeitos gerais sobre a psique. Distingue-se entre os efeitos agudos e crônicos do complexo, isto é, entre a assimilação imediata e a longo prazo dos conteúdos do complexo.

III. A influência do complexo com carga emocional sobre a valência das associações. Aqui se descreve detalhadamente a influência do complexo sobre a associação, recaindo o acento principal sobre o problema biológico da elaboração do complexo em sua relação com a adaptação psicológica ao meio ambiente.

IV. Dementia praecox e histeria. Um paralelo. Nesse capítulo há uma descrição minuciosa das semelhanças e diferenças entre as duas doenças. A conclusão afirma: A histeria contém no seu mais íntimo um complexo que nunca pôde ser superado completamente, mas esta possibilidade de superação existe potencialmente. A dementia praecox, no entanto, contém um complexo que nunca pode ser superado, tendo-se fixado permanentemente.

V. Análise de um caso de demência paranoide como paradigma. Trata-se de um caso absolutamente típico de um paciente idoso e provavelmente imbecil com inúmeros neologismos que puderam ser explicados satisfatoriamente pela análise e que confirmam o conteúdo dos capítulos precedentes.

O livro foi traduzido para o inglês por Peterson e Brill, com uma introdução longa dos tradutores. O título da edição inglesa é *The Psychology of Dementia Praecox* (Nervous and Mental Diseases, Monograph Series n. 3). Authorized translation with an introduction by Frederik Peterson, M.D., and A.A. Brill, Ph.B., M.D. New York, 1909.

JUNG. *Diagnostische Assoziationsstudien. Beiträge zur experimentellen Psychopathologie*. Editado por C.G. Jung, vol. I, Leipzig, 1906[2]. Este volume contém uma seleção de trabalhos da clínica de Zurique sobre a associação e experimentos de associação que só haviam aparecido no *Journal für Psychologie und Neurologie*. Abstraindo do ponto de vista psicológico, estes trabalhos têm também interesse médico prático, pois foi a partir dessas pesquisas que se desenvolveu o experimento diagnóstico das associações, um experimento que nos informa rápida e seguramente sobre os complexos mais importantes. O uso diagnóstico do experimento é de primordial importância; de importância secundária é seu uso como ajuda clínica para o diagnóstico diferencial em muitos casos onde o diagnóstico é ainda incerto.

Prefácio do professor Bleuler: "Über die Bedeutung von Assoziationsversuchen", p. 1-6. A associação verbal é um dos poucos produ-

---

2. A convite do editor Alfred Binet, Jung fez uma resenha do vol. 1 de *Estudos das associações*. Também para *L'Année psychologique*, XIV, 1908), p. 453-455. Paris (cf. *Cartas Freud/Jung*, 59J).

tos psicológicos que podem ser avaliados experimentalmente. Muito se pode esperar desses experimentos pois na atividade associativa espelha-se todo o ser psíquico do passado e do presente com todas as suas experiências e aspirações. A associação é um "índice de todos os processos psíquicos; basta decifrá-lo para termos um conhecimento da pessoa toda".

963 JUNG. C.G. & RIKLIN, F. (Zurique), "Experimentelle Un-tersuchungen über Assoziationen Gesunder", p. 7-145. O objetivo do trabalho é reunir e apresentar um amplo material de associações de pessoas mentalmente sadias. Para apresentar o material numericamente, havia necessidade de um esquema de classificação, ou seja, uma ampliação e aperfeiçoamento do esquema já existente de Kraepelin-Aschaffenburg. O sistema adotado pelos dois autores segue princípios lógico-linguísticos e permite uma avaliação estatística que, mesmo imperfeita, é suficiente para o objetivo visado. Em primeiro lugar foi abordada a questão se aparecem modos de reação no estado normal e de que tipo eles são. Mostrou-se que as pessoas experimentais cultas têm em média um tipo mais superficial de reação do que as incultas; além disso, que as pessoas pertencem a dois tipos principais: um tipo objetivo e outro egocêntrico. O primeiro reage com poucos indícios de sentimento, o segundo com muitos. O segundo tipo é interessante do ponto de vista prático e pode ser objeto de duas subdivisões: o chamado tipo constelação, ou constelação de complexos e o tipo predicado. O primeiro procura reprimir as emoções fortes, o segundo procura mostrá-las.

964 Fadiga, sonolência, intoxicação alcoólica e mania tornam superficial o tipo reativo. A superficialidade deve-se em primeiro lugar ao distúrbio de atenção nesses estados. Isto ficou provado por um experimento criado especialmente para distrair a atenção da pessoa, e nestas condições realizou-se o experimento. Este experimento apresentou resultados comprovadores.

965 II. WEHRLIN K. "Über die Assoziationen von Imbezillen und Idioten", Zurique: [s.d.], p. 146-174. O autor informa sobre os resultados de seus testes de associação com 13 imbecis. As associações da maioria dos débeis mentais mostrou um tipo determinado, o chamado tipo definição. São reações características dessa espécie as seguintes:

inverno   consiste de neve
cantar   consiste de notas e livros de cantos
pai   membro ao lado da mãe
ameixa   uma coisa do pomar

Os imbecis mostram, pois, uma atitude extremamente intensa em relação ao significado intelectual da palavra-estímulo. É surpreendente que este tipo se manifeste precisamente nos menos dotados intelectualmente (cf. o trabalho da Dra. Fürst mais adiante). 966

III. JUNG, C.G. "Analyse der Assoziationen eines Epileptikers", p. 175-192. As associações desse epilético mostram claramente um tipo definição de caráter lerdo e prolixo que se manifesta sobretudo na confirmação e complementação da própria reação: 967

fruta   isto é um fruto, um fruto da fruteira
forte   eu sou robusto, isto é, forte
alegre   eu sou alegre, eu estou contente

Além disso há um número muito grande de relações egocêntricas e com carga emocional que são expressas com toda franqueza. Certas indicações fazem supor que a carga emocional do epilético tem um caráter especialmente perseverante. 968

IV. JUNG, C.G. "Über das Verhalten der Reaktionszeit beim Assoziationsexperiments", p. 193-228. A pesquisa se preocupa com as razões até agora desconhecidas do prolongamento anormal de certos tempos de reação. Os resultados são os seguintes: As pessoas cultas reagem em geral mais depressa do que as incultas. O tempo de reação das pessoas experimentais femininas é, em média, bem mais longo do que o das masculinas. A qualidade gramatical da palavra-estímulo tem certa influência sobre o tempo da reação, bem como a qualidade lógico-linguística da associação. Os tempos de reação acima da média provável são causados em grande parte pela interferência de um complexo muitas vezes não consciente (reprimido). São portanto uma valiosa ajuda para encontrar um complexo reprimido. Este fato é comprovado por numerosos exemplos da análise de associações que foram consteladas dessa maneira. 969

BLEULER, V.E."Bewusstsein und Assoziation", p. 229-257. O trabalho se ocupa com provas literárias e casuísticas de que não se 970 podem traçar "de acordo com a observação, limites entre consciência e inconsciente"; que as mesmas estruturas funcionais e mecanismos, encontrados em nossa consciência, podem ser encontrados fora dela e, a partir daí, influenciam tanto a nossa psique quanto os processos conscientes análogos. "Existem nesse sentido sensações inconscientes, percepções, conclusões, temores e esperanças que se distinguem dos fenômenos conscientes correlatos unicamente pela ausência da qualidade da consciência". Bleuler menciona em especial os casos de personalidade múltipla e observa que não deveríamos falar apenas de um inconsciente, mas que é possível haver um número quase infindo de grupamentos inconscientes diferentes. O agrupamento dos elementos da memória em personalidades diferentes deve-se, sem exceção, à influência determinante das emoções.

971 Bleuler considera a qualidade da consciência como algo subsidiário, uma vez que os processos psíquicos precisam ser conscientes sob determinadas condições, isto é, apenas quando entram numa associação "com aquelas ideias, sensações e aspirações que constituem num dado momento nossa personalidade".

972 VI. JUNG. "Psychoanalyse und Assoziationsexperiment", p. 258-281. O trabalho ainda está sob forte influência da teoria original das neuroses de Breuer-Freud, isto é, da teoria do trauma psíquico. O sintoma neurótico é essencialmente um símbolo do complexo reprimido de ideias. O experimento de associações nos revela em suas reações perturbadas aquelas palavras e coisas que levam diretamente ao complexo desconhecido. Neste aspecto o experimento pode ser ajuda valiosa na análise. Esta possibilidade é apresentada num exemplo prático de neurose obsessiva. O agrupamento das reações perturbadas numa legenda prova a existência de um complexo erótico bem extenso que contém uma série de determinantes individuais. Assim é possível obter uma introspecção profunda na personalidade atual; a psicanálise subsequente justificou as expectativas despertadas pelo experimento de associações, podendo-se concluir que o experimento torna acessível à pesquisa o complexo oculto atrás do sintoma neurótico. Cada neurose contém um complexo que exerce bastante influência sobre o experimento de associações, devendo por isso receber uma importância causal, conforme indicam numerosas experiências.

Os capítulos VII até XII foram publicados agora, no segundo volume dos *Diagnostischen Assoziationsstudien*.

VII RIKLIN, F. "Kasuistische Beiträge zur Kenntnis hysterischer Assoziationsphänomene", p. 1-30, Zurique. O autor estuda os fenômenos de associação em oito histéricos e chega aos seguintes resultados: No tipo reativo histérico destacam-se complexos de ideias que atuam de forma mais ou menos autônoma e que são de grande valor emocional, cujo desdobramento parece ser bem mais amplo de que nas pessoas sadias. O complexo ou os complexos dominam o tipo reativo quase exclusivamente de modo que os testes de associação estão impregnados de distúrbios de complexos. A dominação por um complexo é o assunto principal da psicologia da histeria, e é provável que todos os sintomas possam ser derivados diretamente do complexo. 973

VIII. JUNG, C.G. "Assoziation, Traum und hysterisches Symptom", p. 31-66. Analisando um caso de histeria, o trabalho visa descrever e determinar o complexo erótico em suas diversas formas de manifestação. Em primeiro lugar mostra-se pela análise das associações a constelação através do complexo erótico, depois analisam-se as transformações do complexo numa série de sonhos e, finalmente, apresenta-se o complexo também como fundamento da neurose. Na histeria, o complexo tem uma autonomia anormal e tende a uma existência ativa independente que vai diminuindo e substituindo gradativamente a força consteladora do complexo do eu. Com isso cria-se aos poucos uma nova personalidade patológica, cujas tendências, julgamentos e decisões se orientam exclusivamente para o desejo de estar doente. A segunda personalidade consome o eu normal remanescente e o força a assumir o papel de um complexo secundário (controlado). 974

IX. JUNG, C.G. "Über die Reproduktionsstörungen beim Assoziationsexperiment", p. 67-76. O trabalho se ocupa do método de reprodução acima mencionado. Com base num vasto material patológico, mostra-se que principalmente a associação erroneamente reproduzida tem um tempo de reação que ultrapassa a média de todo o experimento e apresenta em média mais do dobro de características de complexo do que uma associação corretamente reproduzida. Isso significa que o distúrbio de reprodução também é um indicador da interferência de um complexo. 975

976	X. FÜRST, E. (Schaffhausen), "Statistische Untersuchungen über Wortassoziationen und über familiäre Übereinstimmung im Reaktionstypus bei Ungebildeten", p. 77-112. Foram feitos testes de associação com 24 famílias, num total de 100 pessoas experimentais. Nesse trabalho são apresentados, por enquanto, só os resultados de 9 famílias incultas com 37 pessoas experimentais. A elaboração do restante do material ainda não foi terminado. Os resultados foram:

977	Os homens tendem mais a associações externas do que suas esposas, igualmente os filhos homens mais do que suas irmãs. 54% das pessoas experimentais apresentam atitude declaradamente predicativa, com predomínio das mulheres. A tendência de formular predicados de valor é maior nas pessoas mais velhas do que nos jovens; nas mulheres esta tendência começa aos 40 anos e nos homens aos 60. Os parentes tendem a coincidir no tipo reativo, numa concordância de associação. A concordância mais perfeita e regular encontra-se entre os pais e os filhos do mesmo sexo de um dos pais.

978	XI. BINSWANGER, L. (Kreuzlingen). "Über das Verhalten des psychogalvanischen Phänomens beim Assoziationsexperiment", p. 113-195 (O resumo feito por Binswanger foi omitido).

Os seguintes trabalhos da clínica de Zurique ocupam-se do uso para fins judiciais do experimento de associações:

979	JUNG. *Die psychologische Diagnose des Tatbestandes.* Halle: 1906. Descrição geral e interpretação do experimento. Aplicação prática a um caso de furto.

980	JUNG. "Le nuove della Psicologia criminale. Contributo al metodo della 'Diagnosi della conoscenza dei fatto'". *Rivista di Psicologia applicata* IV, p. 287-304. Aplicação prática num caso de furto com mais suspeitos.

981	PHILIPP, S."Tatbestandsdiagnostische Versuche bei Untersuchungsgefangenen". *Zeitschrift für Psychologie und Physiologie der Sinnesorgane.* Budapeste, 1909. O trabalho se ocupa com a investigação de dados concretos em culpados, suspeitos e inocentes. O material foi conseguido em parte na clínica psiquiátrica e em parte na prisão preventiva de Zurique; é de interesse especial porque provém da realidade viva da praxis criminal.

JUNG. *Der Inhalt der Psychose* (Freuds Schriften zur angewandten Seelenkunde III), Leipzig/Viena, 1908. O trabalho, uma dissertação acadêmica, trata das grandes mudanças que a introdução da psicologia de Freud trouxe para a concepção psicológica das psicoses. Em primeiro lugar descreve, de forma bem compreensível, o deslocamento que ocorreu do ponto de vista anatômico para o psicológico; segue-se então um esboço da estrutura psicológica da dementia praecox, ilustrado por certo número de casos concretos. O escrito pretende apenas ser uma introdução orientadora aos problemas modernos da psiquiatria psicológica. Em 1909, o trabalho foi publicado também em russo e polonês. — 982

LADAME. "L'Association des idées et son utilisation comme méthode d'examen dans les maladies mentales", *L'Encéphale, jornal mensuel de neurologie et de psychiatrie,* n° 8. Genebra : 1908. Apresentação extremamente objetiva dos resultados dos estudos das associações. — 983

LADAME. *Archives de psychologie*, tomo IX, 1909, p. 76. Resenha de *Psychologie der Dementia praecox*, de Jung. Ladame apresenta o conteúdo do livro com bastantes detalhes, abstém-se de críticas e apenas acrescenta ao final esta passagem: "Queremos observar que tentativas dessa espécie são muito valiosas. Após sua leitura é impossível voltar a dormir mentalmente e olhar passiva e tranquilamente para os inúmeros doentes de dementia praecox que estão em nossos asilos. A gente se sente compelido irresistivelmente a procurar outra coisa atrás dos sintomas banais das psicoses e a descobrir o indivíduo e sua personalidade psíquica normal e anormal. — 984

MAEDER, A. "I. Contributions à la psychopathologie de la vie quotidienne", *Archives de Psychologie,* tomo VI, Zurique. "II. Nouvelles contributions à la psychopathologie". *Archives de Psychologie*, tomo VII. I. Um certo número de análises simples de lapsos de língua, esquecimentos e enganos, segundo Freud, demonstrando a existência de uma ideia reprimida com carga emocional negativa. II. O autor dá exemplos de várias espécies de esquecimentos causados pelo "isolamento" e "derivação"; aborda a ab-reação (décharge émotionnelle) aproveitando o conceito de complexo; mostra que há indícios de "dissociação" nas pessoas normais como os mecanismos de "desloca- — 985 mento", da "irradiação" emocional e da "identificação". O autor chama a atenção para os "automatismos musicais" e para os meios indiretos de expressão, empregados pelo inconsciente; enfatiza então a fertilidade desse ramo da psicopatologia.

986   MAEDER, A. "Essai d'interprétation de quelques rêves". *Archives de Psychologie*, tomo VI. Como introdução, uma breve exposição da teoria freudiana da interpretação dos sonhos e da psicanálise. Seguem-se quatro análises de sonhos, feitos pelo próprio autor. Mostra com exemplos que os mesmos símbolos são empregados muitas vezes nos sonhos, legendas e mitos exatamente no mesmo sentido (especialmente cobra, cachorro, pássaro, jardim, casa, caixa).

987   MAEDER, A. "Die Symbolik in den Legenden, Märchen, Gebräuchen und Träumen". *Psychiatrisch-neurologische Wochenschrift* X. Pensar em símbolos é um grau inferior de associação (que eleva a semelhança à categoria de igualdade); é muitas vezes um processo da atividade inconsciente (por isso seu papel nos sonhos, alucinações, delusões e também na poesia): exemplos de estados crepusculares de epiléticos. A tendência de assimilação do complexo sexual e o surgimento dos símbolos. Interpretação do peixe como símbolo sexual fornece a chave para explicar muitos costumes, crenças populares, legendas e contos de fadas (Grimm: "Os peixes dourados").

988   MAEDER, A. *Une voie nouvelle enpsychologie, Freud et son école*. Coenobium Lugano-Milão: 1909. Ensaio informativo sobre a psicologia de Freud (com exclusão da psicopatologia). Pela revelação dos motivos inconscientes a psicanálise possibilita uma visão coerente do pensar e agir de uma pessoa.

989   Inicialmente, o autor fala dos distúrbios da atividade inconsciente nas pessoas normais, usando sua própria análise. Os distúrbios devem ser tomados como expressões do inconsciente, como revelação de tendências não admitidas. A gradual passagem para o patológico é acentuada em toda parte. O sonho está em íntima relação com os conflitos atuais do indivíduo, ele oferece uma solução do inconsciente que muitas vezes é aceita mais tarde e se torna realidade. Os conflitos surgem em parte devido à pressão da vida cultural. Segue uma minuciosa análise de um sonho.

Na terceira parte são abordados os símbolos no sonho, nas alucinações, narrativas, legendas e na linguagem. O símbolo é uma forma especial da associação de ideias que se caracteriza pela imprecisão; vagas analogias são consideradas como identidade. Isto é provavelmente típico do inconsciente, ele tem algo de infantil e primitivo. O simbolismo na linguagem popular (Rabelais, folclore), nas legendas e na linguagem dos primitivos mostra afinidade com as associações sob fadiga, no *abaissement du niveau mental*, nas ações sintomáticas quando a atenção está distraída, nos sonhos, psicoses e neurose. 990

MAEDER, A. "A propos des Symboles". *Journal de psychologie normale et pathologique*. Paris, 1909. (O resumo feito por Maeder foi omitido.) 991

Zurique, "Beiträge zur Kenntnis der Hyperemesis gravidarum" (Dissertação baseada na clínica universitária de mulheres em Zurique), *Psychiatrisch-Neurologische Wochenschrift* X. Com base numa meticulosa observação clínica de vários casos de hiperêmese[3], o autor chega às seguintes conclusões: 992

1. O *vomitus miatutinus gravidarum* é um sintoma psicógeno.

2. A hiperêmese é na maioria dos casos psicógena.

Ainda que o autor não apresente nenhuma análise completa, torna possível, assim mesmo, na maioria de seus casos uma visão psicológica. Em todo seu trabalho o autor leva sempre em consideração os pontos de vista da escola de Freud. 993

MÜLLER, H.E. "Ein Fall von induziertem Irresein nebst anschliessenden Erörterungen". *Psychiatrisch-Neurologische Wochenschrift* XI. Um caso de exaltação supersticiosa numa mulher religiosamente fanática induziu uma psicose numa mulher histérica que vivia com ela por causa da "exigência etiológica". A apresentação dos dois casos é elegante e lúcida, graças à aplicação da análise de Freud. 994

PFISTER, O. (pastor). "Wahnvorstellung und Schülerselbstmord. Auf Grund einer Traumanalyse beleuchtet", *Schweizerische Blätter für Schulgesundheitspflege* I. 1909. – "Psychoanalytische Seelsorge 995

---

3. Vômito excessivo na gravidez.

und experimentelle Moralpädagogik". *Protestantische Monatshefte* I. Zurique: 1909. – "Ein Fall von psychoanalytischer Seelsorge und Seelenheilung", *Evangelische Freiheit. Monatsschrift für die kirchliche Praxis in der gegenwärtigen Kultur*, II-V Tübingen: 1909. (O resumo feito por Pfister foi omitido.)

996   POTOTZKY. "Die Verwertbarkeit des Assoziationsversuches für die Beurteilung der traumatischen Neurosen", *Monatsschrift für Psychiatrie und Neurologie* XXV, p. 521s. Berlim. O autor aplica o teste de associações a dois pacientes com neurose devida a um acidente. No primeiro caso havia uma predominância do complexo de compensação, no segundo uma ausência surpreendente do mesmo complexo. Foram tiradas conclusões prognósticas dessas descobertas.

997   RIKLIN. "Hebung epileptischer Amnesien durch Hypnose", *Journal für Psychologie und Neurologie* 1/5, 6. Zurique, 1903. Ao fazer um levantamento das amnésias de um epilético através da hipnose, o autor conseguiu demonstrar a afinidade entre as amnésias epiléticas e histéricas. O trabalho também informa sobre experimentos de associação com interesse diagnóstico-clínico.

998   RIKLIN. "Zur Anwendung der Hypnose bei epileptischen Amnesien", *Journal für Psychologie und Neurologie* II 1903. Relato de outro caso de estados crepusculares epiléticos com desaparecimento da amnésia; lamenta-se apenas a ausência de análise desses conteúdos. Durante esses estados o paciente acariciava ternamente um gato e às vezes também uma cabra. Desde então tomei conhecimento de que esta cena era um fragmento de uma experiência erótica infantil.

999   RIKLIN. "Zur Psychologie hysterischer Dämmerzustände und des Ganserschen Symptoms", *Psychiatrisch-Neurologische Wochenschrift*, n. 22. 1904. Ganser descreveu clinicamente o sintoma do "falar irrelevante" em estados crepusculares histéricos. Subsequentemente, o conceito do sintoma de Ganser foi entendido por outros autores (sobretudo Raecke) em sentido mais amplo ou mais estrito. Mais tarde firmou-se a opinião de que o sintoma estava associado exclusivamente com o surgimento de estados crepusculares histéricos em prisioneiros com prisão preventiva. A afinidade psicológica entre o "falar irrelevante" dos histéricos e o mecanismo da simulação impôs-se a diversos

autores exatamente por causa desse fato. Jung[4] foi o primeiro a transplantar o problema para o campo da psicologia de Freud, facilitando a correta avaliação e interpretação do sintoma e do estado crepuscular.

O trabalho relata quatro casos de estados crepusculares histéricos com o sintoma de Ganser. Apenas *um* deles estava na prisão, os outros não. A situação psíquica do detento é excepcional: foi encostado na parede, dá respostas erradas, mente e, encurralado ao extremo, cai num estado crepuscular; e somente nessas condições aparece com toda clareza o sintoma da "simulação automatizada" de não saber e não entender. A situação em geral na manifestação de um estado crepuscular de Ganser é que um acontecimento doloroso é imediatamente reprimido e lançado no esquecimento porque é incompatível com os outros conteúdos da consciência. O fato de não saber ou não querer saber produz o sintoma do falar irrelevante. O distúrbio de orientação mostra ser um desejo de não querer ser orientado na situação atual. Nos estados crepusculares o não saber pode ser substituído também por fantasias compensadoras de desejos. A "restrição da consciência" serve para rachar a ideia dolorosa e permitir o surgimento de situações censuradas e que satisfazem os desejos.

1.000

RIKLIN. "Analytische Untersuchungen der Symptome und Assoziationen eines Falles von Hysterie (Lina H.)". *Psychiatrisch-Neurologische Wochenschrift*, n. 46.1905. A análise remonta no essencial aos anos 1902-1903 e se refere a um caso típico e grave de histeria de conversão. Naquele tempo ainda serviam de modelo teórico e técnico os *Studien über Hysterie*, de Breuer-Freud. O resultado terapêutico deve ser avaliado com muito cuidado; desde então, isto é, entre 6 e 7 anos, os sintomas físicos da paciente só voltaram excepcionalmente; mas revelou-se uma personalidade eticamente deficiente. Talvez hoje em dia não tivéssemos mais coragem ou desejo de analisar uma personalidade de tão pouco valor, desenvolvimento e de poucas esperanças no futuro. Por isso os resultados devem ser apregoados bem alto. O fator principal do resultado foi a transferência para o médico. O autor achou que a ab-reação não era suficiente para

1.001

---

4. "Um caso de estupor histérico em pessoa condenada à prisão". *Journal für Psychologie und Neurologie*, 1, 1902, p. 110-122. Leipzig.

explicar o resultado terapêutico, mas naquela época ainda não possuía conhecimentos satisfatórios sobre a natureza da transferência.

1.002   Ao tempo da análise o autor não estava bem familiarizado com a interpretação dos sonhos e não conseguiu tirar proveito dela para a análise.

1.003   Foram analisados os sintomas em sua estrutura e decifrada uma série de traumas psíquicos; a primeira infância ainda recebeu pouca atenção; por outro lado, foi demonstrado exaustivamente o mecanismo pelo qual surgem os incômodos histéricos do corpo.

1.004   Uma parte do livro é dedicada aos experimentos de associações. Naquela época era muito importante mostrar que no experimento de associações atuavam os mesmos mecanismos que produziam os fenômenos histéricos, e que as leis que regiam os efeitos dos complexos eram as mesmas no experimento como nas pessoas normais, só que emergiam com maior clareza.

1.005   Outra parte trata do mecanismo da associação na realização da conversão e da teoria da ab-reação. O autor encontrou naquela época lacunas entre teoria e fenômenos reais que, desde então, foram preenchidas pela introdução dos conceitos de transferência, libido e sexualidade infantil.

1.006   RIKLIN. "Die diagnostische Bedeutung von Assoziationsversuchen bei Hysterischen". Conferência dada na 35ª reunião da Associação de Psiquiatras Suíços, em St. Urban, em 1904. Resenhas no relatório anual da Associação e em *Psychiatrisch-Neurologische Wochenschrift*, n. 29.1904. Apresentação de casos para conhecimento dos fenômenos histéricos de associação. Cf. JUNG, *Estudos diagnósticos das associações*.

1.007   RIKLIN. "Über Versetzungsbesserungen", *Psychiatrisch-Neurologische Wochenschrift*, n. 16-18 (1905). A abertura de anexos no sanatório de Rheinau deu oportunidade para observar o efeito que produzia sobre os doentes mentais a transferência do lugar antigo para o novo. As observações se referem principalmente a 85 pacientes que o autor havia conhecido na clínica de Burghölzli. Foi observada uma melhora em mais da metade dos casos.

1.008   A maior liberdade de movimentos e sobretudo a terapia ocupacional ajudaram muito na adaptação à realidade. A terapia ocupacional significa, sobretudo na doença mais comum – a dementia praecox – tirar o paciente de sua introversão e transferi-lo para a realidade. Para mostrar como os pacientes assimilam seu novo ambiente, o autor discute brevemente a importância psicológica dos sintomas mais característicos dessa doença (negativismo; bloqueios; satisfação de desejos nas delusões: psicoses de empregada doméstica, ideias e símbolos de fertilidade; erro na identificação de pessoas por causa de complexos; delusões religiosas em substituição às eróticas; fantasias de desejos nas ideias paranoides e sua elaboração, condensação, estereotipação, ocupação do aparelho motor por meio de automatismos de complexos).

Os melhores resultados são obtidos pelo exercício das ideias de complexos e das funções que continuaram normais. Neste sentido recomenda-se também a liberação do doente, substituir o tratamento no leito – que favorece a introversão e o "sonhar" da dementia praecox – por terapia ocupacional que puxa os doentes para fora de si. 1.009

Mostra-se rapidamente em dois casos como surge a introversão, como fracassa a transferência do interesse para o mundo exterior e como o processo da introversão vai muito além do que uma simples satisfação de desejo na fantasia seria necessária. No segundo caso, nem mesmo a tentativa de satisfação real do desejo pôde deter a introversão; o inconsciente produziu ideias de autodestruição às quais o paciente sucumbiu e cometeu suicídio. 1.010

Em quase metade dos casos a mudança de lugar não teve efeitos perceptíveis. 1.011

Os efeitos da mudança de lugar são ilustrados por uma série de excertos das histórias dos doentes e interpretados analiticamente. 1.012

RIKLIN. "Beitrag zur Psychologie der kataleptischen Zustände bei Katatonie". *Psychiatrisch-Neurologische Wochenschrift*, n. 32-33. 1906. O autor conseguiu entrar em contato com um catatônico em estado grave de catalepsia e saber alguma coisa do que nele se passava nesse estado. Sabemos da anamnese que este estado se manifestou após a existência prolongada da psicose. A psicose se manifestou primeiramente num autoengrandecimento auto-erótico desde os 18 anos de idade. Tentou conquistar a filha de um parente rico, desco- 1.013

nhecendo completamente a impossibilidade de consegui-lo. Apesar da recusa dela, voltava sempre de novo com sua pretensão. Já na época da internação na clínica manifestavam-se sintomas catalépticos, junto com uma tendência constante de sair e ir para a casa da prima.

1.014 O estado do paciente pode ser resumido assim: Sob o manto da catalepsia há uma tendência a dormir, de "ser um homem morto", conforme declarou o próprio paciente. O efeito dessa tendência assemelha-se ao sono natural, mas parece-se mais com um sono hipnótico. É motivado pela repressão de um complexo, pelo desejo de esquecer.

1.015 No presente caso o autor conseguiu romper essa tendência ao sono, mas não completamente, de modo que, durante uma expressão emotiva muito adequada como chorar pela absoluta falta de esperança de conseguir a amada, podia ser observado na mímica e no comportamento um meio-termo peculiar entre a expressão emotiva e a tendência ao sono. Os dois componentes se dividem às vezes nas duas metades do rosto: um lado chora, outro lado mantém o olho aberto. Manter os olhos abertos significa comunicação com o pesquisador; fechar os olhos significa terminar a comunicação e a vitória da tendência de dormir e esquecer.

1.016 Durante toda a investigação perseverava o pensamento: Eu vou casar com Emma C., ou: Eu amo Emma C., contrabalançado por outro pensamento que mantém a tendência de dormir como fator protetor que consiste na resposta da prima: "Não deves esperar nada do futuro".

1.017 O paciente criava facilmente situações de satisfação do desejo em que a amada estava diante dele, ia ao encontro dela, tentava abraçá-la, substituía (reconhecimento errado das pessoas) a amada por pessoas presentes (médico, enfermeiro), mas sempre através do véu do sono cataléptico.

1.018 Através desse véu é possível perceber expressões profundas e bem adequadas de afetos.

1.019 A avaliação das questões e modos de reação segue as leis das reações de complexos nos experimentos das associações.

1.020 Este estudo sugere que os fenômenos catatônicos na dementia praecox têm em geral o significado a eles atribuído no presente caso.

RIKLIN. "Über Gefängnispsychosen". *Psychiatrisch-Neurologis-* 1.021
che Wochenschrift XI, n. 30-37. Uma tentativa de explicar e classificar os quadros das psicoses de prisão segundo os resultados da psicanálise. A prisão é uma situação psicológica que, apesar da constituição diferente, produz, no sentido diagnóstico, reações psicológicas e patológicas mais ou menos uniformes.

RIKLIN. "Psychologie und Sexualsymbolik der Märchen". *Psy-* 1.022
chiatrisch- Neurologische Wochenschrift IX, n. 22-24. Alguns exemplos tirados da obra maior Wunscherfüllung und Symbolik im Märchen.

RIKLIN. *Wunscherfüllung und Symbolik im Märchen* (Schriften zur angewandten Seelenkunde, editado por Freud, caderno 2). (Leipzig e Viena: 1908. Resenha de Riklin).

SCHNYDER. *Définition et nature de l'hystérie*, Congrès des mé- 1.023
decins aliénistes et neurologistes de France et des pays de langue française, XVI[a] Session. Genebra, 1907. O trabalho examina as opiniões doutrinárias de uma literatura bem ampla. Entre as resenhas encontra-se também uma exposição objetiva do ponto de vista de Breuer-Freud, bem como da teoria dos complexos. Schnyder rejeita as opiniões modernas. "As ideias de Freud e de seus seguidores representam certamente uma contribuição importante para a solução do problema da histeria. Pode-se recriminar o sábio vienense por introduzir na concepção psicológica da histeria uma mecanização arbitrária, por se apoiar em hipóteses certamente engenhosas mas de caráter muito subjetivo para poderem pretender um valor científico incontestável"[5].

SCHWARZWALD. "Beitrag zur Pshychopathologie der hyste- 1.024
rischen Dämmerzustände und Automatismen". *Journal für Psychologie und Neurologie* XV. Lausanne: 1909. Trata-se de um caso de estado crepuscular psicógeno em que o doente põe fogo em sua casa. O material fornece outras introspecções psicológicas no mecanismo dessa ação e do caso em geral. Infelizmente a história infantil é in-

---

5. "Les idées de Freud et de ses partisans représentent certainement une contribution importante à la solution du problème de l'hystérie. On peut reprocher au savant viennois d'introduire dans la conception psychologique de l'hystérie une mécanisation arbitraire, de s'appuyer sur des hypothèses assurément ingénieuses, mais d'un caractère trop subjectif pour pouvoir prétendre à une valeur scientifique incontestable."

completa; mas o autor procede mal em relegar a história do desenvolvimento infantil. A infância do paciente é da maior importância para o surgimento de uma neurose posterior, ao menos de tão grande importância quanto os momentos atuais, se não maior.

1.025 Um aprofundamento ulterior de sua técnica psicanalítica vai convencer o autor da exatidão desse ponto de vista. O sonho do "pequeno Polegar", que o paciente teve alguns dias antes do ato incendiário, é muito significativo e indica claramente que a ação foi determinada por reminiscências infantis. Isto passou despercebido ao autor. A análise da infância e a correta avaliação de seus resultados é uma das partes mais difíceis da técnica psicanalítica, sobretudo para o principiante.

Recensão do livro de Eduard Hitschmann: "Freuds neurosenlehre"*

1.026 O livro de Hitschmann vem ao encontro de uma necessidade sentida há muito tempo. Fazia falta um livro que introduzisse de maneira clara e simples os principiantes nos problemas da psicanálise. Hitschmann soube realizar essa tarefa de forma magistral. Certamente não foi fácil apresentar em ordem sistemática as experiências tão heterogêneas e as conclusões da psicanálise, pois ao contrário do preconceito de nossos adversários, a psicanálise não é um sistema inventado a priori que não encontra oposição em seu desenvolvimento teórico, mas é um assunto extremamente complicado e emaranhado ao qual se deve dedicar todo o esforço de uma pesquisa empírica e paciente (e somente quando se trabalha neste campo com assiduidade). O conteúdo do livro é muito rico, sem que a abundância de informações provoque confusão. O autor se ateve sempre ao essencial e, onde os problemas ainda são fluidos, contentou-se com indicações orientadoras. Conseguiu dessa forma apresentar um quadro condizente do estado atual da psicanálise e de seus múltiplos problemas.

---

* *Jahrbuch für psychoanalytische und psychopathologische Forschungen*, III/1. – *Freuds Neurosenlehre*; nach ihrem gegenwärtigen Stande zusammenfassend dargestellt foi publicado em 1911 em Leipzig e Viena. Cf. *Cartas Freud/Jung*, 194F.

Deseja-se ao livro a maior difusão possível não só por seu conteúdo mas também porque serve para desfazer muitos preconceitos e falsas opiniões que surgiram no ambiente médico por conhecimento insuficiente da literatura. Esperamos que o livro seja traduzido imediatamente para outras línguas, pois é mais indicado do que muitas pesquisas originais que de tão especializadas são difíceis de entender.

Jung

Relatório anual do presidente da associação internacional de psicanálise[*]

(Referente a 1910-1911)

Depois do Congresso de Nürenberg, realizado há um ano e meio e que decidiu a fundação de uma associação internacional, surgiram associações locais em Viena, Berlim e Zurique. O grupo de Berlim foi formado em março de 1910 com 9 membros e sob a presidência do Dr. Abraham[1]. A seguir veio o grupo de Viena, em abril do mesmo ano com 24 membros e sob a presidência do Dr. Adler[2]. O grupo de Zurique surgiu em junho, com 19 membros sob a presidência do Dr. Binswanger[3]. Com isso estavam lançados os fundamentos de nossa Associação Internacional de Psicanálise que, com 52 membros espalhados em três países, era uma planta bem tenra. Mas posso constatar com grande alegria e satisfação que nossa Associação desenvolveu uma vida bem intensa no ano que passou.

1.027

---

[*] Parte do relatório sobre o Terceiro Congresso de Psicanálise, de 21 e 22 de setembro de 1911 em Weimar, publicado no "Korrespondenzblatt der Internationalen Psychoanalytischen Vereinigung". *Zentralblatt für Psychoanalyse*, II/3, dezembro de 1911, p. 233s. Wiesbaden. Jung foi eleito presidente da Associação Internacional de Psicanálise após sua fundação no Segundo Congresso de Psicanálise, de 30 e 31 de março de 1910 em Nürnberg. Para os programas do Congresso, cf. *Cartas Freud/Jung*, apêndice 4.

1. ABRAHAM, K. Cf. *Cartas Freud/Jung*, 35J[7].
2. ADLER, A. *Cartas Freud/Jung*, 20F[6] e 260[2,3]; Adler havia saído da associação vienense em junho do ano anterior, mas este fato só se tornou conhecido em 11 de outubro de 1911.
3. BINSWANGER, L. *Cartas Freud/Jung*, 16J[1].

Em fevereiro de 1911 brotou a semente lançada no chão da América. Em Nova York formou-se um grupo com 21 membros sob a presidência do Dr. Brill[4]. Finalmente chegou também o sul da Alemanha: em março formou-se um grupo em Munique sob a presidência do Dr. Seif[5] e com 6 membros.

1.028 Durante o ano de 1911 o número de membros do grupo de Berlim 1028 aumentou de 9 para 12, o de Viena de 24 para 38 e o de Zurique de 19 para 29. Dessa forma o número inicial de 52 membros passou para 106. Portanto, crescemos um pouco mais do que o dobro.

1.029 O grupo de Zurique é profundamente grato ao estímulo científico de Freud. Pode ser que nossa pesada dívida de gratidão fique aliviada se nos for permitido dizer que os fundadores dos grupos locais de Berlim, Munique e Nova York passaram inicialmente pela escola de Zurique.

1.030 A este aumento promissor e externo correspondeu igualmente uma atividade científica no interior das seccionais. Chamo a atenção para a variedade de temas que foram tratados nos grupos individuais. Mas uma contribuição positiva aos problemas científicos só é possível quando a rica experiência de cada membro é trazida para a solução das questões levantadas. Este ideal é difícil de ser alcançado, e especialmente os grupos com tradição local mais recente vão considerar como tarefa principal a educação e instrução de seus membros. A psicanálise exige de cada um que hoje pretende entrar nesse campo um esforço incomum e concentração científica se quiser ir além do que o exercício dos dotes individuais pode levá-lo. A tentação de não se importar com a evidência científica é muito grande no trabalho psicanalítico, especialmente onde a pseudoexatidão científica, como todos os outros absurdos culturais, desmorona aos olhos do analisando que vê sua própria vacuidade. Mas isto não afasta a necessidade de planejamento sistemático da pesquisa e exposição científicas que precisam ser bem conhecidas e imediatamente convincentes. Nós, a

---

4. BRILL, A.A. *Cartas Freud/Jung*, 69J^2 e 238F^4.
5. SEIF, L.*Cartas Freud/Jung*, 137J, n. 2.

quem foi concedido tomar posse dessas terras recém-descobertas, devemos impedir, através da autodisciplina, que estes bens sejam dissipados e malbaratados por uma fantasia incontrolada. Nunca esqueçamos que tudo o que pensamos e criamos interiormente só é bem pensado e bem criado quando se volta para a humanidade por meio de uma linguagem compreensível aos outros. O destino espera de nós que administremos fielmente e transmitamos a nossos semelhantes, na forma de uma ciência pura e exata, o inestimável tesouro de conhecimentos que nos adveio da descoberta de Freud, e não fazer mau uso dele para satisfazer nossa própria ambição. Esta tarefa exige de cada um de nós não apenas um alto grau de autocrítica mas também uma formação psicanalítica esmerada. Esta formação é difícil de conseguir através de trabalho isolado; é mais fácil e melhor obtê-la através do trabalho conjunto de várias cabeças. Este trabalho de educação e formação deve ser uma das principais tarefas dos grupos locais de nossa Associação, e gostaria de recomendar vivamente esta tarefa aos presidentes dos grupos locais. Além dos resultados de novas pesquisas, devem ser postas em discussão também as questões elementares nos grupos; isso permitirá aos membros mais jovens tomar conhecimento das ideias e princípios fundamentais, pois este conhecimento é *condido sine qua non* do método científico. Essas discussões básicas também servem para tirar do caminho certos mal-entendidos teóricos e práticos. Parece-me oportuno também que se submetam de imediato a uma discussão minuciosa as divergências de opiniões para evitar a dispersão de esforços em desvios desnecessários. Conforme demonstraram os acontecimentos de Viena[6], esta possibilidade não está muito longe, visto que a quantidade ilimitada de pesquisas psicanalíticas e o volume de problemas abordados convidam formalmente a mudanças, tanto revolucionárias quanto injustificadas, nos princípios da teoria das neuroses, descoberta e elaborada por Freud durante décadas de trabalho. Em vista dessa tentação, creio que não devemos esquecer que nossa Associação tem a função importante de desa-

---

6. A alusão refere-se à saída de Adler e vários de seus seguidores da associação vienense em junho.

creditar a psicologia "selvagem" e não tolerá-la em nossos círculos. Não precisamos temer que o dogmatismo – há muito desejado por nossos adversários – vá invadir a psicanálise; devemos manter-nos firmes e unidos em torno dos princípios até agora conseguidos e afirmá-los até que sejam completamente comprovados ou abandoná-los se forem reconhecidos como totalmente falsos.

1.031 Após essas observações e desejos com referência ao cultivo de nossa ciência nos grupos locais, gostaria de chamar a atenção para as atividades editoriais no campo da psicanálise. No ano passado tivemos o *Zentralblatt für Psychoanalyse*[7] acrescentado ao *Jahrbuch*; este órgão publicou grande quantidade de material e, por essa amplitude, apresentou um bom quadro da vastidão da psicanálise. No próximo ano teremos outro veículo[8] que não será exclusivamente médico, mas terá caráter mais geral.

1.032 Neste ano comprovei com meus próprios olhos a grande impressão que os esforços em favor de nossa causa criaram em todo o mundo. O conhecimento e a valorização da psicanálise são bem mais difundidos do que normalmente se pensa.

1.033 O ano que passou trouxe para nós de Zurique uma perda que é especialmente dolorosa para nossas esperanças científicas do futuro. Foi a morte de nosso amigo Honegger[9], que ficou conhecido dos outros membros por seu excelente trabalho apresentado em Nürnberg.

---

7. O primeiro fascículo apareceu em outubro de 1910, sendo editor Freud e redatores Adler e Stekel.

8. *Imago. Zeitschrift für Anwendung der Psychoanalyse auf die Geisteswissenschaften*. Editor: Freud, redatores: Otto Rank e Hanns Sachs. Publicada pela primeira vez em março de 1912.

9. Johann Jakob Honegger Jr. que cometeu suicídio em 28 de março de 1911. Cf. *Cartas Freud/Jung*, 148J[2] e 247J. Cf. tb. WALSER, H.H. "Johann Jakob Honegger (1855-1911). Ein Beitrag zur Geschichte der Psychoanalyse". *Schweizer Archiv für Neurologie, Neurochirurgie und Psychiatrie*, 112/1, 1973, p. 107-113. Zurique. O trabalho de Honegger aqui mencionado não foi conservado.

Duas cartas sobre psicanálise*

10 de janeiro de 1912

No comunicado do Dr. Kesselring e do Dr. B., do Keplerbund, 1.034
publicado nesta coluna, foi censurado um trecho do repórter que soa
assim: "Dr. Kesselring, conforme o mesmo disse, falou contra o método psicanalítico de Freud e a pedido do Keplerbund. Esta associação quer opor-se a um movimento de tendência materialista das ciências naturais e combater o ponto de vista errôneo de que o conhecimento científico atravanque o caminho da fé religiosa. E, assim, é perfeitamente compreensível a impressão que o conferencista quis e conseguiu causar sobre o público".

Ao dizer isso, o repórter não "desacreditou" a disposição do Dr. 1.035
Kesselring de falar sobre Freud no Keplerbund nem desacreditou a atividade geral do Keplerbund, mas apenas afirmou algo que era evidente em si mesmo. O Keplerbund tem o seguinte item em seu programa, que ele mantém como baseado em "fundamento científico e ético intocável": "O Keplerbund está convencido de que a verdade traz em si a harmonia dos fatos científicos com o conhecimento filosófico e com a experiência religiosa". E ainda: "O Keplerbund se diferencia conscientemente do dogma materialista do monismo e luta contra a propaganda ateia que dele emana e que se apoia erroneamente nas descobertas das ciências naturais".

---

* *Neue Zürcher Zeitung*, com as datas indicadas. A contribuição de Jung, "Novos caminhos da psicologia" (OC, 7, apêndice), para o *Raschers Jahrbuch für Schweizer Art und Kunst*, 1912 (publicado em dezembro de 1911) provocou uma controvérsia que levou, por sua vez, a uma conferência contra a psicanálise, pronunciada pelo neurologista suíço Dr. Max Kesselring sob o patrocínio do Keplerbund na sala do tribunal do júri, em 15 de dezembro de 1911. Em janeiro de 1912, a polêmica foi levada adiante em artigos de Kesselring e outros na *NZZ*. Jung entrou com essas duas cartas. Publicou um artigo que deveria pôr fim à discussão em *Wissen und Leben* (Zurique, 15 de fevereiro de 1912), "Sobre a psicanálise" (OC, 4). A controvérsia toda está resumida em ELLENBERGER, H.F. *The Discovery of the Unconscious*. – The History and Evolution of Dynamic Psychiatry. Nova York/Londres: [s.e.], 1970, p. 810-814. Cf. tb. *Cartas Freud/Jung*, 287J[7], 293F[7], 294J e 295J.

1.036 Segundo este programa, o Keplerbund não pretende apenas fazer um trabalho de esclarecimento e de educação popular mas ser também uma organização de combate. Uma vez que a doutrina de Freud está em franco contraste com a "harmonia" procurada pelo Keplerbund, toda pessoa em são juízo sabe que a associação deve combater essa doutrina. Quando uma organização encomenda uma conferência, normalmente se informa antes sobre a posição do conferencista, não importando se seu interesse no tema seja religioso, político, artístico ou científico. Todos os que sabem que o Dr. Kesselring é um discípulo de Freud devem saber também – é o que se pode pressupor – que ele é seu adversário na teoria e na prática. Por sua vez, um repórter convidado pelo Keplerbund sabe que o conferencista não pode defender neste recinto o "pansexualismo" de Freud. O repórter, que não é freudiano nem é contra o Keplerbund, não confiará credulamente na opinião de outros mas vai procurar a melhor orientação possível sobre o tema da conferência, sobre os princípios do Keplerbund e sobre as opiniões do Dr. Kesselring.

1.037 A respeito do mesmo evento foi escrito o seguinte: Para surpresa dos especialistas, a conferência do Dr. Kesselring "Sobre psicanálise" apresentou ao público da sala do tribunal do júri uma nova orientação da pesquisa médica que, entre outras coisas, teve de incluir no âmbito de seu trabalho analítico também o mais íntimo e o mais escandaloso de todas as fantasias humanas. A disputa de opiniões sobre os resultados da pesquisa dessa orientação está sendo violenta nos círculos especializados, e as opiniões estão muito divididas. Mas, por mais violenta que seja a discussão científica, os adversários e amigos da psicanálise concordam que essas coisas, mesmo que apenas por motivo de bom gosto, não devem ser levadas ao grande público, sem considerar que até mesmo o público mais culto não possui critério competente nessas questões. Com o mesmo direito talvez se pudessem realizar exames ginecológicos na sala do tribunal do júri para levantar os ânimos do público contra alguns resultados da pesquisa médica.

1.038 Quanto ao resto, a conferência, cuja falta de objetividade deve ter espantado até mesmo o leigo, continha tão grande número de distorções que se destinava apenas a propalar erros. Quem quiser informações sobre o que é realmente a psicanálise deve ler a obra de Freud[1] *Über Psychoanalyse*. Aqui o autor descreve, numa linguagem mais ou menos popular, seus pontos de vista e seu método. Indicamos também a meritória obra de nosso professor de psiquiatria em Zurique Dr. Eugen Bleuler: *Die Psychoanalyse Freuds*[2]. Este livro discute de maneira objetiva e crítica os prós e os contras da psicanálise. A autoridade e a fama continental desse notável sábio vão garantir ao público ilustrado uma concepção bem mais competente da psicanálise do que as explanações do Dr. Kesselring.

Dr. J.

17 de janeiro de 1912

Quanto ao artigo sobre "Psicanálise", publicado no jornal matutino do último sábado, gostaria de complementar que o conceito de sexualidade, empregado por mim e por Freud, tem sentido bem mais amplo do que aquele usado vulgarmente. Já indiquei várias vezes que entendemos por "sexualidade" todas aquelas forças instintivas que ultrapassam o domínio do "instinto de autoconservação". A justificação científica desse conceito não pode ser discutida aqui. Ela se encontra nos escritos de Freud e nos meus. A confusão entre o conceito vulgar e o nosso conceito biológico de sexualidade leva naturalmente aos maiores mal-entendidos.

1.039

Além disso, permito-me observar que não é admissível lançar em nossa conta todas as tentativas imaturas, feitas em parte por pessoas pouco qualificadas. Só podemos responder por aquilo que nós escrevemos e não pelos multiformes pecados de outros escritores. Poderíamos também lançar na conta do cristianismo as crueldades da Inquisição, se quiséssemos proceder segundo este princípio tão sumário. Não me refiro às valiosas pesquisas do Dr. Riklin, com as quais

1.040

---

1. "Über Psychoanalyse. Fünf Vorlesungen, gehalten zur 20 jährigen Gründungsfeier der Clark University". Worcester, Mass. Setembro de 1909. Leipzig/Viena: [s.e.], 1910. São as conferências de Freud na Clark University.

2. Deuticke; originalmente em *Jahrbuch für psychoanalytische und psychopathologische Forschungen*, II/2, 1910. Leipzig/Viena.

concordo plenamente, mas ao livro de Michelsen[3], citado por meu crítico F.M.[4], e a uma série de outros escritos, cujos pontos de vista e modos de exposição devo repudiar.

Dr. Jung

Sobre o tratamento psicanalítico de distúrbios nervosos[*]

1.041   A psicanálise difere de outros métodos psicoterapêuticos por tomar, de preferência, como ponto de partida aqueles produtos da psique humana que surgem fora da atuação seletiva da atenção: as parapraxias, as fantasias aparentemente sem finalidade do sonhar acordado e os sonhos noturnos. O criador do método, o professor Freud de Viena, conseguiu demonstrar a partir desse material a existência de um princípio que governa os acontecimentos psíquicos: o princípio da determinação. Segundo este princípio, também esses produtos inferiores não são fortuitos, mas condicionados causalmente de modo claro e comprovado ou, psicologicamente falando, são determinados. São formados sob a influência de ideias com carga emocional, ideias inconscientes.

1.042   A aplicação desse princípio às formações patológicas do psiconeurótico demonstrou que elas têm estrutura semelhante mas são muito mais complicadas. A primeira formulação desse novo achado foi a teoria do trauma, proposta por Breuer e Freud no livro *Studien über Hysterie*, publicado em 1895.

1.043   Pesquisas ulteriores mostraram, porém, que o trauma vem depois do conflito em termos de importância patológica ou, melhor, que a maioria das experiências só adquire força traumática quando produz

---

3. MICHELSEN, J. *Ein Wort an den geistigen Adel deutscher Nation*. Munique: [s.e.], 1911. ELLENBERGER, H.F. *The Discovery of the Unconscious*. Op. cit., p. 877[270].

4. Fritz Marti, redator literário de *NZZ*, que assinou seu artigo com F.M.

[*] Resumo de Jung de um relato à associação médico-farmacêutica de Berna na reunião de 4 de junho de 1912. O resumo, junto com a discussão (aqui omitida), foi publicado em *Correspondenz-Blatt für Schweizer Aerzte*, XLII, 1° de outubro de 1912, p. 1079-1084. Cf. *Cartas Freud/Jung*, 318J e 319F sobre o "episódio de Kreuzlingen" que ocorreu pouco antes dessa ocasião.

um conflito dentro do paciente. Na grande maioria dos casos, esses conflitos ocorrem entre os desejos sexuais (no sentido mais amplo) e as tendências opositoras de natureza moral e estética. O resultado desses conflitos, que prejudicam a vida emocional, é uma série de processos patológicos. São mecanismos comparáveis a medidas de defesa que o corpo coloca entre um agente nocivo.

Seguir esses mecanismos é tarefa da terapia que visa em última análise libertar a psique do conflito. 1.044

Uma mulher histérica de 35 anos de idade, casada, mãe de vários filhos e que desde os 20 anos apresentava certo número de sintomas histéricos corporais foi submetida à psicanálise, depois que outros tratamentos se mostraram ineficazes. Três dos sintomas que prejudicavam sua atividade respiratória puderam ser atribuídos a um trauma da puberdade: uma tentativa de estupro, quando o peso do corpo do homem comprimiu o seu peito. Mas o último determinante estava numa experiência da infância, quando a paciente escutou com excitação sexual a cópula noturna dos pais. O sintoma que parecia uma expiração rápida e involuntária com fechamento simultâneo da glote era a repetição da seguinte cena: A mãe tinha vindo à sua cama, e ela levou um susto enorme querendo soltar um grito, mas que conseguiu refrear na última hora. Essas duas inervações opostas persistiram na forma do sintoma mencionado. 1.045

Quando, pois, na vida futura, a pessoa não encontra satisfação erótica suficiente, devido a um relacionamento desfavorável, então ocorre aquilo que Freud chamou de regressão; em vez da satisfação atual não conseguida, o paciente recorre a uma satisfação antiga e infantil. 1.046

Mas esta satisfação infantil não é revivida em sua forma original e sim na forma apenas de um epifenômeno somático e fisiológico. Há uma conversão da excitação sexual numa excitação somático-motora. 1.047

Assim também na paciente, o distúrbio respiratório, provocado por duas inervações opostas, não foi fixado por causa do susto que teve com a aproximação da mãe, mas por causa da excitação sexual que sentiu ao ouvir o coito dos pais. 1.048

A manifestação da doença está ligada diretamente ao casamento que trouxe desilusões à paciente, permanecendo frígida durante a relação sexual no casamento. A libido, que permanecia presente apesar 1.049

de tudo, escolheu por isso o caminho da regressão e levou à reativação daquelas experiências gratificantes e esquecidas do passado, ou seja, aos seus epifenômenos corporais.

1.050 O resultado do tratamento foi que todos os sintomas desapareceram, restando poucos vestígios. (A discussão que se seguiu não se ateve especialmente ao caso de Jung. Os interlocutores, incluindo Paul-Charles Dubois[1], de Berna, contaram casos de sua própria experiência que foram curados por métodos não psicanalíticos e fizeram várias observações hostis. Jung encerrou a discussão:)

1.051 É lamentável que a discussão não se ativesse à análise aqui apresentada. Uma rejeição global da pesquisa psicanalítica e de seu modo de tratamento só seria possível se eles se demonstrassem errados após cuidadoso estudo, mas este não é o caso. A psicanálise apresenta uma terapia radical que deveria encontrar serventia ao lado de outros métodos.

1.052 Excluir o uso porque a aplicabilidade não foi provada ou teoricamente estabelecida não corresponde aos fatos; é comum nas pesquisas das ciências naturais dar preferência às experimentações práticas sobre as considerações teóricas.

1.053 Erros naturalmente podem ocorrer. Mas, como nas demais ciências, eles não nos permitem tirar conclusões de validade geral.

1.054 A discussão de assuntos sexuais não é fácil e não é da competência de qualquer um; empregada com tato, ela é um aspecto importante de toda psicoterapia. – Os sonhos são muitas vezes narrados de forma imprecisa ou são complementados; esses acréscimos não são fortuitos, como Freud o demonstrou, mas estão sob a influência das mesmas representações inconscientes que o próprio sonho. É certo que as impressões infantis permanecem a vida toda, mesmo que pareçam de pouca importância. A explicação disso é que essas impressões foram reprimidas por causa de certas conjunções importantes de ideias, e por essa razão conseguiram sobreviver no inconsciente até que a análise as desvendasse novamente.

---

1. Ibid., 115F[8].

Um comentário à crítica de Tausk ao trabalho de Nelken[*]

No primeiro fascículo dessa revista há uma resenha do senhor Tausk sobre o escrito do Dr. Nelken "Analytische Beobachtungen über Phantasien eines Schizophrenen"[1]. Nesta resenha encontrei as seguintes frases: "No primeiro ataque catatônico o paciente criou a fantasia de que ratos e camundongos roíam as suas partes genitais. Nelken deriva o significado simbólico desses animais de uma sugestão de Jung, que vê neles um símbolo do medo noturno. Não há dúvida de que esta interpretação é correta mas ela provém de uma elaboração posterior desse símbolo e impede uma visão mais profunda. A análise dos sonhos e das neuroses ensinou-me claramente – e vejo minha opinião confirmada por outros psicanalistas – que ratos e camundongos são animais de cloacas e esgotos e que representam simbolicamente o complexo de defecação (complexo anal)". 1.055

Gostaria de defender o ponto de vista de Nelken contra o de Tausk. Não tenho a menor dúvida de que a concepção de Tausk também é verdadeira. Já sabemos disso há muito tempo, e o "homem-rato"[2], de Freud confirmou-o mais uma vez. Sabemos também que a introversão e regressão catatônicas reativam todos os impulsos infantis, como atestam numerosas observações da análise de Nelken. É absurdo dizer que este aspecto do caso tenha escapado à nossa observação; pareceu-nos apenas sem importância, pois é evidente por assim dizer. Não nos parece de muita importância saber que o complexo anal pode agir como substituto dos modos normais de transferência ou adaptação, pois sabemos que a regressão doentia da libido atinge todos os tipos de sexualismos infantis e que ela produz fantasias infantis de toda espécie. Quem ainda acredita que foi selecionado um grupo determinado de fantasias ou um "complexo", ainda não viu casos em número suficiente. Por isso consideramos irrelevante que a castração 1.056

---

[*] *Internationale Zeitschrift für ärztliche Psychoanalyse*, 1/3, 1913, p. 285-288. Viena/Leipzig. Sobre Victor Tausk, cf. *Cartas Freud/Jung*, 348J[4]. Sobre Jan Nelken, um psiquiatra da escola de Zurique, *Cartas Freud/Jung*, 305J[3].

1. No *Jahrbuch für psychoanalytische und psychopathologische Forschungen*, IV/1, 1912.

2. FREUD, S. *Um caso de neurose obsessiva* (1909).

seja realizada por animais de cloaca. Além do mais, os camundongos não são "animais de cloaca", mas "animais de tocas", o que é um conceito bem mais amplo do que "animais de cloaca".

1.057   A única coisa que aprendemos dessa interpretação é que um complexo infantil ou um interesse infantil toma o lugar de um interesse normal. Pode ser de algum interesse casuístico, mas muito limitado, que neste caso a fantasia anal tenha contribuído com um pedaço de símbolo para expressar a introversão e regressão da libido. Mas esta interpretação não dá um princípio de explicação aplicável em geral quando chegamos à tarefa bem mais importante de responder o que significa funcionalmente o motivo da castração. Não podemos contentar-nos de forma alguma com uma simples redução a mecanismos infantis, e aí permanecer.

1.058   Tive certa vez um exemplo bem expressivo desse tipo de concepção. Numa discussão sobre a história do símbolo do peixe, um dos presentes observou que o peixe que desaparece no mar era simplesmente o pênis do pai que desaparece na vagina de sua esposa. Este tipo de interpretação, que considero estéril, é o que chamo de concretismo sexual. Parece-me que a psicanálise tem a tarefa mais nobre e mais importante de entender o que essas analogias querem exprimir. O que as pessoas de todos os tempos e lugares queriam dizer com o símbolo do peixe? Por que – talvez também nesse caso – foram reativados esses canais infantis de interesse? O que significa esse trazer à tona o material infantil? Este é realmente o problema. A constatação de que "as reminiscências infantis voltam à superfície" é vazia e evidente. Ela nos afasta inclusive do verdadeiro sentido. No caso de Nelken o problema não é a origem de uma parte do símbolo do rato a partir do complexo anal, mas o chamado motivo de castração a que pertence obviamente o fragmento da fantasia. Os ratos e camundongos são o instrumento da castração. Mas existem muitos outros instrumentos de castração que não dependem da determinação anal. A redução dos ratos, feita por Tausk, só tem portanto valor casuístico, sem importância maior para o problema do sacrifício aqui em questão.

1.059   A escola de Zurique reconhece naturalmente a redutibilidade a modelos infantis mais simples, mas não se restringe a isso; toma esses modelos como eles são. isto é. imagens pelas quais a mente inconsciente atual se expressa. Quanto ao símbolo do peixe nossa linha de pensamento é a seguinte: Não negamos à escola vienense a possibilidade de que o símbolo do peixe possa ser reduzido em última análise ao intercurso sexual dos pais. Estamos dispostos a aceitar isso, se tivermos razões cogentes para tanto. Não nos contentamos com esta redução relativamente sem valor, mas perguntamos o que significa para o indivíduo a reprodução do intercurso dos pais ou de algo semelhante. Vamos mais adiante com a suposição, pois com a redução ao modelo infantil não chegamos a compreender o real significado do fato de que a reminiscência foi reativada regressivamente. Se nos conformássemos com a redução, chegaríamos sempre de novo à verdade, de há muito reconhecida, de que o infantil está na raiz do mundo mental e de que a vida mental do adulto está edificada sobre o fundamento da psique infantil.

A surpresa de que, por exemplo, a produção artística se serve das imagens do complexo do incesto deveria estar superada também nas demais escolas psicanalíticas. Naturalmente todo desejo tem esses modelos infantis que ele usa em todas as modalidades possíveis para se expressar. Se o modelo, isto é, o infantil, fosse ainda o atuante absoluto (e não apenas reativado regressivamente), todos os produtos mentais se mostrariam incrivelmente pobres e mortalmente monótonos. Seria sempre a mesma e velha história infantil que formaria o cerne essencial de todos os produtos mentais. Felizmente os motivos infantis não são "essenciais", isto é, eles são na maioria das vezes apenas reativados regressivamente e empregados convenientemente para exprimir distúrbios atuais, e mais claramente quando devem ser expressas coisas que estão tão distantes e inacessíveis quanto a mais distante infância. Não se deve esquecer que também existe um futuro. A redução ao material infantil faz do não essencial na arte – a expressão humana limitada – o essencial, que consiste precisamente na busca da maior riqueza da forma e da maior liberdade de expressão diante dos limites do convencional e do dado *a priori*. 1.060

Sieberer[3] disse certa vez que existe um grau mitológico de conhecimento que apreende *simbolicamente*. Esta afirmação se aplica bem 1.061

---

3. "Über die Symbolbildung". *Jahrbuch*, III/1, 1911; e "Von den Kategorien der Symbolik". *Zentralblatt für Psychoanalyse*, II/4, 1912.

ao manejo das reminiscências infantis: ajudam na apreensão ou no conhecimento e são símbolos de expressão. Não há dúvida de que a reminiscência ou tendência infantil é ainda em parte operativa e por isso tem um efeito extraordinariamente perturbador e obstrutivo na vida atual. Por isso também é encontrada em toda parte. Mas estaríamos errados se a considerássemos uma fonte de energia; ela é mais limitação e estorvo. Mas, por causa de sua existência inegável, é também um meio de expressão necessário e análogo, pois as profundezas da fantasia não oferecem outro material para fins de comparação. Consequentemente consideramos analiticamente as imagens primitivas: não nos contentamos com a redução e com a constatação de sua existência autônoma, mas procuramos, através da comparação com material semelhante, construir o problema atual que leva ao uso desses padrões primitivos e que neles procura se exprimir. Neste sentido consideramos o incesto em primeiro lugar como símbolo, como meio de expressão, como também Adler o sugeriu.

1062 Por isso não posso concordar com Tausk quando afirma que a comparação com material análogo "obstruiu o caminho de uma visão mais profunda". Não consideramos a descoberta da fantasia anal como uma visão profunda que pudesse ser comparada em importância com aquelas que nos transmitem a compreensão do motivo da castração. Devo, por isso, defender a intenção de Nelken de estabelecer conexões gerais. A partir da prova da existência autônoma de fantasias infantis, dificilmente podemos esperar uma visão penetrante no problema geral do sacrifício que se serve, entre outras coisas, do motivo da castração. Nelken tinha esse questionamento em mente, pois numa nota de rodapé ele se refere à cobra e ao escorpião como animais históricos da castração.

1.063 Tomei a liberdade de me estender um pouco nesse comentário porque tinha aqui uma boa oportunidade de expor nossas opiniões divergentes sobre o assunto. Como ficou claro, não negamos de forma alguma a possibilidade da redução, exposta por Tausk. Mas não conseguimos descobrir nessa e em outras reduções semelhantes nada que nos pudesse dar um esclarecimento satisfatório. Acreditamos que uma explicação satisfatóriadeve deixar claro o sentido teleológico do motivo da castração. Evidentemente não se chega muito longe no campo da psicologia com a explicação de determinantes puramente causais, pois um grande número de fenômenos psíquicos só pode ser explicado satisfatoriamente em termos teleológicos. Isso não altera em nada nem suprime as descobertas sumamente valiosas da escola de Freud. Acrescentamos apenas o fator da observação teleológica ao que já existe. Dediquei um estudo especial a esta questão que será publicado em breve no *Jahrbuch*[4].

Por causa de nosso esforço de progredir e ampliar os pontos de vista até agora existentes, surgiu a pilhéria de haver um cisma. Isto só pode partir de pessoas que consideram suas hipóteses de trabalho como artigos de fé. Não compartilho desse ponto de vista algo infantil. Minhas opiniões científicas mudam conforme minhas novas experiências e descobertas, como é o caso na ciência em geral desde sempre. Perigoso seria se assim não fosse.

1.064

Respostas a um questionário sobre Freud[*]

Em 24 de julho de 1953, o representante do New York Times em Genebra, Michael L. Hoffman, enviou a Jung o seguinte questionário que integraria um artigo planejado sobre Freud:

1. Qual é a parte da obra de Freud que o senhor aceita?

2. Qual o papel que desempenharam no desenvolvimento da psicologia analítica do senhor as obras e as concepções de Freud?

3. Na sua opinião, a sexualidade no sentido de Freud tem alguma importância na etiologia das neuroses?

4. Como avalia a contribuição de Freud para o nosso conhecimento da psique?

5. Poderia falar sobre o valor dos procedimentos de Freud como uma terapia?

---

4. "Tentativa de apresentação da teoria psicanalítica". *Jahrbuch*, V/I, 1913.

[*] Jung escreveu em inglês a resposta ao questionário de Hoffman, em 7 de agosto de 1953. Quanto sabemos, nunca foi publicada no *New York Times*. Publicada pela primeira vez em *Spring*, 1968.

1.065 Sendo impossível submeter a uma crítica a obra de Freud no curto espaço de um artigo, devo restringir-me a respostas bem breves.

1.066   1. Aceito os fatos descobertos por Freud, mas aceito sua teoria apenas em parte.

1.067   2. Os fatos da repressão, substituição, simbolismo e amnésia sistemática que Freud descreve coincidem com os resultados do meu experimento de associações (1902-1904). Mais tarde (1906) descobri fenômenos semelhantes na esquizofrenia. Naqueles anos aceitei todos os pontos de vista de Freud, mas não pude aceitar, por mais boa vontade que tivesse, a teoria sexual das neuroses e, muito menos ainda, das psicoses. Cheguei à conclusão (1910) de que a acentuação unilateral de Freud na sexualidade devia ser um preconceito subjetivo dele.

1.068   3. É evidente que o instinto sexual desempenha um papel notável em todos os aspectos da vida, portanto também na neurose, mas é óbvio também que o instinto de poder, as diversas formas do medo e as necessidades do indivíduo têm a mesma importância. Questiono apenas esta exclusividade da sexualidade, afirmada por Freud.

1.069   4. A contribuição de Freud para nosso conhecimento da psique é sem dúvida da maior importância. Ele nos dá uma visão dos cantos escuros da mente e do caráter humanos que só pode ser comparada com a obra de Nietzsche, A *genealogia da moral*. Neste sentido, Freud foi um dos grandes críticos da cultura do século XIX. Sua indignação específica explica a unilatcralidade de seu princípio.

1.070 Não se pode dizer que Freud tenha sido o descobridor do inconsciente – C.G. Carus e Eduard Von Hartmann o precederam e Pierre Janet foi seu contemporâneo – mas certamente mostrou um caminho para atingir o inconsciente e uma possibilidade decisiva para o exame de seus conteúdos. Sob este aspecto, seu livro sobre a interpretação dos sonhos é muito útil, ainda que do ponto de vista científico seja bastante questionável.

1.071   5. A pergunta sobre a terapia psicológica é extremamente complexa. Sabemos que todo método, todo procedimento ou toda teoria em que se acredita seriamente, quando aplicados com consciência e apoiados numa compreensão humana compatível, podem ter um efeito terapêutico notável. A eficácia terapêutica não é prerrogativa de um sistema em particular; o que conta é o caráter e a atitude do terapeuta. Por isso digo aos meus alunos: Vocês devem conhecer do melhor modo possível a psicologia das pessoas neuróticas e a vocês mesmos. Se for o melhor possível, então existe a probabilidade de vocês acreditarem nisso e terem a necessária seriedade para empregar os conhecimentos com dedicação e responsabilidade. Se o conhecimento de vocês for o melhor possível, então sempre surgirá a dúvida se uma outra pessoa não sabe melhor do que vocês, e vocês, por pura compaixão com o paciente, vão certificar-se de que não o estão conduzindo mal. Por isso nunca esquecerão de averiguar até que ponto essa outra pessoa concorda ou não com vocês. Quando não concorda, vocês ficam perplexos; mas se isto for menosprezado, médico e paciente serão enganados.

A teoria é importante em primeiro lugar para a ciência. Na prática é possível empregar tantas teorias quantos são os indivíduos. Se alguém for honesto, pregará seu próprio evangelho. Se você estiver com a razão, isto lhe basta. Se estiver errado, nem mesmo a melhor teoria servirá para algo. Nada é mais perigoso do que os meios certos nas mãos do homem errado. Não se deve esquecer nunca que a análise de um paciente analisa a você mesmo, que você está tão profundamente nela quanto o paciente. 1.072

A psicoterapia é uma atividade de muita responsabilidade e é tudo menos uma aplicação impessoal de um método terapêutico adequado. Houve um tempo em que o cirurgião nem pensava em lavar as mãos antes da operação; esse tempo ainda não passou se os médicos pensam que não estão pessoalmente envolvidos quando empregam seus métodos terapêuticos. 1.073

Por essa razão reajo contra toda espécie de preconceito na abordagem terapêutica. No caso de Freud não posso concordar com seu materialismo, sua credulidade (teoria do trauma), seus postulados fantásticos (teoria do totem e do tabu) e com seus pontos de vista associais e meramente biológicos. 1.074

Isto tudo são apenas indicações de pontos de vista críticos. Eu mesmo considero essas afirmações como fúteis porque é mais importante realçar fatos que exigem uma concepção completamente diversa da psique, isto é, fatos novos, desconhecidos para Freud e sua escola. 1.075

1.076 Nunca foi meu propósito criticar Freud, a quem muito devo. Estou mais interessado em continuar construindo a estrada que ele começou a construir e levar avante a pesquisa sobre o inconsciente que sua própria escola negligenciou.

Referências*

ADLER, G. *Entdeckung der Seele* – Von Sigmund Freud und Alfred Adler zu C.G. Jung. Zurique: [s.e.], 1934 [Prefácio de C.G. Jung].

AGOSTINHO (St. Aurelius Augustinus). "Sancti Aurelii Augustini Hipponensis episcopi opera omnia, post Lovaniensium theologorum recensionem, castigata denuo ad manuscriptos codices Gallicos, vaticanos, Belgicos etc., necnon ad editiones antiquiores et castigatiores, opera et studio monachorum ordinis Sancti Benedicti e Congregatione S. Mauri". In: MIGNE, J.P. (org.). *Patrologia Latina*. Vols. XXXII a XLVI. Paris: Migne, 1841-1842.

AKSAKOW, A.N. *Animismus und Spiritismus* – Versuch einer kritischen Prüfung der mediumistischen Phänomene mit besonderer Berücksichtigung der Hypothesen der Hallucination und des Unbewussten. 2. ed. Leipzig: [s.e.], 1894.

AMNIANUS MARCELLINUS. *Hystory*. Londres/Cambridge, Mass.: [s.e.], 1956 [Traduzido por John C. Rolfe (Loeb Classical Library)].

ANÔNIMO. *Die Tyroler ekstatischen Jungfrauen* – Leitsterne in die dunkeln Gebiete der Mystik. Regensburg: [s.e.], 1843.

APOCRYPHAL New Testament. Oxford: [s.e.], 1924 [Traduzido por Montagne Rhodes James].

ARTEMIDORO (de Daldis). *Symbolik der Träume*. Viena/Budapeste/Leipzig: [s.e.], 1881 [Traduzido por Friedrich S. Krauss].

BALLET, G. *Swedenborg* – Histoire d'un visionnaire au XVIIIe siècle. Paris: [s.e.], 1899.

BAYNES, H.G. *Germany Possessed*. Londres: [s.e.], 1941.

BENOIT, P. *L'Atlantide*. Paris: [s.e.], 1919.

---

* Os livros que tiveram textos citados neste volume não aparecem em geral nestas referências, mas apenas nas respectivas notas de rodapé.

BLEULER, E. *Die Psychanalyse Freuds* – Verteidigung und kritische Bemerkungen. Leipzig/Viena: [s.e.], 1911 [Originalmente em *Jahrbuch für psychoanalytische und psychopathologische Forschungen*, II/2, 1910. Leipzig/Viena].

BREUER, J. & FREUD, S. *Studien über Hysterie*. Leipzig/Viena: [s.e.], 1895.

BROGLIE, L. de. *Licht und Materie* – Ergebnisse der neuen Physik. 7. ed. Hamburgo/Baden-Baden: [s.e.], 1949.

BOURGET, P. *L'Etape*. Paris: [s.e.], 1902.

CAPRON, E.W. *Modern Spiritualism* – Its Facts and Fanaticisms, Its Consistencies and Contradictions. Nova York/Boston: [s.e.], 1855.

CASSINI, J.D. *Comte de Thury*: Les Tables parlantes au point de vue de la physique générale. Genebra: [s.e.], 1955.

CROOKES, W. "Notes of an Enquiry into the Phenomena called Spiritual, during the years 1870-1873". *Quarterly Journal of Science*, XI, n.s. IV, 1874. Londres.

CUSTANCE, J. *Wisdom, Madness and Folly* – The Philosophy of a Lunatic. Nova York: [s.e.], 1952 [Prefácio de C.G. Jung].

DAVIE, T.M. "Comments Upon a Case of 'Periventricular Epilepsy'". *British Medical Journal*, II, 17 de agosto de 1935, p. 293-297. Londres.

DELACOTTE, J. *Guillaume de Digulleville (poète normand)*: Trois romans-poèmes du XIVe siècle. – Les pèlerinages et la divine comédie. Paris: [s.e.], 1932.

DESSOIR, M. *Das Doppel-Ich*. 2. ed. Leipzig: [s.e.], 1896.

DIETERICH, A. *Eine Mithrasliturgie*. 2. ed. Berlim: [s.e.], 1910.

DORN(EUS), G. "Congeries Paracelsicae chemiae de transmutationibus metallorum (De transmutatione metallorum)". In: ZETZENER, L. (org.). *Theatrum chemicum*. Vol. I. Oberursel: [s.e.], 1602.

DUNS SCOTUS, J. *Quaestiones Scoti super Universalibus Porphyrii...* Veneza: [s.e.], 1520.

ECKHART, mestre. *Deutsche Mystiker des 14. Jahrhunderts* Vol. 2. Mestre Eckhart. Leipzig: Scientia-Verlag, 1857 [PFEIFFER, Franz (org.)].

ELIADE, M. *Shamanism*: Archaic Techiniques of Ecstasy. Londres: Routledge and Kegan Paul [Edição alemã: *Schamanismus und archaische Ekstasetechnik*. Zurique: [s.e.], 1957].

ELLENBERGER, H.F. *The Discovery of the Unconscious* – The History and Evolution of Dynamic Psychiatry. Nova York/Londres: [s.e.], 1970.

ENCYCLOPAEDIA Iudaica. Das Judentum in Geschichte und Gegenwart. 15 vols. Berlim: [s.e.], 1928s. [KLATZKIN, Jakob (org.)].

ENCYCLOPAEDIA of Religion and Ethics. 13 vols. Edimburgo: [s.e.], 1908-1926 [HASTINGS, James (org.)].

ENCYCLOPÄDIE des Islam. Geographisches, ethnographisches Wörterbuch der muhammedanischen Völker. 5 vols. Leiden/Leipzig: [s.e.], 1908-1924 [HOUTSMA, M.Th. (org.) et al.].

FLAVIUS JOSEPHUS. *Des fürtrefflichen jüdische Geschichtsschreibers FJ Sämmtliche Werke*. Tübingen: Cotta, 1735.

FOUCART, P.F. *Les Mystères d'Eleusis*. Paris: [s.e.], 1914.

FRANCE, A. *L'Ile des Pingouins*. Paris: [s.e.], 1908.

_____. *Sur la pierre blanche*. Paris: [s.e.], 1906.

FREUD, S. *Abriss der Psychoanalyse*. Frankfurt am Main: [s.e.], 1958.

_____. "Bemerkungen über einen Fall von Zwangsneurose". *Jahrbuch für psychoanalytische und psychopathologische Forschungen*, I, 1909, p. 357-421. Leipzig/Viena.

_____. *Die Traumdeutung*. Leipzig/Viena: [s.e.] 1900.

_____. "Über Psychoanalyse. Fünf Vorlesungen, gehalten zur 20 jährigen Gründungsfeier der Clark University". Worcester, Mass. Setembro de 1909. Leipzig/Viena: [s.e.], 1910.

FREUD, S. & JUNG, C.G. *Briefwechsel*. Frankfurt am Main: S. Fischer Verlag, 1974 [McGUIRE, William & SAUERLÄNDER, Wolfgang (orgs.)].

GNOSIUS, D. *Hermetis Trismegisti tractatus vere aureus... cum scholiis D'i G'i*. Leipzig: [s.e.], 1610 [*Tractatus aureus*].

GOETHE, J.W. von. *Werke* – Vollständige Ausgabe letzter Hand. 31 vols. Stuttgart: Cotta, 1827-1834.

GÖRRES, J. von. *Die christliche Mystik*. 4 vols. Regensburg/Landshut: [s.e.], 1836-1842.

GRENFELL, B.P. & HUNT, A.S. (org. e trad.). *New Sayings of Jesus and Fragment of a Lost Gospel from Oxyrhynchus*. Nova York/Londres: [s.e.], 1904.

GURNEY, E.; MYERS, F.W. & PODMORE, F. *Phantasms of the Living*. 2 vols. Londres: [s.e.], 1886.

HAGGARD, H.R. *She*. A History of Adventure. Londres: [s.e.], 1887.

HENNECKE, E. (org.). *Neutestamentliche Apokryphen*. Tübingen/Leipzig: Mohr, 1904.

HERÓDOTO. *Historiarum Libri IX*. 2 vols. Leipzig: [s.e.], 1899-1901 [DIETSCH, H.R. & KALLENBERG, H. (org.)].

HOCHE, A.E. *Handbuch der gerichtlichen Psychiatrie*. Berlim: [s.e.], 1901.

HUBERT, H. & MAUSS, M. *Mélanges d'histoire des religions*. Paris: [s.e.], 1909 [Travaux de l'Année sociologique].

IBSEN, H. *Die Frau vom Meere*. Berlim: Fischer, 1922 [Peça em cinco atos].

JACOBI, J. *Komplex, Archetypus, Symbol in der Psychologie C.G. Jungs*. Zurique: [s.e.], 1957 [Prefácio de C.G. Jung].

JAFFÉ, A. "Bilder und Symbole aus E.T.A. Hoffmanns Märchen 'Der goldne Topf'". In: JUNG, C.G. *Aion* – Estudos sobre o simbolismo do si-mesmo. Petrópolis: Vozes, 1982 [OC, 9/2].

JAMES, W. *Psychologie*. Leipzig: [s.e.], 1909.

JUNG, C.G. *Aion – Estudos sobre o simbolismo do si-mesmo*. Petrópolis: Vozes, 2011 [OC, 9/2].

_____. "Aspectos gerais da psicologia do sonho". In: JUNG, C.G. *A dinâmica do inconsciente*. Petrópolis: Vozes, 2011 [OC, 8/2].

_____. Resposta a Jó. In: JUNG, C.G. *Psicologia da religião ocidental e oriental*. Petrópolis: Vozes, 2011 [OC, 11/4].

_____. "A importância do pai no destino do indivíduo". In: JUNG, C.G. *Freud e a psicanálise*. Petrópolis: Vozes, 2011 [OC, 4].

_____. O eu e o inconsciente. In: JUNG, C.G. *Dois escritos sobre psicologia analítica*. Petrópolis: Vozes, 2011 [OC, 7/2].

_____. "Bruder Klaus". In: JUNG, C.G. *Psicologia da religião ocidental e oriental*. Petrópolis: Vozes, 2011 [OC, 11].

_____. "Estudos diagnósticos das associações". In: JUNG, C.G. *Estudos experimentais*. Petrópolis: Vozes, 2011 [OC, 2].

_____. "Um caso de estupor histérico em pessoa condenada à prisão". In: JUNG, C.G. *Estudos psiquiátricos*. Petrópolis: Vozes, 2011 [OC, 1].

_____. *L'Homme à la découverte de son âme*. Genebra: [s.e.], 1944.

_____. O conteúdo da psicose. Com apêndice: A interpretação psicológica dos processos patológicos. In: JUNG, C.G. *Psicogênese das doenças mentais*. Petrópolis: Vozes, 2011 [OC, 3].

_____. As complicações da psicologia americana. In: JUNG, C.G. *Psicologia em transição*. Petrópolis: Vozes, 2011 [OC, 10] [Trad. de "Your Negroid and Indian Behavior"].

_____. *Mysterium Coniunctionis*: Pesquisas sobre a separação e a composição dos opostos psíquicos na alquimia. 2 vols. Petrópolis: Vozes, 2011 [OC, 14/1 e 2].

_____. "Novos caminhos da psicologia". In: JUNG, C.G. *Estudos sobre psicologia analítica*. Petrópolis: Vozes, 2011 [OC, 7].

_____. "A aplicação prática da análise dos sonhos". In: JUNG, C.G. *A prática da psicoterapia*. Petrópolis: Vozes, 2011 [OC, 16].

_____. *Psicologia e alquimia*. Petrópolis: Vozes, 2011 [OC, 12].

_____. "Psicologia e poesia". In: JUNG, C.G. *O espírito na arte e na ciência*. Petrópolis: Vozes, 2011 [OC, 15].

_____. "Psicologia e religião: The Terry Lectures". In: JUNG, C.G. *Psicologia da religião ocidental e oriental*. Petrópolis: Vozes, 2011 [OC, 11/1].

_____. "A psicologia da transferência: Comentários baseados em uma série de figuras alquímicas". In: JUNG, C.G. *A prática da psicoterapia*. Petrópolis: Vozes, 2011 [OC, 16].

_____. *Tipos psicológicos*. Petrópolis: Vozes, 2011 [OC, 6].

_____. "Os fundamentos psicológicos da crença nos espíritos". In: JUNG, C.G. *A dinâmica do inconsciente*. Petrópolis: Vozes, 2011 [OC, 8].

_____. "Psicoterapia e atualidade". In: JUNG, C.G. *A prática da psicoterapia*. Petrópolis: Vozes: 2011 [OC, 16].

_____. "Alma e terra". In: JUNG, C.G. *Psicologia em transição*. Petrópolis: Vozes, 2011 [OC, 10].

_____. "A alma e a morte". In: JUNG, C.G. *A dinâmica do inconsciente*. Petrópolis: Vozes, 2011 [OC, 8].

_____. *Símbolos da transformação*: análise dos prelúdios de uma esquizofrenia. Petrópolis: Vozes, 2011 [OC, 5].

_____. A sincronicidade como um princípio de conexões acausais. In: JUNG, C.G. *A dinâmica do inconsciente*. Petrópolis: Vozes, 2011 [OC, 8].

_____. "O valor terapêutico da ab-reação". In: JUNG, C.G. *Psicoterapia*. Petrópolis: Vozes, 2011 [OC, 16].

_____. "Símbolos oníricos do processo de individuação". In: JUNG, C.G. *Psicologia e alquimia*. Petrópolis: Vozes, 2011 [OC, 12].

_____. *Os arquétipos e o inconsciente coletivo*. Petrópolis: Vozes, 2011 [OC, 9/1].

_____. "A importância do inconsciente na psicopatologia". In: JUNG, C.G. *Psicogênese das doenças mentais*. Petrópolis: Vozes: 2011 [OC, 3].

_____. "O simbolismo dos mandalas". In: JUNG, C.G. *Os arquétipos e o inconsciente coletivo*. Petrópolis: Vozes, 2011 [OC, 9/1].

_____. "A psicogênese da esquizofrenia". In: JUNG, C.G. *Psicogênese das doenças mentais*. Petrópolis: Vozes, 2011 [OC, 3].

_____. "A psicologia da *Dementia praecox*: um ensaio". In: JUNG, C.G. *Psicogênese das doenças mentais*. Petrópolis: Vozes, 2011 [OC, 3].

_____. "A interpretação psicológica dos processos patológicos". In: JUNG, C.G. *Psicogênese das doenças mentais*. Petrópolis: Vozes, 2011 [OC, 3].

_____. "O renascimento". In: JUNG, C.G. *Os arquétipos e o inconsciente coletivo*. Petrópolis: Vozes, 2011 [OC, 9/1].

_____. "Tentativa de apresentação da teoria psicanalítica". In: JUNG, C.G. *Freud e a psicanálise*. Petrópolis: Vozes, 2011 [OC, 4].

_____. "Da essência dos sonhos". In: JUNG, C.G. *A dinâmica do inconsciente*. Petrópolis: Vozes, 2011 [OC, 8].

_____. "Wotan". In: JUNG, C.G. *Civilização em mudança*. Petrópolis: Vozes, 2011 [OC, 10].

_____. "Sobre a psicologia e a patologia dos fenômenos chamados ocultos". In: JUNG, C.G. *Estudos psiquiátricos*. Petrópolis: Vozes, 2011 [OC, 1].

JUNG, C.G. (org.). *Diagnostische Assoziationsstudien*: Beiträge zur experimentellen Psychopathologie. 2 vols. Leipzig: [s.e.], 1906/1910 [Novas edições em 1911 e 1915].

JUNG, C.G. & PETERSON, F. "Investigações psicológicas com o galvanômetro e o pneumógrafo em pessoas normais e doentes mentais". In: JUNG, C.G. *Estudos experimentais*. Petrópolis: Vozes: 2011 [OC, 2].

JUNG, E. Ein Beitrag zum Problem des Animus. In: JUNG, C.G. *Wirklichkeit der Seele*. Zurique: [s.e.], 1934.

KANT, I. *Anthropologie in pragmatischer Hinsicht*. Königsberg: [s.e.], 1798.

KARDEC, A. *Das Buch der Medien oder Wegweiser der Medien und der Anrufer...* 2. ed. Leipzig: [s.e.], 1891.

KERNER, J. *Die Geschichte des Thomas Ignaz Martin, Landsmanns zu Gallardon, über Frankreich und dessen Zukunft im Jahre 1816 geschaut.* Heilbronn: [s.e.], 1835.

_____. *Die somnambulen Tische* – Zur Geschichte und Erklärung dieser Erscheinung. Stuttgart: [s.e.], 1853.

_____. (org.). *Blätter aus Prevorst* – Originalien und Lesefrüchte für Freunde des inneren Lebens, mitgetheilt von dem Herausgeber der Seherin aus Prevorst. 4ª coletânea. Karlsruhe: [s.e.], 1833.

KRAFFT-EBING, R. von. *Lehrbuch der Psychiatrie auf klinischer Grundlage für praktische Ärzte und Studierende.* 4. ed. Stuttgart: [s.e.], 1890.

KRANEFELDT, W.M. "Ewige Analyse" – Bemerkungen zur Traumdeutung und zum Unbewussten. In: JUNG, C.G. *Wirklichkeit der Seele.* Zurique: [s.e.], 1934.

LANGE, W. *Hölderlin* – Eine Pathographie. Stuttgart: [s.e.], 1909.

LE BON, G. *Psychologie der Massen.* Leipzig: [s.e.], 1912.

LEIBNIZ, G.W. *Nouveaux essais sur l'entendement humain.* Paris: [s.e.], 1704.

LÉVY-BRUHL, L. *Les fonctions mentales dans les sociétés inférieures.* Paris: [s.e.], 1912 [Travaux de l'Année sociologique].

LOEWENFELD, L. *Der Hypnotismus* – Handbuch der Lehre von der Hypnose und der Suggestion. Mit besonderer Berücksichtigung ihrer Bedeutung für Medicin und Rechtspflege. Wiesbaden: [s.e.], 1901.

LONG, C.E. (org.). *Collected Papers on Analytical Psychology.* Londres: Baillère, Tindall and Cox, 1916 [OC, 1, 2, 3, 4 e 6].

MCGUIRE, W. & HULL, R.E.C. (org.). *C.G. Jung Speaking.* – Interviews and Encounters. Princeton: [s.e.], 1977.

MOSER, F. *Der Okkultismus*: Täuschungen und Tatsachen. 2 vols. Zurique: [s.e.], 1935.

MURRAY, H.A. (org.). *Explorations in Personality*: A Clinical and Experimental Study of Fifty Men of College Age. Nova York/Londres: [s.e.], 1938.

PFEIFFER. F. (org.). *Mystiker, Deutsche, des 14. Jahrhunderts.* 2 vols. Leipzig: [s.e.], 1845/1857.

NIETZSCHE, F. *Also sprach Zarathustra* – Ein Buch für Alle und Keinen. Leipzig: [s.e.], 1901.

PITAVAL, F. *Causes célèbres et intéressants avec les jugements que les ont décidés (1734-1743)*. 22 tomos. La Haye: [s.e.], 1747/1751.

RASMUSSEN, K. *Rasmussens Thulefahrt* – Zwei Jahre im Schlitten durch unerforschtes Eskimoland. Frankfurt an Main: [s.e.], 1926.

RHINE, J.B. *New Frontiers of the Mind*. Nova York/Londres: [s.e.], 1937/1938.

SCHOPENHAUER, A. *Parerga und Paralipomena* – Kleine philosophische Schriften. 2 vols. Berlim: [s.e.], 1891.

SILBERER, H. *Probleme der Mystik und ihrer Symbolik*. Viena/Leipzig: [s.e.], 1914.

TERÊNCIO (Publius Terentius Afer). *Heauton Timorumenos*. Londres/Cambridge, Mass.: [s.e.], 1953 [Loeb Classical Library].

WAGNER, R. *Gesammelte Dichtungen*. Leipzig: [s.e.], 1914.

WALEY, A. *The Way and Its Power* – A Study of the *Tao Te Ching* and Its Place in Chinese Thought. Londres: [s.e.], 1934.

WALSER, H.H. "Johann Jakob Honegger (1855-1911). Ein Beitrag zur Geschichte der Psychoanalyse". *Schweizer Archiv für Neurologie, Neurochirurgie und Psychiatrie*, 112/1, 1973, p. 107-113. Zurique.

WHITE, S.E. *Across the Unknown*. Nova York: [s.e.], 1939.

WILHELM, R. (org.). *I Ging* – Dar Buch der Wandlungen. Jena: [s.e.], 1924.

_____. *Das Geheimnis der goldenene Blüte* – Ein chinesisches Lebensbuch Mit einem europäischen Kommentar von C.G. Jung. Munique: [s.e.], 1929 [A colaboração de C.G. Jung está em OC, 13].

WILLCOX, A.R. *The Rock Art of South Africa*. Joanesburgo: [s.e.], 1963.

WOLFF, T. "Einführung in die Grundlagen der Komplexen Psychologie". *Die kulturelle Bedeutung der Komplexen Psychologie*. – Festschrift zum 60. Geburtstag von C.G. Jung. Berlim: [s.e.], 1935 [Organizado pelo Clube Psicológico de Zurique].

ZENTRALBLATT für Psychoanalyse. 1910/1914. Wiesbaden.

Índice onomástico

Abraham, K. 934, 1.027
Adler, A. 3, 124, 274s, 1.027, 1.030[6], 1.03[17], 1.061
Adler, G. 278[60]
Agostinho, Santo 16, 80, 688[1]
Aksakow, A.N. 6981
Alexandre, M. 509
Alfredo, o Grande 650
Amnianus, M. 703
Anônimo 700
Arquelau 241
Aristófanes 258
Artemidoro, D. 544
Assagioli, R. 934 nota
Ast, P.H. ("pastor Ast") 797
Astério, bispo 264
Augusto, C. 241

Babinski, J. 943
Ballet, G. 714[11]
Baynes, H.G. 384
Bechterew, W. 915
Becker, Th. 919
Belilios, A.D. 681
Bendit, L.J. 71
Bennet, E.A. prefácio, 60s., 407s.
Benoit, P. 457
Bergson, H. 266
Bezzola, D. 935
Binet, A. 798, 961[2]
Binswanger, L. 978, 1.027
Bion, W.R. 55, 135, 137

Bleuler, E. (cf. tb. Jung, C.G.) 750, 793, 888s., 921[18], 925 nota, 936, 938s., 962, 970s., 1.038
Bolte, R. 941
Bonifácio VIII, papa 222
Boss, M. 822s.
Bourget, P. 185
Boyd, F. 687
Breuer, J. (cf. tb. Freud, S.) 922
Brill, A.A. 1.027
Broglie, L. de 69[9]
Browne, L.F. 206s.
Bruder, K., cf. Nicolau de Flüe
Bruns, L. 884s.
Brunton, C. 202
Buda 409, 413, 745
Bumke, O. 909

Camps, P.W.L. 285
Capron, E.W. 698[1]
Carus, C.G. 1.070
Cassini, J.D. (comte de Thury) 704
Chalewski, F. 942
Charcot, J.M. 872, 884
Chladni, E.F.F. 740
Claparede, E. 943
Cook, F., gen. Florrie 715
Cramer, A. 920
Crichton-Miller, H. 1, 303, 305
Crookes, W. 722, 737s., 750
Cumberland, S. (pseud. de Charles Gardner) 715
Custance, J. 826-831

Daniel (cf. tb. Bíblia) 245
Dante, A. 221
Darwin, C. 485
Davenport, I.E. e William H. 715
Davie, T.M. 135[26], 300
Demócrito, cf. Pseudo-Demócrito
Dessoir, M. 798
Dicks, H.V. 47, 386
Dieterich, A. 86, 259[53]
Diocleciano 257
Dorneus, G. 533
Dost, M. 913
Dreyfus, 916
Dubois, P.-C. 486, 903, 1.050
Duns Scotus, J. 14[2]
Dürr, E. 790

Eberschweiler, A. 934 nota, 944
Eckhart, M. 638
Edwards, H.M. 677s.
Ehrenfels, C. 911
Einstein, A. 140
Eliade, M. 578
Ellenberger, H.F. 884 nota, 1.034 nota, 1.040[3]
Ellis, H. 904
Emmerich, A.K. 700
England, H. 640, 654
Ennemoser, J. 797
Eschenmayer, K.A. 797
Eschle, F.C.R. 900

Flammarion, C. 750
Flournoy, T. 946
Forel, A. 798, 921
Förster-Nietzsche, E. 456
Foucart, PF. 264[54]
France, A. 92, 795[3], 928
Francisco de Assis 222
Frank, L. 947
Franz, M.-L. (cf. tb. Jung, Emma) 416 nota introdutória

Frederico o Grande 480
Freeman, J. 416 nota introdutória
Freud, S. 3, 14, 111, 115, 121s, 175, 192, 273s., 292, 310, 322s., 351, 367, 421s., 451, 475, 483s., 598, 510, 521, 593, 606, 633s., 796, 799, 832, 834, 841-1076
- como editor de *Jahrbuch für Psychoanalyse und psychopathologische Forschungen* 925
- escola de 993, 1.063, 1.076
- Obras:
-- *Um caso de neurose obsessiva* 1.056[2]
-- *Análise fragmentária de uma histeria* 906[13]
-- *Uma teoria sexual* 906[13]
-- *Interpretação dos sonhos* 832
-- *Cinco lições sobre psicanálise* 1.038
-- *Acerca do sonho* 841-870
-- *Psicopatologia da vida cotidiana* 906
-- com Breuer, J. *A histeria* 421, 893[8], 935, 947, 972, 1.023, 1.042
-- com Jung, C.G. *Cartas*, cf. Jung, C.G., obras
Freundlich, J. 57
Fürst, E. 155[35], 948, 966, 976s.

Ganser, S.-R., J., cf. estado crepuscular
Gardner, C., cf. Cumberland
Gnosius, D. 429[1]
Godet, E. 741 nota
Goethe, J.W. 59, 553, 759, 795
Görres, J.J. 700
Grenfell, B.P. e Hunt, A.S. 269[57]
Grimm, J. e Wilhelm 230, 987
Guillaume, D. 221
Gurney, E. 705

Hadfield, J.A. 44, 74, 390
Haggard, H.R. 457

Hall, G.S. 399
Harling, A. 662
Hartmann, E. 124, 1.070
Hauffe, F. 700
Hellpach, W. 81-883
Hendy, B.D. 68
Hennecke, E. 269[57]
Hermann, 934 nota, 949
Heródoto 264
Heyer, G.R. 278[60]
Hilário 703
Hitler, hitlerismo 372, 639
Hitschmann, E. 1.026
Hoche, A.E. 920
Hoffmann, E.T.A. 782
Hoffmann, M.L. 1.065 nota introdutória
Hölderlin, F. 795
Home, D.D. 715
Honegger, J.J. 1.033
Hopkins, W. 691s.
Horst, G.C. 797
Howe, E.G. 51s., 115s., 126
Hubert, H. e Mauss 81
Hunt, A.S., cf. Grenfell, B.P.

Ibsen, H. 366
Isserlin, M. 950

Jacobi, J. e 205[41]
Jaffé, A. (cf. tb. Jung, C.G.) 782-789
James, W. 46, 69, 465
Janet, P. 139, 154, 421, 511, 560, 798, 922, 1.070
Jesus de Nazaré 657s.
João Batista 242
Jones, E. 934 nota
Josefo, F. 240
Jung, C.G.
- como analista (cf. tb. médico e paciente), Histórias de casos 107s., 114, 161-201, 205, 226, 282, 320, 325, 330, 334s., 339s., 346s., 391s., 402s., 447s., 467s., 472s., 508s., 515s., 614, 619, 634, 635s., 802s., 817s.
- como motivo de sonho 634s.
- diferença com Freud 175, 275, 320s., 434s., 485
- Obras:
-- *Aspectos gerais da psicologia do sonho* (OC, 8) 160[36], 245[48]
-- *L'Analyse des rêves* 958
-- *Os arquétipos do inconsciente coletivo* (OC, 9/1) 80[11]
-- *Associations d'idées familiales* 957
-- *O significado da constituição e da herança para a psicologia* (OC, 8) 85[17]
-- *A importância do pai no destino do indivíduo* (OC, 4) 155[35]
-- *O conceito do inconsciente coletivo* (OC, 9/1) 85[17]
-- *O eu e o inconsciente* (OC, 8) 99[24], 150[34], 358[68], 366, 377[75], 634[2]
-- *Cartas* (org. por A. Jaffé) 746 nota
-- *Bruder Klaus* (OC, 11) 81[15], 221[42]
-- *Estudos diagnósticos das associações* (OC, 2) 934s., 941, 948, 963s.
-- *Um caso de estupor histérico em pessoa condenada à prisão* (OC, 1) 952, 999[4]
-- *Observações experimentais sobre a capacidade da memória* (OC, 2) 954
-- *Estudos experimentais* (OC, 2) 97[23]
-- *A constelação familiar* (OC, 2) 155[35]
-- *A teoria freudiana da histeria* (OC, 4) 956
-- *A teoria de Freud sobre a histeria* (OC, 4) 955
-- *O conteúdo da psicose* (OC, 3) 832[2], 982

-- *As complicações da psicologia americana* (OC, 10) 94[22]
-- *Mandalas* (OC, 9/1) 410[82]
-- *Novos caminhos da psicologia* (OC, 7) 1.034 nota
-- *Fenômenos ocultos* (OC, 1) 741-745
-- *Aplicação prática da análise dos sonhos* (OC, 16) 13 6[27], 160[36]
-- *Psicologia e alquimia* (OC, 12) 139[29], 221[43], 264[54], 269[58], 379[76], 396, 402[80], 673[5]
-- *Psicologia e poesia* (OC, 15) 81[15]
-- *Psicologia e religião* (OC, 11) 81[15]
-- *A psicologia da transferência* (OC, 16) 357[67]
-- *O diagnóstico psicológico da ocorrência* (OC, 2) 739[15], 979
-- *Os fundamentos psicológicos da crença nos espíritos* (OC, 8) 741 nota
-- *Tipos psicológicos* (OC, 6) 21[4], 88[19], 255[51], 377[75]
-- *A importância psicopatológica do experimento de associações* (OC, 2) 953
-- *Psicoterapia e atualidade* (OC, 16) 612[1]
-- *Terra e alma* (OC, 10) 94[22]
-- *A alma e a morte* (OC, 8) 741 nota
-- Seminário no Guild of Pastoral Psychology, cf. *A vida simbólica*
-- *A estrutura da alma* (OC, 8) 85[17], 230[44]
-- *Símbolos da transformação* (OC, 5) 16[3], 80[12], 81[14], 85[17], 193[38], 230[44], 234[45], 258[52], 266[56], 834
-- *A vida simbólica* 608-696
-- *Sincronicidade: um princípio de conexões acausais* (OC, 8) 70[10]
-- *Tavistock Lectures* (Sobre os fundamentos da Psicologia Analítica – capítulo I deste volume) prefácio dos editores

-- *O valor terapêutico da ab-reação* (OC, 16) 142[31]
-- *Símbolos oníricos do processo de individuação* (OC, 12) 139[29], 406[81]
-- Dois ensaios sobre psicologia analítica, cf. *O eu e o inconsciente* (OC, 7)
-- *A importância do inconsciente na psicopatologia* (OC, 3) 145[33]
-- *O simbolismo dos mandalas* (OC, 9/1) 334[65]
-- *A psicogênese da esquizofrenia* (OC, 3) 142[31]
-- *A psicologia da dementia praecox* (OC, 3) 826, 832, 892[5]
-- *A interpretação psicológica dos processos patológicos* (OC, 3) 145[33]
-- *Sobre o inconsciente* (OC, 10) 371[70]
-- *O tempo de reação nos experimentos de associação* (OC, 2) 728[13]
-- *Tentativa de apresentação da teoria psicanalítica* (OC, 4) 1.063[4]
-- *Da essência dos sonhos* (OC, 8) 160[36]
-- Transformações e símbolos da libido, cf. *Símbolos da transformação*
-- *A realidade da prática psicoterapêutica* (edição inglesa das OC, 16, apêndice) prefácio dos editores, 334[65]
-- *Wotan* (OC, 10) 372[71]
-- *Os objetivos da psicoterapia* (OC, 16) 376[74]
-- *A empiria do processo de individuação* (OC, 9/1) 377[75]
-- *A respeito da psicanálise* (OC, 4) 1.034 nota
-- *Sobre a psicologia e patologia dos fenômenos chamados ocultos* (OC, 1) 730[14], 741 nota, 797[3], 951
-- com Bleuler, Eugen *Komplexe und Krankheitsursache bei Dementia praecox* 937

-- com Freud, Sigmund *Cartas Freud/Jung* 739[15], 791, 794s., 797[1], 871 nota, 888[2], 891[4], 893[69], 903[11], 906[12], 921[18], 922 nota, 923 nota, 925 nota, 926 nota, 934 nota, 961[2], 1.026 nota, 1.027 nota, 1.033[9], 1.034 nota, 1.041 nota, 1.055 nota
-- com Jaffé, Aniela. *Erinnerungen, Träume, Gedanken* 486[8], 841 nota
-- com Petersen, Frederick. *Investigações psicofisicas com o galvanômetro e o pneumógrafo em pessoas normais e doentes mentais* (OC, 2) 48[6]
-- com Riklin, Franz *Estudos experimentais sobre associações de pessoas sadias* (OC, 2) 963
-- com Ricksher, Charles *Outras investigações sobre o fenômeno galvânico e a respiração em pessoas normais e doentes mentais* (OC, 2) 48[6]
-- com Wilhelm, Richard *O segredo da flor de ouro* 141[30], 376[74], 410[82]

Kant, I. 8[1], 124, 485, 706, 714, 758, 900
Kardec, A. 730
Kerner, J. 456, 700, 704, 713[10], 797
Kesselring, M. 1.034s.
Kitchin, D. 685
Kleist, K. 908
Knapp, A. 891, 895
Knobloch, C. 706
Kraepelin, E. 899, 916
-- esquema de Aschaffenburg 963
Krafft-Ebing, R. 712[9]
Kranefeldt, W.M. 278[60]
Künkel, F. 746 nota
Kurella, H. 841 nota

Ladame, 934 nota, 983
Lange, C.G. 46, 69
Lange, W. 795
Lao-Tsé 536
Le Bon, G. 318
Le Lay, Y. 741 nota
Leibniz, G.W. 14[2], 124
Levy-Bruhl, L. 87, 440, 457, 530
Liebeault, A.A. 797
Liepmann, H.K. 891
Locke, J. 14[2]
Lodge, S.O. 750
Lomer, G. 904
Löwenfeld, L. 841 nota, 893, 907
Lucas, S. 1.065 nota
Luff, M.C. 64s.
Luís XVIII 713

Mackenzie, M. 294
Maeder, A. 985
Maomé, maometanos 639, 689
Marti, F. 1.040
Mauss, M., cf. Hubert, H.
McDugall, W. 142
Mesmer, F.A. 702, 797
Meyer, C.F. 795s.
Meyer, E. 905, 937
Michelsen, J. 1.040
Miller, E. 228
Mitscherlich, A. 822[1]
Möbius, P.J. 795, 885, 922
Moll, A. 798, 893s.
Monakow, C. 793
Morgan, D.G. 656
Moser, F. 757, 762, 781 apêndice
Müller, H.E. 934 nota, 992s.
Murray, H.A. 612[1]
Mussolini, B. 279, 372s.
Myers, F.W.H. 705

Nabucodonosor 245
Näcke, P. 918
Nägeli 702
Napoleão I 509

Napoleão III 715
Neiditsch, J. 934 nota
Nelken, J. 1.055-1.064
Nicolau de Flüe/Bruder, K. 221
Nietzsche, F. 61, 371[70], 451s., 534, 928, 930, 951, 1.069

Orígenes 528

Patrício 703
Paulo (São) (cf. tb. Bíblia) 567, 713
Pedro (São) 266
Perry, J.W. 832-838
Peterson, F. (cf. tb. Jung, C.G.) 960
Pfister, O. 995
Pilcz, A. 914
Pio (bispo) 255
Pitaval, F.G. 933
Platão 639, 753
Podmore, F. 705
Porfírio 259
Pototzky 934 nota, 996
Pseudo-Demócrito 616

Rabelais, F. 990
Rank, O. 794 nota, 1.031[8]
Rasmussen, K. 674
Rees, J.R. 304
Reibmayer, A. 917
Reichhardt, M. 896s.
Rhine, J.B. (cf. tb. experimento) 747, 761
Richet, A. 750
Ricksher, C., cf. Jung, C.G.
Riklin, F. (cf. tb. Jung, C.G.) 973, 997, 1.040
Rippon, T.S. 683
Rosenbach 901
Ross, T.A. 283

Sachs, H. 1.031[8]
Sadger, I. 795s.

Scherner, K.A. 841
Schiaparelli, G. 750
Schiller, F. 59
Schmaltz, G. 839s.
Schnyder, 934 nota, 1.023
Schopenhauer, A. 385, 485, 700, 795
Schrenck-Notzing, A. 798
Schubert, G.H. 841
Schumann, F. 791
Schumann, R. 795
Schwarzwald 934 nota, 1.024s.
Seif, L. 1.027
Shaw, B. 372
Silberer, H. 1.061
Simão o Mago 242
Simon, G. 109
Slade, H. 715
Sofocles 250
Southwark, bispo de (Richard Parsons) 648s., 675, 689
Stein, P. 981
Stekel, W. 923s., 1.031[7]
Stern, W. 739
Strauss, E.B. 57, 111, 115, 121, 127, 299s.
Suttie, J. 121s.
Swedenborg, E. 706, 714

Tausk, V. 1.055-1.064
Terêncio 91[20]
Thury, Prof., cf. Cassini

Urstein, M. 916

Valente, imperador 703
Veraguth, O. 797
Virgílio 373[73]
Vogt, O. 798
Vogt, R. 893
Volkelt, J. 841

Wagner, R. 261, 263, 366
Waldstein, L. 797-799
Walser, H.H. 1.033[9]
Wehrlin 965s.
Wernicke, C. 891s., 908
White, B. 749-756
White, S.E. 746-756
Wilhelm, R. (cf. tb. Jung, C.G.) 141
Willcox, A.R. 81[15]
Wilmann, 916

Wittels, F. 926-931
Wreschner, A. 791
Wright, M.B. 145s.
Wulfen, E. 932s.
Wundt, W. 161, 873

Yellowlees, D. 273

Zöllner, F. 750
Zoroastro 259

Índice analítico

Ab-reação 1001s.
Abaissement du niveau mental 83s., 91, 96, 511, 794, 829, 990
Abdômen 194, 203
Absolvição, cf. confissão
Acaso 761
Acha 416
Adaga 251, 260s.
Adão 529
- Cadmão 638
- segundo, cf. Cristo
Adolescência (cf. tb. puberdade) 572
Adumbratio 537
Afasia 891
Afeto, cf. emoção
África 93, 341, 581
- central 29
- do Sul 81
- oriental 436, 674
Água 251, 258s., 271, 364, 615
Águia 416
Aion 266
Aischrologia 264
Alá 551
Alcoolismo 558, 621s., 918
Alegoria 255, 433, 853
Além, 565, 753
Alemanha 369, 372s., 581, 639
- Sul da 264, 609
Alfabeto 703, 730
Alienista 832, 900, 906

Alquimia 17, 81, 264, 380, 479, 533, 616s., 638, 674
Altar 627
Alucinação 226, 466, 711, 746, 767, 778, 780, 862, 901, 992, 990
América, americano 698, 715, 750, 790 nota, 1.027
Amnésia 593, 997s., 1.067
Amor 328, 339, 365s.
- casos de 351
Amplificação (cf. tb. método psicológico, interpretação do sonho) 173s.
Análise psicológica (cf. tb. médico, psicanálise) 91, 233, 330s., 614, 618, 688, 794, 799
Analista (cf. tb. médico, psicoterapeuta) 320s., 345s., 353s., 369
Anamnese 107
Anatomia 838, 891, 982
Anestesia – hiperestesia 876
Angola 81[15]
Anima 150[34], 187, 265, 412, 429, 590, 829
Animal 222, 245, 324, 412, 440, 525, 540, 585, 686, 712, 742, 780
Animus 150[34], 187, 339, 590
Anjo 525, 534
Antepassados 465, 754
Anthropos 269
Antigo Testamento, cf. bíblia

Antiguidade 80, 240, 250, 257, 544, 548, 703, 827
Antropologia 8
Apercepção 22, 419, 873
Apocalipse, cf. bíblia
Apócrifos, cf. bíblia
Apokatastasis 527, 536
Apolo 258, 264
Apotropaico 409, 759
Apraxia 908
Aqua permanens 616
Arcaico, pré-histórico 80s., 85, 109, 135, 359, 402, 442, 523, 578, 591 s., 617
Arquétipo, arquetípico 80s., 92s., 138, 190, 195, 221, 231, 250, 262, 271, 299, 324, 353, 366, 385, 402, 407, 512, 521-559, 563, 578, 589s., 830
- autonomia do 560
- do velho sábio 590
Arte 72, 392s., 431, 799
Artis auriferae 396[77]
Árvore 245, 440, 465, 550, 585
Asa, alado 266
Ascese 700
Asclépio 257
Asma 421
Assassinato 65, 781, 817, 821, 918
Assimilação 595, 987
Associação 102, 148, 151, 155, 190s., 229, 233, 421, 426s., 430s., 465s., 475, 483, 514, 521, 526, 794, 832, 843, 870, 935, 959, 969s., 987, 1.004
- experimento de 4, 97, 102s., 111, 115, 121, 127s., 147, 155s., 174, 432, 832, 941, 953, 96ls., 972, 978s., 996s., 1.019, 1.067
- livre 171s., 183, 422s., 433, 856
Associação Internacional de Psicanálise 1.027-1.033

Astrologia 412
Atavismo 943
Ataxia – abasia 876
Atenas 260, 264
Atenção 445, 452s., 458, 853, 868, 888, 964, 990
Atmã 638
Átomo 826
Atos dos Apóstolos, cf. bíblia
Austrália 649
Autoengrandecimento 514
Autossugestão, cf. sugestão
Automatismos neuróticos 951
Avô 359

Babilônia, babilônica 234, 365
Baleia 80
Barata (sonho) 202
Bardo 204
Batismo 255, 361s., 616
Bem e mal 564
Bênção 619
Benedictio fontis 364, 615
Beneditinos, ordem dos 613
Berneuchener Kreis 671
Bíblia, bíblico 601
- Antigo Testamento 690, 713
- Daniel 245
- Ezequiel 416, 466, 532
- Novo Testamento
- Mateus 294[62], 527, 6383
- Marcos 568
- Lucas 298[63]
- João 688[8]
- Atos dos Apóstolos 527
- 1 Coríntios 527
- Apocalipse 533
- apócrifos
- Oxirrinco – ditos de Jesus 269
Biologia, biológico 839, 915, 928, 1.074
- sexual 932

Boi 242, 416
Bosquímano, cf. primitivo
Bruxa 586, 759
Bubástis 264
Budismo 564, 600s.
- zen 538
Burghölzli, cf. clínica psiquiátrica

Cachorro 986
Calabash 262
Camundongo (sonho) 525, 1055s.
Caos 234, 270
Caranguejo 170, 190s.
Casa (sonho) 986
Casal 156s., 384, 504
Casamento (cf. tb. hierosgamos) 264, 362
Castália 259
Castelo (sonho) 336
Castração (cf. tb. complexo) 822s., 1.056s., 1.062s.
Catalepsia 780, 1.013s.
Catatonia 874, 893s., 908, 916, 1.013s., 1.055
Catolicismo, católico 362, 364, 370, 565, 603, 608s., 627, 631, 638, 648, 659s., 700
Causalidade 142
Caverna 257, 272
Cécrops 195, 260
Cegueira 713
Censor, censura 510, 864
Cérebro 84, 798, 828, 832
César 373
Céu
- alegoricamente, e terra 237, 245, 262, 534
- mitológico 221, 234
- subida ao 525
- trono da divindade 221, 565
Chakras 17
Chartres 254

Chave 251, 266s.
Cheiro 766, 779
Chifre 525, 533
China, chinês 91, 141s., 370, 610
Christian Science 799
Ciência 297, 439
Círculo, esfera 81, 270, 403, 409, 411, 638
Circumambulatio 411
Civilização 434, 441, 467, 473, 563, 651
Clarividência 701, 705s., 732, 736
Clínica psiquiátrica 107, 226, 766, 892, 921[18], 947, 961, 981
- laboratório psicológico da 791
Cobra, serpente 169, 181, 194s., 230s., 239, 25ls., 257s., 275, 412, 525, 533s., 548, 585, 1.062
Códice Bruciano 269
Código de Napoleão 622
Colina 269, 336, 347
Compensação (cf. tb. sonho) 247, 331, 336, 368s., 385s., 47ls., 477, 507, 535s., 547, 750, 1.000
Complexo 18, 99, 129 (fig. 7), 133s., 148-154, 168s., 175, 348, 382, 424s., 432, 444, 547, 612s., 832, 944, 954, 959s., 969s., 996
- anal 1.055s.
- com carga emocional 949, 959
- de castração 11 ls., 122
- de incesto 113, 175, 276, 1060
- de inferioridade 332, 346, 474, 509, 514s.
- de pai 635
- de poder 275
- do eu, cf.
- erótico 974
- sexual 987
- teoria do 949, 953
Compulsão 815
Comunhão 255, 622s., 640

Comunismo 462
Confissão, confessar, confessor 323, 362, 370, 613s.
Consciência 6s., 13s., 26, 31, 37s., 40, 65, 67, 75s., 84s., 91s., 111s., 150s., 165, 175, 194, 204, 226, 235, 239, 244, 248s., 263, 269, 290, 297, 315, 344, 359, 361, 371, 377s., 398s., 406, 420s., 429, 434, 439s., 446s., 458s., 468s., 500, 510s., 521s., 537, 540s., 553s., 560s., 580, 583, 591s., 602, 712, 725, 728, 733, 742s., 747s., 759, 767, 778s., 787, 799, 827, 830, 832, 837, 841s., 858s., 873s., 935, 970, 1.000
- autonomia da 154
- conteúdos da 13, 20, 112, 421, 439, 445, 449s., 461 s., 474, 477, 511, 593, 832, 956, 1.000
- ectopsíquicos (cf. tb. ectopsique) 77
- endopsíquicos (cf. tb. endopsique) 77
- coletiva 5, 226
- limiar da 11, 26, 458, 465, 829
Consciente – inconsciente 8-20, 27s., 37, 39, 46, 54, 75s., 90s., 94, 102s., 111, 122, 126s., 150, 154, 167, 189, 201, 247, 262, 315s., 322, 341s., 382, 397s., 412, 417s., 431s., 446, 458s., 464s., 474s., 509, 512s., 522, 541, 553, 560, 583s., 588, 605, 728, 733, 740, 746, 752, 756, 759, 763, 798, 935, 970
Contos de fadas 80, 230, 249, 473, 526, 987, 1.022
Contratransferência (cf. tb. transferência) 322, 347
Conversão 594, 1.001
Copta 269

Cópula, relação sexual 281, 433, 1.045, 1.059
Cor 313
- branco 262
- preto 262
- vermelho 252
Coração 15, 245, 839
Cordeiro 222
Corpo 18, 40, 46, 69s., 84, 136, 148s., 235, 248, 265, 317, 522, 565, 592, 715, 753, 838
- e mente 69, 135
Cortina de ferro 561
Cosmo (cf. tb. mundo, universo) 120, 412, 532, 585, 753
Cosmogonia 529
Creta 416
Criador 71, 78, 449, 493, 799
Criança (cf. tb. sonho) 9, 84, 209, 272, 280, 288, 296, 362s., 526s., 593, 840, 940
Crime, criminoso 101, 103, 209, 800-821, 932
Criptomnésia 26, 454, 457, 951
Cristianismo, cristão 253a, 254s., 259, 264, 271, 279, 362, 438, 485, 527s., 548s., 564, 572, 589, 600s., 616s., 638, 1.040
Cristo 210, 231, 255, 271, 362, 520, 529, 550, 552, 638
- como segundo Adão 638
Cruz 81, 271, 364, 416, 572, 589, 616
Culpa 127s.
Cura 271, 291, 389, 492, 578-607, 634, 799, 839s.
Curandeiro, feiticeiro 176, 436, 465, 536, 674, 779

Dança 400, 525, 534, 548
Daniel, cf. Bíblia
Dharma 600

Déesse raison 598
Delfos 258, 548
Delusão 833, 922, 987, 1.008
Demência 901
- paranoide 901, 959
Dementia praecox (cf. tb. demência paranoide, esquizofrenia) 794, 795, 832s., 874, 899s., 916s., 922, 937, 959, 982, 984, 1.008, 1.020
Deméter 264
Demônio, demoníaco 360, 520, 522, 548, 554, 580, 585, 759, 784, 818
Depressão 61, 63, 251, 302
Descida 80, 270, 525
Desejo (cf. tb. sonho) 175, 201, 275s., 423, 474, 488, 509s., 848, 866s., 923, 951, 1.000, 1.010
Desenhar, pintar (na terapia) 226, 399, 403s., 412, 837
Desintegração, cf. dissociação
Destino 231, 242, 291, 371
Determinação 1041
Deus primavera 234
Deus, divindade 16, 220, 23ls., 253, 258, 359s., 370, 409, 417, 525s., 531s., 551, 554s., 565s., 598s., 611, 620, 626, 630, 634s., 657s., 688s., 743, 756, 841
- da cura 258
- e homem 361
- homem 548, 568, 598
- oráculo de 258
- reino de 563
Diafragma 16
Diagnóstico 795, 909, 1.021
Diamante 409
Dimensão, quarta 53, 115s.
Dioniso 258
Direita – esquerda 196, 411 s.
Diretor espiritual (de consciência) 613, 674

Dissociação (cf. tb. divisão) 224, 383, 434, 440s., 447, 474s., 559, 741
Distúrbio 5, 100s., 107, 135s., 147s., 203, 302, 471, 734, 742, 798s., 876, 945, 954, 959, 964, 972s., 989
- psicomotor 908
Divisão (psicológica) 19, 382s., 442, 578-607, 951
Doença 5, 136, 231, 300, 389, 702, 815, 840
- mental, insanidade 72, 108, 154, 177, 224, 440, 711, 746, 790-840, 893, 905, 909, 925, 956
- nervosa 797s., 906, 925, 1.041-1.054
Dogma 617s., 624, 688
- da Imaculada Conceição 617
- da infalibilidade 660
Dragão 80, 191 s., 234, 249, 258s., 263, 270, 533, 548
Duende 586

Ecolalia 893
Ectopsique (cf. tb. conteúdos da consciência, funções) 20s., 89s.
Educação sexual 940
Egito, egípcio 230, 242, 265, 401, 416
Elêusis, cf. mistérios.
Elgon, monte 551, 674, 759
Elias 527
Emoção 15, 35, 42s., 46, 65, 90, 102, 319s., 342, 400, 420, 432, 441, 461, 466, 474, 502, 540s., 570s., 584, 588s., 596, 616, 655, 745, 844, 855s., 879, 888s., 938, 947, 970s., 985, 1.015, 1.043
Endopsique (cf. tb. conteúdos da consciência, funções) 20, 37, 43
Enkidu 235s.

Envenenamento 794, 905
Epidauro 257
Epidemia, contágio 93, 156, 318, 696
Epilepsia 203, 815, 918, 967s., 997s
Erequiteu 260
Eros 830
Erotismo, erótico 324, 335, 1.008, 1.046
- auto 321, 338, 343, 1.013
Escandinávia 195
Escorpião (sonho) 1.062
Escrita automática 725, 731
Espaço, cf. tempo espada 252
Espanha 25
Espiral 409, 521
Espiritismo, espírita 153, 697-740, 746-756, 951
Espírito 16, 359, 522
- como fantasma 153, 554, 700, 725, 730, 741, 746s., 756, 758, 777s., 782-789
- dos mortos 243, 258, 715, 751, 784
- mau 467
- Santo 221, 364
Esquecimento 450, 452, 954, 985, 1.000, 1.014s.
Esquimós 674
Esquizofrenia (cf. tb. dementia praecox) 19, 72, 107, 150, 224s., 382s., 407, 414, 514, 522, 581, 826s., 832s., 1.055, 1.067
Essênios 242
Estado crepuscular 987, 1.024
- de Ganser-Raecke 952, 999
Estímulo 452s., 458, 502, 553, 841, 873
Estrela 412, 525
Estupor 447

Etiologia 905, 909, 918, 937, 994, 1.065 nota introdutória
Eu 10, 18, 37s., 117, 149, 154, 379, 408, 459, 747
- complexo do 90, 149s., 974
- consciência do 9
- lado sombrio do 40
- segundo 798, 803
- subconsciente 798
Evolução 593
Existencialismo 822
Experimento, experimental 55, 447, 703, 715, 734s., 740, 747, 832, 883
- de associações, cf.
- distúrbio no 832
- psicogalvânico 49, 978
Êxtase 700, 711s., 731
Extrovertido – introvertido 63, 414, 496s., 519
Ezequiel, cf. Bíblia

Faca 198
Falo (cf. tb. pênis) 572s.
Fantasia 16, 65, 91, 152, 360, 393, 395, 397, 405, 422s., 452, 474s., 481, 500, 504, 512, 526, 568, 576, 591, 601, 633s., 737, 840, 853, 877, 951, 956, 1.041, 1.055s., 1.061
- anal 1.057
- de desejo 1.008
- inconsciente 334
- sexual 333
Fantasma, cf. espírito
Faraó 231, 361
Fascismo 372s.
Fé, crença 374, 485, 555, 565, 582s., 600s., 688s., 697s., 737, 1.034s.
- confissão de 418
Febre puerperal 797

Feiticeiro, feitiço, encanto (cf. tb. magia) 230, 360, 413, 586, 703, 784
- apotropaico 409
Feminino, o 220, 237, 262, 629s.
Fenomenologia 694, 742, 837
Fertilidade 81, 264
Filha (cf. tb. mãe) 156s., 625, 535s.
Filho (cf. tb. mãe, pai) 262, 552
- de Deus 269
Filosofia, filósofo 1, 120, 370, 599, 610, 742, 753, 756, 1.035
- chinesa 262
- cristã 253a
- grega 485
- hermética 532
- hindu 17
- medieval 403
- tântrica 203
- tibetana 204
Física, físico 69, 142, 576, 697, 716, 724, 737s., 756, 799, 839
Fisiologia, fisiológico 15, 46, 57, 68s., 136, 148s., 299, 474s., 702, 723s., 744, 798, 838, 876, 915, 1.047
Fócia 252
Fogo 203
Folclore 80, 990
Fonte 258s., 364, 585
Formiga (sonho) 525
Forquilha 704, 727
França 790 nota
Frigidez 1.049
Funções, função (cf. tb. tipologia) 20, 27s., 35s., 53, 59, 74s., 88s., 109s., 211s., 221, 269, 378, 830
- ectopsíquica 21
- endopsíquica 37s., 43, 77, 90
- inferior 28, 35s., 109, 185, 211, 367, 386
- intuição 25s., 33s., 89, 287, 420, 502

- pensar, pensamento 16, 22, 28s., 53, 58, 74, 88s., 109s., 199, 291, 320, 383, 502, 596
- sensação 21 s., 24, 27s., 30, 59, 74, 89, 109s., 445, 503, 873
- sentir, sentimento 23s., 28, 45, 57s., 89, 185s., 502
- superior diferenciada 28, 35, 109s., 211

Gato 325
Genitais 1055
Gilgamesh 235s.
Glafira 243
Globo 408, 412, 526
Gnose, gnóstico 221, 638
Graal 261, 263
Grafologia 159
Grécia 568
Guild of Pastoral Psychology 608-696

Hades 243
Hebefrenia 922
Hécate 267
Hércules 250
Hereditariedade 79
Heresia 221
Hermafrodita 260
Hermas, O Pastor de 255
Hermes Trismegisto 674
Hermetismo, cf. filosofia
Herói, mito do 80, 191s., 229s., 235s., 249, 260, 353, 530, 548, 634
Hierosgamos 264, 364
Hinduísmo (cf. tb. religião) 139, 209, 416
Hipnose, hipnotismo 331, 447s., 492, 702, 725s., 797, 893s., 900, 947, 997, 1.014

Histeria, histérico 50, 113s., 136,
223, 353, 421, 447s., 522, 700,
713, 725s., 738, 794, 799,
871-883, 884s., 906, 919, 922s.,
943s., 952, 955s., 973s., 994,
1.023s., 1.045
- de ansiedade 923
- de crianças 884, 922
História, histórico 92, 370s., 379,
928
- contador de 568
Homem – mulher 187
Homo sapiens 494
Homossexualidade 907
Horus 416, 548
Hóstia 616
Hotentotes 363
Humanidade 79, 438, 525, 547,
561, 763, 797, 827
Humbaba 236, 246

I Ching 144[32], 291[61]
Ichthys 255
Ícone 413
Id (termo freudiano) 121, 281
Idade Média 250, 254, 264, 365,
370, 401, 429, 533, 544, 638
Ideia, as 449, 461, 480, 511, 537,
542s., 553, 742, 756, 864, 870
- de perseguição 326, 477
- fuga de 829
- obsessivas 842s.
Idiota 72
Ídolos 413
Igreja (instituição) 22, 255s., 354,
362s., 374s., 437, 565, 601s.,
613s., 618s., 63 ls., 639s., 659s.
- anglicana 640s., 670
- ortodoxa-russa 645s.
- Padres da 527, 655
- reformada (cf. tb. protestantismo)
644

Igreja, catedral (edifício) 251,
253a, 254s., 615, 658
- cripta da 254s.
Ilha Feliz 455
Ilusão 587, 591, 601
Imagem (cf. tb. arquétipo) 464,
474s., 523, 589, 858
Imaginação 81
- ativa 4, 97, 390s., 403
Imbecilidade 72, 965s.
Imitatio Christi 271
Imortalidade 239, 565s., 686,
74ls., 761
- erva mágica da 239
Impotência 507
Incesto (cf. tb. complexo) 122,
192s., 371, 1.061
Inconsciência 204, 263, 270, 322,
345, 438, 458, 461
Inconsciente, 8-21, 43, 115,
122-126, 162, 212, 273, 281, 366,
399, 426, 429, 434s., 46ls., 468s.,
474s., 54ls., 57ls., 580s., 591,
598s., 633s., 674, 735, 742, 746s.,
76ls., 781, 798, 864s., 881, 906,
930, 935, 985s., 1.054, 1.070
- autonomia do 541s., 832
- conteúdos do 4, 39, 112s., 154,
226, 449, 512, 591, 754
- pessoais 111 s., 358, 368
- impessoais 358, 368
- coletivo 80, 82, 84s., 86s., 117,
151, 187, 204, 218, 226, 271
- estrutura do 4, 84
- funções do 444-460, 476, 512
- identidade do 440[2]
- pessoal 78, 81, 91, 151, 190, 226
Índia 91, 141, 361
Índios 94
- pueblo 16, 271, 567, 629, 639,
688s.
- sul-americanos 465

Individuação 271, 377, 595, 830
Indivíduo, individualidade 494, 495s., 515, 519, 531, 548, 561, 574, 589, 599, 622, 639, 735, 927
Infantil, infantilidade (cf. tb. criança, desejo) 273, 477, 513, 563, 572, 591s., 840, 951, 998, 1.024s., 1.059, 1.061
- sexualidade 956, 1.005, 1.056
- regressão 365, 1.046, 1.056, 1.060
Inferno 454s., 525, 531, 534
Inglaterra 369, 679, 784
Iniciação 264, 36ls., 548
Inquisição 1.040
Insetos 540
Inspiração 72, 674
Instinto 15, 78, 212, 250, 275, 474s., 512s., 539s., 545, 560, 583, 803, 816
Instrumento (sonho) 198
Intelecto, intelectual 584, 596, 618, 634s., 665, 730, 744, 784, 858, 877
Inteligência 500, 617, 745
- avaliação da 898, 913
Introspecção 555
Introversão (cf. tb. extrovertido-introvertido) 80, 1.008s., 1056s.
Intuição (cf. tb. funções) 461, 490, 512, 576s., 780
Invasão (termo psicológico) 43, 64s., 71, 90
Inverno 266
Ioga 17, 150
- kundalini 263
- tantra 17, 263
Ishtar 237s.
Ísis 230, 264
Islamismo 639
Itália 369, 372

Ius primae noctis 365
Íxion 82, 203

Jahrbuch für psychoanalytische und psxchopathologische Forschungen 274[59], 282, 925 nota, 934, 1031
Jardim 986
Java 334, 409
Jerusalém 240s.
Jesuítas 613s., 680
Judaísmo, judeu 370, 527, 565, 610, 612, 635
Júpiter (planeta) 797
Justiça 563

Katábasis 80, 264
Keplerbund 1.034s.
Koan 538
Kundalini, cf. yoga

Lança 198, 261
Lapsos de língua 985
Leão (como símbolo) 266, 416, 520
- como signo 266
Lei 823
Lenda, legenda 80, 231, 249, 258, 986
Liberdade 754
Libido 273, 956, 1.005, 1.049, 1.056s.
- anal 273
- genital 273
- oral 273
- regressão da 1.057
Lingam, cf. falo
Linguagem 416, 586, 632, 990
Literatura romântica 700
Lobisomem 586
Loucura 72, 85, 795
Lua 264, 412, 525
Lúcifer 520
Luz 69, 266, 550

Mãe 156, 186, 192, 199s., 235, 583, 795s.
- de Deus 220, 394
- dragão 234
- e filho 796
- fixação na 633s.
- grande 550, 584, 590
- "mater matuta" 193
Magia, mágico 270, 409, 413, 552, 586, 617, 797³
- negra 360
- simpática 264
Magnetismo animal 700, 702, 797
Mal, o (cf. tb. bem e mal) 531, 548, 818
Mana 551, 554
Mandala 139²⁹, 271, 409, 413
Mania 830, 964
Maníaco-depressivo 61, 251, 829, 889, 916
Manipura chakra 139, 203
Marduk 234
Maria, Virgem (cf. tb. mãe de Deus) 254
Masculino-feminino 221, 261 s., 265s., 412, 583
Mastodonte 13526, 138, 194
Matéria 583, 750, 761
Materialismo 750, 799, 826, 1.074
Medicina, médica 439, 447, 557, 795, 833, 839s., 1.073
- antiga 230
- moderna 840
Médico, analista 5, 26, 257, 306, 370, 380, 396, 460, 545, 565, 610, 671, 724, 823, 840
- e paciente 113s., 120, 136, 160s., 169s., 177s., 190, 207s., 233, 273s., 282s., 315s., 337s., 345s., 373s., 385, 399s., 413, 423s., 467s., 483, 491s., 497, 505, 515s.,

540, 558s., 621, 632s., 636s., 671, 744, 822s., 833s., 1.001s., 1.071s.
Médium 153, 699, 715, 722s., 730s., 747, 749, 951
Medo 239, 477, 556, 591
Megalomania (cf. tb. paranoia) 332, 509
Meio ambiente 20, 37, 77, 401, 429, 509, 756
Melancolia 63, 795, 918
Memória 18, 39, 42, 77, 90, 100, 148, 449, 593, 747, 766, 778, 860
- oculta, cf. criptomnésia
Mercúrio 533
Mesopotâmia 245
Messina, terremoto de 197
Metafísica 742, 826
Meteoro 740, 797
Método psicológico (cf. tb. interpretação do sonho) 7, 122, 144, 172, 174s., 274, 492, 575, 742, 841, 947, 1.050, 1.071
- amplificador 173, 179s.
- catártico 893, 935, 947, 956
- da imaginação ativa 39ls., 406
- de Jung 4, 275, 319s., 349, 367, 375s., 414, 434, 496s., 521
- psicanalítico 955, 1.034, 1.041
Milagre 715, 786s.
- cura por 797
- narrativas., relatos de 783s., 787s.
Minerva 250
Missa 615s., 625, 632
Mistério, os 254s., 264, 267s., 439, 583, 617s., 787
- de Deméter 264
- de Elêusis 264, 548s., 615
- de Ísis 264
- rituais de 267
Mística 116, 204, 215s., 616, 635s., 700, 715, 736, 841

Mito 80, 191s., 229s., 260, 262, 364, 431, 512, 529, 547, 567
- da criação 234
Mitologia 5, 79s., 122, 126, 193s., 204, 226, 234, 256, 285, 456, 473, 522, 549s., 589, 594, 742, 783s., 830, 834, 841, 986, 1.061
Mitra 255, 259, 266, 616
- Tauroktonos 259
Monismo 1.035
Monogamia 912
Monogênese 269
Monstro 80, 180, 190s., 196-198, 229, 236, 260, 525s., 548, 569
Montanha 585
- doençada 161, 184, 186, 208
Moral 504, 91 ls., 921, 928s.
Morte 204, 239, 529, 536s., 547s., 565, 572, 754
- deusa da 193
Mosteiro 649
Movimento
- da mesa 699, 702s., 715, 726s.
- perpétuo 403
Mulungu 551
Mundo, aquém (cf. tb. cosmo) 120, 269, 753
- criação, origem do 262, 525, 529, 536
- fim do 527, 536
- visão, imagem do 23, 253a, 756, 786
Mungu 55ls.
Música 548
Mysterium tremendum 615

"Nada mais do que" (termo freudiano) 435, 633
Nascido duas vezes 361
Natal 540, 550
Nativo, o (cf. tb. primitivo) 334
Naturalismo 81

Natureza 222, 260, 291, 439, 585s., 598, 605, 742
- deusa 473
Nazista 689
Neandertal 486
Negro 15, 79s., 82s., 94, 262
Nekyia 80, 239
Neologismo 959
Neurologia 871, 922
Neurologista 356, 797, 799, 906, 921
Neurose, neurótico 5, 43, 91, 161, 209, 232s., 276, 281, 296, 345, 367, 373, 378, 381s., 414, 421s., 431, 438, 442, 446s., 466, 474, 516, 555, 561, 575, 591, 595, 609, 615, 627s., 633s., 649, 664s., 742, 798, 832s., 837, 839s., 903, 922, 923s., 947, 951, 972, 974, 990, 1.024, 1.030, 1.055, 1.067, 1.074
- compulsiva, obsessiva 282, 467, 522, 556, 632, 635, 972
- de ansiedade 466, 632, 635s., 893, 922, 923
- traumática 996
Normal, sadio 91, 177, 232, 448, 832, 963, 1.004
Novo México 271
Novo Testamento, cf. Bíblia
Números 461
- três 364
- quatro 81, 269, 409, 416, 525, 532, 616
- sete 702
- oito 81, 412
- nove 241
Numinosidade, numinoso 547s., 579s., 594s., 787, 823

Objetivação de imagens impessoais 377s., 399s., 406, 412s.

Objeto – sujeito 6, 40, 277, 313s., 322s., 367s., 377
Ocidente – Oriente 144, 561 s.
Ocidente 239, 561, 581
Ocultismo 697-789
Opostos 520, 564, 829
- união dos (coniunctio oppositorum) 261s., 266
Oração 548, 555
Oráculo 258, 548
Orfeu 259
Organismo, orgânico 382, 512, 522, 798, 826, 908
Orthos 753, 755
Osíris 548
Ouro 250, 260, 375
- época de 563

Padre, sacerdote 362, 370, 610s., 627, 671, 677
Padrinho, madrinha 361
Pagão 222, 534
Pai 157s., 315, 359, 365s., 525s., 535, 550, 552, 584
- e filho 796
- fixação no 633
- sol, cf.
Pais 360s., 504, 514, 528, 565, 840, 884, 1.045, 1.059
Palavra-estímulo 98s., 115, 129s., 174, 954, 966s.
Pânico 591
Pão 616
Papa 619
Paraíso 563
Paralelismo psicofísico 70, 136
Paralisia 421, 884
Paranoia (cf. tb. megalomania) 794, 889, 892, 899, 918, 938, 1.008
Parapsicologia 757, 761, 763, 769, 781, 783, 788

Parestesia 922
Participation mystique 87, 440, 465, 586
Páscoa 364, 540, 615
Pássaro 525, 986
Pastoral, cura de almas 565, 995
Patografía 795s.
Patologia, patológico 43, 65, 71s., 104, 150s., 442, 459, 466, 557, 621, 632, 795, 883, 889, 893, 904, 949, 989, 1.021, 1.043
Patrística, cf. Padres da Igreja
Pecado 364, 638
Peixe 222, 255, 362s., 412, 525, 987, 1.058s.
Pele, resistência da 49
Pêndulo 704, 727
Pênis (cf. tb. falo) 572, 1.058
Pensar, cf. funções.
Percepção 14, 18, 22, 26, 30, 54, 453, 458, 461, 722, 746s., 873
- dos sentidos 16, 59, 77, 419, 447, 475, 503, 720, 780
Perseveração 944, 968, 1016
Personalidade 38, 78, 150, 224, 271, 367, 382, 410, 429, 438, 492, 497, 591, 595, 741, 746, 749, 795, 865, 951, 970s., 984, 1.001
- eu 459
- inconsciente 798
- mágica 358
Personificação 150, 803
Pesadelo 166, 334
Pesquisas com famílias 155s.
Pessoa, ser humano 34, 269, 440, 494, 582s., 611, 753, 763, 839
- arcaico 35s., 67
- criação do 235, 536
- direitos do 563
- perfeito 638
Phármakon athanasías 239

Piscina dos iniciados 256, 259, 364
Pitecantropo 486
Piton 258
Poço, fosso 25 ls., 254s., 262
Poder (cf. tb. complexo) 275, 278s., 493, 508, 551, 561, 1.068
Polinésia 551
Pomba 222
Possessão 467, 884
Pré-consciente 111
Predizer 841
Primitivos (cf. tb. índios, negro) 15, 26, 35, 42, 176, 231, 250, 261, 281, 359s., 434s., 457, 465s., 529, 536s., 551, 555, 568, 582, 591, 649s., 674s., 754, 756, 759, 779
Profeta, profecia 246, 258, 701, 705s., 725
Projeção 120, 281, 312s., 323s., 339, 354, 365, 377, 402, 464, 506, 587, 756
- e transferência 314s., 35ls., 359, 634
Propaganda ateia 1.035
Prostituição 912
Protestantismo 370, 565, 609s., 622s., 64ls., 656, 671, 700
- zwingliano 625
Provença 259
Psicanálise, psicanalista 282, 320, 331s., 794, 841-1.076
Psicofisiologia 891, 915
Psicogênese 790-840, 992, 1.024
Psicologia, psicológico 5s., 24, 27, 80, 116s., 136, 139s., 148s., 161s., 187, 192, 198, 217, 225, 229, 233s., 269, 275s., 290, 297s., 306, 314, 327, 332, 356, 383, 392, 418, 434, 460, 479, 495s., 506, 556, 571s., 578s., 590, 595, 601, 605, 610s., 617, 638, 648, 697,
700, 715, 722s., 732s., 741, 746-756, 757, 759, 782-789, 795s., 797, 826s., 833s., 839, 844, 871-883, 888s., 900s., 913s., 923, 927, 932, 934s., 959s., 973, 982, 1.008, 1.021s., 1.063
- acadêmica 571
- analítica 1-415
- aplicada 790s.
- arcaica 230
- clínica 456, 540
- coletiva, de massa 369, 371
- de Adler 275s.
- de Freud (cf. tb. psicanálise) 274s., 795, 925, 929, 938, 940, 950, 982, 988, 999
- do inconsciente 756, 789
- em geral 790
- empírica 742
- escolas de 355, 798
- experimental 739, 790
- inconsciente 371
- individual, pessoal 371, 412s., 487, 622, 634
- médica 5, 571, 578
- moderna 14, 230, 639, 742, 751s., 781
- patológica 791, 832
- prática 831
- primitiva 17, 87, 322, 365, 434s., 833
- profunda 789
- sexual 932
- social 927
Psiconeurose 903, 1.042
Psicopatologia 5, 448, 832, 889, 985
Psicose, psicótico 67, 382, 431, 448, 476, 594, 794, 826s., 832s., 889s., 901s., 909, 919, 936, 982s., 1.013, 1.067
- polineurítica 895

Psicossíntese (Bezzola) 935
Psicossomático 834, 839s., 900
Psicoterapia, psicoterapeuta 160, 230, 273, 277, 292, 319, 356, 370, 379, 415, 483, 492, 513s., 556, 613, 677, 748, 755, 822, 835s., 840, 843, 894, 1.041, 1.054, 1.071
Psique 6s., 116, 136, 162, 181, 217, 250, 277, 323, 359, 366, 368s., 383, 401, 411, 419, 438s., 444, 459, 474, 494, 495s., 500, 505, 512s., 523, 540, 553, 559, 583, 592s., 605s., 684, 747s., 763, 826s., 834s., 889, 915, 959, 970, 1.041s.
- conteúdos da 4, 19, 99, 226, 369, 439, 444, 459, 466, 512, 540s., 595s., 833
- estrutura da 75, 84
- subliminar 449
Psiquiatria, psiquiatra 525, 565, 711, 795, 826, 831, 833s., 871, 884-921, 922, 938, 948, 981
Psíquico (cf. tb. endopsique, ectopsique) 11, 16s., 46, 70, 91, 126, 154, 194, 248, 253a, 269, 356, 369, 379, 389, 411, 419, 440, 461, 474, 480, 521, 562, 571, 575, 595s., 742, 746, 761s., 780, 783s., 798, 826s., 832, 839s., 845, 857, 868, 885, 905s., 922, 935, 962, 971s., 984, 1.000, 1.041, 1.063
Puberdade 297, 363, 534, 956, 1.045

Quadrado 409
Quaternidade 532
Química 839

Rá 230s.
Rabino 610, 635
Racional – irracional 45, 502, 617
Racionalismo 600, 603, 625, 759, 787
Raio 409, 585
Rapport, relacionamento 331, 337, 516, 1.015
Ratos (sonho) 1.055
Razão, juízo 654, 745, 759, 787
Reação, tempo de 98s., 107, 113s., 134, 148, 483, 944, 954, 969s.
Recinto sagrado (cf. tb. temenos) 270, 409
Religião, religioso 354, 370, 373s., 493, 504, 547s., 560-577, 579, 594, 598s., 608s., 615s., 629, 633, 673, 691, 697s., 830, 994, 1.008
- antiga 259s., 264
- cristã, cf. cristianismo
- exótica 532
- festas religiosas 409
- hindu 572
- história ou ciência da 379, 834
- oriental 485, 638
- persa 259
Renascimento 256, 361s., 745
Représentation collective 457, 481, 522, 536, 547, 551, 579
Représentations mystiques 530
Repressão, reprimido 39, 78, 280, 423, 451, 468, 513, 580, 591, 595, 863s., 943, 952, 956, 969s., 985, 1.000, 1.014, 1.054, 1.067
Reprodução (no experimento) 954, 975
"Resíduos arcaicos" (terminologia freudiana) 468, 521s.
Resistência
- da consciência 434
- na análise 332, 505, 514

Respiração, sopro 129s., 148s., 265, 359, 552
Ressurreição 529, 536
Rinoceronte 81
Rio 585
Rito, ritual 264, 361s., 551, 615s., 622s., 640
Roda 81s., 203, 416
- de fogo 203
Rodésia 81
Roma 257s.
- igreja de São Clemente em 259
Rússia 581, 646

Saalburg 259
Sabedoria 258
Sacramento 254
Sacrifício, vítima 81, 258, 548, 627, 631, 640, 1.062
- de animais 81
- humanos 81
Sadio, cf. normal
Salvador 80, 210, 270, 353s., 359, 369, 374, 530, 634
Santidade 270, 700
Santuário (cf. tb. templo) 236, 254, 259
Seita 354, 624, 697s., 818
Sensação, cf. funções
Sentidos (órgãos) 14, 26, 419, 500, 702, 760
Sentimento 16, 23s., 28, 31, 35, 46, 49, 57s., 89, 99, 148, 320, 333, 340, 400, 440, 461, 469, 501s., 589, 596, 745, 796, 823, 839, 855, 956, 963, 970
Sentir, cf. funções
Sepultura 537
Serafim 532
Sexualidade, sexual 197, 279s., 324, 333s., 483, 493, 572, 795, 904, 912, 921s., 923, 926-931, 932, 935, 940, 947, 951s., 1.005, 1.022, 1.039, 1.043s., 1.067
Shakti 263
Shiva 263, 413
Si-mesmo 43, 120, 269s., 600, 832
Signo zodiacal 266
Silvestre, São 258
Simbolismo, símbolo, simbólico 81s., 138s., 203, 231, 234, 256, 263s., 299s., 309, 364, 377, 400s., 410, 412, 416-607, 608-696, 786, 829s., 837, 844, 985, 987, 990s., 1.022, 1.061, 1.067
- definição de 416s., 482s.
Simulação 885
Sinal, signo 416, 482
Sincronicidade 70, 143, 761s.
Sintoma 46, 63, 91, 161, 203, 383, 421, 425, 442, 448, 556, 560, 592, 633, 725, 797, 876, 885, 922, 935, 972, 1.001, 1.045
Sintomatologia 884, 893s., 936s.
Sistema (nervoso) simpático 46, 194, 203, 302, 318, 356, 372, 412
Sistema nervoso 231
Sociedade Britânica de Antropologia 141
Society for Psychical Research 758
Sol 16, 81, 264, 266, 417, 525, 551, 567, 688
- deus 231, 266
- nascer do 551
- pai 567, 629, 639, 688
Solidão 632, 673
Sombra (terminologia junguiana) 41s., 367, 509, 561s., 638
- mundo das 38, 40
"Somnia a Deo missa", cf. sonho
Sonambulismo 224, 700s., 705, 741, 757, 884, 946, 951
Sonho 16, 79, 81s., 136s., 150, 160s., 176, 178s., 333, 342, 351,

389s., 399s., 403s., 416-443, 444,
475, 511 s., 524s., 543s., 568s.,
572s., 586, 593, 601, 634, 673s.,
748, 754, 832, 841-870, 893, 987,
1.025, 1.041, 1.054
- acordado 868, 1.041
- análise do, cf. interpretação
- arquetípico 203, 229, 233
- bíblico 245s.
- composição do 861
- conteúdo do 84ls., 860s
- latente 844s., 870
- manifesto 844s., 870
- de crianças 83, 203s., 526, 534s., 846s., 870
- de desejo 847s., 869
- dos primitivos 176
- e fatos orgânicos 194s., 30ls.
- enviado por Deus (a Deo missa) 437, 601, 674
- função do 433, 544
- compensadora do 247, 471, 478, 521, 586
- histórico 24ls., 250
- inicial 347
- interpretação do 4, 7, 83, 91, 97, 135[26], 154, 160s., 163-201, 204, 241s., 243s., 252s., 26ls., 266s., 297, 305s., 325s., 336s., 416-607, 84ls., 958s., 986s., 1.002s., 1.055, 1.070
- método da 17ls., 179s., 228s., 240s., 244s., 444, 84ls., 958
- pelo próprio sonho 172, 569
- isolado 81, 135[26], 162, 249, 251, 336. 469s., 484, 507s., 519s., 635
- linguasem do 461-494, 521, 586, 637, 671
- mitológico 233s, 249s.
- profético, prognóstico 26, 246, 471s., 543s.
- repetído 478s, 509, 521

- série de 162s, 181, 202, 346s, 404, 472s, 478, 525-545, 974
- simbolismo do 198s., 229, 423, 458, 521-559, 568, 591, 841, 987, 1.055s.
Sono 475, 510, 702, 868s., 900, 1.014s.
Stella matutina 520
Stromboli 455
Subconsciente 798, 818, 893
Subjetividade 495
Subliminar (cf. tb. limiar da consciência) 452s., 458s., 46ls., 476, 511, 747, 780
Submundo 412, 455, 581
Substituição 1.067
Suécia 644
Sugestão 318, 331, 702, 713, 725s., 797s., 873s., 893, 903, 947
- auto 75
Sugestionabilidade 873, 875s., 886, 888, 893
Suíça 369, 609, 784, 790s.
Suicídio 25ls., 1.010
Superstição 524, 555, 586s., 759, 782

Tabu 222, 281, 586, 823
- totem e 1.074
Talmude 172, 569
Tantra (cf. tb. yoga, filosofia) 203
Tao 142s., 262
Tarpeia, rocha 258
Tecer 400
Telepatia 26
Temenos 270, 410
Temperamento 504
Templo 250, 257, 409
- prostituição no 365
Tempo 24, 53, 116, 266
- e espaço 684, 705, 747, 753s., 761

Teoria
- da relatividade 140
- do conhecimento 120
Teosofia 756
Terapia 886, 909, 922, 1.001, 1.051
- ocupacional 1.008
Terra
- campo 264
- céu e 262
- mãe 584
- mitológica 221, 234, 264
Tesouro 263, 270, 376
Teste (cf. tb. experimento) 4, 97, 102s., 147s., 173, 734, 832, 965
Tiamat 234
Tipo, tipologia 290, 495-520
- de associação 957
- segundo as funções 28, 29-36, 46, 109s., 320s.
- segundo a reação 155, 963s., 973
Tirésias 80
Torre (sonho) 336
Totalidade (cf. tb. cosmo, universo) 269s.
Touro 237, 259
Transcendência 417
Transe 726, 731
Transferência 303, 305s., 308s., 324s., 336s., 356s., 367, 372s., 384s., 956, 1.001, 1.005s., 1.056
- de pai 634
- etiologia da 328
- tratamento da 357s.
Trauma, traumático 148, 478, 840, 935, 972, 1.003, 1.042s., 1.074
Trigo 241
Trindade 220s., 532s.
Trovão 585

Ulisses 80
Umbigo 139
Universo 117

Vagina 1.058
Valor 23, 25, 29, 186
Vampiro 586
Varinha mágica 197
Vaso 265, 407
Vento 359
Verão 266
Verdade 692, 742s.
Verme 525
Vida 265, 537s., 596
- após a morte 683s., 700, 741, 753s.
- cotidiana 906
- eterna 537s.
- simbólica 608-696
Virgem 254, 258
Visão 81s., 150, 221, 236, 255, 416, 466, 524, 532, 543, 601, 674, 701, 711s., 778s.
Voar (no sonho) 477
Vontade 23, 27, 35, 77, 90s., 101, 149, 175s., 198, 314, 458, 492, 502, 555, 559, 754, 873, 888
Vozes (cf. tb. alucinação) 150, 226, 746

Xamanismo 578

Zaratustra, 455
Zen-budismo, cf. budismo
Zentralblatt für Psychoanalyse 794
nota, 1.027
nota, 1.031
Zeus 82

Conecte-se conosco:

 facebook.com/editoravozes

 @editoravozes

 @editora_vozes

 youtube.com/editoravozes

 +55 24 2233-9033

www.vozes.com.br

Conheça nossas lojas:

www.livrariavozes.com.br

Belo Horizonte – Brasília – Campinas – Cuiabá – Curitiba
Fortaleza – Juiz de Fora – Petrópolis – Recife – São Paulo

  Vozes de Bolso

EDITORA VOZES LTDA.
Rua Frei Luís, 100 – Centro – Cep 25689-900 – Petrópolis, RJ
Tel.: (24) 2233-9000 – E-mail: vendas@vozes.com.br